매경TEST 기본 이론서
매경TEST 경제편

MKTEST
BASIC TEXT BOOK SERIES

매경 TEST

[경제편]

이혁재 외 지음

매일경제신문사

머리말

'매경TEST, 이 시대에 가장 필요한 경제·경영 능력을 평가하고,
향상시킬 수 있는 국내 유일한 시험'

매경TEST는 국내 유일의 경제·경영 이해 능력 평가 시험이자 필수
시험으로 이미 자리 잡았습니다. 국내 필수 시험으로 자리 잡을 수밖
에 없었던 이유는 경제·경영에 관한 능력을 배양해야 현대 사회를 이
해하고 그 안에서 성공할 수 있기 때문입니다.

매경TEST는 전국의 중·고등학생부터 대학생, 대학원생, 공무원, 금
융권 및 일반 회사원, 고령자까지 폭넓은 응시 계층을 포함하고 있으
며, 대학에서는 필수 취업 준비 과정으로, 기업·금융계에서는 우수한
인재 선발기준으로 자리 잡았습니다.

그렇다면 매경TEST를 성공적으로 준비하고, 상위 수준의 점수를
얻기 위해서는 '어떻게 해야 하는가?'란 질문이 따라오게 마련입니다.
한 가지 확실한 것은, 매경TEST는 일반 자격증시험처럼 단순 암기하
여 성공할 수 있는 시험은 아닙니다. 이는 경제와 경영 '이론과 현실
의 균형적인 사고와 통합적인 사고력'을 갖춰야만 가능한 시험이기 때
문입니다.

매경TEST의 성공적인 준비를 하기 위하여 전략적으로 준비한 매경

TEST 기본 이론서는 '이론과 현실의 균형적인 사고와 통합적인 사고력'을 향상시키기 위해 준비된 책입니다. 단순히 이론을 요약·암기하여 시험을 보는 것이 아닌, 그 이론의 핵심적인 이해와 더불어 현실에 적용할 수 있는 메커니즘을 갖출 수 있도록 집필했습니다.

매경TEST의 상위권에 도달하려면, 지속적으로 이 책을 통한 학습과 더불어 현실 세계의 경제와 경영 상황을 매칭시키고 이해하는 노력을 해야 합니다. 매일 최신 뉴스 또는 리포트를 읽으면서, 본인이 학습한 매경TEST 지식을 접목시키는 노력을 한다면 경제·경영 이해 능력이 향상되어 고득점을 할 수 있을 것입니다. 이를 통해 자연스럽게 기업·금융계에서 우수한 인재로 인정받게 될 것입니다.

이 책을 집필하기 위해 저와 함께 밤낮으로 고생한 임형종, 정슬기 님에게 뜨거운 박수를 올리며, 함께 고생하는 가운데 지혜와 인내를 주신 하나님께 영광을 돌립니다. 또한 지면상으로 모두 언급하지는 못하지만, 이 책의 탄생을 위해 조언을 아끼지 않으신 국내 경제·경영 각 분야의 100여 명의 전문가(교수님, 금융권 임직원, 대기업 임직원, 회계사 등) 여러분들께 다시 한 번 머리 숙여 감사의 말씀을 올립니다. 저자들과 함께 해주신 노고가 매경TEST를 한층 효율적으로 학습할 수 있는 길을 열어놓으리라 믿습니다.

마지막으로 독자 여러분들께서 지속적인 매경TEST 학습을 통해, 21세기 대한민국의 경제·경영 수준이 한층 도약하는 계기를 만들어주시길 바랍니다.

이혁재

Contents

Contents

매경TEST
기본 이론서 100% 활용 방법

+ MK TEST PLUS

MK Test Plus+
기업가정신
소유와 경영이 분리된 상황에서 기업을 이끌어가는 것. 소유와 경영이 일치된 소유자정신과 구별된다.

각 Chapter별 내용 중 어렵거나 중요한 개념은 각 페이지 양쪽 노트에 개념설명을 MK TEST PLUS로 표시하여, 매경TEST 학습자들에게 효율적인 학습을 가능하게 했습니다.

+ MK TEST MEMO

제조물책임법(PL)   **MK Test Memo**

제조물책임법은 제품의 결함으로 인한 신체적·금전적 피해는 물론 정신적 피해까지 제조업자가 배상해야 하는 한 단계 높은 손해배상제도를 말한다. 제조사, 판매자 등 제품의 제조와 유통, 판매과정에 관여한 자가 부담하게 되는 손해배상 책임이다. 제조물의 결함에는 설계결함, 제조결함, 경고결함이 모두 포함된다.

각 Chapter별 심층적으로 이해할 필요가 있는 중요 개념들은 MK TEST MEMO를 통해 분류해 놓음으로써 학습의 효과를 배가시킬 수 있도록 했습니다.

+ Chapter별 응용 문제

응용 문제 리콜제도에 대한 설명 중 가장 거리가 먼 것은?

(1) 리콜이란 제품에 결함이 있을 경우 회사 측이 보상하는 소비자보호제도이다.
(2) 리콜의 대상에는 물리적·화학적 실체가 있는 제품만 포함된다.
(3) 사업자가 리콜 명령에 따르지 않으면 3년 이하의 징역이나 5,000만 원 이하의 벌금에 처할 수 있다.
(4) 기업은 리콜을 공개적으로 시행해야 한다.

각 Chapter별 개념의 이해 점검 차원에서 기존에 매경TEST 신문에서 출제되었던 문제를 응용해 구성했습니다. 매경TEST의 출제경향을 파악할 수 있는 엄선된 연습 문제입니다.

✚ 핵심 CHECK LIST

각 Chapter별 반드시 익혀야 할 핵심적인 개념을 선정해 핵심 체크 리스트로 구성했습니다. 각 단원이 끝날 때마다 본인이 학습한 영역이 핵심 체크 리스트에 해당하는 지를 반드시 확인하고 넘어가시길 바랍니다.

✚ MK Key Word

핵심 체크 리스트와 더불어, 직관적으로 학습자가 반드시 알아야 하는 개념들을 선정했습니다. 빠른 시간 내에 복습할 때 효과적으로 사용할 수 있는 섹션입니다.

✚ 핵심 개념 문제

각 Chapter별 학습을 통해 배운 개념들을 기본적으로 확인해볼 수 있는 섹션입니다. 복잡한 문제보다 가장 기본적인 질문들을 바탕으로 학습자들에게 기본 체력을 길러주는 역할을 합니다.

매경 TEST

매경TEST

Lesson **01** 수요·공급이론

01 미시경제학의 기초

경제학과 미시경제학

✚ 경제학

경제학(economics)은 제한된 경제적 자원을 활용하는 최선의 방법을 선택하는 것과 관련된 학문이다. 자원이 제한되어 있지 않다면 자원의 활용방법에 있어서 선택의 문제는 존재하지 않겠지만, 거의 모든 자원에는 제한이 있으므로 필연적으로 선택의 문제가 발생한다. 그런데 어떤 하나를 선택한다는 것은 동시에 다른 선택 가능한 것을 포기한다는 것을 의미하기도 하는데, 합리적 선택이란 여러 선택가능성 중 가장 작은 대가를 요구하는 것을 선택하는 것이다.

MK Test Plus+
기회비용

기회비용(opportunity cost)이란 어떤 것을 선택함으로 말미암아 포기할 수밖에 없는 많은 선택가능성 중에서 가장 가치 있는 것이 보유하고 있는 가치를 뜻한다.

✚ 미시경제학

경제학은 크게 미시경제학과 거시경제학으로 나눌 수 있는데, 이 장에서 다루게 될 미시경제학(microeconomics)에서는 경제를 구성하는 개별 경제주체인 소비자와 생산자의 행동원리 및 개별 시장에서의 가격과 거래량 결정 등에 대해 분석한다.

미시경제학에서는 개별 상품시장에서 이루어지는 균형에 관심을 갖는다. 수요와 공급이 서로 일치하는 것을 균형이라고 하는데, 이 균형에서 결정되는 개별 상품의 생산량과 가격의 분석이 중요하다.

경제학의 방법론

경제학은 사회과학의 한 분야로 특히 물질적인 현상에 주요한 관심을 두고 있다. 경제학을 연구하기 위해서는 현실의 수많은 개별적인 사실들과 접하게 되는데, 이런 개별적 사실들 속에서 일정한 질서를 발견하고 그에 따라 의미를 부여하기 위해서는 이론화의 작업이 필수적이다. 이러한 이론화의 작업을 어떻게 수행해 나갈 것인가에 대한 논의가 바로 경제학의 방법론(methodology)에 대한 것이다.

✚ 경제이론

경제이론(economic theory)이란 복잡한 경제현상을 추상화하고 단순화하여 여러 가지 경제변수들 간의 상관관계를 체계적으로 정리한 것을 의미한다. 경제이론을 통해 현실에서 일어나고 있는 각종 경제현상의 원인과 전개과정 등을 체계적으로 이해할 수 있으며, 경제 외부적인 요인의 변화가 경제에 어떤 영향을 미칠지에 대한 예측을 할 수 있게 된다.

✚ 경제모형

경제이론은 경제모형(economic model)이라는 구체적 형태로 표현되는 것이 보통이다. 경제모형은 현실경제를 단순화해 축소시켜 놓음으로써 경제가 어떻게 움직여가는지에 대해 이해하기 쉽게 만들어 놓은 것을 말한다. 경제모형은 현실을 단순히 축소한 것에 그치지 않고, 분석하는 사람의 관심을 반영한다.

✚ 경제모형의 기본구성

경제모형은 그 내용에 따라 매우 다른 모습을 보이지만, 어떤 경제모형이라 할지라도 다음과 같은 몇 가지 요소들을 공통적으로 포함하고 있다.

① 변수(variable)

변수는 여러 가지 다른 값을 취할 수 있는 수를 뜻한다. 이러한 변수는 그 특성에 따라 외생변수와 내생변수, 저량과 유량 등으로 나뉜다.

경제 변수의 구분

① 외생변수와 내생변수

- 외생변수(exogenous variables): 경제이론에서 사용되는 변수 중에서 그 값이 외부에서 결정되는 변수를 뜻한다. 외생변수는 모형의 외부에서 그 값이 사전적으로 주어지며 분석대상이 되는 변수의 영향을 받지 않는다.

- 내생변수(endogenous variables): 외생변수의 값이 일정하게 주어지면 변수들 간의 상호관계에 의하여 그 값이 모형 내에서 결정되는 변수를 뜻한다. 내생변수는 사전적으로 결정되는 것이 아니라 외생변수의 값이 주어지면 모형 내에서 그 값이 결정된다.

② 유량과 저량

- 유량(flow): 어느 일정 기간에 행해진 경제활동의 성과를 나타내는 것으로 일정 기간 동안에 걸친 양으로 측정된다.

- 저량(stock): 과거로부터의 유량 축적을 말하고, 일정 시점에서 측정된다.

② 가정

일반적으로 경제모형은 우리가 관심을 갖고 있는 변수들의 행태 혹은 경제주체의 동기 등에 대한 가정에서 시작된다. 하지만 너무 많은 가정을 세워놓으면 가정 그 자체가 분석의 결과를 좌우하는 상황이 발생하기 때문에 필요 이상으로 많은 가정을 설정하지 않는 것이 중요하다. 최소한의 가정만으로 분석할 때, 일반성 있는 결론을 도출할 수 있다.

Ceteris paribus

경제학자들이 특별히 즐겨 쓰는 가정이 하나 있는데, 바로 '다른 조건들이 일정하다면(if other things remain equal)'이라는 가정이다. 별로 중요하지 않은 일들까지 고려해야 하는 번거로움을 피하기 위해 이 가정을 자주 활용하고 있다. 현실의 경제는 너무나도 복잡하기 때문에 이렇게 단순화시키지 않고서는 제대로 이해할 수 없다. 라틴어로 'ceteris paribus'라고 표현하기도 한다.

③ 가설

가설(hypothesis)은 경제현상에 대한 분석의 결과로서 정리된 명제를 뜻한다. 경제모형에서 적절한 방법을 통해서 도출된 가설이라고 하더라도 모두 현실에 부합된다는 보장은 없으며 가설이 얼마나 현실을 잘 설명하는지에 대한 검증이 필요하다.

경제이론의 구분

✚ 미시경제학과 거시경제학

한 나라의 경제를 보는 관점에는 두 가지가 있을 수 있다. 하나는 국민경제의 전반적 움직임에 관심의 초점을 맞추는 것이며, 다른 하나는 국민경제의 미세한 부문에 관심의 초점을 두는 것이다. 경제학의 연구는 이 두 가지 관점 중 어떤 것을 택하느냐에 따라 미시경제학과 거시경제학으로 구분할 수 있다.

① 미시경제학의 관심

미시경제학은 국민경제를 구성하는 개별 경제주체의 선택과 개별 시장의 움직임에 관심의 초점을 맞춘다. 따라서 개별적인 상품과 생산요소에 대한 수요와 공급이 어떻게 결정되며 이것들의 가격과 거래량이 어떤 수준에서 결정되는지가 주요한 관심사다.

② 거시경제학의 관심

거시경제학은 경제 전반의 움직임에 관심을 갖고 있기 때문에 총생산량, 총고용량, 물가수준, 국제수지 등 경제 전반에 관한 지표가 주요한 논의의 대상이 된다.

✚ 실증경제학과 규범경제학

경제이론은 가치판단의 개입 여부에 따라 실증경제학(positive eco-nomics)과 규범경제학(normative economics)으로 나눌 수도 있다.

① 실증경제학

실증경제학은 있는 그대로의 경제현실을 분석한다. 즉 가치판단을 개입시키지 않고 객관적인 인과관계만을 분석한다.

② 규범경제학

규범경제학은 가치판단을 넣어 무엇이 바람직하고 그렇지 않은지의 관점에서 문제를 바라본다. 바람직한 경제를 설정하게 되는 규범경제학에서는 현실의 경제를 개선하기 위해 어떤 경제정책을 실시하는 것이 바람직한 지에 대한 내용을 포함하게 된다.

경제학의 분석방법

✚ 정태분석과 동태분석

① 정태분석

정태분석(static analysis)에서는 시간개념이 도입되지 않으며, 한 균형에서 다른 균형으로 이동하는 과정은 고려하지 않고 단순히 두 상태를 비교·연구한다.

② 동태분석

동태분석(dynamic analysis)은 분석에 시간개념을 도입하여 시간의 흐름에 따라 경제변수가 어떻게 변화하는가를 분석하는 방법을 의미한다. 한 균형점에서 새로운 균형점으로 이동하는 과정이 분석의 대상이 된다.

✚ 부분균형분석과 일반균형분석

① 부분균형분석

부분균형분석(partial equilibrium analysis)은 '다른 조건(시장)은 일정하다'라는 가정하에서 경제의 한 부분만을 따로 떼어내어 분석하는 것이다. 대부분의 경우에는 부분균형분석만으로도 손쉽게 올바른 결론을 내릴 수 있으므로 주로 부분균형분석을 사용한다.

② 일반균형분석

일반균형분석(general equilibrium analysis)은 경제의 각 부문이 서로

영향을 주고받는다는 것을 명시적으로 고려하면서 특정부문을 분석하는 것을 말한다. 이에 따라 정확한 결론에 도달할 수 있다는 장점이 있는 반면에 분석이 너무 복잡하다는 단점이 있다.

02 시장과 수요·공급

시장

✚ 시장의 의미

경제학에서 시장(market)은 재화와 서비스, 생산요소 등이 거래되는 곳으로 추상적인 개념이다. 시장에서는 상품을 사고자 하는 사람과 팔고자 하는 사람이 서로 만나 거래를 하게 되고, 그 결과 상품의 가격과 거래량이 결정된다. 이 과정에서 어떤 상품을 얼마나 많이, 그리고 어떤 방법에 의해 생산할 것인지가 결정되며, 누구에게 얼마만큼씩 돌아갈 것인지도 동시에 결정된다.

✚ 가격의 기능

가격(price)은 시장이 제대로 기능하도록 하는 과정에서 매우 중요한 역할을 수행한다. 시장에서 가격이 수행하는 주요한 역할은 다음의 두 가지로 요약해서 설명할 수 있다.

① 배급기능(rationing function)
가격은 경제 안에 존재하는 상품을 배급하는 기능을 수행한다.

만약 가격을 지불하지 않고 어떤 상품을 얻을 수 있다면 사람들은 그 상품을 무한히 소비하려 할 것이다. 가격은 해당 상품에 대해 가장 높은 가격을 지불하고자 하는 사람들에게 그 상품을 배급함으로써 희소한 상품을 과도하게 소비하려는 욕구를 통제하는 기능을 수행한다.

② 배분기능(allocative function)

가격은 생산자원이 경제의 여러 부문들에 적절히 배분될 수 있도록 신호(signal)를 전달해 주는 역할을 한다. 어떤 상품이 초과수요 상태에 있으면 가격이 오르게 되는데, 이것은 그 상품이 더 많이 생산되어야 한다는 신호로 작용하여 더 많은 생산자원이 그 산업에 투입되는 결과가 나타난다. 반면에 가격이 내려가면 생산자원이 다른 산업으로 이탈하게 되는데, 이런 것들이 배분기능의 좋은 예이다.

매경신문 기출문제 응용

응용문제 **다음의 가격에 관한 설명 중 틀린 것은?**

① 가격은 시장에서 신호등 역할을 한다.
② 가격에는 수요와 공급에 관한 정보가 담겨져 있다.
③ 가격은 자원을 효율적으로 배분한다.
④ 가격은 자원의 희소성을 반영한다.
⑤ 재화의 사용가치와 일치하는 수준에서 가격이 결정된다.

정답: ⑤

해설: 가격은 수요와 공급에 관한 정보를 요약하여 전달한다. 경제주체들은 가격을 토대로 행동을 결정하므로 가격은 신호등 역할을 하며 시장경제가 효율적인 자원

배분을 달성할 수 있도록 돕는다. 자원의 희소성이 높으면 가격이 높아지므로 가격은 자원의 희소성을 반영한다. 가격은 재화의 사용가치보다 교환가치와 더 관련 있는 개념이다. 물은 다이아몬드보다 사용가치가 높으나 가격은 훨씬 싸다는 예에서도 알 수 있다.

수요

수요(demand)란 일정 기간 동안에 주어진 가격에서 수요자들이 구입하고자 의도하는 재화와 서비스의 총량을 의미한다. 수요는 일정 기간에 걸쳐 측정되므로 유량개념이고, 실제 구입량이 아니라 의도된 양을 말한다.

✛ 수요의 법칙

어떤 상품에 대한 수요에 가장 큰 영향을 미치는 것은 바로 그 상품의 가격이다. 일반적으로 다른 모든 조건이 동일하다고 할 때, 그 상품의 가격이 상승하면 그 상품의 수요는 감소하고, 반대로 가격이 하락하면 수요는 증가하게 된다. 예외적인 경우를 제외하면, 이와 같은 가격과 수요량 사이의 관계는 매우 일반적이라고 할 수 있기 때문에 이를 수요의 법칙(law of demand)이라고 부른다.

MK Test Plus+
유량과 저량
유량(flow)의 개념은 일정 기간 동안에 측정되는 경제변수의 흐름을 말한다. 이에 반해 저량(stock) 개념은 일정 시점에 측정되는 유량의 축적량이다.

**응용
문제** 수요의 법칙과 관련된 다음의 설명 중 옳은 것을 모두 고르면?

A. 기호, 선호, 소득 등도 수요에 영향을 미친다.

B. 수요의 법칙이 성립하지 않는 재화는 존재하지 않는다.

C. 재화의 가격과 수요량은 역관계에 있다는 것이 수요의 법칙이다.

D. 수요에 네트워크 외부효과가 있으면 수요의 법칙이 성립하지 않는다.

E. 기펜재는 수요의 법칙이 성립하지 않는 재화이다.

① A, B   ② C, D

③ C, E   ④ A, C, D

⑤ A, C, E

정답: ③

해설: 수요의 법칙은 가격이 오르면 수요량이 감소한다는 것이며 수요곡선이 우하향하는 것을 의미한다. 기호, 선호, 소득 등은 수요의 법칙과 상관없으며 수요곡선 자체를 이동시키는 요인이다. 네트워크 외부효과는 어떤 재화 소비로부터 얻는 효용이 그 재화를 소비하는 다른 사람들의 수에 의해 영향을 받는 효과를 말한다. 양의 네트워크 외부효과(밴드왜건효과)와 음의 네트워크 외부효과(속물효과)가 있으며 전자는 재화를 소비하는 다른 사람의 수가 많을수록 재화소비로 얻는 효용이 증가하는 반면 후자는 재화를 소비하는 다른 사람의 수가 적을수록 재화소비로부터 얻는 효용이 증가한다. 두 재화 모두 우하향하는 수요곡선의 형태는 유지되나 그 기울기가 보통 재화에 비해 더 평평하거나 가파르다는 차이가 있을 뿐이다. 기펜재는 가격이 하락하면 수요량이 감소하는 재화이므로 수요의 법칙이 성립하지 않는 재화이다.

✚ 수요곡선

① 수요함수

수요량과 여러 경제변수들 사이의 관계를 나타내는 식을 수요함수 (demand function)라고 부르는데, 여러 경제변수들 중에서 가격이 가장 중요하므로 다른 요인들은 변하지 않는다고 가정했을 때 수요함수는 그 상품의 가격함수로 나타낼 수 있다.

② 수요곡선

수요함수의 관계를 〈그림 1-1〉의 ⓐ와 같이 수평축에는 수요량을, 그리고 수직축에는 가격을 나타내는 평면 안에 그린 것이 수요곡선 (demand curve)이다. 수요곡선은 수요의 법칙을 반영해 우하향하는 모양을 갖는다. 개별 소비자들의 수요곡선을 모두 더하면 시장수요곡선 (market demand curve)이 도출되는데, 일반적으로 시장수요곡선은 개별 수요곡선보다 완만한 형태를 갖게 된다.

✚ 수요량의 변화와 수요의 변화

수요곡선상에서 가격의 변화에 따라 소비자가 구입하고자 하는 재화의 수량이 변하는 것을 수요량의 변화라고 하고, 수요곡선을 도출할 때에 일정하다고 가정했던 여러 요인들이 변화하여 수요곡선 자체가 좌측 또는 우측으로 이동하는 것을 수요의 변화라고 한다.

그림 1-1 (a)   **그림 1-1 (b)**

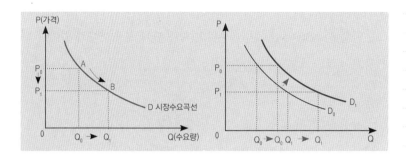

① 수요량의 변화

〈그림 1-1〉의 (a)에서 볼 수 있듯이 상품의 가격이 P_0에서 P_1로 내려가면 수요량은 Q_0에서 Q_1로 증가한다. 이러한 변화는 가격의 하락이 수요곡선 위의 A점을 B점으로 움직이게 했기 때문에 나타난다. 이와 같이 가격의 변화는 수요곡선 위의 운동을 일으킨다.

② 수요의 변화

가격이 아닌, 소득수준이나 다른 요인들의 변화로 인해 수요곡선 자체가 이동할 수도 있다. 〈그림 1-1〉의 (b)에서 볼 수 있듯이 수요곡선이 D_0으로부터 D_1으로 이동하는 것과 같이 수요곡선 자체가 이동하는 것을 수요곡선의 이동이라고 부르는데, 수요곡선이 오른쪽(혹은 위쪽)으로 움직일 때 수요가 증가했다고 말하고, 반대로 왼쪽(혹은 아래쪽)으로 움직이면 수요가 감소했다고 말한다.

✚ 수요의 탄력성

탄력성(elasticity)이란 독립변수의 변화에 대해 종속변수가 얼마나 민감하게 변하는지를 나타내는 지표이다.

① 수요의 가격탄력성

MK Test Plus+
수요의 가격탄력성
어떤 재화의 가격이 변동할 때 그 재화의 수요량이 얼마나 민감하게 반응하는지를 나타낸다. 즉 가격이 1% 변할 때 수요가 몇 % 변하는지를 나타낸다.

어떤 상품의 가격이 변하면 수요량도 역시 변한다. 수요의 가격탄력성(price elasticity of demand)은 상품의 가격에 작은 변화가 생겼을 때 그에 대한 수요량 변화율의 상대적 크기로 측정된다. 수요의 가격탄력성(ε_p)은 다음과 같은 식에 의해서 구할 수 있다.

$$(1.1)$$

$$\varepsilon_p = -\frac{\text{수요량의 변화율}}{\text{가격의 변화율}} = -\frac{\triangle Q_D/Q_D}{\triangle P/P} = -\frac{\triangle Q_D}{\triangle P} \cdot \frac{P}{Q_D}$$

여기에서 $\triangle P$ 와 $\triangle Q_D$ 는 아주 작은 가격과 수요량의 변화폭을 각각 나타낸다. 그런데 수요곡선은 우하향하기 때문에 $\triangle P$ 와 $\triangle Q_D$ 는 언제나 상반된 부호를 갖는다. 따라서 이 둘의 비율은 항상 음(-)의 값이 되므로 그 앞에 (-)부호를 붙여줌으로써 탄력성이 양(+)의 값을 가질 수 있도록 해준다. 가격탄력성은 0과 무한대 사이의 값을 가질 수 있다.

가격탄력성의 분류와 효과

- 탄력적(elastic): 수요의 가격탄력성이 1보다 크면 탄력적이라고 한다. 수요가 탄력적이면 가격이 내려갈 때 수요량이 더 큰 비율로 증가하게 된다. 상품을 판매해서 얻은 수입은 가격에 수요량을 곱한 것이므로 수요가 탄력적이면 가격이 내려갈 때 판매수입은 증가하게 된다.

- 비탄력적(inelastic): 수요의 가격탄력성이 1보다 작으면 비탄력적이라고 한다. 수요가 비탄력적이면 가격이 내려갈 때 수요량이 상대적으로 덜 증가하므로 판매수입은 줄어든다.

가격탄력성의 결정요인

- 재화의 성격: 필수품의 성격을 갖는 상품은 가격탄력성이 작은 반면, 사치품의 성격을 갖는 것은 가격탄력성이 큰 경향이 있다.

- 대체재의 존재 여부: 좋은 대체재가 될 수 있는 상품이 많이 존재하는 경우에는 가격탄력성이 높게 된다.

- 소비지출에서 차지하는 비중: 해당 상품에 대한 지출이 소비자의 전체 지출에서 아주 작은 비중밖에 차지하지 않는다면, 가격탄력성은 상당히 작을 것이다.

- 고려되는 기간: 장기에서는 소비자가 가격의 변화에 적응할 수 있는 여유를 갖게 되므로 자연스레 가격탄력성이 더 커지게 된다.

MK Test Plus+
대체재

대체재(substitutional goods)란 유사한 효용을 얻을 수 있는 재화로 경쟁재라고도 한다. 일반적으로 대체관계에 있는 두 재화에서 하나의 수요가 증가하면 다른 하나의 수요는 감소하게 된다.

응용문제 | 수요의 가격탄력성과 관련된 다음의 설명 중 틀린 것은?

① 같은 재화라도 단기보다 장기에 수요의 가격탄력성이 크다.

② 고려하는 재화의 범위가 클수록 수요의 가격탄력성이 작아진다.

③ 수요곡선이 우하향하는 직선일 경우 수요의 가격탄력성이 1인 점에서 기업의 총수입이 극대화된다.

④ 수요의 가격탄력성이 모든 점에서 같은 수요곡선은 존재하지 않는다.

⑤ 가격이 1% 변화할 때 수요량이 몇 % 변하는지를 나타내는 지표이다.

정답: ④

해설: ① 고려하는 시간의 길이가 길어지면 고려할 수 있는 대체재가 많아지기 때문에 수요의 가격 탄력성이 커진다.

② 사과수요의 가격탄력성보다는 과일수요의 가격탄력성이 작다. 사과보다 과일의 대체재가 적기 때문이다.

③ 수요곡선이 우하향하는 직선이면 수요의 가격탄력성이 1인 점을 중심으로 왼쪽은 1보다 크고 오른쪽은 1보다 작다. 수요의 가격탄력성이 1보다 크면 가격을 낮춤으로써 총수입을 늘릴 수 있고 1보다 작으면 가격을 높여 총수입을 늘릴 수 있다. 따라서 수요의 가격탄력성이 1인 점에서 총수입의 극대화가 달성된다.

④ PQ=k 같은 수요곡선에서는 모든 점에서 수요의 가격탄력성이 같다.

⑤ 수요의 가격탄력성의 정의이다.

② 수요의 소득탄력성

수요의 소득탄력성(income elasticity of demand)은 소득의 작은 변화에 대해 수요가 얼마나 민감하게 반응하는지를 나타내는 지표이다. 소득에 생긴 변화와 그것으로 인해 발생한 수요(량)의 변화를 각각 $\triangle M$, $\triangle Q_D$로 표시하면 소득탄력성(ε_m)의 산식은 다음과 같다.

(1.2)

$$\varepsilon_m = \frac{수요(량)의\ 변화율}{소득의\ 변화율} = \frac{\triangle Q_D / Q_D}{\triangle M / M}$$

수요의 소득탄력성에서는 가격탄력성의 경우와 달리 (-)부호를 붙이지 않았는데, 그 이유는 소득탄력성의 경우에는 그 값이 양(+)인지 음(-)인지가 중요하기 때문이다.

소득탄력성과 상품의 종류

- 정상재(normal goods): 다른 모든 조건이 똑같을 때, 소득의 증가가 그 상품에 대한 수요를 증가시키면(즉, 소득탄력성이 양(+)의 값을 가지면) 그 상품을 정상재라고 한다.
- 열등재(inferior goods): 소득탄력성이 음(-)의 값을 갖는 상품.
- 사치재(luxuries): 정상재 중에서 소득탄력성이 1보다 큰 상품.
- 필수재(necessities): 정상재 중에서 소득탄력성이 1보다 작은 상품.

③ 교차탄력성

수요의 교차탄력성(cross elasticity of demand)은 어떤 상품의 가격 변화에 대해 다른 상품의 수요가 얼마나 민감하게 반응하는가를 나타내는 지표이다. 예를 들어 X재의 가격에 생긴 $\triangle P_X$만큼의 작은 변화가 Y재에 대한 수요를 $\triangle Q_Y$만큼 변화시킨다면 교차탄력성(ε_c)을 다음과 같이 구할 수 있다.

(1.3)

$$\varepsilon_c = \frac{Y재\ 수요(량)의\ 변화율}{X재\ 가격의\ 변화율} = \frac{\triangle Q_Y / Q_Y}{\triangle P_X / P_X}$$

여기에서도 소득탄력성의 경우와 마찬가지로 두 변화율의 비율에 (-)부호를 붙이지 않는다.

MK Test Plus+
보완재

보완재(complementary goods)란 동일한 효용을 증대시키기 위해 함께 사용하는 재화를 말한다. 보완관계에 있는 두 재화는 하나의 수요가 증가하면 다른 하나의 수요 역시 증가하게 된다.

MK Test Memo

교차탄력성과 상품의 관계

- 대체재: 만약 X재와 Y재가 서로 대체될 수 있다면 교차탄력성은 양(+)의 값을 가지며, 대체성이 클수록 더 큰 값을 갖는다.
- 보완재: 두 상품이 서로 보완관계에 있다면 교차탄력성은 음(-)의 값을 갖고, 보완성이 클수록 그 절댓값이 커진다.

만약 교차탄력성이 0에 가깝다면 두 상품에 대한 수요는 서로 독립적이라고 말할 수 있다.

공급

공급(supply)이란 일정 기간 동안 주어진 가격에서 공급자들이 판매하고자 의도하는 재화와 서비스의 총량을 의미한다. 공급은 일정 기간에 걸쳐 측정되므로 유량개념이며, 실제 판매량이 아니라 의도된 양을 말한다.

✚ 공급의 법칙

일반적으로 다른 모든 조건이 동일하다고 할 때, 어떤 상품의 가격이 높아지면 생산자들은 그 상품을 더 많이 공급하게 되고, 반대로 가격이 낮아지면 공급량을 줄이게 된다. 이렇게 가격과 공급량 사이에 존재하는 정(+)의 관계를 공급의 법칙(law of supply)이라고 부른다.

✚ 공급곡선

① 공급함수

공급함수(supply function)는 공급량과 여러 경제변수들 사이의 관계를 나타내는 식을 말하는데, 기업이 공급하고자 하는 상품의 양에 대해 가장 큰 영향을 미치는 것은 그 상품의 가격이다. 가격 외에도 공급량은 그 상품의 생산에 투입되는 생산요소의 가격, 생산기술, 해당 상품의 공급자 수, 미래의 경제상황에 대한 기대 등 여러 요인의 영향을 받는다.

② 공급곡선

다른 요인들이 불변이라고 가정하면 공급함수는 그 상품의 가격함수로 나타낼 수 있다. 이러한 함수의 관계를 〈그림 1-2〉와 같이 수평축에는 공급량을, 그리고 수직축에는 가격을 나타내는 평면 안에 그린 것이 공급곡선(supply curve)이다. 공급곡선은 공급의 법칙을 반영해 우상향하는 모양을 갖는다. 개별 생산자들의 공급곡선을 모두 더하면 시장공급곡선(market supply curve)이 도출되는데, 일반적으로 시장공급곡선은 개별 공급곡선보다 완만한 형태를 갖게 된다.

③ 공급량의 변화와 공급의 변화

〈그림 1-2〉에서 알 수 있듯이 상품의 가격이 상승할 때 기업은 더 많은 양의 상품을 공급하고자 한다. 해당 상품의 가격 변화는 '공급곡선 위의 운동'을 일어나게 하고, 그 밖의 독립변수들의 변화는 '공급곡선의 이동'을 일어나게 한다.

그림 1-2

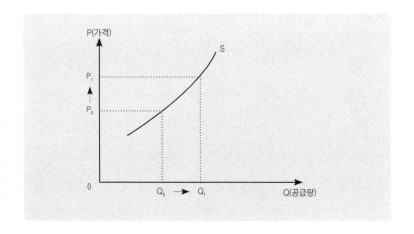

다음 중 공급량 변화를 설명한 것은?

① 유가가 상승하자 자동차회사는 자동차 공급을 줄였다.

② 자동차 한 대당 일정량의 세금을 부과하자 자동차회사는 자동차 공급을 줄였다.

③ 신기술 개발로 같은 가격에서 더 많은 상품을 공급할 수 있게 되었다.

④ 이상기후로 인해 농작물 피해가 발생하여 농작물 공급이 줄었다.

⑤ 자동차의 시장 가격이 상승하자 자동차회사는 더 많은 자동차를 공급했다.

정답: ⑤

해설: 공급 변화와 공급량 변화를 구별할 수 있어야 한다. 공급 변화는 공급곡선 자체의 이동을 의미하며 가격 외에 공급에 영향을 줄 수 있는 다른 여러 가지 요인에 의해 발생한다. 공급량 변화는 공급곡선상에서의 이동을 의미하며 가격에 의해서만 발생한다.

✚ 공급의 탄력성

공급의 경우에도 수요에서와 마찬가지로 가격 변화에 대한 반응의 민감성뿐 아니라 다른 모든 독립변수의 변화에 대한 반응의 민감성을 측정할 수 있지만, 공급의 경우 가격 이외의 다른 변수들에 대한 탄력성은 큰 관심의 대상이 되지 않는 것이 보통이다. 공급의 가격탄력성(ε_p)은 다음과 같은 식에 의해 계산할 수 있다.

(1.4)

$$\varepsilon_p = \frac{\text{공급량의 변화율}}{\text{가격의 변화율}} = \frac{\Delta Q_S / Q_S}{\Delta P / P} = \frac{\Delta Q_S}{\Delta P} \cdot \frac{P}{Q_S}$$

MK Test Memo

공급의 가격탄력성에 영향을 주는 요인

- 생산량이 증가할 때 생산비용이 얼마나 급격히 상승하느냐가 영향을 주는데, 이것이 급격히 상승할수록 공급은 비탄력적이 된다.
- 재화의 저장가능성과 저장에 드는 비용도 관련이 있는데, 저장비용이 많이 소요되거나 저장가능성이 낮은 상품은 가격 변화에 신축적으로 대응하기 어려우므로 비탄력적이다.
- 고려되는 시간이 길수록 생산과정에서의 적응능력이 커져 가격변화에 대처할 수 있는 신축성도 커지므로 탄력성이 한층 더 커진다고 말할 수 있다.

시장의 균형 03

균형(equilibrium)이란 일단 어떤 상태가 달성되어서, 새로운 교란요인이나 외부충격이 없는 한 지금의 상태가 그대로 유지되려고 하는 상태를 말한다. 시장에서는 일반적으로 수요곡선과 공급곡선이 교차하는 한 점에서 균형이 달성된다.

균형가격과 균형거래량

✚ 초과공급과 초과수요

어떤 상품시장의 수요곡선과 공급곡선이 〈그림 1-3〉과 같이 주어진 상황에서 그 상품의 시장가격이 P_1 이라면 기업들은 Q_{S1} 만큼 상품을 공급하려고 하고, 소비자들은 Q_{D1} 만큼 수요하려고 한다. 이러한 상황은 초과공급(excess supply)의 상태이다. 초과공급의 존재는 가격을 P_1 보다 낮게 하락시키는 압력으로 작용하기 때문에, 가격은 현재의 수준에 머물러 있을 수 없다. 반면에 가격이 P_2 와 같이 너무 낮다면 초과수요(excess demand)가 발생하여 가격이 상승하게 된다.

✚ 균형가격과 균형거래량

어떤 주어진 가격하에서 초과공급이나 초과수요가 존재한다면 시장은 균형을 이루지 못한다. 그런데 만약 가격이 P^*로 주어진다면 수요하려는 양과 공급하려는 양이 서로 같아져서 초과공급이나 초과수요가 생기지 않으며 이 가격은 다른 외부충격이나 교란요인이 없는 한 계속 유지될 수 있다.

이렇게 시장에 균형을 가져다주는 상품의 가격인 P^*를 균형가격 (equilibrium price)이라고 부른다. 그리고 이 가격에 거래되는 상품의 양 Q^*를 균형거래량이라고 한다. 또한 수요공급과 공급곡선이 교차하는 점 E는 균형점이라고 부른다.

그림 1-3

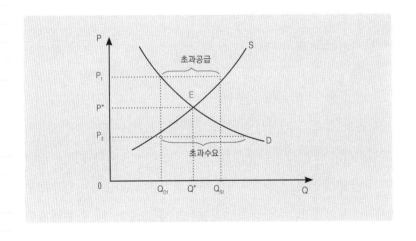

균형의 변화

불변이라고 가정했던 가격 외의 다른 요인에 변화가 생기면 수요곡선이나 공급곡선 자체가 이동하게 되므로 균형 역시 바뀌게 된다. 즉 균형가격과 균형거래량에 변화가 생긴다.

✚ 수요곡선의 이동

예를 들어 소득수준의 상승이나 인구의 증가 등의 이유로 인해 수요가 증가하게 되면 수요곡선이 우측(또는 상방)으로 이동하여 균형점 역시 우상향으로 이동하게 된다. 따라서 균형가격이 상승하고 균형거래량이 증가하게 된다. 반면에 수요가 감소하여 수요곡선이 좌측(또는 하방)으로 이동하게 되면 균형점 역시 좌하향으로 이동하게 되어 균형가격이 하락하고 균형거래량이 감소하게 된다.

✚ 공급곡선의 이동

생산기술이 발달하거나 원자재 가격이 하락하는 등의 이유로 인해 공급이 증가하면 공급곡선이 우측(또는 하방)으로 이동하여 균형점 역시 우하향으로 이동하게 된다. 따라서 균형가격은 하락하고 균형거래량은 증가하게 된다. 반면에 공급이 감소하여 공급곡선이 좌측(또는 상방)으로 이동하게 되면 균형점 역시 좌상향으로 이동하게 되어 균형가격이 상승하고 균형거래량이 감소하게 된다.

균형의 안정성

균형의 안정성이란 외부의 교란요인이 발생했을 때 경제가 균형상태로 복귀하려는 내생적인 속성을 의미한다. 원래의 균형으로 돌아오려는 경향이 있을 때 그 균형은 안정적이며, 돌아오려는 경향이 없고 오히려 계속 멀어지려 하면 불안정적이라 할 수 있다.

✚ 정적 안정성

정적 안정성(static stability)은 시간에 구애받지 않고 다만 운동의 방향만을 가지고 안정성 여부를 고찰한다. 조정과정의 성격에 따라 다시 '왈라스적 안정성'과 '마샬적 안정성'의 두 가지로 구분할 수 있다.

① 왈라스적 안정성
균형가격보다 더 높은 가격에서 초과공급이 존재하면 가격이 내려가게 되고, 이에 따라 가격은 균형가격으로 돌아오려는 움직임을 보이게 된다. 마찬가지로 균형가격보다 더 낮은 가격에서 초과수요가 존재할 때도 가격이 균형가격으로 돌아가려는 움직임이 나타난다. 균형이 이와 같이 가격의 신속한 변화를 통해 안정성을 확보할 때, 왈라스적 안정성(Walrasian stability)을 갖는다고 말한다.

② 마샬적 안정성
왈라스적 안정성이 가격의 변화를 통해 균형을 회복한다고 보는 것에 반해 마샬적 안정성(Marshallian stability)에서는 생산량의 변화를 통해 조정이 이루어진다고 보는 차이가 있다.

✚ 동적 안정성

동적 안정성(dynamic stability)은 균형으로 돌아가거나 그것에서 멀어지는 시간경로(time path) 전체에 관심을 갖고 안정성 여부를 고찰한다. 이에 대한 대표적 이론으로 거미집 모형이 있다.

거미집 모형

마샬은 수요량과 가격의 조정속도에 비해 공급량의 조정속도가 매우 느리다고 보았다. 만약 수요량과 가격은 순간적인 반응을 보이지만 공급량은 한 기간(period)이 지난 다음에야 반응할 수 있다고 가정하면, 수요량과 가격의 변화에 대한 공급량의 대응이 시차를 갖게 되어 균형으로 향하는 과정이 거미집과 같은 모양을 나타내게 된다. 이를 거미집과정(cobweb process)이라고 부른다.

균형분석의 응용

✚ 물품세 부과의 효과

공급자에게 어떤 상품 한 단위당 T원의 물품세를 부과하면, 공급자는 종전에 받던 가격에 T원 만큼 가격을 올릴 것이기 때문에 물품세의 부과는 해당 상품의 공급곡선을 T원에 해당하는 거리만큼 위로 들어 올리는 결과를 가져온다.

① 수요곡선의 영향

균형점은 〈그림 1-4〉에서의 E_0에서 E_1으로 이동하게 되고, 그 결과 균형가격이 상승하고 균형거래량은 감소하게 된다. 하지만 여기에서 가격의 상승폭은 물품세인 T원만큼에는 미치지 못한다. 만약 수요곡선이 수직선(즉, 가격탄력성이 0)이었다면 공급자가 올려 받고자 한 T원만큼 가격이 온전히 상승했을 것이지만, 수요곡선이 우하향하기 때문에 가격의 상승은 T원보다 작게 된다. 또한 수요곡선이 수평선(즉, 가격탄력성이 무한대)이라면 가격은 전혀 오르지 않는다.

그림 1-4

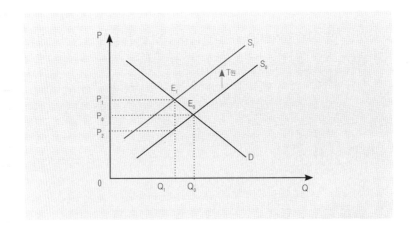

② 공급곡선의 영향

만약 공급곡선이 수평선의 모양을 갖는다면(즉, 공급탄력성이 무한대이면) 가격 상승폭은 정확히 T원이 될 것이다. 하지만 공급곡선이 수직선의 모양을 갖는다면(즉, 공급탄력성이 0이면) 가격의 변동은 없게 된다. 즉 균형점 부근에서 공급의 가격탄력성이 작을수록 가격 상승폭은 더 작아진다.

③ 공급자의 세금부담

수요곡선과 공급곡선이 수직선 또는 수평선과 같은 극단적인 경우를 제외하면, 물품세의 부과 이후에 상품의 가격은 T원보다 적게 상승한 P_1이 된다. 그리고 공급자가 받게 되는 금액은 P_1에서 세금 T원을 차감한 P_2가 된다. 따라서 공급자는 종전에 P_0의 가격을 받고 상품을 판매하다가 이보다 낮은 P_2에 상품을 판매하게 되었으므로 그 차이만큼의 세금을 부담한다고 할 수 있다.

④ 수요자에게 조세부담의 전가

수요자는 종전에 P_0에서 상품을 구입하다가 더 높은 가격인 P_1에서 구입하게 되었으므로 P_1과 P_0의 차이가 수요자가 부담하는 세금이라고 할 수 있다. 이와 같이 처음에 공급자에게 세금을 부과했었는데, 결과적으로는 수요자가 일부분의 부담을 지게 된 것, 즉 조세부담이 다른 경제주체로 떠넘겨지는 것을 가리켜 조세부담의 전가가 일어났다고 말한다.

> **응용문제** 세금의 부과는 경제주체의 행동에 영향을 미친다. 아래의 그래프는 세금을 공급자에게 부과했을 때 나타나는 수요와 공급의 반응을 나타낸 것이다. 세금 부과로 생기는 시장의 변화에 관한 다음의 설명 중 틀린 것은?

① 세금 부과로 인해 자중손실이 발생하며 이로 인해 사회적 후생은 감소한다.

② 생산자가 부담하는 조세액은 P_2-P_1이고 소비자가 부담하는 조세액은 P_1-P_3이다.

③ 수요와 공급의 가격탄력성의 상대적 크기에 따라 부담하는 조세액의 크기가 달라진다.

④ 자중손실이 발생하는 이유는 조세 부과 후 거래량이 감소하기 때문이다.

⑤ 세금은 생산자에게 부과하든 소비자에게 부과하든 결과적인 부담금액이 같다.

정답: ②

해설: 생산자가 부담하는 조세액은 P_1-P_3이고 소비자가 부담하는 조세액은 P_2-P_1이다. 세금 부과 후 거래량이 감소하며 이로 인해 자중손실이 발생한다. 자중손실의 발생은 사회적 후생 감소를 의미한다. 세금을 누구에게 징수하는가는 각 경제주체의 실제적인 조세부담금액과 상관없다.

✚ 가격상한제의 효과

가격상한제(price ceiling)는 물가안정과 소비자의 보호라는 명분을 위해 실시되는 경우가 많은데 이 정책이 소비자들에게 실질적인 혜택을 가져다주게 될지에 대해서는 명확하지 않다.

만약 정부가 균형가격인 P^*가 너무 높다고 판단하여 가격의 상한을 P_2로 제한하게 되면 P_2에서의 수요량은 Q_{D2}로 증가하게 되지만, 공급량이 Q_{S2}로 감소하게 되어 그 상품을 구입하고 싶어도 구입할 수 없는 현상이 발생하게 된다. 이러한 품귀현상이 지속되면 해당 상품이 불법적으로 거래되는 암시장(black market)이 생겨난다. 또한 Q_{S2} 수준의 공급량에서는 소비자들이 지불할 용의가 있는 가격이 P_1까지 치솟게 되므로 암시장에서 소비자가 지불하는 가격은 가격상한제 실시 이전보다 훨씬 높은 수준이 될 가능성이 높다.

MK Test Plus+
암시장
상품이 정상적인 시장가격보다 더 낮거나 더 높게 불법적으로 거래되는 시장을 말한다.

그림 1-5

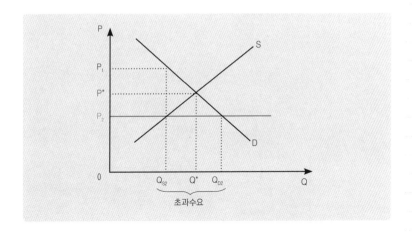

✚ 가격하한제의 효과

정부는 어떤 상품의 가격이 특정한 수준 이하로 떨어지는 것을 막는 방식으로 가격을 규제할 때도 있다. 이러한 가격하한제(price floor)의 대표적인 사례로는 임금이 최소한 어떤 수준이 되어야 한다고 규정한 최저임금(minimum wage)제도를 들 수 있다.

하지만 최저임금제도로 인해 실제로 근로자들에게 혜택이 돌아가게 될지는 분명하지 않다. 높은 임금을 받는 숙련노동자들의 경우에는 이미 법으로 정한 최저임금보다 더 높은 임금을 받고 있기 때문에 최저임금제의 적용을 받지 않지만, 최저임금 수준의 임금을 받는 미숙련노동자들은 이 제도에 직접적인 영향을 받게 된다.

만약 균형임금이 w^*인 상황에서 정부가 최저임금을 그보다 높은 w_1으로 설정하면 노동의 공급은 L_{S1}으로 증가하지만 노동의 수요가 L_{D1}으로 감소하여 그 차이만큼 실업이 발생하게 된다. 이로 인해 일자리를 구했거나 유지하는 미숙련노동자들은 최저임금의 상승혜택을 받게 되지만 그렇지 못한 나머지는 실업의 고통을 감수해야 한다.

MK Test Plus+
최저임금제
최저임금제는 근로자들이 받는 임금이 인간다운 생활을 하기에 필요한 최소한의 소득을 보장할 수 있어야 한다는 취지에서 도입된 제도이다.

그림 1-6

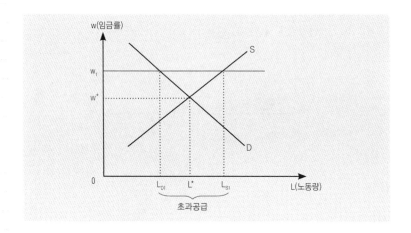

가격상한제와 가격하한제의 비교

	가격상한제	가격하한제
내용	일정 가격 이상으로 판매 금지	일정 가격 이하로 판매 금지
목적	물가 안정, 소비자 보호	생산자 보호
가격설정	시장균형가격보다 낮도록	시장균형가격보다 높도록
문제점	초과수요의 발생, 암시장 형성	초과공급의 발생, 실업 발생

매경신문 기출문제 응용

응용문제

다음 그래프를 보고 이에 관련된 설명으로 틀린 것을 모두 고르면?

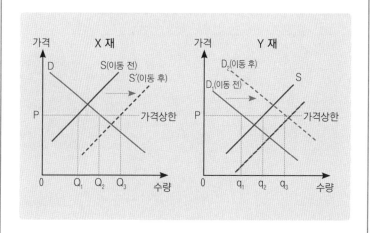

ㄱ. X재 시장에서 공급이 증가한 후에는 가격상한제가 아무 효과도 없다.

ㄴ. X재 시장에서 공급 증가 전에는 가격 P수준에서 Q_1만큼의 거래가 이루어진다.

ㄷ. Y재 시장은 수요 증가 전에 $q_2 - q_1$만큼의 초과수요가 발생한다.

ㄹ. Y재 시장에서 수요가 증가한 후에는 P보다 높은 수준에서 시장균형가격이 형성된다.

① ㄱ, ㄴ, ㄷ   ② ㄱ, ㄴ, ㄹ

③ ㄴ, ㄷ, ㄹ   ④ ㄱ, ㄷ, ㄹ

⑤ ㄱ, ㄴ, ㄷ, ㄹ

정답 ②

해설: X재 시장에서 공급 증가 후에는 시장균형가격이 상한가격보다 낮은 수준에서 형성되므로 가격상한제는 아무 효과가 없게 된다. 공급 증가 전에는 시장균형가격이 상한가격 P보다 높으므로 상한가격 P에서 거래가 이루어지게 된다. 상한가격 P하에서는 Q_2만큼의 수요가 발생하나 공급은 Q_1만큼만 이루어지므로 거래는 Q_1만큼만 이루어진다. Y재 시장은 수요 증가 전에 q_2-q_1만큼의 초과공급이 발생하며 수요 증가 후에는 하한가격 P보다 높은 수준에서 시장균형가격이 형성된다.

1. 미시경제학의 기초

ⅴ 경제학에서 기회비용의 의미 ······················· ☐
ⅴ 유량과 저량의 개념 차이 ······················· ☐
ⅴ 미시경제학과 거시경제학의 관심분야 ··············· ☐
ⅴ 실증경제학과 규범경제학의 차이 ·················· ☐
ⅴ 부분균형분석과 일반균형분석의 차이 ··············· ☐

2. 시장과 수요·공급

ⅴ 시장에서 가격이 수행하는 기능 ··················· ☐
ⅴ 수요의 법칙과 공급의 법칙 ······················ ☐
ⅴ 수요곡선과 공급곡선의 이동 원인 ·················· ☐
ⅴ 탄력성에 대한 이해 ···························· ☐

3. 시장의 균형

ⅴ 초과수요와 초과공급의 결과 ····················· ☐
ⅴ 수요곡선과 공급곡선의 이동에 따른 균형의 변화 ········ ☐
ⅴ 왈라스적 안정성과 마샬적 안정성의 차이 ············· ☐
ⅴ 물품세 부과의 효과 ···························· ☐
ⅴ 가격상한제와 가격하한제의 효과 ··················· ☐

MK Key word

1. 미시경제학의 기초
   • 경제학, 기회비용, 미시경제학, 외생변수, 내생변수, 저량, 유량, 실증경제학, 규범경제학, 정태분석, 동태분석, 부분균형분석, 일반균형분석

2. 시장의 수요·공급
   • 시장, 배급기능, 배분기능, 수요, 수요의 법칙, 수요함수, 수요의 가격탄력성, 수요의 소득탄력성, 정상재, 열등재, 사치재, 필수재, 수요의 교차탄력성, 공급, 공급의 법칙, 공급함수, 공급의 탄력성

3. 시장의 균형
   • 균형, 초과공급, 초과수요, 균형가격, 균형거래량, 균형점, 균형의 안정성, 정적 안정성, 동적 안정성, 왈라스적 안정성, 마샬적 안정성, 거미집모형, 조세부담의 전가, 가격상한제, 가격하한제, 최저임금제도

01 ○○○○이란 어떤 것을 선택함으로 말미암아 포기할 수밖에 없는 많은 선택가능성 중에서 가장 가치 있는 것이 보유하고 있는 가치를 말한다.

정답: 기회비용

02 어느 일정 기간에 행해진 경제활동의 성과를 나타내는 것으로 일정 기간 동안에 걸친 양으로 측정되는 것을 ○○이라고 하고 과거로부터의 유량의 축적을 말하며 일정 시점에 측정되는 것을 ○○이라고 한다.

정답: 유량, 저량

03 가치판단을 개입시키지 않고 객관적인 인과관계만을 분석하는 경제학의 분야를 ○○○○○이라고 하고, 가치판단을 개입시켜서 어떤 경제가 바람직한지의 관점에서 문제를 바라보는 경제학을 ○○○○○이라고 한다.

정답: 실증경제학, 규범경제학

04 ○○○○○○은 다른 시장은 일정하다는 가정하에 경제의 한 부분만 따로 떼어 분석하는 방법이다. 반면 ○○○○○○은 경제 각 부문이 서로 영향을 주고받는 것을 명시적으로 고려하면서 특정부문을 분석하는 것을 말한다.

정답: 부분균형분석, 일반균형분석

05 ○○○ ○○은 다른 조건이 똑같다고 할 때, 상품의 가격과 수요량 사이에 존재하는 역의 관계를 일컫는 말이다.

정답: 수요의 법칙

06 ○○○ ○○○○○은 수요량이 가격 변화에 얼마나 민감하게 반응하는지 나타내는 지표로 상품가격의 변화에 대한 수요량의 변화율로 측정한다.

정답: 수요의 가격탄력성

07 ○○○란 유사한 효용을 얻을 수 있는 재화를 말하고, ○○○란 동일한 효용을 증대시키기 위해 함께 사용하는 재화를 말한다.

정답: 대체재, 보완재

08 수요의 소득탄력성이 0보다 큰 재화를 ○○○라고 하고, 0보다 작은 재화를 ○○○라고 한다. 정상재는 수요의 소득탄력성이 1보다 큰 ○○○와 1보다 작은 ○○○로 다시 구분할 수 있다.

정답: 정상재, 열등재. 사치재, 필수재

09 시장의 ○○이란 일단 어떤 상태가 달성되었을 때, 새로운 교란요인이나 외부충격이 없는 한 현재 상태가 그대로 유지되려고 하는 상태를 말한다.

정답: 균형

10 원래 의도했던 것과는 달리 조세 부담이 다른 경제주체로 떠넘겨
지는 것을 가리켜 ○○○○○ ○○가 일어났다고 말한다.

정답: 조세부담의 전가

Lesson **02**   소비자이론

01 소비자의 선호체계

선호관계

✚ 소비자의 선호체계

소비자의 효용극대화 행위를 분석하기 위해서는 먼저 소비자의 선호체계가 어떤 성격을 지니고 있는지를 알아야 한다. 소비자는 일정한 선호체계에 의해 어떤 상품을 얼마나 구입할 것인지 결정한다. 하지만 소비자들이 시장에 공급되는 모든 상품을 소비하는 것은 아니며 실제로 소비할 수도 없다. 다만 시장에 있는 상품들 중에서 자기의 소득수준과 기호 혹은 선호에 맞는 상품종류와 수량을 선택하여 소비하는 것이다.

✚ 소비자이론의 기본가정

소비자들의 선호체계를 직접적으로 관찰할 수는 없고, 다만 소득과 상품의 가격들이 주어졌을 때 소비자가 소비하는 상품의 소비량만을 관찰할 수 있을 뿐이다. 그러나 소비자이론에서는 상품가격 및 소비자의 소득과 소비자의 상품소비량 사이에는 일정한 관계가 존재하며 이렇게 관찰된 관계를 결정하는 것이 소비자의 관찰되지 않은 선호체계라고 본다.

> **MK Test Plus+**
> **선호체계**
> 어떤 상품묶음을 더 좋아하는지에 대한 관계를 선호관계(preference relation)라고 하고, 이렇게 설정된 관계를 통틀어 소비자의 선호체계라고 부른다.

✚ 상품묶음

시장에서 우리가 구입할 수 있는 상품에 대하여 일정 기간 동안의 각각의 상품에 대한 소비량을 $(x_1, x_2, \cdots, x_n)$이라고 할 때, 각각의 상품이 일정 기간 동안 소비되는 양은 다음과 같은 벡터(vector)의 형식으로 나타낼 수 있다.

$$x = (x_1, x_2, \ldots, x_n) \tag{2.1}$$

여기서 x와 같이 일정 기간 동안의 각 상품별 소비량들을 벡터의 형식으로 나열하여 놓은 것을 상품묶음(commodity bundle)이라고 한다. 상품묶음을 나타내는 벡터는 0이거나 (+)의 값으로 구성되어 있으며 일반적으로 모든 상품들은 아주 작은 단위까지 분할할 수 있다고 가정한다.

소비자의 선택행위는 자신의 소득으로 구입할 수 있는 여러 상품묶음 가운데 가장 큰 만족감을 주는 것을 선택하는 과정을 뜻한다. 따라서 소비자가 어떤 선택을 할 것인지 예측하기 위해서는 우선 그가 여러 상품묶음들 가운데 어떤 것을 더 좋아하고 어떤 것을 덜 좋아하는지 알아야 한다. 즉 상품묶음들 간의 효용(utility)의 크기를 알아야 한다.

MK Test Plus+
효용
소비를 통해서 얻을 수 있는 만족을 말한다. 경제학에서 효용의 개념은 소비에 대한 만족도를 비교하기 위해 꼭 필요하다.

✚ 선호관계의 성격

① 강한 선호

만약 어떤 소비자가 상품묶음 B보다 상품묶음 A를 더 좋아한다고 말한다면 그 선호관계를 $>$ 라는 부호를 사용하여 $A > B$ 라고 나타낼 수 있다.

② 무차별한 선호

만약 어떤 소비자가 상품묶음 A와 상품묶음 B 사이에서 아무런 차이를 느끼지 못한다고 말한다면 이것은 ~라는 부호를 사용하여 $A \sim B$ 라고 표현할 수 있다.

③ 약한 선호

만약 어떤 소비자가 상품묶음 A를 최소한 B만큼 좋아한다고 말한다면 ≿라는 부호를 사용하여 $A \succsim B$라고 나타낼 수 있다.

✛ 효용함수

MK Test Plus+
효용함수
특정한 상품묶음이 소비자에게 주는 만족감의 정도를 하나의 실수(real number)로 나타내주는 함수이다.

선호체계가 주어진 상태에서는 소비자가 어떤 상품묶음을 선택할지 알 수 있지만 수많은 상품묶음의 조합들을 일일이 비교한다는 것은 어려운 일이다. 따라서 소비자의 선택행위를 효율적으로 분석하기 위해서는 소비자의 선호체계를 좀 더 구체적이며 체계적으로 표현할 수 있는 방법을 찾아야 하는데, 이와 같은 목적에서 도입된 것이 효용함수(utility function)이다. 실수(real number)로 표현된 효용함수의 값은 상품묶음이 주는 만족감 또는 효용의 크기를 나타내므로 수많은 상품묶음들이 있더라도 이 함수의 값을 통해 그 크기의 순서대로 배열할 수 있게 된다.

MK Test Plus+
공리
어떠한 이론에서 그 이론의 기초로서 가정한 것들을 말한다. 이러한 공리들은 증명 없이 옳다고 받아들여진다.

✛ 선호체계의 공리

주어진 선호관계를 모두 효용함수로 대표시키는 것에는 한계가 있고, 일정한 성격을 갖추고 있는 선호체계만을 효용함수로 나타낼 수 있다. 선호체계가 갖추어야 할 성격들은 다음과 같고, 이를 선호체계의 공리(axiom)라고 한다.

① 완비성 (completeness)

소비자는 어떤 두 상품묶음에 대해서도 어느 상품묶음을 더 선호하거나 무차별하게 느끼는지를 판단할 수 있다.

② 이행성 (transitivity)

상품묶음 A가 상품묶음 B보다 더 선호되거나 무차별하고, 상품묶음 B가 상품묶음 C보다 더 선호되거나 무차별하다면, 상품묶음 A는 상품묶음 C보다 더 선호되거나 무차별하다.

③ 연속성 (continuity)

소비자의 선호가 변화해 나갈 때 연속적으로 변화해가며 갑작스러운 변화는 나타나지 않는다.

④ 강단조성 (strong monotonicity)

소비자는 모든 상품에 대해서 상품묶음 A가 상품묶음 B보다 같거나 더 많은 양을 포함한다면 상품묶음 A를 상품묶음 B보다 더 선호한다.

⑤ 강볼록성 (strong convexity)

소비자는 무차별하게 선호되는 상품묶음들보다는 이들을 가중평균한 상품묶음을 더 선호한다.

효용함수

소비자의 선호관계가 이행적이고 완전하다면 상품묶음들을 좋아하는 순서로 나열할 수 있다. 소비자가 상품묶음들을 선호하는 순서대로 나열할 수 있다면 주어진 상품묶음들 중에서 어느 상품묶음이 가장 선호되는지를 말할 수 있다. 이러한 선호관계를 분석의 편의를 위해 함수로 표현한 것이 효용함수이다.

✚ 기수적 효용

제본스(Jevons, W.)나 왈라스(Walras, L.) 같은 경제학자들은 소비자의 만족수준을 나타내는 효용을 계산하고 측정할 수 있는 객관적 개념으로 파악하였으며, 이에 따라 개별소비자의 만족수준 정도를 구체적인 수치로 측정할 수 있을 뿐만 아니라 소비자들 사이의 효용도 서로 비교할 수 있는 것으로 보았다. 이러한 효용개념을 기수적 효용(cardinal utility)이라고 한다.

✚ 서수적 효용

파레토(Pareto, V.) 등과 같은 경제학자들은 소비자들이 소비활동을 통해서 얻는 주관적인 만족감을 나타내는 것이 효용이므로 효용을 어떤 객관적인 수치로 측정할 수 없다고 주장했다. 소비자들 사이의 효용은 비교할 수 없으며, 개별 소비자들에게 있어서도 다른 상품묶음들을 소비함으로써 얻는 효용도 그 크기의 순서만을 판단할 수 있을 뿐, 크기의 정도를 비교할 수 없는 것으로 보고 있다. 이러한 효용개념을 서수적 효용(ordinal utility)이라고 한다.

이후의 연구에 의하여 소비자가 시장에서 상품들을 선택하는 행동을 설명하기 위해서는 소비자의 선호체계를 굳이 기수적 효용으로 나타낼 필요가 없으며 다만 소비자가 선택할 수 있는 상품묶음들을 선호하는 순서대로 나열할 수만 있으면 된다는 것이 밝혀졌다.

무차별곡선

무차별곡선(indifference curve)이란 소비자에게 동일한 수준의 효용을 주는 상품묶음들의 집합을 선으로 이어서 나타낸 것을 말한다. 그리고 이러한 선들을 모아 놓은 집합을 무차별 지도(indifference map)라고 한다. 효용함수를 무차별곡선으로 나타내는 것은 소비자행위를 편리하게 분석하기 위한 필요 때문이며, 상품이 두 종류가 있을 때 이차원 평면에 무차별곡선을 그림으로써 분석을 용이하게 할 수 있다.

✚ 무차별곡선의 특징

무차별곡선은 효용함수로부터 도출되므로 무차별곡선의 모양은 선호관계 혹은 선호관계를 나타내는 효용함수의 구체적인 내용을 반영한다. 다음은 소비자행동에 관한 이론에서 가장 보편적으로 가정되고 있는 무차별곡선의 특징이다.

① 상품공간에 속한 모든 상품묶음은 그 점을 지나는 하나의 무차별곡선이 반드시 존재한다. 이것은 선호의 완비성과 밀접한 관련이 있는 항목이다.

MK Test Plus+
무차별곡선
선호관계에서 무차별을 나타내는 '~'으로 연결될 수 있는 모든 상품묶음들의 조합을 연결한 곡선이다.

MK Test Plus+
상품공간
상품들로 이루어진 공간이다. 예를 들어 2개의 재화로 이루어진 상품공간은 2차원 공간이 되어 평면에 나타낼 수 있게 된다.

등수준선

같은 수준에 해당되는 점들을 이은 곡선을 말한다. 무차별곡선은 동일한 효용수준을 나타내는 점들의 조합으로 이루어진 곡선이다.

② 무차별곡선들은 서로 교차하지 않는다. 이것은 선호관계의 이행성이 만족되면 성립하는 특징으로서 만약 두 무차별곡선이 교차한다면 교차점에 해당하는 상품묶음은 두 무차별곡선에 동시에 소속되므로 무차별곡선이 동일한 효용을 낳는 등수준선이라는 사실에 모순된다.

③ 무차별곡선들은 우하향의 형태를 갖는다. 이것은 효용수준을 동일하게 유지하면서 상품의 소비량을 증대시키려면 다른 상품의 소비량을 감소시켜야 한다는 것을 의미하며, 이는 각 상품들의 소비량을 증가시키면 효용수준이 증가한다는 것을 의미한다.

④ 무차별곡선들은 원점에서 멀어질수록 높은 효용수준을 나타낸다. 이것은 상품의 소비량 증대가 효용을 증가시킨다는 것을 의미한다.

⑤ 무차별곡선들은 원점에 대하여 볼록한 형태를 갖는다. 이것은 소비자들이 극단보다는 가중평균을 더 선호한다는 성질과 관련이 있다.

한계효용과 한계대체율

✚ 한계효용

선호관계의 강단조성은 다른 상품들의 소비량이 변화하지 않더라도 어느 한 상품의 소비량이 많아지면 효용이 증가한다는 것을 의미한다. 이때의 효용의 증가분을 한계효용(marginal utility)이라고 한다. 즉 한계효용이란 어떤 재화에 대한 소비가 1단위 증가할 때 추가적으로 얻게 되는 만족을 뜻한다. 효용함수가 연속적이고 미분가능하다면 한계효용은 효용함수를 소비량으로 미분한 값이 된다.

✚ 한계효용체감의 법칙

상품소비량이 증가함에 따라 한계효용이 감소하는 것을 한계효용체감의 법칙(law of diminishing marginal utility)이 적용된다고 한다. 한계효용의 값은 그 상품의 소비량뿐만 아니라 함께 소비되고 있는 다른 상품들의 소비량 수준에 의해서도 영향을 받을 수 있는데, 한계효용체감의 법칙은 우리가 다른 상품들의 소비량을 고정시킨 상태에서 어느 한 상품의 소비량만을 증가시킬 때 그 상품의 소비량이 많을수록 그 상품의 추가적인 소비로 인한 효용의 증가분은 점점 작아진다는 것을 뜻한다.

✚ 한계대체율

한계대체율(Marginal Rate of Substitution: MRS)이란 동일한 효용수준을 유지하면서 어떤 재화(x)의 소비량을 1단위 증가시키기 위하여 감소시켜야 하는 다른 재화(y)의 수량을 의미한다. 한계대체율은 소비자의 주관적인 교환비율이며 무차별곡선에서 접선의 기울기로 측정된다.

그림 2-1

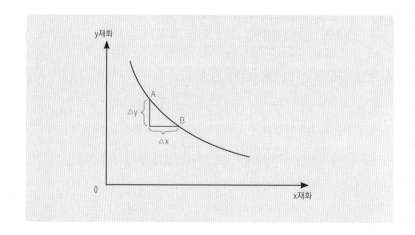

〈그림 2-1〉에서 볼 수 있듯이 접선의 기울기로 계산되는 한계대체율은, 주어진 무차별곡선 위에서 이동할 때 한 상품을 감소시키는 대신 다른 상품을 증가시키는 것이므로 항상 음(-)의 값을 갖는다. 따라서 한계대체율을 정의할 때는 식 (2.2)와 같이 기울기에 (-)부호를 덧붙여 전체의 값이 양(+)이 되도록 만드는 것이 보통이다.

(2.2)

$$MRS_{x,y} = -\frac{\triangle y}{\triangle x}$$

✚ 한계대체율체감의 법칙

선호관계가 강볼록성을 만족한다면 무차별곡선은 원점에 대하여 볼록하게 되고, 무차별곡선을 따라 어떤 재화의 소비량이 많아질수록 추가적인 소비를 위해 소비자가 포기할 용의가 있는 다른 재화의 수량은 점차 작아진다. 이를 한계대체율체감의 법칙(law of diminishing marginal rate of substitution)이라고 한다.

예외적인 선호체계의 무차별곡선

✚ 두 상품이 완전한 대체재인 경우

만약 두 상품이 일정하게 고정된 비율로 언제든지 대체가 가능하다면, 즉 두 상품의 한계대체율이 고정되어 있다면 무차별곡선은 직선으로 나타나게 된다.

✚ 두 상품이 완전한 보완재인 경우

보완재는 늘 함께 사용되는 상품들로서 효용을 얻거나 혹은 증대시키기 위해서 두 상품이 같이 소비된다. 만약 두 상품이 서로 일정한 비율로 소비해야 하는 완전보완재의 관계라면 무차별곡선은 L자 모양을 갖게 된다.

✚ 하나가 비재화인 경우

만약 한 재화가 음(-)의 효용을 주는 비재화(bads)라고 한다면 무차별곡선은 우상향하는 모양을 갖게 된다. 한 재화가 비재화라면 그 재화를 추가적으로 소비할 때 동일한 효용을 유지하기 위해서 다른 재화의 소비 역시 증가시켜야 하기 때문이다.

✚ 하나가 중립재인 경우

어떤 재화가 소비자에게 특별히 만족감을 주는 것도 아니지만 그렇다고 해서 비재화처럼 음의 효용을 주는 것도 아니면 그것을 중립재(neutral goods)라고 부를 수 있다. 이때에는 무차별곡선이 수직선, 또는 수평선이 된다.

✚ 사전편찬식 선호관계인 경우

소비자에 따라 어떤 특정상품을 극단적으로 좋아하여 그 상품의 양이 조금이라도 많으면 다른 상품의 양에 관계없이 그 특정상품의 양이 많은 상품묶음을 선호하는 경우가 있을 수 있다. 이런 선호관계를 사전편찬식(lexicographic) 선호관계라고 한다. 사전편찬식 선호관계는 완비되어 있고 이행적이기 때문에 상품묶음들을 좋아하는 순서대로 배열할 수 있으나 선호가 불연속하기 때문에 이 선호관계를 나타내는 효용함수는 존재하지 않는다. 따라서 무차별곡선 역시 존재하지 않는다.

그림 2-2 (a) **그림 2-2 (b)**

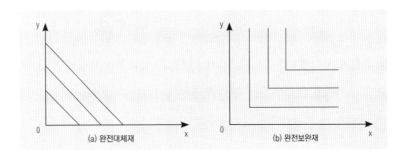

그림 2-2 (c) **그림 2-2 (d)**

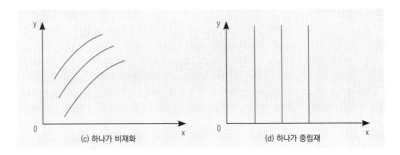

소비자의 최적선택 02

예산제약

소비자이론의 궁극적 목표가 소비자의 소비행위를 이해하고 설명하는 것이라면 소비자의 선택과 관련된 중요한 제약 요인들을 살펴볼 필요가 있다. 소비자와 관련한 구체적인 제약은 상품을 구입하는 데 지출할 수 있는 소득이 일정한 크기로 주어져 있다는 것이 될 것이다. 이를 예산제약(budget constraint)이라고 한다.

✚ 예산선

소득 M 을 X, Y 재를 소비하는 데에 모두 사용하는 경우, X, Y 의 가격이 각각 P_x, P_y 로 주어지고 수량은 x, y 로 주어졌을 때 예산제약식은 다음과 같이 나타낼 수 있다.

$$P_x x + P_y y = M \qquad (2.3)$$

식 (2.3)을 X, Y 의 상품공간에 그림으로 나타내기 위하여 y 에 대하여 식을 정리하면 다음과 같다.

$$(2.4)$$
$$y = -\frac{P_x}{P_y}x + \frac{M}{P_y}$$

> **MK Test Plus+**
> **예산선**
> 주어진 소득으로 소비할 수 있는 재화들의 조합을 연결한 선이다.

MK Test Plus+
상대가격
어떤 재화와 다른 재화의
교환비율을 말한다.

두 상품의 가격이 일정하게 주어진 상태에서 식 (2.4)를 그림으로 옮기면 〈그림 2-3〉에서 보는 것과 같이 기울기가 $-\dfrac{P_x}{P_y}$ 이고 y 절편이 $\dfrac{M}{P_y}$ 인 직선이 되는데, 이를 예산선(budget line)이라고 한다. 이 예산선의 기울기의 절댓값은 상품의 상대가격(relative price)을 나타낸다. 즉 기울기의 절댓값은 소비자가 시장에서 X 재 한 단위를 구입하기 위하여 포기해야 하는 Y 재의 수량을 의미하며, 따라서 이것은 기회비용의 개념과 밀접한 관련을 갖는다.

그림 2-3

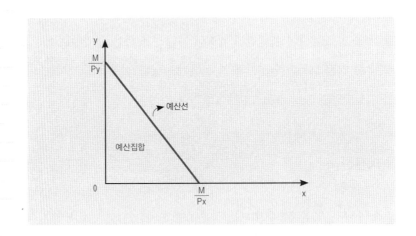

✚ 예산제약 부등식

소비자가 처한 예산제약은 두 상품에 대한 지출의 합이 소득보다 커서는 안 된다는 것이다. 따라서 언제나 다음의 부등식을 만족해야 한다.

$$P_x x + P_y y \leq M \tag{2.5}$$

이 부등식을 만족시키는 상품묶음은 예산선을 포함하는 예산선 아래의 구역이며, 이 구역 안에서 소비자들은 그들이 원하는 상품묶음을 선택할 수 있다. 이와 같은 점들의 집합을 예산집합(budget set) 또는 기회집합(opportunity set)이라고 한다.

✚ 예산선의 변화

예산선의 모양을 결정하는 것은 소득과 상품의 가격이다. 따라서 소득이나 상품가격이 변하게 되면 예산선의 위치나 기울기가 변하게 된다.

① 소득의 변화

두 상품의 가격은 변동하지 않고 소득만 변한다면 예산선의 기울기는 변하지 않고 위치만 이동하게 된다. 즉 y 절편과 x 절편만 이동하게 된다. 만약 소득이 M 에서 M' 로 증가한다면 예산선은 〈그림 2-4〉의 (a)에서와 같이 우측으로 이동할 것이다.

② 가격의 변화

소득은 변동하지 않고 상대가격체계만 변한다면 예산선의 기울기가 변하게 된다. 만약 X 재의 가격만 변동한다면 〈그림 2-4〉의 (b)와 같이 y 절편은 고정된 채 x 절편만 이동할 것이고, 반대로 Y 재의 가격만 변동한다면 x 절편은 고정된 채 y 절편만 이동할 것이다. 만약 두 재화의 가격이 동시에 같은 비율로 상승하거나 하락한다면, 그것은 소득이 감소하거나 증가하는 것과 마찬가지의 결과를 나타낼 것이다.

그림 2-4 (a)   그림 2-4 (b)

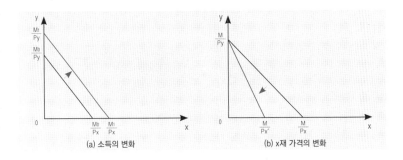

(a) 소득의 변화   (b) x재 가격의 변화

소비자의 효용극대화

✚ 효용을 극대화하는 상품묶음 선택

우리의 가정에 의한 효용함수로부터 도출되는 무차별곡선은 원점에 대하여 볼록한 형태를 가지며 원점에서 멀리 있는 무차별곡선일수록 높은 효용을 나타내는 것이다. 그런데 예산제약 때문에 소비자는 예산선 또는 예산선 아래의 집합 안에서 상품묶음을 선택해야 한다. 따라서 합리적인 소비자가 주어진 제약하에서 자신의 효용을 극대화하기 위해서는 항상 무차별곡선과 예산선이 접하는 점에 있는 상품묶음을 소비하게 된다.

✚ 효용극대화의 조건

균형인 〈그림 2-5〉의 점 E 에서는 접점의 특성으로 인하여 무차별곡선의 접선의 기울기와 예산선의 기울기가 같게 된다. 따라서 소비자의 효용극대화에 필요한 조건은 다음과 같이 표현할 수 있다.

$$MRS_{x,y} = \frac{P_x}{P_y} \tag{2.6}$$

즉 균형에서는 두 상품 사이의 주관적 교환비율인 한계대체율($MRS_{x,y}$)과 시장에서 실현되는 객관적 교환비율인 상대가격(P_x/P_y)이 일치하게 된다.

MK Test Plus+
한계대체율
어떤 재화를 추가적으로 소비할 때 동일한 효용을 유지시키기 위하여 감소시켜야 하는 다른 재화의 양을 말한다.

그림 2-5

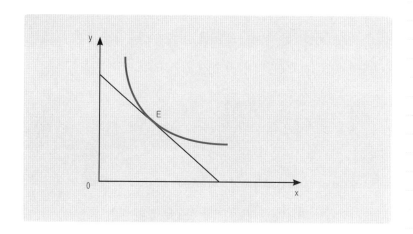

✚ 한계효용균등의 법칙

효용이 극대화되는 조건이 $MRS_{x,y} = \dfrac{MU_x}{MU_y} = \dfrac{P_x}{P_y}$ 이므로 이 식을 정리하면 다음의 관계를 얻을 수 있다.

$$\frac{MU_x}{P_x} = \frac{MU_y}{P_y} \tag{2.7}$$

식 (2.7)은 각 재화에 지출된 1원의 한계효용이 동일하도록 X 재와 Y

재를 구입해야 소비자의 효용이 극대화된다는 것을 의미한다. 이를 한계효용균등의 법칙(law of equimarginal utility)이라고 한다.

매경신문 기출문제 응용

응용 문제

다음은 매경이의 수입과 지출에 관한 설명이다. 매경이의 소비에 관한 설명 중 틀린 것은?

매경이는 피자와 콜라를 사는데 용돈을 모두 지출하며 피자는 한 판에 10,000원, 콜라는 한 잔에 2,000원이다. 매경이의 용돈은 100,000원이다. 지난달과 이번 달 매경이는 각각 피자 8판과 콜라 10잔, 피자 6판과 콜라 20잔을 소비했다.

① 피자소비량을 x축, 콜라 소비량을 y축이라 할 때 (8,10)과 (6,20)은 같은 무차별곡선상에 있다.
② 매경이에게 피자와 콜라는 완전대체제이다.
③ 시장에서 피자와 콜라는 1:5의 비율로 교환된다.
④ 예산선은 수학적으로 10,000x+2,000y=100,000으로 표현할 수 있다.
⑤ 주어진 정보만으로는 무차별곡선의 형태가 직선인지 원점에 대해 볼록한지 알 수 없다.

정답: ②

해설: 합리적 경제주체로서 매경이는 효용을 극대화시키는 선택을 하는데 예산집합의 변화가 없으므로 지난달 소비와 이번 달 소비는 같은 효용을 주는 재화묶음이라고 할 수 있다. 따라서 (8,10)과 (6,20)은 같은 무차별곡선상에 있다고 할 수 있다. 매경이의 무차별곡선이 직선이라면 두 재화가 완전한 대체관계에 있다고 볼 수 있다. 이 문제에서 주어진 정보만으로는 매경이의 무차별곡선의 형태를 알 수 없다. 피자와 콜라의 시장가격을 비교해보면 5:1이므로 시장에서 피자 한 판은 콜라 5잔과 교환된다.

소득의 변화와 수요

　소득이 변화하면 예산선이 이동하게 되고, 이에 따라 효용을 극대화하는 상품묶음 역시 변하게 된다. 즉 소득의 변화에 따라 무차별곡선과 예산선의 접점 역시 이동하게 되는데, 이 점들의 궤적을 소득-소비곡선(income-consumption curve)이라고 한다. 또한 소득-소비곡선을 소득과 상품수요량의 관계로 옮겨 놓은 것을 엥겔곡선(Engel curve)이라고 한다.

그림 2-6 (a)　　　　　　　그림 2-6 (b)

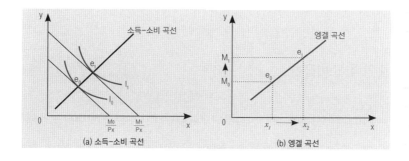

　〈그림 2-6〉은 소득이 증가함에 따라 상품의 소비량이 반드시 증가하는 것을 나타내고 있으나 소득의 증가로 상품의 소비량이 반드시 증가하는 것은 아니다. 소득이 일정 수준 이상으로 커지면 오히려 상품의 소비량이 감소하는 재화도 있을 수 있다. 이러한 재화를 열등재(inferior good)라고 한다. 엥겔곡선은 수요의 소득탄력성의 크기에 따라 그 모양이 다르게 나타난다.

엥겔의 법칙(Engel's law)

　독일의 통계학자 엥겔이 발견한 법칙으로, 저소득 가계일수록 지출 총액 중에서 식료품비가 차지하는 비율이 높고 소득이 증가할수록 그 비율이 점차 낮아지는 것을 뜻한다. 총가계지출금액 중에서 식료품비가 차지하는 비율을 엥겔계수(Engel's coefficient)라고 하며 다음과 같이 나타낸다.

$$엥겔계수 = \frac{식료품비}{총가계지출} \times 100$$

가격의 변화와 수요

✚ 가격-소비곡선

　소비자는 상품가격이 변화하여 새로운 예산제약에 직면하는 경우 한계대체율과 새로운 상품의 상대가격이 일치하도록 상품들의 소비량을 변동시킴으로써 효용을 극대화한다. 소득과 한 재화의 가격이 고정된 상태에서 다른 한 재화의 가격이 변함에 따라 변동되는 효용극대화 상품묶음들의 궤적을 가격-소비곡선(price-consumption curve)이라고 한다.

그림 2-7 (a)   **그림 2-7 (b)**

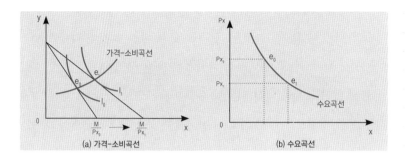

(a) 가격-소비곡선   (b) 수요곡선

✚ 수요곡선의 도출

가격-소비곡선을 해당 상품의 소비량과 가격의 관계로 나타낸 것을 그 상품의 수요곡선(demand curve)이라고 하는데, 이 수요곡선은 소득과 다른 재화의 가격이 고정되어 있는 상황에서 도출된 것이다. 따라서 소득이 변하거나 다른 재화의 가격이 변하면 수요곡선은 이동하게 된다.

✚ 가격탄력성과 가격-소비곡선

가격-소비곡선의 경우 그 상품에 대한 수요의 가격탄력성에 따라 모양과 특징이 결정된다.

① X 재에 대한 수요의 가격탄력성이 1인 경우

가격-소비곡선은 수평선의 모양을 갖게 된다. 가격탄력성이 1이면 가격의 변화분 만큼 소비량이 변하기 때문에 X 재에 대한 지출이 고정되므로 Y 재의 지출에 아무런 영향을 주지 않는다.

② 가격탄력성이 1보다 작은 경우

X 재의 가격변화가 X 재에 대한 지출과 (+)의 관계를 가지므로, Y 재에 대한 지출에 대해서는 (-)의 관계를 갖게 되어 가격-소비곡선이 우상향하게 된다. 즉 X 재의 가격이 하락할 때 X 재에 대한 소비가 그만큼 늘지 않아 X 재에 대한 지출이 감소하므로 상대적으로 Y 재에 대한 지출은 늘어난다. 따라서 가격-소비곡선은 우상향의 모습을 보인다.

③ 가격탄력성이 1보다 큰 경우

가격탄력성이 1보다 작은 경우와는 반대로 가격-소비곡선은 우하향하게 된다.

대체효과와 소득효과

상품의 가격이 변화하면 이에 따라 소비자가 선택할 수 있는 상품묶음들의 범위 역시 변화한다. 상품가격의 하락은 소비자가 선택할 수 있는 상품묶음의 범위를 확장시키고 상품가격의 하락은 소비자의 선택 범위를 축소시킨다.

상품의 가격이 변화하면 상품에 대한 수요량 역시 변화하게 되는데, 이것은 상품들의 상대가격체계의 변화에 따라 한 상품이 다른 상품에 비해 상대적으로 저렴해졌다는 점 때문이기도 하지만 실질소득(real income)의 증가에 기인하기도 한다. 이러한 두 가지 측면에서 가격의 변화가 수요에 미치는 영향을 분석해 보도록 한다.

MK Test Plus+
실질소득
실제 재화의 양으로 표시되는 소득을 말한다.

✚ 대체효과

X 재의 가격하락으로 인해 X 재가 Y 재에 비해 상대적으로 저렴해져서 수요량에 변화가 생기는 것을 대체효과(substitution effect)라고 한다. 대체효과는 소비자의 실질소득이 불변인 상태에서 두 상품 사이의 상대가격 비율에 변화가 생기기 때문에 발생하는 효과다. 대체효과는 언제나 상대적으로 싸진 물건을 더 많이 사게 만드는 반면, 상대적으로 비싸진 물건은 더 적게 사도록 하는 방향으로 작용한다.

✚ 소득효과

상품가격의 변화로 인해 실질소득이 변화하여 수요량에 변화가 생기는 것을 소득효과(income effect)라고 한다. 소득효과는 상대가격의 변화가 없는 상황에서 실질소득이 변화해 생기는 효과를 뜻한다. 언제나 한 방향으로만 작용하는 대체효과와는 달리, 소득효과의 경우에는 고려 대상이 되는 상품의 성격에 따라 작용하는 방향이 달라진다. 정상재의 경우에는 실질소득의 증가가 수요를 증가시키지만 열등재라면 이와는 반대로 수요를 감소시킬 것이다.

✚ 가격효과

앞에서 살펴 본 대체효과와 소득효과를 합한 것을 가격효과(price effect) 또는 총효과(total effect)라고 한다. 대체효과가 언제나 가격과 (-)의 관계를 갖는 데에 비해 소득효과는 재화의 특성에 따라 그 효과가 다르게 나타나므로, 가격효과는 대체효과의 소득효과의 크기와 방향에 따라 다르게 나타날 수 있다.

기펜재(Giffen's goods)

만약 어떤 재화가 극심한 열등재이어서 가격의 하락으로 인한 대체효과를 소득효과가 완전히 상쇄시키고도 남는다면 그 재화의 소비량은 가격이 하락했음에도 불구하고 줄어들게 된다. 이것은 수요의 법칙에 어긋나는 것으로서 이러한 재화를 기펜재(Giffen's goods)라고 한다. 기펜재는 열등재의 한 특수한 경우이다. 열등재라고 하더라도 대체효과가 소득효과보다 크다면 가격의 하락은 수요의 증가를 가져온다. 기펜재는 열등재이면서 대체효과보다 소득효과가 월등히 큰 특수한 재화의 경우이다.

매경신문 기출문제 응용

응용문제) 다음 중 틀린 설명을 고르면?

① 정상재와 열등재의 구분은 수요의 소득탄력성 부호에 따른다.

② 기펜재는 대체효과가 소득효과보다 큰 재화이다.

③ 기펜재는 모두 열등재이다.

④ 필수재는 수요의 가격탄력성이 작은 재화이다.

⑤ 열등재일지라도 한계효용은 0보다 크다.

정답: ②

해설: 정상재는 수요의 소득탄력성이 양수이고 열등재는 수요의 소득탄력성이 음수이다. 즉 소득이 증가했을 때 정상재수요는 증가하고 열등재수요는 감소한다. 기펜재는 열등재 중 소득효과가 대체효과보다 더 큰 재화이다. 기펜재의 가격이 하락하면 대체효과로 인해 수요가 증가하고 소득효과로 인해 수요가 감소하는데, 소득효과가 더 크기 때문에 수요가 감소한다. 수요의 가격탄력성이 작은 재화를 필수재라 부른다. 열등재의 한계효용은 양수이며 비재화의 한계효용은 음수이다.

보상수요곡선

합리적 소비자의 상품에 대한 수요는 소득과 상품가격체계의 함수로 표시할 수 있다. 통상수요(ordinary demand)는 이와 같이 소득과 상품가격체계에 따른 소비자의 상품소비계획을 말하고, 이는 가격효과 즉, 대체효과와 소득효과를 합한 가격의 변화에 따른 수요량의 변화를 나타낸다.

✚ 보상수요

만약 소비자의 효용함수를 알 수 있다면 상품수요를 명목소득이 아닌 효용수준과 상품가격체계의 함수로 표시할 수 있을 것이다. 주어진 상대가격체계에서 합리적 소비자가 일정한 효용수준을 달성하려 한다면, 이 효용수준을 달성하기 위해 최소의 비용을 지불하려 할 텐데, 이때의 상품수요를 보상수요(compensated demand)라고 한다.

MK Test Plus+
명목소득
화폐단위로 표시한 소득을 말한다.

✚ 보상수요곡선

보상수요는 가격변화로 인해 생기는 실질소득의 변화를 제거해 소득효과가 발생하지 않도록 함으로써 도출할 수 있다. 소득의 변화는 예산제약선을 이동시켜 효용수준을 변화시키므로, 소득효과를 제거해야 가격변화 이전과 이후의 효용수준을 동일하게 유지한 상태에서의 재화의 가격과 수요량의 관계를 살펴볼 수 있다. 이에 따라 도출되는 보상수요곡선은 대체효과만으로 이루어져 있으므로 통상적인 수요곡선보다 더 급경사를 이루게 된다. 물론 열등재의 경우에는 보상수요곡선의 기울기가 통상적인 수요곡선의 기울기보다 완만할 것이다.

소비자이론의 응용 👤 03

사회복지제도의 분석

정부에서 저소득층을 지원하기 위한 방안으로, 첫째 현금보조(cash transfer), 둘째 현물보조(in-kind transfer), 셋째 가격보조(price subsidy)를 들 수 있다. 이들의 차이를 소비자이론을 응용하여 분석해 보도록 한다.

✚ 현금보조와 현물보조

현금보조는 정부가 소비자의 구매력을 증가시키는 것으로 소득의 증대와 같은 효과를 지닌다. 반면에 현물보조는 특정한 재화를 무상으로 보조하는 것이다. 둘 다 예산제약선을 우측으로 이동시켜 소비자의 효용을 증대시키지만, 현금보조는 소비자에게 재화의 선택권이 있다는 점에서 현물보조와 같거나 더 높은 효용을 제공할 수 있다. 하지만 현금보조를 해 주었을 경우 소비자들이 바람직하지 않은 용도로 그 돈을 사용할 수 있기 때문에 현물로 직접 지급하는 것이 더 나을 수 있다.

✚ 현금보조와 가격보조

　가격보조란 특정 재화를 시장가격보다 더 저렴하게 구입할 수 있도록 보조하는 것을 말한다. 가격보조는 상품의 상대가격체계를 변화시켜 예산선을 회전시킨다. 만약 X 재에 대한 가격보조를 실시하게 되면 X 재의 가격이 하락하여 동일한 예산에서 구입할 수 있는 X 재의 양이 증가하므로 y 절편은 그대로인 채 x 절편만 증가하게 된다. 이에 따라 예산선의 기울기는 더 완만하게 변하게 되고, 이로 인해 최초의 예산선에 비해서는 더 높은 효용을 취할 수 있지만 동일한 액수의 현금보조에 비해서는 더 낮은 효용을 얻게 된다. 이것은 현금보조가 상품의 상대가격비율을 일정하게 유지하면서 소득만 증가시키는 데에 비해 가격보조는 상대가격구조를 교란시켜 효율성을 떨어트리기 때문이다. 하지만 특정 X 재라는 특정 재화에 대한 소비량 증대라는 특별한 목적이 있다면 가격보조가 더 우월한 정책일 수 있다.

정부는 저소득층에게 각종 지원을 하고 있다. 저소득층이 소비하는 재화가 쌀과 소주뿐이라는 가정하에서 다음 중 틀린 설명을 고르면?

① 정부가 같은 보조액을 지출한다는 가정하에 현금보조가 가장 유리하다.

② 현금보조와 현물보조의 효과는 최초소비점에 따라 같을 수도 있고 다를 수도 있다.

③ 정부가 쌀의 소비를 늘리고 싶을 경우 현물보조가 가장 유리하다.

④ 가격보조를 하면 예산선의 기울기가 바뀐다.

⑤ 현금보조를 하면 예산선이 바깥쪽으로 평행이동한다.

정답: ③

해설: 정부가 저소득층을 지원하는 방법에는 현금보조, 현물보조, 가격보조가 있다. 보조받는 층의 입장에서 가장 유리한 보조방법은 현금보조이며 최초소비점에 따라 현금보조와 현물보조의 효과는 같을 수도 있고 다를 수도 있다. 반면 정부가 특정 재화의 소비를 늘리려는 목표를 가지고 있을 경우 가격보조가 가장 유리한 보조방법이다.

현시선호이론

✚ 현시선호이론의 제기

기존의 소비자이론은 소비자의 관찰할 수 없는 선호체계에 대해 이행성, 혹은 연속성과 같은 가정들을 하고 전개한 것이다. 하지만 이것은 이론적인 가정일 뿐 실제로 소비자들의 선호체계가 그런지에 대해서는 알 수 없다. 따라서 소비자들이 시장에서 어떤 상품들을 얼마나 구입하는가를 설명하기 위해 관찰되지도 않고 존재 여부도 확인할 수 없는 선호관계나 효용함수를 가정하는 것보다는, 소비자의 관찰된 수요행위로부터 소비자의 행동을 이해하는 것이 훨씬 더 현실적이라는 생각에서 나온 이론이 현시선호이론(revealed preference theory)이다.

✚ 현시선호이론과 기존의 소비자이론 간의 관계

사무엘슨(P. Samuelson)에 의해 처음으로 제시된 현시선호이론은 전통적인 소비자이론에 비해 훨씬 더 약하고 적은 수의 가정만으로도 이론의 정립이 가능하다는 장점을 지닌다. 현시선호이론은 기존의 소비자이론이론에 대한 대안으로서 시작된 이론이었는데, 몇 가지 가정이 추가되면 기존의 소비자이론과 이론적으로 동등하다는 것이 밝혀졌다. 즉 현시선호이론과 기존의 소비자이론은 서로 보완적인 관계를 지닌다.

✚ 현시선호이론의 기본가정

① 현시선호관계

- 직접선택관계: 소비자가 상품묶음 x 와 y 를 모두 선택할 수 있는 상황에서 x 를 선택했다면, 'x 가 y 에 대하여 직접적으로 선택되었다' 혹은 'x 가 y 에 대하여 현시선호되었다'라고 한다.

- 간접선택관계: x_0 가 x_1 보다 현시선호되고, x_1 이 x_2 보다 현시선호되며 x_2 가 x_3 보다 현시선호되는 등의 관계가 x_n 까지 계속 이어질 때 'x_0 는 x_n 보다 간접적으로 현시선호되었다'라고 말한다.

② 현시선호이론의 약공리와 강공리

- 약공리(weak axiom): '상품묶음 x 가 상품묶음 y 에 대하여 현시선호되면 y 는 x 에 대하여 현시선호될 수 없다'는 것이다. 현시선호의 약공리는 어떤 개인의 소비행위에 일관성이 있어야 함을 의미한다.

- 강공리(strong axiom): '상품묶음 x 가 상품묶음 y 에 대하여 간접적으로 현시선호되면 y 는 x 에 대하여 간접적으로 현시선호될 수 없다'는 것이다. 강공리는 3개 이상의 재화에 대해서도 선택의 일관성을 보장하는 공리이며, 따라서 강공리가 성립하면 약공리는 자동으로 성립한다.

✚ 무차별곡선의 도출

현시선호이론에 따라 시장에 나타난 소비자의 선택행위에 대한 관찰을 통해 이론을 정립하더라도 그러한 선택행위가 현시선호의 공리

를 만족시킨다면 전통적인 소비자이론과 같이 우하향하는 무차별곡
선을 도출할 수 있다.

그림 2-8

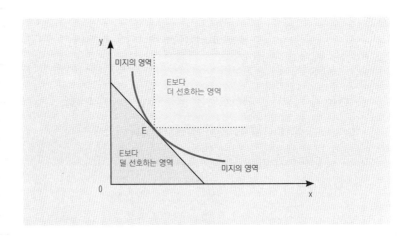

① 무차별곡선이 지날 수 없는 영역

예산제약하에서 소비자가 〈그림 2-8〉의 점 E 에서 상품묶음을 구입
하고 있다면, 예산선보다 아래에 위치하고 있는 상품묶음들은 소비자
가 선택할 수 있었지만 선택하지 않았다고 볼 수 있으므로 모두 점 E
보다 덜 선호되는 것들이다. 그리고 점 E 의 오른쪽과 위쪽으로 선을
그어 만든 L 자 모양의 구역은 점 E 에서의 상품묶음보다 X 재와 Y 재
의 수량이 더 많거나 같으므로 언제나 점 E 보다 선호된다. 덜 선호되
는 구역과 더 선호되는 구역은 그 정의상 무차별곡선이 결코 지날 수
없는 부분이다.

② 무차별곡선이 지나는 미지의 영역

점 E와 효용이 동일한 점은 덜 선호되는 구역과 더 선호되는 구역의

사이인 점 E 의 좌상방과 우하방의 구역에 위치해야 한다. 남아 있는 부분은 이른 바 '미지의 영역(region of ignorance)'이다. 만약 소비자의 선택행위에 대한 관찰이 거듭될 수 있고, 이와 같은 선택이 현시선호의 공리를 충족시킨다면 미지의 영역은 점차 줄어 결국 얇은 띠 모양의 구역만이 남게 될 것이다. 즉 이것은 우하향하는 무차별곡선을 대략적으로 도출할 수 있음을 의미한다.

지수

소득이나 상품가격들이 변화했을 때 소비자의 효용, 즉 실질소득에 어떤 영향을 주었는지를 파악할 수 있도록 해주는 것이 지수(index)이다. 지수는 상품의 수량이나 가격에 생긴 변화를 하나의 수치로 표현하는 것을 가능하게 하기 위해 고안된 개념으로 수량지수(quantity index)와 가격지수(price index)로 나누어 살펴볼 수 있다.

✚ 수량지수

명목소득과 상품가격이 변화했을 때 평균적 수량의 변화를 측정하기 위한 대표적인 방법으로는 라스파이레스 수량지수와 파셰 수량지수가 있다.

① 라스파이레스 수량지수
라스파이레스 수량지수는 가격이 기준연도 가격(P_0)으로 일정하다고 가정하고 비교연도 구입액(Q_1)과 기준연도 구입액(Q_0)을 비교하는

지수이며 다음과 같이 나타낼 수 있다.

$$L_q = \frac{P_0 \cdot Q_1}{P_0 \cdot Q_0}$$ (2.8)

식 (2.8)에서 분자 $P_0 Q_1$ 은 기준연도 가격(P_0)으로 평가한 비교연도 구입액이고, 분모 $P_0 Q_0$ 는 기준연도 가격으로 평가한 기준연도 구입액을 의미한다.

② 파셰 수량지수

파셰 수량지수는 가격이 비교연도 가격(P_1)으로 일정하다고 가정하고 비교연도 구입액(Q_1)과 기준연도 구입액(Q_0)을 비교하는 지수이며 다음과 같이 나타낼 수 있다.

$$P_q = \frac{P_1 \cdot Q_1}{P_1 \cdot Q_0}$$ (2.9)

✚ 가격지수

평균적인 가격의 변화를 측정하기 위한 대표적인 방법으로는 역시 라스파이레스 가격지수와 파셰 가격지수가 있다.

① 라스파이레스 가격지수

라스파이레스 가격지수는 기준연도의 상품묶음에서의 소비량을 가중치로 사용하여 평균적 가격의 변화를 측정하며 다음과 같이 정의된다.

$$L_p = \frac{P_1 \cdot Q_0}{P_0 \cdot Q_0} \qquad (2.10)$$

② 파셰 가격지수

파셰 가격지수는 비교연도의 상품묶음에서의 소비량을 가중치로 사용하여 평균적 가격의 변화를 측정하며 다음과 같이 정의된다.

$$P_p = \frac{P_1 \cdot Q_1}{P_0 \cdot Q_1} \qquad (2.11)$$

MK Test Memo

지수와 실질소득의 변화방향 판단

① 라스파이레스 수량지수의 판단

- $L_q < 1$ 인 경우: 비교연도 구입액이 기준연도 구입액보다 감소 했으므로 생활수준이 악화되었다고 판단할 수 있다.

- $L_q = 1$ 인 경우: $Q_0 = Q_1$ 이 되므로 기준연도에는 Q_0 대신 Q_1 을 선택할 수 있었음에도 불구하고 Q_0 를 선택했다고 볼 수 있다. 즉, Q_0 가 Q_1 에 비해 현시선호된다고 볼 수 있으므로 기준연도에 비해 비교연도의 생활수준이 더 낮아졌다고 볼 수 있다.

- $L_q \leq 1$ 이라면 실질소득이 감소한 것으로서 생활수준이 악 화되었음을 의미한다. 하지만 $L_q > 1$ 이라고 해서 반드시 생 활수준이 개선되었다고 볼 수는 없다.

② 파세 수량지수의 판단

● $P_q \geq 1$인 경우: 실질소득이 증가했다고 볼 수 있다.

● $P_q < 1$이라고 해서 실질소득이 감소하여 생활수준이 감소했다고는 볼 수 없다.

③ 실질소득의 변화방향 판단 방법

● 먼저 $L_q \leq 1$이면 실질소득이 감소했다고 판단하고, 만약 $L_q > 1$이면 파세 수량지수를 확인한다.

● $P_q \geq 1$이면 실질소득이 증가했다고 판단한다. 만약 $P_q < 1$이면 실질소득이 증가했는지 감소했는지 판단할 수 없다. ($L_q > 1$이면서 $P_q < 1$이면 판단이 불가하다.)

③ 소득지수

가격지수 자체만으로는 생활수준의 평가가 불가능하나 명목소득의 변화를 나타내는 소득지수와의 비교를 통해 생활수준의 개선여부를 판단하는 것이 가능해진다. 소득지수는 다음과 같이 나타낼 수 있다.

(2.12)

$$N = \frac{P_1 \cdot Q_1}{P_0 \cdot Q_0}$$

소득지수의 판단

- $N \geq L_p$인 경우: 생활수준이 개선된 것으로 평가된다. 소득 지수가 라스파이레스 가격지수보다 크면 소득증가율이 재화 가격 상승률(물가상승률)보다 더 크므로 실질소득이 증가한 것으로 볼 수 있기 때문이다.

- $N \geq P_p$인 경우: 생활수준이 악화된 것으로 평가된다. 이는 소득지수가 파셰 가격지수보다 작으면 소득증가율이 평균적 인 재화가격의 상승률보다 더 작으므로 실질소득이 감소한 것으로 볼 수 있기 때문이다.

네트워크효과

앞서 살펴 본 소비자이론에서는 상품들의 가격이 주어져 있을 때 해 당 상품에 대한 수요는 개인의 소득과 선호체계에 의해 결정된다고 보 았다. 그러나 실제로는 소비자에 따라, 혹은 소비자가 소비하는 상품 의 특징으로 인하여 어떤 소비자의 수요가 다른 사람의 수요에 의해 영향을 받는 경우를 볼 수 있다. 이와 같이 특정 상품에 대한 어떤 사 람의 수요가 다른 사람의 수요에 의해 영향을 받을 때 네트워크효과 (network effects) 또는 망외부성(network externality)이 존재한다고 말한 다. 이러한 네트워크효과는 소비자에게 긍정적인 외부효과를 낳는 경 우와 부정적인 외부효과를 낳는 경우가 있다.

✚ 긍정적 망외부효과 – 편승효과

동일한 상품을 소비하는 소비자들의 수가 증가할 때 소비자의 효용이 증가하고 수요량이 증가면 긍정적 망외부효과(positive network externality)가 있다고 말한다. 다른 소비자들의 수가 증가함에 따라 개별 소비자의 효용이 증가하고, 따라서 수요량이 증가하는 현상을 편승효과(bandwagon effect) 또는 유행효과라고 하는데, 만약 소비에서 편승효과가 존재하고 있다면 상품가격의 하락은 1차적으로 소비자 자신의 효용함수와 소득에 따라 그 상품의 수요량을 증가시킬 것이고, 또한 다른 소비자들의 수요량 역시 증가시킬 것이므로 편승효과로 인해 소비자의 수요량은 더욱 증가하게 된다. 편승효과는 가격변화에 대한 수요량의 반응 정도를 크게 하여 수요곡선을 더 탄력적으로 만든다.

MK Test Plus+
편승효과 / 유행효과
특정 상품에 대한 유행이 그 상품에 대한 수요의 증가를 가져오는 것을 말한다.

✚ 부정적 망외부효과 – 속물효과

상품을 소비하는 다른 소비자들의 수나 소비량이 증가함에 따라 소비자의 효용이 감소한다면 부정적 망외부효과(negative network externality)가 있다고 말한다. 사람들이 어떤 물건을 구입하는 배경에는 남들이 사지 못하는 것을 자기만 살 수 있다는 심리가 있을 수 있다. 이런 경우에는 어떤 상품을 소비하는 사람의 숫자가 더 많아질수록 그 상품에 대한 수요가 줄어드는 결과가 나타난다. 이와 같이 다른 소비자들의 수가 증가함에 따라 개별 소비자의 효용이 감소하고 따라서 수요량도 감소하는 현상을 속물효과(snob effect)라고 한다. 속물효과가 존재하면 그렇지 않은 경우에 비하여 수요곡선이 더 비탄력적인 모양(가파른 모양)을 갖게 된다.

MK Test Plus+
속물효과
특정 상품에 대한 소비가 증가했을 때 수요가 줄어드는 현상을 말한다. 이는 다른 사람들과 차별화되고 싶어하는 심리에서 비롯된다.

기대효용이론 04

지금까지 살펴 본 소비자이론은 소비자의 행동이나 선택이 확실한 결과를 가져다 준다는 것을 전제로 하고 있었다. 그러나 현실적으로는 의사결정자의 선택이 불확실한 결과를 초래하는 경우도 있을 수 있다. 폰 노이만(J. von Neumann)과 모르겐슈테른(O. Morgenstern)이 개발한 기대효용이론(expected utility theory)은 불확실성하에서의 선택을 분석하는 데 폭넓게 이용되고 있다.

기대효용

어떤 선택의 결과로서 금전적 보수(payoff)로 x 원을 얻거나 y 원을 얻는 두 가지의 상황만이 존재한다고 할 때, x 원을 얻을 수 있는 확률은 p 이고 y 원을 얻을 수 있는 확률은 그 나머지인 $(1-p)$ 라고 하자. 효용함수가 $U(\cdot)$인 의사결정자가 이 선택을 통해서 얻을 수 있는 효용은 다음과 같이 계산될 수 있고, 이를 기대효용(expected utility)이라고 부른다.

$$E(U) = pU(x) + (1-p)U(y) \tag{2.13}$$

위험에 대한 태도

사람에 따라 선택에 따르는 위험에 대하여 여러 가지 태도를 취할 수 있다. 어떤 사람들은 위험성이 있는 선택을 선호하고, 어떤 사람들은 가능하면 위험을 회피하려고 한다. 이러한 위험에 대한 태도는 의사결정자의 효용함수에 반영된다.

✛ 위험회피

위험회피(risk averse)란 위험성이 있는 선택보다 그 선택의 수학적 기대치를 확실히 받는 것을 더 선호하는 태도를 의미한다. 즉 위험회피자는 기대치가 x 원인 불확실한 복권보다 확실한 현금 x 원을 더 선호한다. 위험회피자의 효용함수는 아래쪽에서 볼 때 오목한 형태이므로 소득이 증가할 때 효용은 체감적으로 증가한다.

✛ 위험중립

위험중립(risk neutral)이란 불확실성 혹은 위험성의 유무에 관계없이 기댓값의 크고 작음만을 중요시하는 태도를 의미한다. 즉 위험중립자는 기대치가 x 원인 복권과 확실한 현금 x 원을 무차별하게 평가한다. 위험중립자의 효용함수는 소득의 증가에 따라 효용이 비례적으로 증가하므로 직선의 형태를 띤다.

✚ 위험선호

위험선호(risk loving)란 위험성이 있는 선택을 그 선택의 기대치를 확실히 주는 것보다 더 선호하는 태도를 의미한다. 즉 위험선호자는 확실한 현금 x 원보다 기대치가 x 원인 불확실한 복권을 선호한다. 위험선호자의 효용함수는 아래로 볼록한 형태이므로 소득이 증가할 때 효용이 체증적으로 증가한다.

그림 2-9 (a)　　　**그림 2-9 (b)**　　　**그림 2-9 (c)**

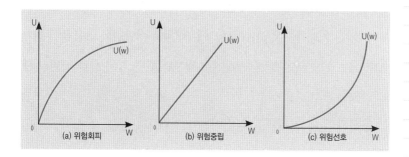

확실성등가, 위험프리미엄

확실성등가(Crtainty Equivalence: CE)란 불확실한 상태에서 기대되는 효용의 크기인 기대효용과 동일한 효용을 주는 확실한 현금의 크기를 말한다. 또한 위험프리미엄(risk premium)이란 불확실성을 제거해 주는 대가로서 포기할 용의가 있는 소득으로 정의되고, 기댓값에서 확실성등가를 차감한 값으로 계산할 수 있다.

그림 2-10

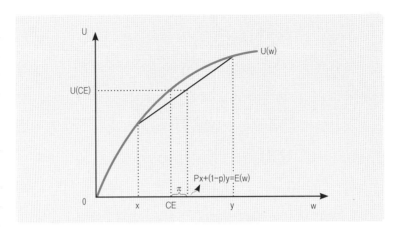

x를 얻을 확률이 p이고 y를 얻을 확률이 $(1-p)$인 복권을 통해 얻을 수 있는 기대효용은 $pU(x)+(1-p)U(y)$인데, 이만큼의 효용을 누리기 위해서는 확실성등가만큼만 확실히 받으면 된다. 따라서 복권의 기댓값과 확실성등가의 차액은 의사결정자가 위험을 피하는 대가로 지불할 용의가 있는 최대액수이다. 이것이 위험프리미엄으로 〈그림 2-10〉에서 π로 나타난다.

위험에 대한 태도와 위험프리미엄

① 위험회피자: 기대치가 확실성등가보다 크므로 위험프리미엄은 (+)이다. 즉 위험회피자는 돈을 지불해서라도 위험성을 회피하기를 원한다.

② 위험중립자: 기대치와 확실성등가가 같으므로 위험프리미엄은 0이다.

③ 위험선호자: 기대치가 확실성등가보다 작으므로 위험프리미엄은 (-)이다. 즉 위험선호자는 위험을 없애는 대가로 오히려 돈을 받고자 한다.

응용 문제

다음의 투자기회에 대한 설명으로 틀린 것을 고르면?

	호황	불황	초기투자비
투자기회A	100억 원	80억 원	50억 원
투자기회B	300억 원	20억 원	100억 원

(경제가 호황일 확률은 80%, 불황일 확률은 20%이다.)

① 위험중립적인 경제주체는 투자기회B를 선택한다.

② 수익의 변동성은 투자기회B가 더 크다.

③ 수익에 대한 한계효용이 불변인 경제주체는 투자기회B를 선택한다.

④ 기대수익은 투자기회A가 더 크다.

⑤ 수익에 대한 한계효용이 체증하는 경제주체는 투자기회A를 선택한다.

정답 (5)

해설: 기대수익은 투자기회A의 경우 46억원, 투자기회B의 경우 144억이다. 수입변동성은 투자기회B가 A보다 크다. 따라서 위험애호적이거나 중립적인 경제주체는 투자기회B를 선택할 것임을 알 수 있다. 수익에 대한 한계효용이 체감하면 위험기피적, 불변이면 위험중립적, 체증하면 위험애호적인 경제주체이다. 따라서 한계효용이 불변인 경제주체와 체증하는 경제주체는 투자기회B를 선택할 것임을 예상할 수 있다.

1. 소비자의 선호체계
∨ 선호체계와 효용함수에 대한 이해 ································· □
∨ 무차별곡선의 특징 ··· □
∨ 한계효용체감의 법칙과 한계대체율체감의 법칙에 대한 이해 ·········· □

2. 소비자의 최적선택
∨ 효용극대화의 조건 ··· □
∨ 대체효과와 소득효과가 수요에 미치는 영향 ······················ □
∨ 보상수요곡선에 대한 이해 ······································ □

3. 소비자이론의 응용
∨ 현금보조, 현물보조, 가격보조의 차이 ··························· □
∨ 현시선호이론에 대한 이해 ······································ □
∨ 라스파이레스지수와 파셰지수의 차이 ··························· □
∨ 편승효과와 속물효과에 대한 이해 ······························ □

4. 기대효용이론
∨ 기대효용에 대한 이해 ·· □
∨ 위험에 대한 태도 구분 ··· □
∨ 확실성등가와 위험프리미엄에 대한 이해 ························· □

MK Key word

1. 소비자의 선호체계
   • 상품묶음, 효용, 선호관계, 효용함수, 기수적 효용, 서수적 효용, 무차별곡선, 한계효용, 한계효용체감의 법칙, 한계대체율, 한계대체율체감의 법칙, 사전편찬식 선호관계

2. 소비자의 최적선택
   • 예산제약, 예산선, 상대가격, 한계효용균등의 법칙, 소득-소비곡선, 가격-소비곡선, 수요곡선, 대체효과, 소득효과, 가격효과, 기펜재, 보상수요곡선

3. 소비자이론의 응용
   • 현금보조, 현물보조, 가격보조, 현시선호이론, 수량지수, 가격지수, 라스페이레스지수, 파셰지수, 소득지수, 네트워크효과, 편승효과, 속물효과

4. 기대효용이론
   • 기대효용, 위험회피, 위험중립, 위험선호, 확실성등가, 위험프리미엄

01 ○○○○란 특정한 상품묶음이 소비자에게 주는 만족감의 정도를 하나의 실수로 나타내 주는 함수이다.

정답: 효용함수

02 소비자에게 동일한 수준의 효용을 주는 상품묶음의 집합을 선으로 이어서 나타낸 것을 ○○○○○○이라고 한다.

정답: 무차별곡선

03 어떤 재화를 한 단위 추가 소비함으로써 얻게 되는 추가적인 만족을 ○○○○이라고 하며 상품소비량이 증가함에 따라 한계효용이 감소하는 것을 ○○○○○○○ ○○이라고 한다.

정답: 한계효용, 한계효용체감의 법칙

04 소비자의 주관적인 교환비율로서 무차별곡선 접선의 기울기로 측정되는 ○○○○○은 동일한 효용수준을 유지하면서 어떤 재화 소비량을 한 단위 증가시키기 위해 포기해야 하는 다른 재화의 수량을 말한다.

정답: 한계대체율

05 가격효과는 소비자의 실질소득은 불변이나 두 상품 사이의 상대가격 비율에 변화가 생겨서 발생하는 ○○○○와 상품가격 변화로 실질소득이 바뀌어 수요량에 변화가 생기는 ○○○○로 나뉜다.

정답: 대체효과, 소득효과

06 열등재이면서 소득효과가 대체효과를 압도하는 재화를 ○○○ 라고 부른다.

정답: 기펜재

07 소비자의 관찰된 수요행위로부터 소비자의 행동을 이해하는 것이 훨씬 더 현실적이라는 생각에서 나온 이론이 ○○○○○○이다.

정답: 현시선호이론

08 지수는 상품의 수량이나 가격에 생긴 변화를 하나의 수치로 표현하는 것을 가능하기 위해 고안된 개념인데, ○○○○○○○○는 가중치를 기준연도로 두는 반면 ○○○○는 가중치를 비교연도로 둔다.

정답: 라스파이레스지수, 파셰지수

09 다른 소비자들의 수가 증가함에 따라 개별소비자의 효용이 증가하고, 따라서 수요량이 증가하는 현상을 ○○○○라 하고 이와 반대로 다른 소비자들의 수가 증가함에 따라 개별소비자의 효용이 감소하여 수요량이 감소하는 현상을 ○○○○라고 한다.

정답: 편승효과, 속물효과

10 ○○○○란 위험성이 있는 선택보다 그 선택의 수학적 기대치를 확실히 받는 것을 더 선호하는 태도를 의미하며 ○○○○이란 불확실성 혹은 위험성의 유무에 관계없이 기댓값의 크고 작음만을 중요시하는 태도를 의미한다. 또한 ○○○○란 위험성이 있는 선택을 그 선택의 기대치를 확실히 주는 것보다 더 선호하는 태도를 의미한다.

정답: 위험회피, 위험중립, 위험선호

Lesson **03**

생산자이론

01 기업의 생산함수

기업과 생산

✚ 기업

기업(firm)은 시장에 상품을 공급하는 경제주체로서 여러 생산요소를 결합하여 상품을 생산하는 것을 주요한 목적으로 삼는다. 기업이 존재해야 할 이유는 결국 기업이 존재함으로써 생산 활동이 더욱 효율적으로 수행될 수 있기 때문이다.

MK Test Memo

기업이 생산을 효율적으로 할 수 있는 이유

① 단체생산(협동생산)

개인이 개별적으로 생산하는 것보다 팀(team)을 이루어 생산 활동을 하게 되면 생산의 효율이 증대될 수 있다.

② 거리비용절감

생산에 참여하는 독립적인 경제주체들이 서로 계약을 맺게 되면 막대한 거래비용이 수반된다. 그러나 이들이 하나의 조직을 이루게 되면 그 비용이 내부화되어 비용이 절감될 수 있다.

➕ 생산과 생산요소

생산(production)이란 생산요소를 적절히 배합·가공하여 인간에게 유용한 재화와 서비스를 창출함으로써 사회후생을 증대시키는 행위를 말한다. 이러한 생산과정에 투입되는 모든 인적 및 물적 자원을 생산요소(factors of production)라고 하는데, 대표적인 생산요소로는 노동과 토지, 자본이 있다.

생산함수

생산함수(production function)는 일정 기간 동안 투입된 여러 가지 생산요소의 양과 이를 통해 그 기간 동안 생산할 수 있는 상품의 최대량과의 관계를 나타내는 함수이다. 생산요소가 노동(L)과 자본(K)이라고 하면 생산량(Q)과 이들 생산요소투입량의 관계인 생산함수를 다음과 같은 식으로 나타낼 수 있다.

$$Q = f(L, K) \tag{3.1}$$

생산함수의 구체적인 내용은 생산기술(production technology)에 의하여 결정된다.

➕ 단기 생산함수

단기 생산함수란 생산요소 중에 그 양을 변동시킬 수 없는 것이 존재하는 경우에 가변요소의 투입량과 산출량과의 관계를 나타내는 함

MK Test Plus+
가변요소
노동과 같이 생산량의 증감에 따라 그 투입량을 변동시킬 수 있는 생산요소를 말한다.

수로, 일반적으로 단기에는 자본이 고정되어 있다고 볼 수 있으므로 단기 생산함수는 다음과 같이 나타낼 수 있다.

$$Q = f(L, \overline{K})$$
(3.2)

① 총생산(Total Product: TP)

총생산이란 n 단위의 가변요소를 투입했을 때 생산된 재화의 총량을 말한다. 단기에는 노동의 투입량만이 가변적이므로 총생산은 노동에 대한 함수($TP = Q = f(L)$)로 나타낼 수 있다. 〈그림 3-1〉의 (a)는 전형적인 총생산곡선인데, TP가 처음에는 노동투입량이 증가할수록 체증적으로 증가하다가 점차 증가율이 둔화되는 것을 볼 수 있다.

② 한계생산(Marginal Product: MP)

한계생산이란 다른 생산요소의 투입량을 일정한 수준에 고정시킨 채 가변요소를 추가적으로 1단위 더 투입했을 때의 총생산 증가분을 말한다. 따라서 노동의 한계생산(MP_L)을 다음과 같이 나타낼 수 있다.

$$MP_L = \frac{\triangle Q}{\triangle L}$$
(3.3)

식 (3.3)에서 알 수 있듯이, 한계생산은 총생산곡선의 기울기로 측정된다. 〈그림 3-1〉의 (b)에서 볼 수 있는 것처럼 한계생산은 노동의 투입량이 증가함에 따라 점차 증가하다가 TP의 변곡점에서부터 감소하게 된다. 이는 TP가 변곡점 A까지는 기울기가 점차 커지다가 그 이후에 기울기가 감소하기 때문이다.

③ 평균생산(Average Product: AP)

평균생산이란 투입된 생산요소 1단위당 총생산량을 뜻하고, 따라서 노동의 평균생산은 총생산을 노동투입량으로 나눈 것($AP_L = Q/L$)이 된다. 어떤 노동투입량에 대한 평균생산은 해당하는 점에서의 총생산과 원점을 연결한 직선의 기울기로 측정된다. AP역시 MP와 마찬가지로 처음에는 증가하다가 결국에는 감소하게 된다.

④ 한계생산체감의 법칙(law of diminishing marginal product)

〈그림 3-1〉의 (b)에서 확인할 수 있듯이 MP는 노동의 투입량이 증가할수록 커지다가 점 B에서 최대가 되고 그 이후에는 감소하는 양상을 보이게 된다. 이러한 모습은 전형적인 생산과정의 양상인데, 이를 한계생산체감의 법칙, 또는 수확체감의 법칙(law of diminishing returns)이라고 한다.

그림 3-1

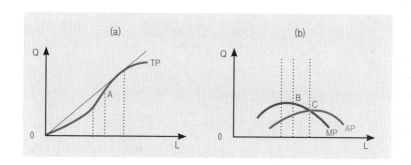

➕ 장기 생산함수

장기에는 노동과 더불어 자본에도 변동이 있을 수 있으므로 두 요소 모두가 가변요소가 된다. 따라서 장기의 생산함수는 다음과 같이 나타낼 수 있다.

$$Q = f(L, K) \tag{3.4}$$

① 등량곡선(isoquant)

등량곡선 또는 등생산곡선(iso-product curve)이란 똑같은 수준의 산출량을 가져다주는 생산요소 투입량들에 대한 조합들의 궤적으로, 노동과 자본이 가변요소인 장기 생산함수를 그림으로 나타낸 것이다. 등량곡선은 무차별곡선과 유사한 개념이다.

MK Test Memo

등량곡선의 특징

- 등량곡선은 우하향의 기울기를 갖는다.
- 원점에서 멀어질수록 더 높은 산출량을 나타낸다.
- 두 등량곡선은 서로 교차할 수 없다.
- 등량곡선은 원점에 대하여 볼록한 모양을 갖는다.

② 한계기술대체율(Marginal Rate of Technical Substitution: MRTS)

한계기술대체율이란 동일한 산출량 수준을 유지하면서 생산요소 1단위를 추가로 투입하는 경우에 감소시켜야하는 다른 생산요소의 양을 말한다. 이는 등량곡선의 접선의 기울기로 측정할 수 있으므로 다음과 같이 표현할 수 있다.

$$MRTS_{L,K} = -\frac{\Delta K}{\Delta L} = -\frac{MP_L}{MP_K} \tag{3.5}$$

그림 3-2

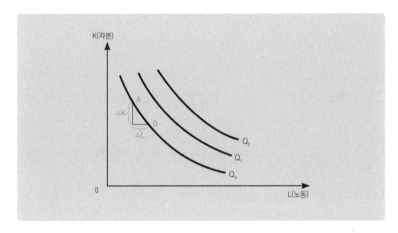

〈그림 3-2〉에서 볼 수 있는 것과 같이 등량곡선이 원점에 대하여 볼록한 경우에는 한계기술대체율체감의 법칙(law of diminishing marginal rate of technical substitution)이 성립하게 된다. 두 생산요소 사이의 대체가능성이 완벽하지 않아서 노동의 투입량이 많아질수록 자본을 노동으로 대체하는 것이 점점 어려워질 때 한계기술대체율체감의 법칙이 성립한다.

③ 대체탄력성(elasticity of substitution)

한계기술대체율과 밀접하게 관련된 개념이 대체탄력성으로서 이는 생산요소 사이의 대체가 얼마나 쉽게 이루어질 수 있는지를 나타낸다. 한계기술대체율의 변화에 비해 자본과 노동의 투입비율의 변화가 상대적으로 클수록 생산요소 사이의 대체가능성이 크다고 말할 수 있다. 대체탄력성(σ)은 다음과 같이 나타낼 수 있다.

(3.6)

$$\sigma = \frac{\text{생산요소투입비율의 변화율}}{\text{한계기술대체율의 변화율}} = \frac{\triangle(\frac{K}{L})/(\frac{K}{L})}{\triangle MRTS / MRTS}$$

대체탄력성의 크기에 따라 등량곡선의 모양이 다르게 나타나는데, 대체탄력성의 크기가 0과 ∞인 두 극단적인 경우를 〈그림 3-3〉에서 확인할 수 있다.

그림 3-3 (a)   **그림 3-3 (b)**

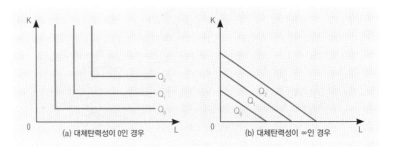

④ 대체탄력성과 생산함수

● 대체탄력성이 0인 경우: 〈그림 3-3〉의 (a)에서처럼 L자 모양을 한 등량곡선의 경우에는 한계기술대체율이 아무리 변화해도 생산요소 투입비율에 변화가 없어 대체탄력성이 0임을 알 수 있다. 즉 두 생산요소가 항상 일정한 비율로 결합되어 생산에 투입되어야 하며, 한 생산요소의 투입량이 아무리 증가하더라도 다른 요소가 같은 비율로 증가하지 않는다면 그 요소의 한계생산은 0이다. 이것은 두 생산요소가 서로 완전히 보완적인 관계임을 의미하며 이러한 특징의 생산함수를 고정비율 생산함수(fixed-proportions production function) 또는 레온티에프 생산함수(Leontief production function)라고 한다.

● 대체탄력성에 무한대인 경우: 〈그림 3-3〉의 (b)와 같이 직선의 모양을 하는 등량곡선의 경우에는 대체탄력성이 무한대의 값을 갖

는다. 등량곡선의 모양이 평평해질수록 대체탄력성이 커지는데, 그 극단적인 경우가 직선의 선분 모양을 하는 등량곡선인 것이다. 이것은 두 생산요소가 완전히 대체적인 관계라는 것을 뜻한다. 즉 하나의 생산요소를 다른 것으로 대체하는 데에 아무런 어려움도 없을 때 이러한 직선의 등량곡선이 나타난다.

대체탄력성불변 생산함수

대체탄력성이 0이나 무한대인 경우 어느 지점에서나 대체탄력성이 동일한 값을 갖는데, 이러한 생산함수를 대체탄력성불변(Constant Elasticity of Substitution: CES) 생산함수라고 부른다. 대체탄력성이 0과 무한대 사이의 어떤 값에서 일정할 수도 있는데, 대체탄력성이 1인 콥-더글러스(Cobb-Douglas) 생산함수가 대표적인 사례이다. 이 함수는 $Q = AL^{\alpha}K^{1-\alpha}$ 로 나타내어진다. 이 경우에는 노동과 자본의 투입량을 모두 h 배 늘리면, 산출량도 따라서 h 배 증가하게 되는 규모수익불변의 특성을 보이게 된다.

MK Test Plus+
콥-더글러스 생산함수
1차동차형 생산함수로, 노동과 자본을 동시에 h배 증가시켜서 투입하면 산출량 역시 h배 증가하는 특성을 갖는다.

동차함수

함수 $f(x, y)$의 각 항의 차수가 같을 때 그 함수를 동차함수라고 한다. n차의 동차함수는 항상 다음의 식을 만족한다.

$$f(\lambda x, \lambda y) = \lambda^n f(x, y)$$

콥-더글라스 생산함수는 *1*차 동차형 생산함수이므로 노동과 자본의 투입량이 동시에 λ배 증가하면 산출량 역시 λ배 증가한다.

✚ 생산의 극대화

소비자이론에서 효용을 극대화하는 것과 마찬가지로 생산의 극대화란 주어진 비용제약하에서 산출량을 극대화시키는 것을 말한다. 즉 생산의 극대화는 일정한 비용 C 가 $C = wL + vK$로 주어졌을 때 산출량 $Q = f(L, K)$을 최대로 하는 요소결합을 찾을 때 이루어진다. 여기서 w 는 노동 1단위의 가격, v 는 자본 1단위의 가격을 나타낸다.

① 생산의 균형조건

$C = wL + vK$ 로 주어진 기업의 예산선을 등비용곡선(iso-cost curve)이라고 부르는데, 이 곡선의 기울기는 생산요소 가격의 비율인 $-\frac{w}{v}$ 이다. 효용의 극대화와 마찬가지로 〈그림 3-4〉에서와 같이 등량곡선과 등비용곡선이 접하는 점에서 일정한 비용제약하에서의 생산의 극대화가 달성되는데, 이런 상태를 생산의 균형이라 부르고 그 조건은 다음과 같다.

$$MRTS_{L,K} = \frac{MP_L}{MP_K} = \frac{w}{v} \tag{3.7}$$

즉 생산의 극대화는 요소가격의 비율인 $\frac{w}{v}$ 가 한계기술대체율과 일치할 때 이루어진다. 이처럼 생산극대화와 효용극대화는 동일한 관점에서 접근할 수 있는 문제이지만, 효용극대화가 소비자에게 궁극적인 목적인데 반해, 생산의 극대화는 생산자에게 있어서 궁극적인 목적은 아니라는 차이가 있다.

그림 3-4

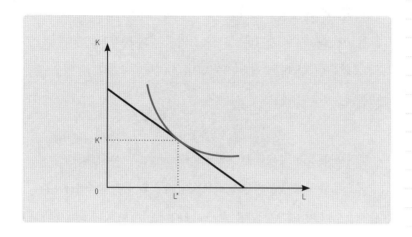

② 확장경로

등비용곡선이 요소가격(w 또는 v)의 변화 또는 투입비용(C)의 변화로 인해 이동할 경우 생산의 균형점 역시 이동하게 된다. 등비용곡선이 평행이동하게 될 경우 생산의 균형점들을 연결해 하나의 궤적으로 나타낼 수 있는데, 이 곡선을 확장경로(expansion path)라 부른다.

✚ 규모에 대한 수익

장기에 모든 생산요소의 변동이 가능할 때, 생산요소의 투입 규모에 따른 산출량의 변화를 살펴보는 것은 매우 중요하다. 이것을 '규모에 대한 수익(returns to scale)'의 문제라고 한다. 규모에 대한 수익은 모든 생산요소의 투입을 동일한 비율로 변화시킨다는 것을 전제로 하므로 장기에 있어서만 성립하는 개념이다.

규모에 대한 수익의 구분

① 규모에 대한 수익체감(Decreasing Returns to Scale: DRS)

규모에 대한 수익체감은 생산요소의 투입의 증가율보다 산출량의 증가율이 더 작은 경우를 말하며 $f(hL, hK) < hf(L, K)$ 임을 의미한다.

② 규모에 대한 수익불변(Constant Returns to Scale: CRS)

규모에 대한 수익불변은 생산요소의 투입의 증가율과 산출량의 증가율이 같은 경우를 말하며 $f(hL, hK) = hf(L, K)$ 임을 의미한다.

③ 규모에 대한 수익체증(Increasing Returns to Scale: IRS)

규모에 대한 수익체증은 생산요소의 투입의 증가율보다 산출량의 증가율이 더 큰 경우를 말하며 $f(hL, hK) > hf(L, K)$ 임을 의미한다.

규모에 대한 수익은 기업이 얼마나 효율적으로 생산량을 증가시킬 수 있는가를 나타내준다. *IRS* 인 기업은 생산을 늘릴수록 유리해지는 반면, *DRS* 인 기업은 생산을 늘릴수록 불리해진다. 물론 *CRS* 인 기업은 생산을 늘리더라도 아무런 이득이 없다.

응용문제 어떤 기업의 생산함수가 기술적 한계대체율체감의 법칙을 따른다고 할 때 다음의 설명 중 틀린 것은?

① 등량곡선은 원점에 대해 오목하다.

② 기술적 한계대체율과 요소가격의 비가 같아지는 점에서 최적화가 달성된다.

③ 요소의 상대가격이 바뀌면 요소투입비율도 바뀐다.

④ 상대가격이 올라간 요소의 투입비율은 항상 감소한다.

⑤ 규모에 대한 수익불변인 생산함수를 가진 기업이 생산량을 늘리려고 할 때는 요소가격이 불변이라는 가정하에서 모든 투입요소를 생산량 변화율만큼 늘리면 된다.

정답: ①

해설: 생산함수의 기술적 한계대체율이 체감하면 x축이 증가함에 따라 등량곡선 기울기의 절대값이 감소해야 하므로 원점에 대해 볼록하다. ⑤에서 요소가격이 불변이라면 생산함수가 규모에 대한 수익불변, 체증, 체감인지에 상관없이 투입요소를 생산량 변화율만큼 변화시켜 원하는 생산량을 최적의 요소투입을 통해 얻을 수 있다.

02 기업의 비용함수

비용의 개념

✚ 경제적 비용과 회계적 비용

기업의 이윤은 총수입에서 비용(cost)을 차감한 금액이다. 그런데 경제학에서 말하는 비용은 기회비용의 개념에 근거하고 있는 경제적 비용(economic cost)으로, 경영활동과정에서 실제로 발생한 비용인 회계적 비용(accounting cost)과는 다르다. 회계적 비용은 원료구입비, 임금, 이자, 임대료 등과 같이 실제로 드러나는 명시적 비용(explicit cost)으로만 구성되어있지만 경제적 비용에는 이외에도 기회비용의 관점에서 비용으로 간주해야 하는 묵시적 비용(implicit cost) 역시 포함된다.

✚ 매몰비용

매몰비용(sunk cost)은 명백하게 지출된 비용이기는 하지만 의사결정을 할 때 고려 대상에서 제외해야 하는 성격의 비용으로, 일단 지출된 다음에는 어떤 방법으로든 다시 회수할 수 없는 비용을 말한다. 일반적으로 고정비용 중에 매몰비용의 성격을 갖는 것들이 많은데, 이러한 매몰비용의 존재는 기업의 의사결정과정에 아무런 영향을 미치지 말아야 한다.

✚ 사적 비용과 사회적 비용

사적 비용(private cost)이란 기업이 상품을 생산하기 위해 직접 지불해야 하는 모든 요소의 기회비용을 뜻하며, 이에 반해 사회적 비용(social cost)은 사회 전체적인 관점에서 상품의 생산을 위해 지출한 모든 요소의 기회비용을 뜻한다. 사회적 비용 안에는 사적 비용뿐만 아니라 외부성(externality)에 따른 비용 역시 포함된다.

매경신문 기출문제 응용

**응용
문제** 다음 중 괄호 안에 들어갈 말로 옳게 짝지어진 것은?

A회사는 신약개발에 투자하고 있다. 지난해에 5억을 들여 신약개발에 필요한 실험실을 마련하고 각종 장비를 구입했다. 지금까지 연구를 진행한 결과 신약개발에 성공할 확률은 80%, 실패할 확률은 20%임을 알게 되었으며 성공할 경우 20억의 이익을, 실패할 경우 그간 연구한 결과를 다른 회사에 팔아 5,000만 원의 이익을 얻을 수 있다. 연구를 계속하기 위해서는 10억의 비용을 추가로 투입해야 한다. A회사 신입사원 매경이는 10억의 추가 비용을 지출하여 연구를 계속할지 연구를 중단할지 결정하는 과정에서 (ㄱ)의 비용은 고려하지 말아야 한다고 주장한다. 왜냐하면 이미 지출되었고 회수가 불가능한 (ㄴ)이기 때문이다.

① 5억, 매몰비용　　　　② 5억, 기회비용

③ 5억, 고정비용   ④ 10억, 기회비용

⑤ 10억, 고정비용

해설: 지난해에 지출한 5억은 회수가 불가능한 매몰비용이다.

비용함수

기업은 효율적인 생산에 대한 정보를 반영하는 생산함수를 가지고 있다. 기업은 이러한 생산함수에 근거하여 생산과정에서 발생하는 비용을 극소화하고자 하는데 그 결과로 생산과정에서 발생하는 비용에 관한 정보를 담고 있는 비용함수(cost function)를 도출할 수 있다. 이러한 비용함수는 고려되는 기간의 장·단에 따라, 즉 고정투입요소의 존재 여부에 따라 단기비용함수와 장기비용함수로 나누어 살펴볼 수 있다.

✦ 단기비용함수

생산요소의 가격이 주어진 것으로 가정하면 어떤 주어진 기간 동안에 주어진 산출량 Q 를 생산하는 데 드는 최소한의 총지출을 나타내는 함수인 총비용함수(total cost function)는 다음과 같이 Q 에 대한 함수로 나타내어진다.

$$TC = C(Q) \tag{3.8}$$

단기에서의 총비용은 아래와 같이 고정투입요소와 관련된 비용인 총고정비용(Total Fixed Cost: TFC)과 가변투입요소과 관련된 총가변비

118 ✦ 매경TEST 경제편

용(Total Variable Cost: TVC)의 합으로 이루어진다.

$$TC = TFC + TVC$$ (3.9)

① 총고정비용

총고정비용은 고려되는 기간 동안 산출량의 많고 적음에 관계없이 일정하게 지출되는 비용을 뜻한다. 따라서 총고정비용은 〈그림 3-5〉에서 보는 것과 같이 수평선의 모양을 갖는다.

② 총가변비용

총가변비용은 인건비나 원자재 구입비용과 같이 산출량과 직접적인 관계를 갖는 성격의 비용을 뜻한다. 산출량이 증가할 때 총가변비용은 체감적으로 증가하다가 산출량이 일정 수준을 넘어서면 체증적으로 증가하게 된다.

총비용은 총고정비용과 총가변비용의 합이므로 두 곡선을 수직으로

그림 3-5

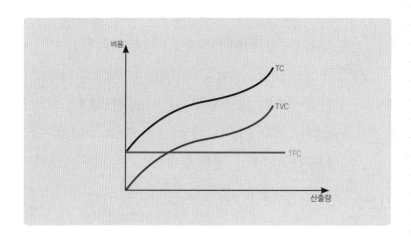

더함으로써 얻을 수 있다. 총비용곡선은 총가변비용곡선을 총고정비용의 크기만큼 위로 올린 것이므로 두 곡선의 모양은 똑같다.

③ 단기평균비용

일정한 기간 동안 주어진 산출량을 생산하기 위해 상품 1단위당 지출된 비용을 나타내는 평균비용(Average Cost, AC)은 총비용을 산출량으로 나눈 값과 같다. 따라서 앞에서 살펴본 총비용에 대한 식을 Q 로 나누어보면 다음과 같은 식이 도출된다.

$$AC = \frac{TC}{Q} = \frac{TFC}{Q} + \frac{TVC}{Q} = AFC + AVC \tag{3.10}$$

평균비용곡선들의 모양

● 평균고정비용(Average Fixed Cost: AFC)곡선은 고정된 상수인 총고정비용을 산출량으로 나눈 값이므로 산출량이 증가함에 따라 지속적으로 감소한다.

● 평균가변비용(Average Variable Cost: AVC)곡선은 총가변비용곡선에서 원점까지 연결한 직선의 기울기로 측정되므로 처음에는 감소하다가 증가하는 모양을 나타낸다.

● 평균비용(AC)곡선은 평균고정비용곡선과 평균가변비용곡선의 수직합이므로 낮은 산출량 수준에서는 AFC와 AVC가 모두 감소하기 때문에 급격히 감소하지만, AVC가 산출량의 증가에 따라 증가추세로 돌아서기 때문에 높은 산출량 수준에서는 증가하는 추세로 변하게 된다.

그림 3-6

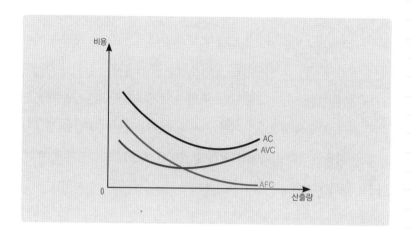

④ 단기한계비용

한계비용(Marginal Cost: MC)이란 산출량 1단위를 증가시키기 위하여 소요되는 비용으로 다음과 같이 나타낼 수 있다.

$$MC = \frac{\triangle TC}{\triangle Q} = \frac{\triangle TFC}{\triangle Q} + \frac{\triangle TVC}{\triangle Q} = MFC + MVC \qquad (3.11)$$

그런데 고정비용은 산출량에 관계없이 고정되어 있으므로 MFC는 0 이다. 따라서 한계비용은 결국 한계가변비용을 뜻하게 된다. (MC=MFC)

그림 3-7

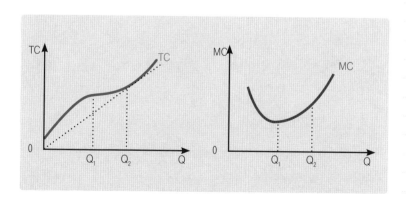

한계비용은 각 산출량 수준에 대응하는 총비용곡선 또는 총가변비용곡선의 접선의 기울기로 측정할 수 있는데, 산출량이 Q_1에 도달할 때까지는 총비용곡선의 기울기가 점차 완만해지는 구간이므로 한계비용이 낮아지지만, 그 이후에는 총비용곡선의 기울기가 점차 증가하므로 한계비용 역시 증가하게 된다. 따라서 한계비용곡선은 U자 형태를 갖게 된다. 산출량이 Q_2가 되면 총비용곡선의 접선이 원점을 통과하므로 총비용곡선의 기울기와 원점에 연결한 직선의 기울기가 같게 되어 MC=AC가 된다.

MK Test Memo

비용곡선들 사이의 관계

- AC, AVC, MC는 모두 U자형이고, AFC만 직각쌍곡선의 형태를 갖는다.
- AVC의 최저점은 AC의 최저점보다 왼쪽에 위치한다. AVC가 최저점에 도달하더라도 AFC가 지속적으로 감소하고 있기 때문이다.
- MC는 AVC와 AC의 최저점을 관통한다.
- MC는 AC가 감소하는 구간에서는 AC보다 아래에 위치하고, AC가 증가하는 구간에서는 AC보다 위쪽에 위치한다.

그림 3-8

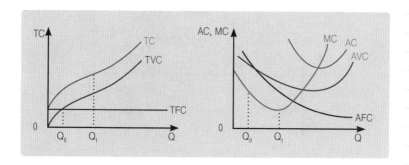

➕ 장기비용함수

장기에는 모든 생산요소가 가변적이므로 비용함수를 분석할 때에 가변비용과 고정비용을 구분할 필요가 없다. 또한 장기에는 모든 생산요소들의 양을 원하는 대로 조절할 수 있기 때문에 비용이 극소화 되도록 모든 생산요소를 적정하게 고용할 수 있다. 따라서 각 생산량 에서의 장기총비용(Long-run Total Cost: LTC)은 일부 생산요소의 양이 고정된 상태에서 비용극소화를 해야 하는 단기총비용(Short-run Total Cost: STC)보다 작거나 같다.

① 장기평균비용

장기평균비용(Long-run Average Cost: LAC)은 기업이 선택하는 생산 량 수준에 해당하는 단기평균비용곡선의 최저점만을 이은 곡선이므 로, 〈그림 3-9〉에서 보는 것과 같이 단기평균비용곡선들을 감싸는 포 락선(envelope curve)의 형태를 띤다.

그림 3-9

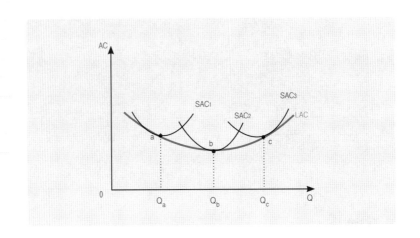

규모의 경제와 규모의 불경제

기업은 산출량 목표에 따라 〈그림 3-9〉에서의 Q_a 나 Q_b 또는 Q_c 를 선택하고, 이에 해당하는 단기평균비용곡선상의 생산요소 조합을 투입하게 된다. 그런데 b 점과는 달리 a 점과 c 점에서는 단기평균비용이 최저가 되는 점에서 실제 조업이 이루어지지 않는데, 이것은 b 점의 왼쪽 구간에서는 규모의 경제(economies of scale)가 존재하고, 점의 오른쪽 구간에서는 규모의 불경제(diseconomies of scale)가 존재하기 때문이다.

규모의 경제란 각종 생산요소의 투입량 증가비율보다 산출량의 증가율이 더 큰 현상을 말하고, 규모의 불경제란 생산요소의 투입량 증가비율보다 산출량의 증가율이 더 작을 때를 말한다.

장기평균비용곡선의 최저점인 b 점에서 이 곡선과 접하는 단기평균곡선에 대응하는 생산요소의 투입규모를 최적시설규모(optimum scale of plant)라고 부르며, 이 점에서의 생산수준을 장기최적생산수준(long-run optimal level of production)이라고 한다.

② 장기한계비용

장기평균비용곡선으로부터 장기총비용곡선을 구할 수 있고, 이 곡선의 각 점에서 그은 접선의 기울기를 모아서 장기한계비용곡선(LMC)을 만들 수 있다. 그러나 장기한계비용곡선은 단기한계비용곡선들로부터도 도출될 수 있다. 각각의 목표 생산량 수준에서 가장 낮은 평균비용을 갖는 단기평균총비용곡선을 찾아 이에 대응하는 단기한계비용곡선상의 점을 이으면 장기한계비용곡선이 만들어진다.

그림 3-10

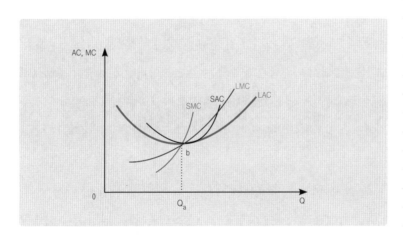

장기한계비용곡선은 장기평균비용곡선의 최하점인 b에서 이 곡선과 교차하는데, 이 점에서는 다음과 같은 관계가 성립하게 된다.

$$LAC = LMC = SAC = MC \tag{3.12}$$

이 점 b는 생산량의 전 범위에서 가장 낮은 평균비용으로 생산할 수 있는 생산요소들의 투입규모를 나타내는 점으로서 최소효율규모 (minimum efficient scale)라고 한다.

✚ 규모의 경제와 비용곡선

앞에서 살펴본 장기평균비용은 평평한 U자형을 띠고 있었으나, 실제의 장기평균비용곡선은 이와 다른 모양을 가질 수도 있다. 장기평균비용곡선은 규모에 대한 수익의 특성에 따라 여러 다른 모양을 갖게 된다.

① 규모에 대한 수익불변의 경우

생산기술이 규모에 대한 수익불변의 성격을 가지고 있다면 모든 생산요소의 투입량을 h 배 증가시킬 때 산출량도 정확히 h 배 증가하게 된다. 즉 생산요소의 가격이 일정하다고 가정하면 생산비용이 h 배 되면 산출량 역시 h 배 증가하게 되는 것이다. 따라서 산출량과 총생산비용은 정비례하게 되고, 평균비용은 산출량의 수준에 관계없이 일정할 것이므로 장기평균비용곡선은 수평선의 모양을 가질 것이다.

② 규모에 대한 수익체증의 경우

규모에 대한 수익체증인 경우에는 생산비용의 증가속도보다 산출량의 증가속도가 더 빠르므로 평균비용은 산출량 수준이 높을 때 더 감소하게 되어 장기평균비용곡선은 우하향하게 된다. 이렇게 생산규모가 커짐에 따라 장기평균비용이 점차 작아지면 규모의 경제가 존재한다고 말한다.

③ 규모에 대한 수익체감의 경우

규모에 대한 수익체감인 경우에는 생산비용의 증가가 산출량의 증가속도보다 더 빠르므로 평균비용은 산출량이 증가함에 따라 상승하게 되어 장기평균비용곡선은 우상향하게 된다. 이런 경우에 규모의 불경제가 존재한다고 말한다.

그림 3-11 (a)   그림 3-11 (b)   그림 3-11 (c)

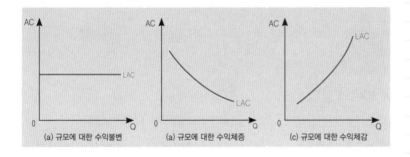

➕ 현실에서의 장기평균비용곡선

장기비용곡선에 관한 많은 실증연구에 의하면, 전형적인 장기평균비용곡선이 부드러운 L자 형태를 갖는다고 한다. 이와 같이 장기평균비용곡선이 L자 형태가 되는 것은 낮은 산출량수준에서는 규모의 경제가 나타나지만, 기업의 규모가 커짐에 따라 경영의 비효율성이 증가하여 비용의 하락을 상쇄시키기 때문이다. 따라서 규모의 경제가 없어진 이후에는 규모에 대한 수익불변의 성격이 유지된다.

그림 3-12

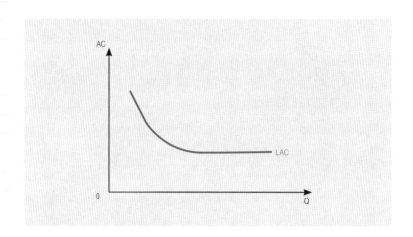

✚ 범위의 경제

　범위의 경제(economies of scope)는 기업이 두 가지 이상의 생산물을 생산할 때 두 가지 이상의 생산물을 따로따로 독립된 기업에서 생산하는 것보다 한 기업이 함께 생산하는 것이 비용 측면에서 유리한 경우를 말한다. 만약 어떤 기업이 X 재와 Y 재를 생산한다면 다음과 같은 식을 만족할 때 범위의 경제가 존재한다고 말할 수 있다.

$$C(X, Y) < C(X) + C(Y) \tag{3.13}$$

 MK Test Memo

범위의 경제가 발생할 수 있는 이유

① 생산요소의 공동이용

하나의 생산시설이나 투입요소가 여러 상품의 생산과정에서 동시에 사용될 수 있다면 범위의 경제가 발생할 수 있다.

② 부산물의 존재

어떤 한 상품을 생산하는 과정에서 부산물로 나오는 것이 있을 때 그것을 이용하여 또 다른 상품을 생산할 수 있다면 범위의 경제가 발생할 수 있다.

MK Test Plus+
부산물
생산과정에서 부수적으로 산출되는 물품을 말한다.

✚ 비용곡선의 이동

불변으로 가정된 여건에 변화가 오게 되면 비용곡선이 이동할 수 있다. 비용곡선이 이동하는 원인으로는 다음을 들 수 있다.

① 기술진보

기술의 진보는 같은 노동과 자본의 투입에 대한 산출량의 증대를 가져온다. 따라서 총비용뿐 아니라 평균비용도 하락할 것이므로 비용곡선들은 아래쪽으로 이동하게 된다.

② 요소가격의 변화

정상적인 투입요소라면 요소의 가격이 상승할 때 생산비용이 올라가고 하락할 때 생산비용 역시 떨어질 것이다.

③ 학습효과

생산경험이 축적됨에 따라 생산과정에 대한 이해도가 높아지고, 익숙해지며 여러 가지 요령을 터득할 수 있게 된다면 생산비용이 전반적으로 절감되는 효과를 거둘 수 있을 것이다. 이와 같은 것을 학습효과 (learning by doing)라고 부른다.

응용
문제
기업의 생산비용과 관련된 다음의 설명 중 옳은 것은?

① 평균고정비용은 생산량과 상관없이 일정하다.

② 장기에도 고정비용은 존재한다.

③ 장기적으로 기업은 가장 효율적인 생산을 할 수 있는 수준으로 생산설비를 바꾼다.

④ MC곡선이 AC곡선의 최저점을 항상 통과하는 것은 아니다.

⑤ AC곡선이 우하향할 경우 MC곡선은 AC곡선 위에 있을 수도 있다.

정답: ③

해설: 평균고정비용은 생산량이 증가함에 따라 하락한다. 생산에서 단기와 장기는 고정비용의 존재 여부로 나뉜다. 장기에는 고정비용이 존재하지 않으며 가변비용만 존재한다. AC가 생산량이 증가함에 따라 하락하는 국면에서는 MC가 AC보다 낮고 AC가 상승하는 국면에서는 MC가 AC보다 높다. 따라서 MC곡선은 AC곡선의 최저점을 항상 통과하고 AC곡선이 우하향할 경우 MC곡선은 항상 AC곡선 아래에 위치한다.

기업의 이윤극대화 03

이윤극대화가설

소비활동의 목적이 효용극대화에 있는 것처럼 분명한 것은 아니더라도 기업 활동의 목적이 이윤극대화(profit maximization)에 있다는 데에는 많은 사람들이 동의하고 있다. 이윤극대화가설은 기업의 유일한 목표가 이윤의 극대화에 있다고 보고, 기업의 모든 의사결정이 이윤극대화의 관점에서 이루어진다고 본다.

✚ 이윤극대화

① 이윤함수식

시장가격(P)에 산출량(Q)을 곱한 값인 총수입(Total Revenue, TR)은 산출량의 함수이고, 총비용(Total Cost, TC) 역시 산출량의 함수이므로 총수입에서 총비용을 차감한 것으로 정의되는 이윤(π)은 다음과 같이 나타낼 수 있다.

$$\pi(Q) = TR(Q) - TC(Q) \tag{3.14}$$

② 이윤극대화 조건

이윤극대화 생산량을 구하기 위한 1차 조건은 이윤함수식인 식

(3.14)를 Q에 대하여 미분한 식을 0으로 두고 계산한다.

$$\frac{d\pi}{dQ} = \frac{dTR}{dQ} - \frac{dTC}{dQ} = 0 \qquad (3.15)$$

$\frac{dTR}{dQ}$은 산출량이 1단위 증가할 때 총수입의 증가분이므로 한계수입(Marginal Revenue: MR)이라고 하고, $\frac{dTC}{dQ}$는 한계비용(Marginal Cost: MC)이므로 위의 식은 다시 다음과 같이 정리할 수 있다.

$$MR = MC \qquad (3.16)$$

식 (3.16)은 이윤이 극대화되기 위해선 한계수입과 한계비용이 같아져야 함을 의미한다. 따라서 만약 $MR > MC$이면 생산을 늘림으로써 이윤을 증대시킬 수 있고, 만약 $MR < MC$이면 생산을 감소시킴으로써 이윤을 증대시킬 수 있다.

✚ 이윤극대화가설에 대한 비판

① 기업목표의 과도한 단순화

기업이 오직 이윤극대화만을 추구한다고 가정하는 것은 비현실적이다. 현실에서 기업이 이윤뿐만 아니라 시장점유율이나 매출액을 증가시키기 위해 노력하는 경우 역시 많이 관찰된다.

② 이윤극대화에 대한 정보의 불충분

기업이 이윤극대화를 추구한다고 하더라도 이를 달성하기 위해 필요한 한계수입이나 한계비용에 대한 정보들을 완전하게 알지 못하기 때문에 이를 실행에 옮기지 못한다.

③ 대체가설의 존재

이윤극대화가설을 대체할 수 있는 다른 가설들이 존재하고, 그 가설들이 현실에서의 설명력을 더 갖는다면 굳이 이윤극대화가설을 고집할 이유가 없다.

이윤극대화가설에 대한 대체가설

✚ 장기이윤극대화가설

① 장기이윤극대화가설의 내용

장기이윤극대화가설에 따르면 기업은 이윤을 극대화하고자 하지만 단기의 이윤에 집착하는 것이 아니라 장기의 이윤을 극대화하려고 한다. 이 가설을 채택하면 이윤극대화가설을 단기에 적용했을 때 이해하기 어려웠던 기업의 행위 중 상당부분을 설명할 수 있다. 예를 들어 자금사정이 좋지 않은 기업이 장기적인 기업의 이미지 제고를 위해 자선사업이나 기부행위를 하고, 또한 정치후원금 등을 제공하는 행위가 단기적인 관점에서는 이해할 수 없지만 장기에 걸친 기업의 이윤극대화 측면에서는 설명이 가능하다.

② 장기이윤극대화가설에 대한 평가

장기이윤극대화가설은 포괄적인 성격을 가지고 있기 때문에, 기업의 행동을 일관되게 설명하기 어렵고 어떤 명제가 옳고 그른지를 판별하기 어렵다. 극단적인 경우에는 모든 기업의 불합리한 행위조차 이 가설에 의하면 합리화될 수 있을 것이다.

✚ 제약된 이윤극대화가설

① 제약된 이윤극대화가설의 내용

제약된 이윤극대화가설에 따르면 기업은 이윤극대화를 추구하기는 하지만, 기업이 스스로 설정한 제약하에서 이윤극대화를 추구한다. 이 가설을 채택하면 시장점유율을 유지하기 위해 이윤이 별로 나지 않는 품목을 계속 생산하거나 원가상승으로 가격상승이 요구됨에도 불구하고 상품의 가격을 낮은 수준으로 유지하는 행위 등을 설명할 수 있다.

② 제약된 이윤극대화가설에 대한 평가

제약된 이윤극대화가설은 포괄적인 성격을 가지고 있어서, 만약 기업들이 경우에 따라 모두 다른 제약을 설정할 수 있다는 입장을 취한다면 이 가설의 현실에 대한 예측력은 거의 없다고 볼 수 있다.

✚ 수입극대화가설

① 수입극대화가설의 내용

여러 대체가설 중에서 기존의 이윤극대화가설을 대체할 수 있는 가장 유력한 가설로 보몰(W. Baumol)의 수입극대화가설(revenue maximization hypothesis)을 들 수 있다. 이 가설은 기업의 경영자가 이윤보다는 매출액의 극대화를 추구한다는 것이다.

경영자가 이윤보다

매출액을 더 중요시할 수 있는 이유

● 경영자로서의 보수나 위신의 측면에서 이윤이 많이 나는 소규모기업보다 매출액이 큰 대기업의 경우가 분명히 더 유리하다.

● 매출액이 큰 경우 금융기관에서 자금을 조달하기에 더 유리하다.

● 소비자들은 대체로 매출액이 감소하는 기업의 제품을 구입하길 꺼린다.

● 매출액이 감소할 경우 인원 감축이 이루어져야 하므로 노사관계가 어려워진다.

② 수입극대화가설에 대한 평가

수입극대화가설은 기존의 이윤극대화가설을 크게 수정하지 않으면서도 좀 더 현실적인 모형을 지향하고 있지만, 아직도 많은 경제학자들은 수입극대화가설이 더 큰 현실설명력을 지난다는 주장에 대해 회의적인 태도를 보이고 있다.

✚ 만족이윤가설

① 만족이윤가설의 내용

사이먼(H. Simon)에 의하면 현실에서의 인간은 철저하게 합리적이라기보다는 제한된 합리성(bounded rationality)을 지닐 뿐이고, 경제 현실에 내재하는 불확실성으로 인해 극대화를 위한 선택 자체가 무의미할 수 있다. 따라서 기업은 무언가를 극대화하는 것에 목표를 두고 있는 것이 아니라 적절한 선에서 만족하는 데에 목표를 두고 있다고 보는 것이 더 현실적이라는 것이다.

② 만족이윤가설에 대한 평가

사이먼은 기존의 경제학이론에 인간의 심리상태에 대한 고려가 전혀 포함되지 않았기 때문에 기존의 이론이 비현실적이라고 주장한다. 하지만 그의 만족이윤가설은 아직 문제제기의 수준에 머물러 있을 뿐, 구체화된 진전은 보이지 못하고 있다.

1. 기업의 생산함수

∨ 한계생산체감의 법칙에 대한 이해 ·························· ☐

∨ 등량곡선의 특징 ···································· ☐

∨ 한계기술대체율에 대한 이해 ·························· ☐

∨ 규모에 대한 수익 구분 ······························ ☐

2. 기업의 비용함수

∨ 각종 비용개념의 구분 ······························ ☐

∨ 총비용, 평균비용, 한계비용의 구분 ···················· ☐

∨ 비용곡선들 간의 관계 이해 ·························· ☐

∨ 단기와 장기의 비용에 대한 이해 ······················ ☐

∨ 규모의 경제와 범위의 경제에 대한 이해 ················ ☐

3. 기업의 이윤극대화

∨ 이윤극대화가설의 내용 이해 ························ ☐

∨ 이윤극대화가설에 대한 대체가설 ···················· ☐

MK Key word

1. 기업의 생산함수
   • 기업, 생산, 생산요소, 생산함수, 생산기술, 총생산, 한계생산, 평균생산, 한
   계생산체감의 법칙, 수확체감의 법칙, 등량곡선, 한계기술대체율, 한계기술
   대체율체감의 법칙, 대체탄력성, 레온티에프 생산함수, 대체탄력성불변 생
   산함수, 콥-더글러스 생산함수, 등비용곡선, 규모에 대한 수익체감, 규모에
   대한 수익불변, 규모에 대한 수익체증

2. 기업의 비용함수
   • 경제적 비용, 회계적 비용, 명시적 비용, 묵시적 비용, 매몰비용, 사적 비용,
   사회적 비용, 비용함수, 고정비용, 가변비용, 평균비용, 총비용, 한계비용, 규
   모의 경제, 최적시설규모, 최소효율규모, 범위의 경제, 학습효과

3. 기업의 이윤극대화
   • 이윤극대화, 한계수입, 한계비용, 장기이윤극대화가설, 제약된 이윤극대화
   가설, 수입극대화가설

01 ○○은 시장에 상품을 공급하는 경제주체로서 여러 생산요소를 결합하여 상품을 생산하는 것을 주요한 목적으로 삼는다.

정답: 기업

02 다른 생산요소의 투입은 고정시킨 채 한 생산요소의 투입량을 증가시킬수록 한계생산물이 감소하는 생산함수의 특징을 ○○○○ ○○○ ○○, ○○○○○ ○○이라고 한다.

정답: 한계생산체감의 법칙, 수확체감의 법칙

03 무차별곡선과 유사한 개념으로, 똑같은 수준의 산출량을 가져다주는 생산요소 투입량의 조합들의 궤적을 나타낸 것을 ○○○○이라고 한다.

정답: 등량곡선

04 ○○○○○○○이란 등량곡선 접선의 기울기로 측정되며 동일한 산출량 수준을 유지하면서 어떤 생산요소 한 단위를 추가 투입하는 경우 감소시켜야 하는 다른 생산요소의 양을 말한다.

정답: 한계기술대체율

05 한계기술대체율과 밀접하게 관련된 개념으로, 생산요소 사이의 대체가 얼마나 쉽게 이루어질 수 있는지 나타내는 지표는 ○○○ ○○이다.

정답: 대체탄력성

06 생산요소의 투입의 증가율보다 산출량의 증가율이 더 작은 경우를 ○○○ ○○ ○○○○이라고 하고, 생산요소의 투입의 증가율과 산출량의 증가율이 같은 경우를 ○○○ ○○ ○○○○이라고 하며, 생산요소의 투입의 증가율보다 산출량의 증가율이 더 큰 경우를 ○○○ ○○ ○○○○이라고 한다.

정답: 규모에 대한 수익체감, 규모에 대한 수익불변, 규모에 대한 수익체증

07 ○○○○은 명백히 지출된 비용이기는 하나 일단 지출된 다음에는 다시 회수할 수 없기 때문에 의사결정 시 고려하지 않는다.

정답: 매몰비용

08 두 가지 이상의 생산물을 독립된 기업에서 따로 생산하는 것보다 한 기업이 함께 생산할 때 비용 측면에서 유리한 경우에 ○○○ ○○가 존재한다고 말한다.

정답: 범위의 경제

09 ○○○○는 생산경험이 축적됨에 따라 생산과정에 대한 이해도가 높아지고 익숙해져서 생산비용이 전반적으로 절감되는 효과를 일컫는다.

정답: 학습효과

10 기업활동의 목적이 ○○○○○라는 데에 대체로 많은 사람들이 동의하기는 하나 장기이윤극대화가설, 제약된 이윤극대화가설, 수입극대화가설, 만족이윤가설 등의 대체가설들도 존재한다.

정답: 이윤극대화

Lesson **04**   시장이론

01 완전경쟁시장

시장의 구분

기업의 목적이 이윤극대화에 있다면 기업은 가능한 한 자신이 속한 산업의 시장 안에서 지배력을 강화시켜서 상품의 가격을 자신이 원하는 수준에서 받기 위해 노력할 것이다. 그러나 이를 위해서는 여러 가지 조건이 만족되어야 할 텐데, 먼저 기업이 생산하는 상품이 다른 기업에서 생산되는 것과 차별화되어야 할 것이다. 아니면 다른 기업들과 동일한 제품을 생산하더라도 경쟁기업의 수가 적어서 개별기업의 가격 결정 또는 물량 결정이 다른 기업들에게도 영향을 미쳐야 할 것이다. 만약 경쟁 기업들이 매우 많이 존재한다면, 개별 기업이 독단적으로 가격을 결정하기는 어려울 것이다. 이러한 경쟁의 정도에 따라 시장을 다음과 같이 4가지로 나누는 것이 일반적이다.

① 완전경쟁시장(perfect competition market)

② 독점시장(monopoly market)

③ 독점적 경쟁시장(monopolistically competitive market)

④ 과점(oligopoly market)

완전경쟁시장에서의 경쟁이 가장 치열하고, 독점시장에서는 경쟁이 존재하지 않는다. 독점적 경쟁시장과 과점은 그 중간 정도의 경쟁수준을 지니는 불완전경쟁시장이다.

완전경쟁시장의 성립조건

시장을 완전경쟁이라고 부르기 위해서는 다음과 같은 네 가지의 조건이 만족되어야 한다.

✚ 상품의 동질성

시장에서 개별 기업들이 생산하여 공급하는 상품들은 모두 질적으로 동일한 상품(homogeneous product)이어야 한다. 이것은 상품의 물리적인 모양이나 기능뿐만 아니라 상품이 판매되는 장소나 조건 등이 모두 동일함을 의미한다.

✚ 자원의 완전한 이동성

생산요소의 완전한 이동성이 보장되어 특정 산업에 새로운 기업들이 진입(entry)하거나 기존의 기업들이 이탈(exit)하는 것이 자유로워야 한다. 이를 위해서는 상품의 생산과 공급에 필요한 기술을 쉽게 습득할 수 있어야 하고, 자원 역시 개별 기업에게 독점되어서는 안 된다.

✚ 가격수용자

시장에 참여하는 공급자와 수요자가 매우 많아서 개별 경제주체가 상품의 가격 결정에 영향을 줄 수 없어야 한다. 따라서 모든 개별 경제주체들은 가격을 주어진 것으로 받아들이는 가격수용자(price taker)가 된다.

✚ 완전한 정보

시장에 참여하는 경제주체들이 시장에서 이루어지는 거래에 대한 모든 정보를 정확히 알고 있고, 극단적으로는 미래에 대해서도 불확실성이 존재하지 않으며 정보를 얻는 데에 비용이 전혀 없어야 한다.

MK Test Memo

순수경쟁시장

현실에서 완전경쟁시장 성립의 네 가지 조건을 모두 갖춘 시장을 발견하기란 매우 어렵다. 하지만 엄밀한 조건하에서의 완전경쟁시장에 대한 연구가 현실에 대해 상당한 정도의 예측력을 가지고 있는 것이 사실이기에 완전경쟁시장을 연구하는 것에는 충분한 의미가 있다.

네 가지 조건 중에서 가장 중요한 것은 경제주체들이 가격을 주어진 것으로 받아들인다는 것과 진입과 이탈이 자유롭다는 것인데, 이 두 가지 조건을 만족하는 시장을 순수경쟁시장(pure competition market)이라고 한다. 순수경쟁은 완전경쟁에 비해 덜 제한적이면서도 완전경쟁과 매우 유사한, 보다 현실적인 시장형태이다.

완전경쟁에서의 단기균형

✚ 기업의 이윤극대화

① 기업의 이윤극대화 조건

기업의 이윤을 극대화시키는 산출량은 한계수입(MR)과 한계비용(MC)이 같아지는 점에서 결정된다고 했는데, 완전경쟁시장에서의 개별 기업들은 시장에서 형성된 가격을 그대로 받아들일 수밖에 없으므로 한계수입이 가격(P)과 같아진다.

즉 산업 전체로 봤을 때는 수요곡선이 우하향하지만, 개별 기업이 직면하게 되는 수요곡선은 가격 P 에서 수평인 직선이므로 개별 기업은 산출량 1단위를 생산하여 시장에 공급할 때마다 P 만큼의 수입을 거두게 된다. 따라서 완전경쟁시장에서 기업시장이론의 이윤극대화조건은 다음과 같게 된다.

$$가격\,(P) = 한계비용\,(MC) \tag{4.1}$$

② 이윤의 결정

〈그림 4-1〉에서 볼 수 있듯이, 상품의 가격이 P_0 로 주어지면 기업은 그 가격과 일치하는 한계비용에 해당하는 Q_0 만큼을 생산한다. 그러면 $P_0 \times Q_0$ 즉, 사각형 $P_0 C Q_0 O$ 만큼의 수입을 얻게 되고, 그 중에서 산출량에 평균비용을 곱한 총비용인 $ABQ_0 O$ 를 차감하면 $P_0 CBA$ 만큼의 이윤이 발생하게 된다. 물론 만약 가격수준이 P_1 과 같이 평균비용곡선보다 낮은 수준에서 결정된다면 손실, 즉 (-)의 이윤이 발생할 수도 있다. 하지만 이때의 손실 역시 극소화된 손실이다.

그림 4-1

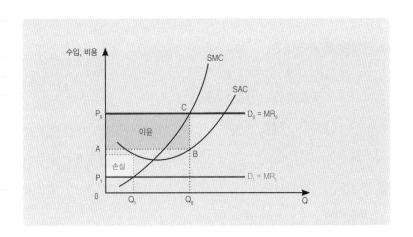

✚ 기업의 단기공급곡선

이윤극대화를 추구하는 기업은 시장에서 형성된 가격과 자신의 한계비용곡선이 일치하는 점에서 산출량을 결정하여 공급하게 된다. 즉 이것은 완전경쟁시장에 참여하는 기업의 공급곡선은 자신의 한계비용곡선이 됨을·의미한다.

① 생산중단조건

만약 시장에서 형성된 가격이 너무 낮아서 극소화된 손실이 매몰비용보다 커지게 되면 기업은 생산을 중단하게 되므로, 일정 수준보다 낮은 가격대에서는 한계비용곡선이 공급곡선을 이룰 수 없다. 일반적으로 고정비용을 매몰비용으로 볼 수 있으므로, 다음과 같이 손실이 총고정비용보다 크게 되면 생산은 중단된다.

$$손실 = 총비용(TC) - 총수입(TR) > 총고정비용(TFC) \tag{4.2}$$

그런데 $TC = TFC + TVC$ 이므로 식 (4.2)는 다시 다음과 같이 정리
할 수 있다.

$$TVC > TR \tag{4.3}$$

식 (4.2)의 양변을 다시 산출량(Q)으로 나누면 다음과 같은 식 (4.4)
가 도출되는데, 이 조건이 바로 개별 기업이 생산을 중단하는 조건이
된다.

$$AVC > P \tag{4.4}$$

② 생산중단가격

〈그림 4-2〉에서 가격이 P_1보다 낮은 경우에는 가격이 평균가변비용
(AVC)보다 낮을 때인데, 이때에는 공급량이 0이 된다. 가격이 P_1으로
상승하여 Q_1만큼 생산하게 되면 이 기업은 총고정비용만큼 손실을 보
게 된다. 즉 이 기업의 입장에서는 생산을 하거나 하지 않거나 수익면
에서 차이가 없게 되는데, 이때의 가격 P_1을 생산중단가격(shutdown
price)이라고 부른다.

그림 4-2

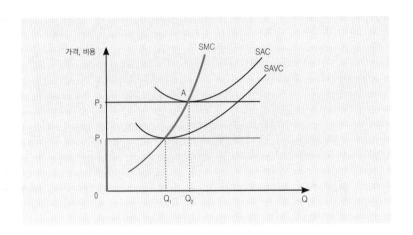

③ 손익분기점

만약 가격이 평균비용과 일치하는 P_2에서 형성되면 기업은 Q_2에서 생산량을 공급하게 되고 이때의 이윤은 0이 된다. 이러한 이유로 점 A를 손익분기점(break-even point)이라고 한다. 가격이 P_2보다 높을 때에야 비로소 기업은 (+)의 이윤을 내기 시작한다.

위에서 논의한 것을 종합하면, 기업의 공급곡선은 가격이 P_1 이하에서는 기업이 생산을 중단하므로 0이 되고, 그 이상의 가격 수준에서는 한계비용곡선과 같아짐을 알 수 있다.

시장가격에 따른 생산의 결정

① P > AC: 초과이윤을 얻게 된다.

② P = MC: 정상이윤만을 얻게 된다.

③ AC > P > AVC: 손실이 발생하지만 계속 생산하는 것이 유리하다.

④ P = AVC: 생산하거나 생산하지 않거나 무차별하다.

⑤ P < AVC: 가변비용조차 회수할 수 없으므로 생산을 포기하는 것이 유리하다.

MK Test Plus+
정상이윤
기업이 계속생산을 유지하는 데에 충분한 정도의 이윤을 말한다. 정상이윤은 묵시적 비용에 포함된다.

완전경쟁에서의 장기균형

✚ 장기조정과정

장기에는 단기와는 달리 기업이 가장 적절한 시설규모를 선택하여 원하는 만큼 상품을 생산하여 시장에 공급할 수 있다. 따라서 기업은 단기한계비용곡선이 아닌 장기한계비용곡선과 가격이 일치하는 점에서 생산량을 결정할 수 있다. 또한 장기에는 어떤 산업에 새로운 기업이 진입하거나 기존의 기업이 이탈하는 것이 가능하다. 이러한 과정을 장기조정과정(long-run adjustment process)이라고 하고, 이를 통해 시장은 장기균형으로 나아간다.

① 기존기업에 의한 장기조정

장기에는 기업이 시설규모를 선택할 수 있으므로, 장기한계비용곡선상에서의 한 점을 선택하여 생산할 수 있다. 생산요소의 투입이 가변적인 장기에서의 한계비용곡선이 생산요소 투입에 제약이 존재하는 단기에서의 한계비용곡선보다 더 기업에 유리하게 형성되므로 장기한계비용곡선과 가격이 만나는 점에서 산출량을 결정하는 것이 기업에게 더 큰 이윤을 가져다준다.

② 산업의 장기조정

- 진입: 장기에는 해당 산업에 대한 기업들의 진입과 이탈이 자유로우므로, 만약 해당 산업에 속한 기업들이 정상이윤(normal profit)을 초과하는 높은 수익을 얻고 있다면 새로운 기업들은 그 산업에 진입할 유인을 갖게 된다. 새로운 기업들의 진입은 산업 전체의 공급량을 증가시켜 공급곡선을 우측으로 이동시키므로 가격은 하락하게 된다. 따라서 정상이윤은 하락할 것이고, 새로운 기업들의 진입은 정상이윤이 0이 될 때까지 이루어질 것이다.
- 이탈: 해당 산업에서 형성된 가격이 너무 낮아서 기존의 기업들이 손실을 보고 있다면 이탈의 유인이 존재한다. 이에 따라 공급량이 줄어들어 공급곡선이 좌측으로 이동하게 되면 가격이 상승하여 정상이윤 또한 상승하게 된다. 정상이윤이 0이 될 때까지 기업들의 이탈은 지속될 것이다.

✚ 장기균형의 조건

① 개별 기업은 현재 주어진 시장가격하에서 이윤을 극대화하는 산출량을 선택하고 있어야 한다. 즉 $P = LMC$ 가 만족되어야 한다. 가격과 장기한계비용이 일치하지 않으면 이윤을 확대할 여지가 있는 것이므로 현재의 상태가 균형일 수 없다.

② 해당 산업에 진입하려는 기업과 퇴출하려는 기업이 존재하지 않아야 한다. 즉 해당 산업에 속한 각 개별 기업들의 정상이윤이 0이어서 진입과 퇴출에 대한 유인이 존재하지 않아야 한다. 이러한 상황은 가격과 장기평균비용이 같을 때($P = LAC$) 이루어질 수 있다.

③ 현재의 시장가격에서 해당 산업에 속한 기업들의 공급량과 소비자들이 구입하고자 하는 수요량이 일치하여 균형을 이루어야 한다.

위의 세 가지 조건을 모두 충족시키는 장기균형은 장기평균비용곡선의 최저점에서 이루어지게 되고, 이 점에서는 다음과 같은 등식관계가 성립한다.

$$P = AR = MR = SMC = LMC = SAC = LAC \tag{4.5}$$

✚ 요소가격의 변화와 산업의 장기공급곡선

단기에는 해당 산업에 속한 기업의 수가 고정되어 있으므로 산업의 공급곡선을 개별 기업들의 공급곡선들을 수평으로 더한 합으로 정의할 수 있지만, 장기에는 기업의 수가 변화하기 때문에 이러한 접근에 의미가 없다.

완전경쟁시장에서 산업의 장기공급곡선에 가장 큰 영향을 미치는 것은 생산요소의 가격변화이다. 생산요소의 가격변화에 따른 산업의 장기공급곡선의 양상은 다음과 같은 세 가지로 나누어 살펴 볼 수 있다.

① 비용불변산업
비용불변산업(constant cost industry)은 생산량의 변동이 개별 기업들의 비용조건에 영향을 주지 못하는 산업이며 개별 기업들의 장기균형 생산량이 변동하지 않는 경우를 말한다. 생산량이 증가하면 생산요소에 대한 수요가 증가하게 되는데, 이러한 생산요소에 대한 수요의 증가가 생산요소 가격에 영향을 미치지 못한다면 산업 전체의 공급곡선은 수평선으로 도출된다.

② 비용증가산업

비용증가산업(increasing cost industry)은 생산량의 증가가 개별 기업들의 평균비용 및 한계비용을 증가시키는 산업이다. 생산량의 변동은 생산요소가격들의 변화를 초래하여 산업의 장기공급곡선은 우상향의 모습을 갖게 된다.

③ 비용감소산업

비용감소산업(decreasing cost industry)은 산업 생산량의 증가로 개별 기업들의 평균비용 및 한계비용이 감소하는 산업을 말한다. 비용증가산업과는 반대로 산업의 장기공급곡선은 우하향의 형태를 띠게 된다.

독점시장 02

독점의 의미

독점(monopoly)이란 잠재적 기업들이 해당 산업으로의 신규 진입이 제약되어 극단적으로 단 하나의 기업만이 시장에 존재하는 경우로서, 이 기업에 의해서만 시장에 상품이 공급되는 시장형태를 뜻한다. 이 러한 독점시장에서는 소비자들이 시장가격에 영향을 주지 못하고 독 점기업에 의해서 그들의 이윤이 극대화되는 지점에서 시장가격이 형 성된다.

독점의 발생원인

독점이 존재하기 위해서는 잠재적 기업들이 존재할 수 없거나 이들 기업들이 시장에 진입하는 것이 불가능해야 한다. 독점이 발생할 수 있는 원인은 다음과 같다.

✚ 생산요소의 독점

상품을 생산하기 위해서는 여러 생산요소들이 필요한데, 그 중에 대체할 수 없는 특정 생산요소의 공급을 독점하는 기업이 있다면, 이 기업에 의한 독점이 가능하다.

➕ 생산기술의 독점

MK Test Plus+
특허권
새로운 상품이나 생산기술에 대한 개발이나 발명이 특허로 등록되어 일정 기간 동안 독점적으로 사용될 수 있는 권리를 말한다.

어떤 상품을 생산하는 기술이 특정 기업에게만 있다면 다른 기업들은 그 상품의 생산에 필요한 생산요소를 갖추고 있더라도 시장에 진입할 수 없을 것이다. 그러나 생산기술을 독점하더라도 시간이 흐름에 따라 다른 기업들도 그 기술을 습득하게 되는 것이 일반적인데, 정부가 특허권을 부여한 경우에는 특허권이 효력을 지속하는 기간 동안에는 독점적인 생산기술을 가질 수 있게 된다.

➕ 규모의 경제(자연독점)

어떤 상품을 생산하는 데에 규모의 경제가 존재한다면, 기업이 생산량을 대폭 늘려 생산단가를 낮춤으로써 시장가격을 낮게 책정할 수 있게 된다. 이에 따라 비용구조 면에서 열세인 다른 기업들의 진입이 제약을 받게 됨에 따라 독점이 발생할 수 있다. 이렇게 규모의 경제로 인해 발생하는 독점을 자연독점(natural monopoly)이라고 한다.

➕ 정부의 규제

지나친 경쟁으로 인한 생산자원의 낭비를 막기 위해 정부에서 시장진입을 제한하여 독점을 허용하는 경우가 있을 수 있다. 그러나 독점기업이 사회적 한계비용만큼 가격을 책정할 때를 제외하면, 대개의 경우엔 독점을 허용하는 정부의 규제로 인해 시장의 효율성이 저하된다.

독점에서의 단기균형

✚ 단기균형의 도출

① 독점기업이 직면하게 되는 우하향의 수요곡선

독점기업은 그 자체가 하나의 산업을 이루고 있으므로 완전경쟁시장에 속한 기업이 수평의 수요곡선에 직면하는 것과는 달리 우하향의 수요곡선을 접하게 된다. 따라서 수요의 가격탄력성이 수량의 증가에 따라 감소하므로 한계수입곡선은 이보다 더 가파른 우하향의 모습을 띠게 된다.

② 단기균형

독점기업의 이윤이 극대화되려면 역시 한계수입과 한계비용이 같아져야 하므로 단기한계비용곡선과 한계수입곡선이 만나는 점에서 산출량이 결정된다. 〈그림 4-3〉에서 보는 것과 같이 산출량이 Q_0에서 결정되면 해당 산출량 수준에서 수요곡선상의 가격 P_0가 결정되는데, 이 가격이 독점기업이 시장에 상품을 공급하는 가격이 된다.

그림 4-3

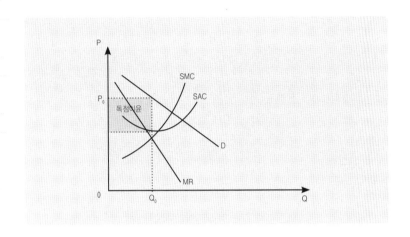

✚ 러너지수

MK Test Plus+
러너지수
가격과 한계비용 간의 차이
를 이용하여 독점력을 측정
하는 지수를 말한다. 완전
경쟁기업은 러너지수가 0
의 값을 갖고, 시장가격이
상승하거나 한계비용이 하
락할수록 러너지수는 1에
가까워진다.

완전경쟁시장에서는 $P = MC$ 의 관계가 성립되었으나 독점시장의 경우에는 이와는 달리 $P > MC$ 가 된다. 즉 가격이 한계비용을 초과하는 경우가 독점시장에서는 가능하게 되는데, 이를 이용하여 다음의 식으로 표현되는 러너지수(Lerner index)를 통해 독점력(monopoly power)의 정도를 파악할 수 있다.

$$LI = \frac{P - MC}{P} \tag{4.6}$$

러너지수는 0에서 1사이의 값을 갖게 되는데, 그 값이 클수록 독점력의 크기가 더 큰 것을 나타낸다.

독점시장에서의 단기균형의 특징

① 공급곡선이 존재하지 않는다.

공급곡선은 주어진 가격수준에서 얼마만큼의 상품을 공급할 용의가 있다는 것을 나타내는 곡선으로 수요곡선과는 독립적인 관계에 있어야 하지만, 독점자는 수요곡선을 먼저 보고 그 다음에 자신의 이윤을 극대화하는 수량을 결정하여 시장에 공급하므로 애초부터 공급곡선이 존재하지 않는다.

② 수요의 가격탄력성이 1보다 큰 구간에서 재화 생산

독점기업은 한계수입이 0보다 큰 구역에서 생산하므로 단기균형에서는 수요의 가격탄력성이 1보다 큰 구역에서 재화가 생산된다.

③ 항상 초과이윤을 거두는 것은 아니다.

일반적으로 독점기업은 초과이윤을 거두지만, $P > MC$ 이더라도 $P = AC$ 이면 정상이윤만 얻을 수 있고, 또한 $P < AC$ 이면 손실을 볼 수도 있다.

독점에서의 장기균형

완전경쟁시장에서는 장기에 기업들의 진입과 이탈로 인한 조정과정을 통해 모든 기업의 정상이윤이 0이 되지만, 독점기업의 경우에는 오히려 장기에 단기에서보다 더 큰 이윤을 누리게 된다. 이는 장기에는 독점기업이 시설규모를 선택할 수 있기 때문이다.

응용 문제 독점시장에 관한 설명 중 옳은 것을 모두 고르면?

ㄱ. 독점기업은 한계수입곡선과 한계비용곡선이 만나는 점에서 균형생산량을 결정한다.

ㄴ. 독점기업은 독점생산량에 대응하는 한계수입수준에서 균형가격을 결정한다.

ㄷ. 독점기업의 생산량은 사회적 최적 생산량보다 낮다.

ㄹ. 독점기업은 엄밀한 의미에서 공급곡선이 성립하지 않으며 공급점이 존재할 뿐이다.

① ㄱ, ㄴ   ② ㄱ, ㄷ

③ ㄱ, ㄷ, ㄹ   ④ ㄴ, ㄷ, ㄹ

⑤ ㄱ, ㄴ, ㄷ, ㄹ

정답: ③

해설: 독점기업은 독점생산량에 대응하는 수요곡선상의 가격을 균형가격으로 책정한다. 독점기업은 스스로 이윤극대화를 달성할 수 있는 가격을 책정하기 때문에 공급점이 존재한다. 공급곡선은 각 가격수준에서 공급하려고 계획하는 재화의 양을 나타내는 것이므로 독점기업의 경우 공급곡선의 개념이 성립하지 않는다.

가격차별

지금까지는 독점가격이 단일가격으로 가정되었지만, 독점기업은 이윤의 극대화를 위해 수요의 가격탄력성이 서로 다른 소비자들에게 차별적인 가격을 제시하여 그들의 독점력을 최대한 이용할 수 있다. 독점기업은 각각의 공급량마다 소비자들이 최대로 지불할 용의가 있는 금액을 가격으로 설정하여 이윤을 극대화할 수 있는데, 이렇게 같은 상품을 여러 다른 가격으로 판매하는 행위를 가격차별(price discrimination)이라고 한다.

✚ 제1급 가격차별

독점기업이 독점시장 내의 모든 소비자들의 수요를 정확하게 알고 있다면, 즉 수요곡선을 정확히 알고 있다면 각 소비자들이 각 소비량에 대해 최대 얼마까지 지불할 용의가 있는지도 알 수 있다. 만약 소비자들이 구입한 상품을 되팔 수 없는 상황이라면 독점기업은 각각의 소비자들에게 그들이 최대로 지불할 용의가 있는 금액을 가격으로 책정할 수 있다. 이로써 소비자들이 시장 활동에 참여해 얻을 수 있는 소비자잉여의 전체를 독점기업이 차지할 수 있게 된다. 이러한 가격차별을 제1급 가격차별(first-degree price discrimination) 또는 완전가격차별(perfect price discrimination)이라고 한다.

✚ 제2급 가격차별

제1급 가격차별처럼 상품 1단위마다 다른 가격을 제시하는 것은 현실적으로 매우 어렵다. 하지만 일정한 구간을 나누어 그 구간마다 다른 가격을 매기는 것은 가능할 것이다. 일정량 이상을 구매할 때에는 일정량을 초과하는 수량에 대하여 더 낮은 가격을 부과하는 이러한 제2급 가격차별(second-degree price discrimination)을 통해서 독점기업이 소비자잉여의 전부를 가져갈 순 없지만 그 일부는 차지할 수 있다.

제2급 가격차별은 현실에서도 자주 관찰된다.

✚ 제3급 가격차별

제3급 가격차별(third-degree price discrimination)은 소비자들을 여러 그룹으로 구분하여 각 그룹별로 서로 다른 가격을 부과하는 것이다. 소비자들이 속한 시장을 그들의 수요의 탄력성에 따라 분할 할 수 있으며 소비자들끼리 해당 상품을 거래하는 것이 불가능하다면 제3급 가격차별이 가능하다. 예를 들면 영화관에서 오전에 상영하는 영화의 가격을 오후에 상영하는 영화보다 더 낮게 책정한다든가, 일반인에 비해 학생들의 입장료를 더 낮게 책정하는 등의 행위가 이에 해당한다. 일반적으로 가격차별이라고 하면 이러한 제3급 가격차별을 말한다.

가격차별의 경제적 효과

가격차별로 인해 소비자에 따라 각기 다른 가격에 상품이 팔리게 되면 그 상품으로부터 얻게 되는 한계편익이 달라져 효율적인 자원배분을 저해하는 측면이 있다. 하지만 독점기업이 가격차별을 실시하면 가격차별을 실시하기 전보다 산출량이 증가하므로 독점의 과소생산 문제가 어느 정도 해소될 수 있고, 수요의 가격탄력성이 높은 저소득층도 상품을 구입할 수 있게 되어 소비자들이 소비로부터 얻게 되는 편익이 커질 수 있다. 따라서 일반적인 평가로는, 가격차별이 이루어질 때 순수독점의 경우보다 사회후생이 더 커질 가능성이 높다고 한다.

응용문제 가격차별에 대한 다음의 설명 중 틀린 것은?

① 가격차별이 가능하려면 이차시장(secondary market)이 없어야 한다.

② 주말과 주중의 영화관람료가 다른 것은 가격차별의 예이다.

③ 소비자마다 수요의 가격탄력성이 다르다는 점을 이용하여 다른 가격을 부과하여 기업의 이윤을 극대화한다.

④ 1급 가격차별의 결과 비효율적 자원배분이 발생한다.

⑤ 놀이공원에서 입장료를 내고 입장한 후 놀이기구를 탈 때마다 추가로 요금을 지불해야 하는데 이 또한 가격차별의 일종이다.

정답: ④

해설: 가격차별이 가능하려면 가격차별의 대상이 된 재화가 거래되는 이차시장이 없어야 한다. 싼 가격으로 재화를 구입한 소비자가 이차시장에서 다른 소비자에게 팔 수 있다면 가격차별은 불가능하다. 주말과 주중의 영화관람료가 다른 것은 가격탄력성이 낮은 시간대의 고객에게는 높은 가격을, 높은 시간대의 고객에게는 낮은 가격을 부과하는 가격차별의 예이다. 가격차별은 독점기업이 소비자마다 수요의 가격탄력성이 다르다는 점을 이용하여 다른 가격을 부과함으로써 소비자잉여를 최대한 기업의 이윤으로 귀속시키려는 노력이다. 1급 가격차별이 발생하면 기업은 각각의 소비자에 대해 지불할 의사가 있는 최대가격을 부과한다. 소비자잉여는 0이 되지만 줄어든 소비자잉여가 모두 공급자에게 귀속되며 자원은 효율적으로 배분된다.

입장료를 낸 후 시설 이용에 대해 추가비용을 지불해야 하는 가격책정방식을 이부가격이라고 부르는데 이 또한 가격차별의 일종이다.

독점과 경제적 후생

✚ 자중손실

① 독점으로 인한 사회후생의 감소

상품의 공급을 한 기업이 독점하게 되면, 시장이 경쟁적일 때 소비자에게 돌아갈 소비자잉여의 일부를 독점기업이 차지하게 된다. 즉 독점으로 인해 소비자로부터 독점기업에게로 실질소득이 재분배되는 것이다. 그러나 더 중요한 것은 독점으로 인하여 사회 전체의 후생이 감소하게 된다는 것이다. 즉 시장이 경쟁적일 때에 얻을 수 있는 총잉여(소비자잉여 + 생산자잉여)보다 독점일 때의 총잉여가 더 작아진다.

② 자중손실의 발생

시장이 경쟁적이라면 균형은 〈그림 4-4〉의 점 E 에서 이루어질 것이다. 이때에 소비자잉여는 $\triangle GP_0E$ 에 해당하고, 생산자잉여는 $\triangle P_0FE$ 의 면적이 된다. 따라서 총잉여는 $\triangle GFE$ 의 면적이 된다. 그러나 독점균형에서는 가격이 $P_0 \rightarrow P^*$ 로 높아지고 반면에 산출량은 $Q_0 \rightarrow Q^*$ 로 감소하므로 소비자잉여가 $\triangle GP^*A$ 로 줄어들게 된다. 줄어든 소비자잉여 중 P^*ABP_0 는 독점기업의 총수입으로 전환 되었지만 $\triangle ABE$ 에 해당하는 부분은 어떤 경제주체에게도 속하지 못하고 사라지고 만다. 또한 생산자잉여 역시 P_0BCF 만큼은 독점기업의 총수입에 포함되었지만 $\triangle BCE$ 는 소실된다. 이렇게 독점으로 인하여 사회적으로 사라지게 된 소비자잉여와 생산자잉여의 합인 $\triangle ACE$ 를 자중손실(deadweight loss)이라고 한다.

MK Test Plus+
생산자잉여

생산자잉여는 생산자가 해당 산출량 수준에서 공급할 용의가 있는 가격보다 더 높은 가격으로 상품을 판매함으로써 얻게 되는 이득을 말한다.

MK Test Plus+
소비자잉여

소비자잉여는 소비자가 해당 산출량 수준에서 지불할 용의가 있는 가격보다 더 낮은 가격으로 상품을 구입함으로써 얻게 되는 이득을 말한다.

그림 4-4

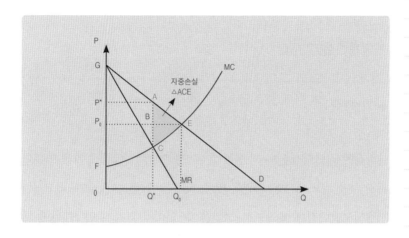

지대추구행위

독점기업은 경쟁시장에서보다 더 큰 이윤을 획득할 수 있기 때문에 만약 기업들에게 다른 기업들의 시장진입을 제한할 수 있는 방법이 있고, 그 방법을 사용하는 데에 큰 비용이 들지 않는다면 기업들은 그 방법을 사용하려고 할 것이다. 이러한 방법에는 정부에 대한 로비(lobby) 등이 있을 수 있는데, 여기에는 실질자원이 소비된다. 생산 활동에 투입되어야 할 자원이 소득의 재분배를 위한 용도로 쓰이게 된다면 사회 전체가 얻을 수 있는 후생이 감소하게 되는데, 이러한 행위를 지대추구행위(rent-seeking activities)라고 한다.

✛ X-비효율성

라이벤스타인(H. Leibenstein)은 독점기업이 X-효율성(X-efficiency) 측면에서 비효율적일 수 있다고 지적한다. X-효율성이란 눈에 잘 보이지 않는 측면에서 발휘되는 효율성인데, 경쟁압력에 직면하지 않은 독점기업의 경영자나 노동자는 최대한의 능력을 발휘할 유인이 없으므로 X-효율성을 발휘하기 힘들다.

✚ 기술혁신

경쟁에 직면하지 않는 독점기업에서는 기술혁신이 활발하게 이루어지지 않을 수도 있다는 의견이 있다. 하지만 슘페터(J. Schumpeter)는 완전경쟁시장에서는 초과이윤을 얻을 수 없어서 과감한 연구개발에 대한 투자가 이루어지기 어려운 반면에 독점기업들은 초과이윤을 바탕으로 오히려 기술혁신을 이룰 수 있다고 주장한다.

✚ 소비자들의 선택의 자유 제한

독점체제하에서 소비자들은 선택의 자유를 제한받는다. 경쟁체제하에서는 소비자들이 다양한 상품을 선택할 수 있지만, 독점의 경우에는 그렇지 못하다. 또한 독점기업이 상품의 가격을 올릴 때 소비자의 실질 구매력이 저하되기도 한다.

독점의 규제

독점으로 인한 자중손실의 발생 등과 같은 경제적 비효율이나 소득의 불평등한 분배와 같은 문제들은 사회적으로 심각한 문제를 야기할 수 있다. 독점으로 인해 발생하는 이러한 문제들을 해결하기 위해 정부가 취할 수 있는 방법으로 가격규제와 조세부과를 생각해 볼 수 있다.

✚ 가격규제

① 상한가격을 한계비용과 일치시키는 가격규제

독점을 규제하기 위해 독점시장에서의 가격을 완전경쟁시장에서와 같이 한계비용과 같게 하는 방법이 있을 수 있다. 정부는 수요곡선과 독점기업의 한계비용곡선이 교차하는 점을 찾아 그 교점에 해당하는 가격을 상한가격(price ceiling)으로 설정한다. 이렇게 $P = MC$가 성립하는 수준에 상한가격을 설정하면 이때의 가격과 산출량은 완전경쟁시장에서의 그것과 동일하게 된다.

② 가격규제의 문제점

- 가격을 통한 규제방식은 독점기업이 자연독점의 성격일 때에 큰 문제를 일으킨다. 자연독점기업의 경우 평균비용곡선이 산출량이 증가함에 따라 우하향하는 모양을 갖게 되는데, 이에 따라서 한계비용곡선은 계속 평균비용곡선 아래에 위치하게 된다. 이런 상황에서 $P = MC$로 상한가격을 설정하면 기업은 계속 손실을 볼 수밖에 없다.
- 정부가 독점기업의 한계비용을 정확하게 파악하는 것이 불가능하고, 만약 가격규제를 받게 되면 독점기업은 제품의 질을 저하시키는 등의 방법으로 규제를 회피할 수도 있다는 문제점이 존재한다.

✚ 조세부과

독점기업에 대한 규제의 방안으로서 조세부과는 정액세(lump-sum tax)와 종량세(unit tax)의 두 가지 방법으로 이루어질 수 있다.

① 정액세 부과

정액세는 독점기업의 생산량과 관계없이 일정액의 조세를 독점기업에 부과하는 것으로 독점기업의 입장에서는 고정비용이 정액세만큼 증가한 효과가 있다. 따라서 가변비용의 변동을 나타내는 한계비용에는 영향을 주지 않게 되고, 평균총비용만 상승시킨다. 이는 산출량의 수준에 영향을 미치지 않으므로 정액세의 부과는 독점기업의 이윤을 정부에 귀속시키는 효과가 있다.

② 종량세 부과

종량세는 상품판매단위마다 부과되는 세금으로 종량세가 부과되면 평균총비용의 상승뿐만 아니라 한계비용 역시 증가하게 되므로 독점기업의 이윤극대화산출량이 감소하게 된다. 이로 인해 독점기업의 이윤이 종량세의 형태도 정부에 귀속될 수는 있으나 생산량이 감소하므로 자중손실의 크기는 오히려 확대된다. 따라서 조세부과의 방법으로 독점기업을 규제하려면 정액세의 형태가 보다 바람직하다.

독점적 경쟁시장 03

독점적 경쟁시장(monopolistically competitive market)은 경쟁적인 요소와 독점적인 요소를 모두 포함하고 있는 시장형태이다. 경쟁적 요소가 존재한다는 것은, 이 시장에서 활동하는 기업들의 수가 다수이고 서로 대체할 수 있는 상품을 생산하며 이 산업으로의 진입과 이탈이 비교적 자유롭다는 것을 의미한다. 반면에 독점적 요소가 존재한다는 것은 이 시장에서 활동하는 개별 기업의 상품이 차별성을 지녀서 일정한 소비자층에 대해서 어느 정도의 독점적 지배력을 지닌다는 것을 뜻한다.

독점적 경쟁시장의 특징

✚ 차별화된 제품의 생산

완전경쟁시장에서는 기업들이 모두 질적으로 완전히 동일한 상품을 생산한다고 가정하고 있지만 현실에서 판매되는 상품들은 일정한 규격과 품질기준을 공통적으로 충족하더라도 디자인이나 기능 등에서 다양한 차이를 나타낸다.

✚ 제한된 시장지배력

독점적 경쟁시장에서 기업은 제한된 시장지배력을 가진다. 차별화된 제품을 공급하기 때문에 제한된 범위 안에서 가격책정자로서 행동할 수 있게 되고, 따라서 개별 기업이 직면하게 되는 수요곡선은 우하향하게 된다.

✚ 진입과 이탈의 자유로움

독점적 경쟁시장에는 기술과 법적인 진입장벽이 존재하지 않기 때문에 잠재기업의 신규 진입과 기존 기업의 이탈이 자유롭다. 따라서 결국에는 완전경쟁과 마찬가지로 장기에 정상이윤만을 얻게 된다.

✚ 다수의 기업

독점적 경쟁시장에서는 다수의 기업이 활동하는데, 그 수는 가격수용자로 행동하는 완전경쟁시장에 속한 기업의 수보다는 적고, 다른 기업과의 관계를 고려해야 하는 과점시장에 속한 기업의 수보다는 많다.

✚ 비가격경쟁

독점적 경쟁시장에서는 개별 기업들이 서로 대체성이 매우 높은 재화들을 생산하므로 광고나 디자인, 또는 포장 등과 같은 비가격적인 면에서의 경쟁을 하게 된다.

독점적 경쟁시장의 단기균형

✚ 기업의 이윤극대화

① 한계수입과 한계비용의 일치

생산요소 중의 일부가 고정되어 있고, 시장에 존재하는 기업의 수가 고정된 단기에 독점적 경쟁시장에서 활동하는 기업의 이윤극대화는 자신이 직면하고 있는 우하향의 수요곡선으로부터 도출된 한계수입과 자신의 한계비용이 일치하는 지점에서 공급량을 결정함으로써 이루어진다.

② 이윤 크기의 결정

〈그림 4-5〉에서 볼 수 있듯이, 독점적 경쟁시장에서의 기업은 독점기업과 유사한 방식으로 이윤극대화를 시도하게 된다. 기업은 MC와 MR이 일치하는 점에 해당하는 생산량인 Q_0를 P_0의 가격으로 시장에 공급한다. 따라서 단기에 독점적 경쟁시장에서 활동하는 기업은 생산량 Q_0에 P_0와 평균비용의 차이만큼을 곱한 크기의 이윤을 얻게 된다. 물론 평균비용이 시장가격을 상회할 경우에는 손실을 볼 수도 있다.

그림 4-5

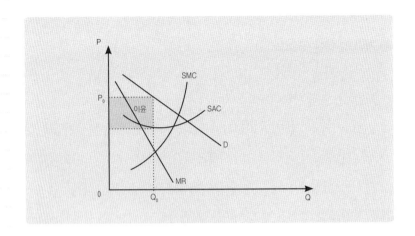

➕ 기업이 직면하는 수요곡선

개별 기업이 직면하게 되는 우하향의 수요곡선의 위치와 가격탄력성은 다른 경쟁기업들이 생산하는 제품과의 가격적 차이, 차별화 정도, 그리고 시장에 존재하는 기업들의 수 등에 따라 달라진다. 만약 개별기업이 생산하는 제품이 다른 기업들의 제품과 두드러진 차별성을 갖는다면, 그 기업이 직면하게 되는 수요곡선은 보다 비탄력적인 형태일 것이다.

독점적 경쟁시장에서의 단기균형의 특징

독점적 경쟁시장에서의 기업이 직면하는 수요곡선이 우하향하므로 독점적 경쟁에서의 단기균형의 특징은 독점의 경우와 유사하다.

① $P > MC$ 인 구간에서 생산량이 결정되므로 비효율적이다.

② 한계수입이 0보다 큰 구역에서 생산량이 결정되므로 단기균형에서는 수요곡선이 탄력적인 구간에서 상품이 생산된다.

③ 가격에 따라 공급량이 변화하는 공급곡선이 존재하지 않는다.

독점적 경쟁시장의 장기균형

✚ 장기조정과정

독점적 경쟁시장에 속한 기업들이 (+)의 이윤을 얻게 되면, 잠재적인 기업들이 그 산업에 진출하고자 하는 유인이 발생하게 된다. 새로운 기업들이 진입하게 되면 한 기업이 각 가격에서 팔 수 있는 수량이 줄어들게 되므로 수요곡선은 왼쪽으로 이동하게 된다.

✚ 장기균형의 달성

장기조정과정은 수요곡선이 기업의 평균비용에 접할 때까지 지속된다. 이 점에서 이윤은 0이 되어 더 이상의 진입과 이탈은 일어나지 않게 된다. MR과 MC가 일치하게 되는 점에서 기업의 이윤극대화가 이루어짐에 따라 장기에 독점적 경쟁시장에서 개별기업의 극대화된 이윤은 0이 된다.

독점적 경쟁과 경제적 후생

✚ 상품의 다양성

독점적 경쟁시장에서 기업들은 차별화된 다양한 대체재들을 시장에 공급하게 되므로 소비자들의 입장에서는 다양한 선택을 할 수 있게 되어 효용이 증가하게 된다.

하지만 사소한 차별화를 위해 실질적인 자원의 낭비가 일어난다면 사회 전체적으로는 부정적인 결과를 얻을 수도 있다.

✚ 과소생산

독점적 경쟁시장에서 기업들은 장기평균비용이 최소가 되는 최소효율규모보다 더 적은 양을 생산하게 된다. 이에 따라 기업들은 장기적으로 평균비용이 최소가 되는 지점에서 생산할 수 있는 시설보다 작은 규모에서 생산을 하게 되므로 유휴시설(excess capacity)이 존재하게 된다. 따라서 자원이 효율적으로 사용되지 못한다는 비판을 받는다.

하지만 독점적 경쟁시장에서의 기업들이 최소효율규모보다 적은 양을 생산하기 때문에 보다 많은 기업들이 생산에 참여할 수 있는 기회를 제공하게 되고, 이것이 다양한 상품의 제공을 가능하게 한다는 점에서 본다면, 과소생산의 문제가 부정적인 것만은 아니다.

✚ 비가격경쟁

독점적 경쟁시장에서는 개별기업들이 그들이 생산하는 제품을 차별화하여 자신들이 직면하게 되는 수요곡선을 비탄력적으로 만들기 위해 광고 등과 같은 비가격적인 경쟁에 많은 돈을 쓰게 된다. 그런데 광고에 지나친 자원이 투입된다면 사회적으로는 자원이 비효율적으로 사용된다고 볼 수 있을 것이다.

하지만 광고를 통해 소비자들이 해당 상품에 대한 정보를 쉽게 얻을 수 있게 된다면 소비자들의 효용을 증가시킬 수 있고, 또한 광고가 시장의 크기를 확대시킨다면 규모의 경제가 발생하여 평균비용이 낮아질 수 있다는 긍정적인 측면도 고려되어야 할 것이다.

과점시장 04

과점(oligopoly)이란 소수의 기업들이 동질적이거나 대체성이 큰 차별화된 제품을 시장에 공급하는 시장형태를 의미한다. 시장에 소수의 기업만이 존재하기 때문에 개별 기업이 시장에서 차지하는 비중이 상당히 크고, 각각의 기업이 가격과 생산량에 대해 내리는 결정은 다른 경쟁기업에도 큰 영향을 미치게 된다. 따라서 과점시장에서 개별 기업이 이윤극대화를 위하여 가장 우선적으로 고려해야 할 것은 자신의 결정에 다른 기업들이 어떻게 반응할 것인가에 대한 예측이라고 할 수 있다.

과점의 구분과 특징

✚ 과점의 구분

과점은 순수과점과 차별화된 과점으로 나눌 수 있는데, 이 중 현실적으로 가장 많이 나타나는 과점은 차별화된 과점이다.

① 순수과점(pure oligopoly): 모든 기업들이 동질적인 제품을 생산하는 과점형태이다. 이 경우에는 가격경쟁과 비가격경쟁이 모두 일어날 수 있다.

② 차별화된 과점(differentiated oligopoly): 독점적 경쟁시장에서처럼 기업들이 차별화된 제품을 생산하는 과점형태이다. 주로 비가격경쟁이 일어난다.

✚ 과점시장의 발생원인

시장에 소수의 기업만이 참여하는 과점시장이 발생하는 데에는 다음과 같은 원인들이 있을 수 있다.

① 규모의 경제: 제품의 생산에 규모의 경제가 존재하는 경우, 비용 측면에서 기존 기업들이 유리하여 잠재적 기업들의 신규 진입이 어렵게 된다.

② 각종 진입장벽: 독점이 발생하는 원인과 유사하게 생산요소의 독점이나 특허권, 또는 정부의 인·허가 정책에 의해 진입장벽이 생겨 과점이 형성될 수 있다.

③ 기존 기업들의 과점 형성 행위: 시장 안에 존재하는 기업들이 서로 인수 또는 합병을 하게 되거나 경쟁기업을 몰아내게 되면 과점이 형성될 수 있다.

✚ 전략적 상황

과점시장에 속한 기업들 간에는 강한 상호의존성이 존재한다. 따라서 개별 기업은 경쟁기업들이 어떤 행동을 하는지에 대해 유심히 관찰해야 하고, 자신들의 결정에 대해 어떻게 반응하는지를 항상 살펴야 한다. 이렇게 다른 기업들의 반응을 감안하여 의사결정을 해야 하는 상황을 전략적 상황(strategic situation)이라고 한다. 이러한 상황은 기업들에게 경쟁 대신에 담합(collusion)을 할 유인을 제공한다.

MK Test Plus+
담합
기업들이 부당하게 공모하여 시장의 경쟁을 제한하는 행위로 독점과 같은 효과를 낼 수 있다.

✚ 독과점도 측정지수

① 상위 k개 기업 집중률(k-firm Concentration Ratio: CRk)

CRk는 시장 점유율 상위 k개 기업들의 점유율을 합한 것으로 그 값이 높을수록 과점의 정도가 강하다고 할 수 있다.

② 허쉬만-허핀달지수(Hirschman-Herfindal Index: HHI)

HHI는 시장에 존재하는 각각의 기업들의 시장점유율(%)을 제곱한 다음 모두 더한 것으로 정의된다. 독점인 경우에는 HHI가 10,000이 되지만, 완전경쟁시장처럼 많은 기업들이 점유율을 공유할 경우에는 HHI가 0에 가까워질 것이다.

과점이론: 독자적 행동모형

이 과점이론에서 설명하는 기업들은 그 산업에 속한 기업들의 반응에 대해 추측한 결과를 토대로 독자적인 행동을 취한다. 개별 기업이 생산량이나 가격을 변화시킬 때 경쟁기업이 어떤 반응을 보일지에 대한 예상을 추측된 변화(Conjectural Variation: CV)라고 한다. 기업 i 가 기업 j 에 대하여 예상한 생산량과 가격에 대한 추측된 변화는 다음과 같이 나타낼 수 있다.

$$CV_q = \frac{\Delta Q_j}{\Delta Q_i}, \quad CV_p = \frac{\Delta P_j}{\Delta P_i} \tag{4.7}$$

만약 기업 i 가 가격이나 생산량을 변화시켰는데도 불구하고 기업 j 가 가격이나 생산량을 전혀 변화시키지 않는다면, CV_q 나 CV_p 는 0 이 될 것이다.

✚ 꾸르노모형

꾸르노(A. Cournot)는 동질적인 재화를 공급하는 기업이 둘인 복점 (duopoly)하에서의 과점시장을 분석했는데, 이 모형에 의하면 각 기업 은 상대기업의 생산량이 고정된 것으로 가정하고 이윤극대화생산량 을 결정하며 이때의 각 복점 기업들의 생산량 합계와 시장수요에 의 해 가격이 결정된다.

① 모형의 가정

각 기업은 서로 상대기업의 산출량이 현재수준을 유지할 것이라고 가정한다. 즉 두 기업의 CV_q 는 모두 0이 된다. 꾸르노 모형에서는 각 기업들이 상대방이 산출량을 정하면 그것에 맞추어 자신의 이윤을 극 대화하는 산출량을 결정하게 되는데, 이러한 점에서 두 기업이 모두 추종자(follower)로 행동한다고 볼 수 있다.

② 반응함수

시장수요함수가 $P = -Q + a$ $(a > 0, Q = q_i + q_j)$라고 주어졌고 기업 i 와 기업 j 의 한계비용 및 평균비용은 c 로 일정하다고 가정하고 꾸르 노 모형을 분석해보자. 기업 j 는 기업 i 의 생산량이 q_i 로 고정되어 있다고 예상하고, 이 상황에서 자신의 이윤을 극대화하는 수량인 q_j 를 선택하게 되는데, 이 상황에서 기업 i 의 이윤은 다음과 같이 나타낼 수 있다.

$$\pi_j = (P-c)q_j = (a-c-q_i-q_j)q_j \qquad (4.8)$$

기업 i의 이윤 π_j를 극대화하는 생산량 q_j는 다음의 1차 조건을 만족해야 한다.

$$\frac{d\pi_j}{dq_j} = a-c-q_i-2q_j = 0 \qquad (4.9)$$

위의 식을 통해 기업 i가 q_i을 생산할 때 기업 j의 이윤을 극대화시키는 최선응수(best response) q_j는 다음과 같이 나타낼 수 있다.

$$q_j = \frac{a-c-q_i}{2} \qquad (4.10)$$

같은 방식으로 기업의 이윤극대화 생산량을 구하면 $q_i = \frac{a-c-q_j}{2}$가 된다. 이러한 식들을 각 기업의 반응함수(reaction function)라고 부른다.

③ 꾸르노균형

각 기업들의 반응함수들을 구한 후 이 함수들을 q_i와 q_j의 평면에 표현하면 다음의 〈그림 4-6〉과 같이 나타낼 수 있다.

그림 4-6

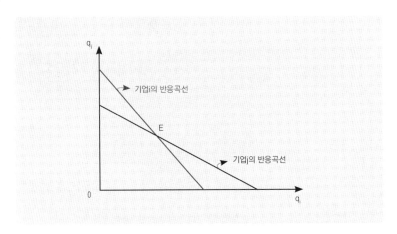

꾸르노모형의 균형은 두 기업의 반응곡선(reaction curve)이 만나는 점 E에서 이루어진다. 이 점에서는 두 기업 중 어느 한 기업도 혼자만 생산량을 변경하려 하지 않는다. 서로의 반응에 대하여 자신의 이윤을 최대화하는 점이기 때문이다. 이 균형을 꾸르노균형(Cournot equilibrium)이라고 한다.

✚ 슈타켈버그모형

꾸르노모형은 두 기업이 모두 수동적인 추종자로 행동할 것이라 가정하지만, 이러한 가정은 비현실적이라고 볼 수 있다. 슈타켈버그(H. Stackelberg)는 두 기업 중 하나 또는 둘 모두가 산출량에 대해 선도자(leader)의 역할을 하는 모형을 제시했다.

① 한 기업이 선도기업이고 다른 기업이 추종기업인 경우
선도기업 i 는 추종기업 j 의 반응곡선을 이미 알고 있다. 따라서 선도기업인 i 는 추종기업인 j 의 반응곡선 위에서 자신의 이윤을 극대

화하는 생산량을 찾아 그만큼 생산하게 된다. 이 점에서 균형이 이루어지게 된다.

② 두 기업이 모두 선도자가 되려고 하는 경우

한 기업이 선도기업이고 다른 기업이 추종기업인 경우에 선도기업은 추종기업에 비해 더 많은 이윤을 누리게 된다. 따라서 각 기업들은 모두 선도기업이 되려고 노력할 것이다. 이 경우에는 각 기업들이 자신이 생산량을 선택하면 상대기업이 반응곡선을 따라 생산량을 결정할 것으로 예상하지만, 두 기업이 모두 선도기업이 되려고 하기 때문에 이러한 상황에서는 균형을 이룰 수 없다. 이와 같은 상황을 슈타켈버그 불균형(Stackelberg disequilibrium) 또는 슈타켈버그 전쟁상태(Stackelberg warfare)라고 한다.

✚ 베르뜨랑모형

베르뜨랑(J. Bertrand)은 기업이 이윤극대화생산량을 결정할 때, 다른 기업의 상품가격이 고정되어 있다고 간주다고 보았다. 이는 앞서 살펴 본 꾸르노모형이나 슈타켈버그모형이 다른 기업의 생산량을 고정시킨 것과는 다른 것이다.

① 베르뜨랑균형

두 기업이 동질적인 재화를 생산하고 있다면 각 기업들은 모두 상대보다 약간 낮은 가격을 책정하여 모든 소비자들을 확보하고자 노력할 것이다. 만약 상대방이 한계비용보다 높은 가격으로 판매하려 한다면, 자신은 그보다 약간 낮은 가격을 제시함으로써 판매량을 크게 증대시킬 수 있기 때문이다. 두 기업이 모두 이러한 노력을 한다면, 결국 가격은 각 기업의 한계비용 수준까지 떨어지게 될 것이다. 즉 동질적인 재화를 생산하는 기업들 사이에서 이루어지는 베르뜨랑균형(Bertrand equilibrium)에서는 가격과 생산량이 모두 완전경쟁시장에서와 매우 유사해진다. 두 기업은 모두 0의 정상이윤을 얻게 되고, 효율적인 자원 배분이 이루어지게 된다.

② 베르뜨랑모형에 대한 평가

베르뜨랑균형은 두 기업이 동질적인 재화를 생산하고, 두 기업의 한계비용이 같다는 비현실적인 가정에서 도출된 것이다. 현실의 과점시장에서 상품의 가격이 한계비용과 같아진다는 것은 일어나기 힘든 일이다. 만약 두 기업이 차별화된 상품을 생산한다고 가정하면 가격이 한계비용보다 높은 수준에서 결정될 것이고, 베르뜨랑모형은 보다 현실성을 가지게 될 것이다.

응용 문제

다음 중 복점시장에 관한 설명으로 틀린 것은? (단, 이 복점 시장에서 조업 중인 두 기업은 비용구조가 같고 동질의 생산물을 생산한다고 가정한다.)

① 두 기업이 생산량 경쟁을 하면 쿠르노 복점이라 부른다.

② 쿠르노 복점에서 두 기업 균형생산량의 합은 독점기업의 균형 생산량보다 많다.

③ 두 기업이 가격 경쟁을 하면 베르뜨랑 복점이라 부른다.

④ 베르뜨랑 복점에서 균형가격은 평균비용과 같으며 이는 완전경 쟁시장의 균형가격보다 조금 높은 수준이다.

⑤ 담합을 통해 두 기업 모두 이윤을 높일 수 있으나 이탈할 유인 이 있어 담합은 지속될 수 없다.

정답: ④

해설: ④ 베르뜨랑 복점의 균형가격은 한계비용과 같으며 이는 완전경쟁시장의 균형 가격과 같다. 두 기업이 가격경쟁을 할 경우 시장가격이 한계비용보다 높으면 각 기업 은 가격을 시장가격보다 조금 낮게 책정하여 이윤을 늘리려는 유인이 있으므로 결국 시장가격은 한계비용과 같은 수준까지 하락하게 된다.

⑤ 다른 기업이 담합을 지킬 경우 자신의 최적반응함수는 담합을 이탈하는 것이기 때 문에 담합은 지속될 수 없다. 만약 반복게임의 상황이어서 담합 이탈 시 보복이 가능 하다면 담합이 유지될 수도 있다.

✚ 굴절수요모형

독과점시장에서는 상품의 가격이 경직적인 모습을 자주 관찰할 수 있다. 스위지(P. Sweezy)는 이러한 이유가 기업들이 인식하는 수요곡선에 굴절(kink)이 있기 때문이라고 주장했다.

① 기본가정
- 개별 기업이 가격을 인하하면 다른 기업들 또한 즉시 가격을 인하한다.
- 개별 기업이 가격을 인상하더라도 다른 기업들은 현재 가격을 유지한다.

이러한 가정에 의하면, 결국 과점시장에서는 어느 기업이 가격을 인상하는 경우에 이 기업의 시장점유율은 크게 하락하게 되고, 만약 가격을 인하하게 되더라도 다른 기업들 역시 가격을 인하하므로 시장점유율을 증대시킬 수 없게 된다.

② 가정의 적용

개별 기업이 〈그림 4-7〉의 점 A에서 최초의 균형을 이루고 있었다고 하자. 이 상황에서 이 기업이 가격을 P_A보다 낮은 수준으로 내리게 되면 경쟁기업들도 따라서 가격인하에 나설 것이므로 가격을 내리더라도 수요량의 증대는 별로 크지 않을 것이다. 하지만 반대로 가격을 P_A보다 높은 수준으로 올렸는데, 다른 기업들은 가격을 유지하거나 오히려 내린다면 이 기업은 다른 기업들에게 고객들을 뺏기게 될 것이다.

③ 굴절수요곡선

이러한 상황은 P_A 보다 높은 가격수준에서는 수요곡선이 완만한 기울기를 갖게 되고, P_A 보다 낮은 가격수준에서는 가파른 기울기를 갖게 됨을 의미한다. 즉 이 기업은 자신이 직면해 있는 수요곡선이 이와 같이 굴절되어 있다고 인식하게 된다.

가격이 P_A 에서 경직적인 이유는 〈그림 4-7〉에서 한계수입곡선을 보면 알 수 있다. 굴절수요곡선에서 도출된 한계수입곡선은 Q_A 에서 불연속적인 모습을 띠게 되는데, 이로 인해 가격은 경직성을 갖게 된다.

그림 4-7

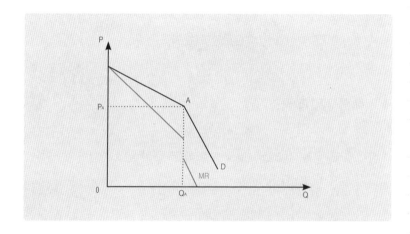

④ 굴절수요모형에 대한 평가

한동안 굴절수요곡선모형(kinked demand curve model)은 과점시장을 설명해주는 대표적인 모형이었으나 현재는 이론적인 측면과 실증적인 측면 모두에서 문제점을 지닌 것으로 알려져 있다.

먼저 실증적인 측면에서, 스위지가 모형에서 가정한 것과는 달리 현실에서는 한 기업이 가격을 올리면 다른 기업들도 덩달아 가격을 인상하는 경우가 많다는 문제점이 제기되었다. 또한 이론적인 측면에서 볼 때, 굴절수요모형은 최초의 균형인 A가 어떻게 결정되는지에 대한 설명이 전혀 없다.

과점이론: 가격선도모형 (불완전담합)

과점시장에서는 과점기업들이 서로 암묵적인 협조를 통해 공동의 이익을 추구할 유인이 존재한다. 가격경쟁이 일어나게 되면 모든 기업들이 손해를 보게 될 수도 있기 때문이다. 가격선도모형(price leadership model)은 한 기업이 가격을 선도하면 나머지 기업들은 이를 묵시적으로 수용하여 암묵적인 협조관계를 이룬다고 본다.

✚ 지배적 기업과 군소기업

하나의 지배적 기업(dominant firm)과 다수의 군소기업이 존재하는 과점시장을 가정해보자. 지배적 기업은 대기업으로, 시설규모 또는 비용조건이 군소기업들에 비해 월등히 우수하다. 반면에 군소기업들은 시설규모와 비용조건이 서로 유사하다.

이 경우 대기업의 시장점유율이 매우 크므로 대기업에 의한 가격선도가 가능해진다. 대기업이 설정한 가격에 맞추어 군소기업들은 적정공급량을 시장에 공급하게 되고, 대기업은 나머지 수요를 충족시킨다.

✚ 지배적 기업에 의한 가격선도

지배적 기업은 군소기업들이 시장에 공급하는 부분을 제외한 나머지를 자신이 직면한 수요곡선으로 파악하여 한계수입과 한계비용이 일치하는 점에서 가격을 결정한다. 군소기업들은 대기업이 결정한 가격을 주어진 가격으로 수용하게 된다. 즉 결국 지배적 기업에 의해 결정된 가격이 그대로 시장가격이 되면서 과점시장은 균형을 이루게 된다.

과점이론: 카르텔모형 (완전담합)

카르텔(cartel)이란 과점기업들이 서로 담합을 통하여 마치 하나의 독점기업처럼 행동하는 것을 의미하는데, 이러한 카르텔을 결성함으로써 과점기업들은 이윤의 증가를 꾀할 수 있게 된다.

✚ 카르텔의 이윤극대화

과점시장의 수요곡선을 통해서 한계수입곡선을 도출할 수 있다. 이 한계수입곡선과 카르텔에 가맹된 기업들의 한계비용을 모두 수평으로 합하여 도출된 카르텔의 한계비용곡선이 만나는 점에서 이윤극대화 생산량과 가격이 결정된다. 각각의 기업들의 한계비용이 한계수입과 같아지도록 생산량을 분배하면 카르텔의 이윤극대화가 달성된다.

✚ 카르텔의 불안정성

카르텔이 결성되면 그 이전에 비해 개별 기업의 이윤이 증가한다. 하지만 일단 카르텔이 결성되면 협정을 위반함으로써(가격을 인하함으로써) 판매량을 증가시켜 이윤을 훨씬 더 얻을 수 있는 기회가 생긴다. 따라서 카르텔은 항상 붕괴될 수 있는 불안정성(instability)을 지닌다.

카르텔이 붕괴될 가능성이 커지는 경우

① 위반 사실이 적발되기 어렵거나 위반 여부를 판단하기 어려울 때

② 위반한 기업에게 신속하거나 치명적인 보복을 하기 어려울 때

③ 경기의 침체로 인해 수요가 부족해져서 이윤이 저하되었을 때

1. 완전경쟁시장

ⅴ 경쟁의 정도에 따른 시장형태의 구분 ······················ ☐

ⅴ 완전경쟁시장의 성립조건 ···························· ☐

ⅴ 완전경쟁시장에서의 장·단기 균형에 대한 이해 ··········· ☐

2. 독점시장

ⅴ 독점의 발생 원인 ······························· ☐

ⅴ 독점시장에서의 장·단기 균형에 대한 이해 ·············· ☐

ⅴ 가격차별의 종류와 경제적 효과 ····················· ☐

ⅴ 독점에 의한 자중손실의 발생 ······················ ☐

ⅴ 독점을 규제하는 방법 ··························· ☐

3. 독점적 경쟁시장

ⅴ 독점적 경쟁시장에서의 장·단기 균형에 대한 이해 ········· ☐

ⅴ 독점적 경쟁시장에서의 경제적 효과 ·················· ☐

4. 과점시장

ⅴ 과점시장의 발생 원인 ··························· ☐

ⅴ 꾸르노모형, 슈타켈버그모형, 베르뜨랑모형, 굴절수요모형에 대한 이해 ········ ☐

ⅴ 가격선도모형과 카르텔모형에 대한 이해 ················ ☐

MK Key word

1. 완전경쟁시장
   - 완전경쟁시장, 독점시장, 독점적 경쟁시장, 과점, 가격수용자, 순수경쟁시
     장, 생산중단가격, 손익분기점, 장기조정과정, 정상이윤, 비용불변산업, 비
     용증가산업, 비용감소산업

2. 독점시장
   - 독점, 자연독점, 러너지수, 가격차별, 자중손실, 지대추구행위, X-비효율성

3. 독점적 경쟁시장
   - 독점적 경쟁시장, 유휴시설

4. 과점시장
   - 과점, 순수과점, 차별화된 과점, 전략적 상황, 담합, 상위 k개 기업 집중
     률, 허쉬만-허핀달지수, 추측된 변화, 복점, 반응함수, 꾸르노균형, 슈타켈
     버그불균형, 베르뜨랑균형, 굴절수요곡선모형, 가격선도모형, 지배적 기업

01 상품이 동질적이고 자원의 완전한 이동성이 보장되며 개별 경제 주체는 가격수용자로서 행동하고 완전한 정보가 성립하는 시장의 형태를 ○○○○○○이라고 부른다.

정답: 완전경쟁시장

02 완전경쟁시장에서 개별 기업이 직면하게 되는 수요곡선은 시장가격에서 수평인 직선이므로 이윤극대화의 조건은 이 시장가격이 기업의 ○○○○과 같게 되는 것이다.

정답: 한계비용

03 ○○○○○○은 생산량의 변동이 개별 기업들의 비용조건에 영향을 주지 못하는 산업이고, ○○○○○○은 생산량의 증가가 개별 기업들의 평균비용 및 한계비용을 증가시키는 산업이며, ○○○○○○은 산업 생산량의 증가로 개별 기업들의 평균비용 및 한계비용이 감소하는 산업을 말한다.

정답: 비용불변산업, 비용증가산업, 비용감소산업

04 잠재적 기업들의 진입이 제한되어 시장에 하나의 기업만이 존재하고 이 기업에 의해서만 상품이 공급되는 시장형태를 ○○이라고 한다.

정답: 독점

05 독점이 발생하는 원인으로는 생산요소의 독점, 생산기술의 독점, 규모의 경제로 인해 발생하게 되는 ○○○○, 정부의 규제 등이 있다.

정답: 자연독점

06 독점기업은 이윤의 극대화를 위해 수요의 가격탄력성이 서로 다른 소비자들에게 서로 다른 가격을 제시하여 판매할 수 있는데, 이러한 행위를 ○○○○이라고 한다.

정답: 가격차별

07 ○○○ ○○○○은 경쟁적 요소와 독점적 요소 모두를 포함하는 시장형태인데 진입과 이탈이 자유롭고 소비자와 생산자가 다수라는 점에서 경쟁적 요소를 가지고 있으며 동시에 개별 기업이 생산하는 제품들이 차별성을 지니기 때문에 일정한 소비층에 대해 어느 정도 독점적 지배력을 갖는다.

정답: 독점적 경쟁시장

08 소수의 기업들이 동질적이거나 대체성이 큰 차별화된 제품을 시장에 공급하는 시장형태를 ○○이라고 한다.

정답: 과점

09 과점시장에 속한 기업들 간에는 강한 상호의존성이 존재하기 때문에 개별 기업은 경쟁기업들이 어떤 행동을 하는지를 유심히 관찰해야 하고, 자신들의 결정에 대해 어떻게 반응하는지를 항상 살펴야 한다. 이렇게 다른 기업들의 반응을 감안하여 의사결정을 해야 하는 상황을 ○○○ ○○이라고 부른다.

정답: 전략적 상황

10 ○○○이란 과점기업들이 서로 담합을 통하여 마치 하나의 독점 기업처럼 행동하는 것을 의미하는데, 이를 통해 과점기업들은 이윤의 증가를 꾀할 수 있게 된다.

정답: 카르텔

Lesson **05**　게임이론

01 게임이론의 기초

시장에 소수의 기업만이 존재하는 과점시장에서는 각 기업의 의사결정이 다른 경쟁기업들의 반응에 큰 영향을 받게 된다. 이것은 각 기업이 서로 마찬가지이므로 이렇게 복잡한 전략적인 상황(strategic situation)에 처하게 되는 과점시장을 적절하게 분석하기란 쉬운 일이 아니다. 폰 노이만(J. von Neumann)과 모르겐슈테른(O. Morgenstern)에 의하여 확립된 게임이론은 이러한 전략적인 상황을 체계적으로 분석하는 데에 유용한 도구로 각광받고 있다.

게임의 구성요소

주어진 상황 속에서 참여하는 주체들이 서로 자신의 이익을 추구하고자 하지만 그것이 다른 주체들과의 상호작용에 의하여 결정되기 때문에 전략적으로 행동할 수밖에 없는 것을 게임(game)이라고 한다. 이러한 게임을 구성하는 요소에는 다음과 같은 세 가지가 있다.

➕ 경기자(player)

경기자는 게임에 참가하는 의사결정의 주체이다. 게임에 참가하는

경기자는 항상 자신의 이익을 위하여 합리적으로 사고한다고 가정
한다.

✚ 전략(strategy)

전략이란 경기자가 게임 중에 선택하게 되는 대안들에 대한 계획을
말한다. 전략은 순수전략(pure strategy)과 혼합전략(mixed strategy)으로
나뉘는데, 순수전략은 일어날 가능성이 있는 모든 경우에 대해 경기
자가 선택할 수 있는 행동에 대한 계획이고, 혼합전략은 여러 개의 대
안 중 하나를 주어진 확률분포에 따라 임의로 택하는 것을 뜻한다.

✚ 보수(payoff)

보수는 경기자가 택한 전략의 결과에 의해 결정되는 효용이다. 보
수는 화폐단위 또는 효용으로 표시되고, 게임에 참가하는 모든 경기
자들의 보수를 하나의 표에 정리한 것을 보수행렬(payoff matrix)이라
고 한다.

협조적 게임과 비협조적 게임

✚ 협조적 게임

협조적 게임(cooperative game)은 게임에 참가하는 경기자들 사이에
협조가 가능하여 서로가 맺는 구속력을 갖는 협약에 의해 게임의 결

과가 결정되는 것을 말한다. 협조적 게임은 게임이론이 처음 연구되기 시작했던 1950년대와 1960년대에 인기를 누렸다.

✚ 비협조적 게임

비협조적 게임(non-cooperative game)은 협조적 게임과는 반대로 경기자 간에 협조가 이루어지지 않아서 협약이 맺어질 수 없는 게임을 말한다. 과점시장에서의 각 기업들의 행동들을 포함하여 많은 사회현상들이 비협조적 게임의 형태를 띠고 있기 때문에 협조적 게임보다는 비협조적 게임이론이 보다 현실성을 갖는 주제라고 할 수 있다.

게임의 균형 02

우월전략균형

✚ 우월전략의 의미

어떤 게임 상황 속에서 상대방이 선택하는 전략에 상관없이 자신에게 항상 더 큰 보수를 가져다주는 그런 전략이 있다면 경기자는 그 전략을 선택하는 것이 합리적일 것이다. 이와 같은 전략을 우월전략(dominant strategy)이라고 부른다.

✚ 우월전략균형

모든 경기자들이 우월전략을 사용하여 도달하게 되는 균형을 우월전략균형(dominant strategy equilibrium)이라고 한다. 균형에서 모든 경기자들은 현재의 결과에 만족하여 더 이상 다른 전략으로 바꿀 유인이 없게 된다.

✚ 용의자의 딜레마(Prisoner's dilemma)

① 게임의 설계

어떤 범죄의 공범으로 지목된 두 명의 용의자가 처한 상황을 통해 우월전략균형을 알아보자. 이 두 용의자는 현재 따로 격리되어 각각 취조를 받고 있는데, 검사는 이들에게 혐의인정을 유도하기 위하여 〈표 5-1〉과 같이 형을 선고하겠다는 제안을 한다. (괄호 안의 첫 번째 항은 용의자 1에 대한 선고이고, 두 번째 항은 용의자 2에 대한 선고이다.)

표 5-1

		용의자 2	
		부인	자백
용의자 1	부인	(1년형, 1년형)	(5년형, 집행유예)
	자백	(집행유예, 5년형)	(2년형, 2년형)

이 상황에서 5년형을 선고 받는 것의 효용을 0이라고 하고, 형량이 1년 줄어들 때마다 효용이 1씩 늘어난다고 가정하면, 이 제안에 대한 각각의 용의자들의 보수행렬을 다음과 같이 〈표 5-2〉로 나타낼 수 있다.

표 5-2

		용의자 2	
		부인	자백
용의자 1	부인	(4,4)	(0,5)
	자백	(5,0)	(3,3)

② 용의자들의 우월전략균형
● 용의자 1의 입장
  • 용의자 2가 부인하는 경우: 자신도 부인하면 1년형, 자백하면 집행유예

- 용의자 2가 자백하는 경우: 자신도 자백하면 2년형, 부인하면 5년형

→ 용의자 2가 어떤 선택을 하든지 용의자 1은 자백하는 것이 유리하다.

● 용의자 2의 입장

- 용의자 1이 부인하는 경우: 자신도 부인하면 1년형, 자백하면 집행유예

- 용의자 1이 자백하는 경우: 자신도 자백하면 2년형, 부인하면 5년형

→ 용의자 1이 어떤 선택을 하든지 용의자 2는 자백하는 것이 유리하다.

즉, 이 상황에서 용의자 1과 2는 모두 자백을 하는 것이 우월전략이 된다. 자백하는 경우가 부인하는 경우보다 항상 더 큰 효용을 주기 때문이다. 따라서 이 게임의 우월전략균형은 (자백, 자백)에서 이루어지게 되고 두 용의자는 똑같이 2년형을 선고받게 된다.

MK Test Memo

용의자의 딜레마의 시사점

서로 끝까지 범행을 부인하여 각각 1년형을 선고받는 방법이 있음에도 불구하고 서로 자백하는 것에서 균형이 이루어지는 이유는, 용의자들이 서로 격리되어 대화를 할 수 없기 때문이다.

만약 서로 대화할 수 있는 상황이라면 협조를 통해 (부인, 부인)이라는 전략을 선택할 수도 있었을 것이다. 하지만 대화를 통해 협조가 이루어졌다고 하더라도 배신의 여지는 남아 있다. 만약 자신만 약속한 대로 부인하고, 상대는 자백한 경우에는 5년형을 선고

받는 최악의 상황을 겪을 수도 있기 때문에 용의자들은 결국 (자백, 자백)을 선택하게 된다.

용의자의 딜레마는 경제주체들이 각자의 이익을 극대화함으로써 달성되는 균형이 사회 전체적으로 봤을 때엔 최적이 아닐 수 있다는 사실을 시사한다.

내쉬균형

우월전략균형은 이해하기 쉽고 매우 직관적이지만 이러한 형태의 게임을 현실에서는 많이 찾아보기 힘들다. 우월전략균형은 상대방이 어떤 전략을 선택하는지에 관계없이 모든 전략에 대해 우월한 전략을 가지고 있어야 하지만, 현실에서의 게임이 이러한 조건을 충족시키긴 어렵기 때문이다. 따라서 이보다는 좀 더 조건을 완화하여 경기자들이 각자 상대방의 전략이 주어졌다고 보고, 그 상황에서 자신에게 가장 유리한 전략을 선택했을 때에 이루어질 수 있는 균형에 대해 생각해볼 수 있는데, 이것이 바로 내쉬균형(Nash equilibrium)이다.

MK Test Plus+
내쉬균형
상대방의 전략을 주어진 것으로 간주하고, 그 상황에서 자신의 선택이 바뀔 유인이 없을 때의 균형 상태를 말한다.

✚ 순수전략 내쉬균형

① 게임의 설계

다른 경기자의 전략을 주어진 것으로 간주하고 자신에게 가장 유리한 전략을 선택함으로써 이루어지는 내쉬균형의 예로 과점시장에서 경쟁하는 두 기업의 생산량 결정을 들 수 있다.

표 5-3

		기업 2	
		증산	감산
기업 1	증산	(24,16)	(28,12)
	감산	(12,24)	(32,20)

〈표 5-3〉에 표시된 보수행렬에서 알 수 있듯이, 기업 1과 기업 2 모두가 생산량을 줄이는 선택(감산)을 하면 각각의 보수는 (32, 20)이 된다. 하지만 두 기업 모두가 생산량을 늘리는 선택(증산)을 하면 두 기업은 각각 (24, 16)의 보수를 얻게 된다. 또한 기업 1이 생산량을 늘리는데 기업 2는 생산량을 줄이면 (28, 12), 그리고 기업 1이 생산량을 줄이는데 기업 2가 생산량을 늘리면 (12, 24)가 된다.

② 게임의 균형

이런 상황에서 기업 1과 기업 2는 (증산, 증산)을 선택하게 된다. 기업 1이 증산을 선택하는 경우 기업 2는 증산을 선택해서 16의 보수를 받는 것이 감산을 선택하여 12의 보수를 받는 것보다 유리하기 때문에 기업 2도 증산을 선택한다. 기업 2가 증산을 선택하는 경우에 기업 1은 역시 증산을 선택한다. 왜냐하면 증산을 선택했을 때의 보수 24가 감산을 선택했을 때의 보수 12보다 더 크기 때문이다. 따라서 이 게임의 균형은 (증산, 증산)에서 이루어지게 된다.

✚ 혼합전략 내쉬균형

　순수전략 내쉬균형은 하나가 아니라 여러 개가 될 수도 있고, 물론 게임에 따라서는 균형이 존재하지 않을 수도 있다. 순수전략 내쉬균형이 존재하지 않는 대표적인 예로 동전을 던져 앞면과 뒷면을 맞추는 게임을 들 수 있다.

　① 게임의 설계

　경기자 2가 동전을 손에 쥐면 경기자 1이 그 동전이 앞면을 향하고 있는지, 아니면 뒷면을 향하고 있는지를 맞추는 게임을 예로 들어 보도록 한다. 맞추면 1점을 얻고 틀리면 1점을 잃는다고 할 때 보수행렬은 다음과 같이 나타낼 수 있다.

표 5-4

		경기자 2	
		앞	뒤
경기자 1	앞	(1, −1)	(−1, 1)
	뒤	(−1, 1)	(1, −1)

② 존재하지 않는 순수전략 내쉬균형

이 게임에서는 순수전략 내쉬균형이 존재하지 않는다. 이 게임에서 발생할 수 있는 네 가지 상황 모두에서 한 경기자가 그 전략조합을 이탈할 유인을 갖게 된다. 예를 들어 경기자 2가 동전의 앞면을 향하게 했을 것이 확실하다면 경기자 1은 앞면을 선택하여 1의 보수를 챙길 것이다. 하지만 경기자 2는 이렇게 경기자 1이 앞면을 선택할 것이 예상된다면 동전을 뒷면으로 향하게 하여 게임에서 승리하고자 할 것이다. 이런 식으로 두 경기자 모두가 균형이 되는 전략조합을 찾을 수 없으므로 이 게임의 순수전략 내쉬균형은 존재하지 않는다.

③ 혼합전략 사용 시 기대효용

이 게임에서는 무작위로 선택하는 것이 최선의 전략이 된다. 이러한 전략을 혼합전략이라고 하는데, 혼합전략이란 선택 가능한 여러 순수전략들을 주어진 확률분포에 의해 임의로 선택하는 것을 뜻한다. 이 게임에서 경기자 2가 동전을 앞면으로 향하게 할 확률을 p 로 하고 뒷면으로 향하게 할 확률을 $1 - p$ 로 하는 혼합전략을 사용한다고 했을 때, 경기자 1이 동전의 앞면과 뒷면을 선택하는 순수전략을 시행했을 때 기대되는 효용은 다음과 같다.

- 앞면 선택: $p \times 1 + (1-p) \times (-1) = 2p - 1$
- 뒷면 선택: $p \times (-1) + (1-p) \times 1 = 1 - 2p$

④ 혼합전략 내쉬균형

경기자 1이 두 순수전략을 통해서 얻을 수 있는 효용이 같아지게 하는($2p-1 = 1-2p$) 확률 p 의 값은 0.5이다. 이것이 혼합전략 내쉬균형이다.

만약 경기자 2가 동전을 앞면으로 향하게 할 확률을 50%보다 높게 설정한다면 경기자 1은 기대효용이 더 높은 앞면을 100% 선택할 것이다. 그렇다면 경기자 2는 뒷면을 향하게 하여 이길 수 있으므로 100%의 확률로 동전을 뒷면으로 향하게 할 것이다. 이것은 $p = 0$ 이 됨을 의미하는데, 처음에 p 를 0.5보다 크게 한다는 것과 모순되므로 결국 $p > 0.5$ 인 균형은 존재하지 않게 된다. 동일한 논리로 $p < 0.5$ 인 균형 역시 성립하지 않는다.

혼합전략 내쉬균형의 조건

혼합전략 내쉬균형이 이루어지려면, 경기자가 선택할 수 있는 순수전략들이 가져다주는 기대효용은 동일해야만 한다. 만약 한 전략의 기대효용이 다른 전략보다 크다면, 100%의 확률로 그 전략을 선택할 것이기 때문이다.

매경신문 기출문제 응용

응용문제 다음은 '죄수의 딜레마'라고 불리는 상황에 대한 설명이다. 틀린 설명을 고르면?

공범으로 보이는 두 명의 용의자가 검거된 후 독방에서 취조당하고 있다. 두 용의자가 모두 범행을 자백할 경우 이들은 각각 징역 5년을 선고받는다. 한 명은 범행을 부인하고 다른 한 명은 자백하면 범행을 부인한 용의자는 징역 7년을 선고받고 자백한 용의자는 집행유예로 풀려나게 된다고 한다. 두 용의자가 끝까지 범행을 부인하면 증거불충분으로 각각 2년씩의 징역을 선고

받게 된다고 한다.

① 두 용의자 모두에게 자백은 강우월전략이다.
② 강열등전략의 단계적 소거에 의해 내쉬균형은 (자백, 자백)이다.
③ 내쉬균형은 어떤 경기자도 다른 경기자가 전략을 바꾸지 않는다는 가정하에 자신의 전략을 바꿀 유인이 없는 상태를 말한다.
④ 일반적인 게임 상황에서 내쉬균형은 여러 개 존재할 수 없다.
⑤ 강열등전략의 단계적 소거로 해를 얻을 수 없는 게임도 존재한다.

정답: ④

해설: 상대경기자가 어떤 전략을 사용하든 상관없이 자신에게 가장 유리한 보수를 실현시키는 전략이 있는 경우 그러한 전략을 강우월전략이라 한다. 상대경기자가 어떤 전략을 사용하든 상관없이 자신이 선택할 수 있는 전략 중 하나인 어떤 특정 전략보다 항상 높은 보수를 가져다주는 전략이 존재할 경우 어떤 특정 전략을 강열등전략이라 한다. 죄수의 딜레마에서 자백은 강우월전략이고 부인은 강열등전략이다. 죄수의 딜레마는 강열등전략의 단계적 소거를 통해 해를 구할 수 있는 게임이며 이때 해는 (자백, 자백)이 된다. 강열등전략이 존재하지 않는 게임이 대다수이며 따라서 강열등전략의 단계적 소거로 해를 얻을 수 있는 게임은 매우 제한되어있다. 일반적인 게임 상황에서 내쉬균형은 여러 개 존재할 수 있으며 여러 개의 균형 중 보다 현실에서 실현될 가능성이 높은 결과를 골라내기 위해 초점, 보수우위와 위험우위, 진화 등의 개념을 사용하기도 한다.

03 반복게임과 순차게임

반복게임

지금까지는 게임이 한 번만 이루어지는 것을 다루었으나, 현실에서는 게임이 한 번에 그치지 않고 여러 번 계속하여 이루어지는 경우가 많다. 이렇게 동일한 경기자들 사이에서 계속하여 이루어지는 게임을 반복게임(repeated game)이라고 한다. 반복게임에서는 게임의 반복성으로 인하여 일회게임(one-shot game)에서와는 다른 전략이 최선이 될 수 있다.

✚ 보복가능성

일회게임에서는 상대방이 자신에게 불리한 전략을 선택하여 자신이 피해를 입더라도 이에 대해 보복할 수 있는 기회가 없다. 그러나 반복게임에서는 첫 회에 자신이 피해를 입으면 다음 게임에서 이에 대한 보복을 할 수 있다. 이러한 보복가능성의 존재는 서로에게 협조의 전략을 선택하게 하는 압력으로 작용하게 된다.

✚ 유한반복게임

게임의 횟수가 정해져 있는 유한반복게임에서는 두 기업 모두가 비협조적인 전략을 선택하게 된다. 만약 게임의 횟수가 n번으로 정해져 있다면 마지막 n번째 게임에서 두 경기자는 우월전략인 비협조전략을 선택할 것이다. 왜냐하면 그 이후에는 상대가 배신을 하더라도 보복을 할 수 있는 기회가 없기 때문이다. 그러면 마지막 게임의 바로 전 게임인 $n-1$번째 게임에서도 두 경기자는 협조적인 전략을 선택할 유인이 없다. 마지막 게임에서는 어차피 서로 배신할 것이기 때문이다. 같은 이유로 역진귀납법(backward induction)을 계속 적용하면 결국 첫 번째 게임에서도 두 경기자는 비협조적인 전략을 선택하게 된다. 즉 협조적인 전략이 선택될 수 있는 것은 무한반복게임에 한정된다.

MK Test Plus+
역진귀납법
가장 마지막 게임으로부터 거꾸로 거슬러 올라오면서 게임의 균형을 계산하는 방식을 말한다.

순차게임

지금까지 살펴 본 게임들이 두 경기자가 동시에 전략을 선택하는 것이었다면 순차게임(sequential game)은 한 경기자가 먼저 전략을 선택하면, 다른 경기자는 그것을 보고 자신의 전략을 선택하는 게임을 말한다. 순차게임은 게임나무(game tree)의 형태로 표현되는데, 이와 같이 게임나무로 표현되는 게임을 전개형(extensive form) 게임이라고 하고 보수행렬로 표현되는 게임을 정규형(normal form) 게임이라고 한다.

MK Test Plus+
게임나무
전개형 게임의 순차적으로 진행되는 내용을 나무의 가지와 같은 모양으로 시각적으로 표현한 것을 말한다.

✚ 신빙성 조건

순차게임의 균형에서는 두 경기자가 다른 전략을 취함으로써 자신의 보수를 더 크게 할 수 없다는 내쉬조건(Nash condition)뿐만 아니라 어떤 전략이 상대방에게 전달하는 위협이나 약속이 믿을 만해야 한다는 신빙성조건(credibility condition)도 동시에 충족된다. 한 경기자가 다른 경기자에게 특정한 전략을 선택할 것처럼 암시하지만 그 전략이 만약 자신에게 유리하지 않은 전략이라면 그 경기자는 그 전략을 실제로는 선택하지 않을 것이다. 자신에게 불리한 전략을 선택하려는 것처럼 하는 것을 신뢰할 수 없는 위협(incredible threat)이라고 한다.

✚ 진입게임

현재 한 개의 기업만이 존재하는 독점시장에 새로운 기업이 진입을 고려하는 상황을 생각해보자. 새로 진입하려는 기업은 진입하거나 포기하는 두 가지의 전략을 가질 수 있고, 기존의 기업은 이에 대응하여 생산량을 증가시키거나 생산량을 감소시키는 전략을 가질 수 있다. 신규기업이 진입했을 때 기존기업이 생산량을 늘려서 시장가격을 낮추면 신규기업이 손실을 보도록 만들 수 있지만, 자신 역시 이윤의 감소를 감수해야 한다. 이러한 상황을 게임나무로 나타내면 다음과 같다.

그림 5-1

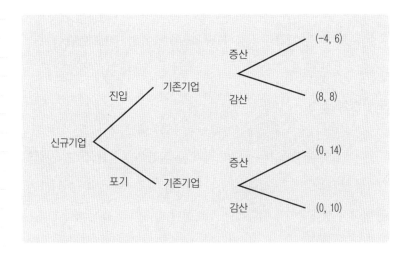

① 기존기업의 선택

기존기업의 입장에서는 신규기업이 진입했을 때 생산량을 줄이면 8억 원의 이윤을 얻을 수 있고, 생산량을 늘리면 6억 원의 이윤을 얻을 수 있으므로 생산량을 줄이는 것이 유리하다.

② 신규기업의 선택

신규기업의 입장에서 보면, 자신이 진입했을 때 기존기업이 생산량을 줄일 것이므로 8억 원의 이윤을 얻을 수 있지만 자신이 포기하면 자신의 이윤은 0이 되므로 진입을 결정하게 된다. 따라서 신규기업은 진입하고 기존기업은 생산량을 줄이는 것에서 균형을 이루어 두 기업이 모두 8억 원씩의 이윤을 얻게 된다.

③ 기존기업의 신빙성 없는 위협

기존기업은 신규기업의 진입을 막을 수만 있다면 생산량을 늘려서 14억 원의 이윤을 거둘 수 있다. 따라서 진입저지를 위해 신규기업에게 진입여부와 관계없이 생산량을 늘려서 만약 진입했을 때에 손실을 보게 하겠다는 위협을 가할 수 있다. 하지만 이것은 신빙성이 없는 위협이다. 왜냐하면 이런 위협에도 불구하고 신규기업이 진입을 하면 결국 기존기업은 생산량을 줄이는 선택을 할 수밖에 없기 때문이다.

④ 완전균형

이 게임을 보수행렬로 나타내어 정규형게임화하면 다음과 같이 나타낼 수 있다.

표 5-5

		기존기업	
		증산	감산
신규기업	진입	(-4, 6)	(8, 8)
	포기	(0, 14)	(0, 10)

〈표 5-5〉의 보수행렬에 의하면 내쉬균형은 (진입, 감산)과 (포기, 증산)의 두 가지에서 이루어진다. 하지만 (포기, 증산)은 기존기업의 신빙성 없는 위협에서 비롯된 균형이므로 이를 제외하면 결국 (진입, 감산)의 균형만이 남게 된다. 이와 같이 내쉬조건뿐만 아니라 신빙성조건까지 만족하는 균형을 완전균형(perfect equilibrium)이라고 한다.

⑤ 신빙성 있는 위협

기존기업의 입장에서 자신들의 위협이 신빙성을 갖게 하기 위해서는 일종의 전략적인 행동을 할 수 있는데, 공약(commitment)이 그 중의 하나이다. 즉 기계를 발주하는 등 생산설비를 확충한다든지 증산을 회사의 방침으로 정하고 이를 대외적으로 공표하는 등의 행위를 통해서 신규기업에게 자신의 위협이 신빙성이 있음을 알릴 수 있다.

경매 04

경매(auction)란 경매에 참여한 사람들이 부르는 가격에 기초하여 자원의 배분과 가격을 결정하는 규칙들을 구비해 놓은 제도를 뜻한다. 경매에는 경매 참여자들이 모두 모인 자리에서 공개적으로 진행되는 공개경매(open-outcry bidding)와 다른 경매 참여자들이 가격을 알 수 없도록 하는 입찰제(sealed bid)방식이 있다.

공개경매방식

공개경매방식은 호가를 점차 올리느냐 아니면 내리느냐에 따라서 영국식 경매(English auction)와 네덜란드식 경매(Dutch auction)로 나누어진다.

✚ 영국식 경매

영국식 경매는 기준가로부터 그 이상의 가격을 부르는 방식으로 진행되며 더 이상 높은 가격을 부르는 사람이 없으면 그 가격에서 거래가 성립된다.

✚ 네덜란드식 경매

네덜란드식 경매는 기준가에서 구매할 사람이 없으면 점차 가격을 내리는 방식으로 진행된다. 가격이 내려가는 도중에 살 사람이 나타나게 되면 그 가격에서 거래가 성립된다.

입찰제

입찰제는 경매에서 이긴 사람이 어떤 가격을 지불하는지에 따라 최고가격입찰제(first-price sealed-bid auction)와 제2가격입찰제(second-price sealed-bid auction)로 나누어진다.

✚ 최고가격입찰제

최고가격입찰제에서는 각자가 다른 사람들이 모르도록 입찰가격을 써내어 그 중에서 가장 높은 가격을 써낸 사람이 경매에서 승리하는 방식이다. 낙찰 받은 사람은 그 가격을 지불해야 한다.

✚ 제2가격입찰제

제2가격입찰제는 최고가격입찰제와 다른 것은 모두 동일하나, 낙찰자가 지불하게 되는 가격이 자신이 써낸 가격이 아니라 자신 다음으로 높은 가격을 써 낸 사람이 적은 가격이라는 차이가 있다. 이 경매가 이렇게 특이한 방식으로 진행되는 이유는 경매에 승리하기 위해 높은 금액을 써서 냈다가 손해를 볼 수도 있게 되는 승자의 저주(winner's curse) 때문에 사람들이 가격을 낮추어서 입찰할 수 있기 때문이다. 낙찰시 자신이 써 낸 가격보다 더 낮은 가격을 지불하게 된다면 승자의 저주를 보다 덜 걱정할 수 있을 것이다.

영국식 경매와 제2가격입찰제의 동등성

✚ 제2가격입찰제에서의 우월전략

제2가격입찰제에서는 자신이 써낸 금액이 그 경매의 낙찰여부에만 영향을 줄 뿐 지불해야 하는 금액과는 무관하기 때문에 경매의 참여자는 자신의 평가액을 진실하게 써내는 것이 우월전략이 된다. 왜냐하면 자신의 평가액보다 낮게 써서 낼 경우 경매에서 이길 수 있는 확률만 낮아질 뿐 자신이 나중에 지불해야 하는 금액이 줄어들지는 않기 때문이다. 반면에 자신의 평가액보다 더 높게 써서 내면 경매에서 이겼을 때에 이기고도 손해를 볼 수 있는 위험이 생기게 된다. 따라서 평가액 그대로를 써서 내는 것이 우월전략이 된다.

✚ 영국식 경매에서의 우월전략

영국식 경매에서는 부르는 가격이 점차 올라가므로, 만약 자신이 평가했던 가격보다 더 낮은 수준이라면 경매에 계속 참여하고, 자신이 평가한 금액보다 가격이 올라갔다면 그 경매를 포기해야 한다. 가격이 평가액보다 낮은데 미리 포기해버리거나 가격이 평가액보다 높아졌는

데도 경매에 계속 참가하는 것은 아무런 이득이 없기 때문이다. 따라서 영국식 경매에서도 자신의 평가액에 호가가 도달할 때까지 경매에 참여하여 진정한 평가액을 드러내는 것이 우월전략이다.

경매에 참여하는 사람들은 모두 우월전략을 선택할 것이므로 영국식 경매와 제2가격입찰제에서의 결과는 동일할 것이다. 즉 경매에서 승리한 사람이 지불하게 되는 가격은 두 번째로 높은 평가액이 된다.

1. 게임이론의 기초
   ∨ 게임의 구성요소 ·· ☐
   ∨ 협조적 게임과 비협조적 게임의 차이 ···························· ☐

2. 게임의 균형
   ∨ 우월전략균형에 대한 이해 ··· ☐
   ∨ 내쉬균형에 대한 이해 ·· ☐

3. 반복게임과 순차게임
   ∨ 반복게임에서의 보복가능성 ·· ☐
   ∨ 순차게임에서의 신빙성조건 ·· ☐

4. 경매
   ∨ 공개경매방식과 입찰제방식의 차이 ······························· ☐
   ∨ 영국식경매방식과 네덜란드식경매방식의 차이 ··············· ☐

MK Key word

1. 게임이론의 기초
   - 전략적인 상황, 게임, 순수전략, 혼합전략, 보수행렬, 협조적 게임, 비협조적 게임

2. 게임의 균형
   - 우월전략, 우월전략균형, 용의자의 딜레마, 내쉬균형

3. 반복게임과 순차게임
   - 반복게임, 일회게임, 역진귀납법, 순차게임, 전개형 게임, 정규형 게임, 내쉬조건, 신빙성 조건, 신뢰할 수 없는 위협, 완전균형, 공약

4. 경매
   - 공개경매, 입찰제, 영국식 경매, 네덜란드식 경매, 최고가격입찰제, 제2가격입찰제, 승자의 저주

01 폰 노이만(J. von Neumann)과 모르겐슈테른(O. Morgenstern)에
의하여 확립된 ○○○○은 전략적인 상황을 체계적으로 분석하
는 데에 유용한 도구로 각광받고 있다.

정답: 게임이론

02 전략이란 경기자가 게임 중에 선택하게 되는 대안들에 대한 계획
을 말한다. 전략은 ○○○○과 ○○○○으로 나뉘는데, ○○○○
은 일어날 가능성이 있는 모든 경우에 대해 경기자가 선택할 수
있는 행동에 대한 계획이고, ○○○○은 여러 개의 대안 중 하나
를 주어진 확률분포에 따라 임의로 택하는 것을 뜻한다.

정답: 순수전략, 혼합전략

03 ○○○ ○○은 게임에 참가하는 경기자들 사이에 협조가 가능하
여 서로가 맺는 구속력을 갖는 협약에 의해 게임의 결과가 결정
되는 것을 말하고, ○○○○ ○○은 경기자 간에 협조가 이루어
지지 않아서 협약이 맺어질 수 없는 게임을 말한다.

정답: 협조적 게임, 비협조적 게임

04 어떤 게임 상황 속에서 상대방이 선택하는 전략에 상관없이 자신
에게 항상 더 큰 보수를 가져다주는 전략을 ○○○○이라고 부
른다.

정답: 우월전략

05 경기자들이 상대방의 전략이 주어졌다는 가정 하에 자신에게 가장 유리한 전략을 선택하여 경기자들 중 누구도 자신의 전략을 바꿀 유인이 없는 상태를 ○○○○이라고 한다.

정답: 내쉬균형

06 게임나무로 표현되는 게임을 ○○○ ○○이라 하고 보수행렬로 표현되는 게임을 ○○○ ○○이라고 한다.

정답: 전개형 게임, 정규형 게임

07 순차게임균형에서는 두 경기자가 다른 전략을 취함으로써 자신의 보수를 더 크게 할 수 없다는 ○○○○과 어떤 전략이 상대방에게 전달하는 위협이나 약속에 신빙성이 있어야 한다는 ○○○ ○○이 동시에 충족되어야 한다.

정답: 내쉬조건, 신빙성조건

08 한 경기자가 다른 경기자에게 자신에게 불리한 전략을 선택할 것처럼 암시하는 것을 ○○○ ○ ○○ ○○이라고 한다.

정답: 신뢰할 수 없는 위협

09 경매방식에는 공개적으로 진행되는 ○○○○○○과 가격을 봉함하여 제출하는 ○○○ ○○이 있다. 공개경매방식은 호가를 높여 가는지 내려가는지에 따라 ○○○ ○○와 ○○○○○ ○○로 나뉘고, 입찰제 방식은 최고가격을 써낸 사람이 그 가격을 지불하는 ○○○○○○○와 최고가격을 써 낸 사람이 그 다음 높은 가격을 지불하는 ○○○○○○○로 나뉜다.

정답: 공개경매방식, 입찰제 방식, 영국식 경매, 네덜란드식 경매,

최고가격입찰제, 제2가격입찰제

10 경매와 같은 경쟁의 상황에서 이겼지만 승리를 위해 과도한 비용을 지출함으로써 오히려 손해를 보거나 위험에 처하게 되는 것을 ○○○ ○○라고 부른다.

정답: 승자의 저주

Lesson **06** 생산요소시장

01 생산요소시장

생산요소시장의 의의와 성격

생산요소는 노동, 자본, 토지 등과 같이 생산과정에 투입되는 일체의 재화나 서비스를 말하며, 이러한 생산요소가 거래되는 시장을 생산요소시장이라고 한다.

✚ 생산요소시장의 수요와 공급의 주체

생산요소시장에서는 생산물시장과는 반대로 기업이 수요의 주체가 되고, 가계가 공급의 주체가 된다. 신고전학파의 입장에서 보면, 기업은 이윤극대화의 관점에서 생산요소의 수요를 결정하고 가계는 효용극대화의 관점에서 생산요소의 공급을 결정한다. 요소시장에서 결정되는 가격이 가계의 소득이 되므로, 요소시장에서는 가계의 소득과 기업의 비용이 동시에 결정된다.

✚ 파생수요

기업이 생산요소를 구입하는 목적은, 이들을 이용하여 상품을 생산해 판매하기 위해서다. 따라서 생산요소에 대한 수요는 상품의 수요와 밀접한 관계에 있다. 즉 생산요소에 대한 수요는 상품에 대한 수요에 의해 결정되는 파생수요(derived demand)의 성격을 지닌다.

기업의 이윤극대화

기업이 생산요소를 추가적으로 고용하면 생산이 늘어나지만 이와 동시에 비용 역시 증가하게 된다. 따라서 기업이 이윤을 극대화하기 위해서는 이러한 두 가지의 상반된 측면을 모두 고려해야 한다.

✚ 한계수입생산

생산요소 한 단위를 추가로 고용했을 때 증가하는 생산량을 한계생산(Marginal Product: MP)이라고 하고, 이 증가된 생산량을 판매했을 때 얻을 수 있는 수입을 한계수입(Marginal Revenue: MR)이라고 한다. 이러한 두 가지 측면을 동시에 고려하여 생산요소 한 단위를 추가로 고용했을 때의 총수입의 증가분을 한계수입생산물(marginal revenue product: MRP)이라고 하는데 다음과 같이 나타낼 수 있다.

$$MRP = MR \times MP \tag{6.1}$$

✚ 한계요소비용

생산요소 한 단위를 추가로 고용했을 때 발생하는 총비용의 증가분을 한계요소비용(Marginal Factor Cost: MFC)이라고 하고 다음과 같이 정의된다.

$$MFC = MP \times MC \tag{6.2}$$

✚ 이윤극대화 조건

기업이 이윤을 극대화하기 위해서는 생산요소 한 단위를 더 고용했을 때 늘어난 생산으로 인해 추가적으로 얻을 수 있는 수입과 늘어난 고용에 의해 추가적으로 지출되는 비용이 같아질 때까지 생산요소를 고용해야한다. 따라서 이윤극대화를 위해 고용해야하는 생산요소의 양은 다음과 같이 한계수입생산과 한계요소비용이 같아지는 수준에서 결정된다.

$$MRP = MFC \tag{6.3}$$

완전경쟁 요소시장의 균형 02

생산요소에 대한 수요

➕ 가변요소가 하나인 경우

다른 요소들은 일정한 수준에서 고정되어 있다고 보고, 노동(L)만이 유일한 가변투입요소라고 가정하자. 노동의 가격인 임금이 w로 주어지고, 노동의 한계생산이 MP_L로 주어졌다면 기업의 이윤을 극대화하는 최적고용수준은 다음의 식을 만족할 때에 이루어진다.

$$w = MP_L \times MR \tag{6.4}$$

완전경쟁적인 생산물시장에서 생산물의 가격 $P = ML$ 이므로, 식 (6.4)의 우변을 $MP_L = P$ 로 바꾸어 쓸 수 있다. 이것을 노동의 한계생산가치(Value of Marginal Product: VMP)라고 한다. 따라서 완전경쟁시장에서 노동에 대한 최적고용수준은 다음의 조건을 만족해야 한다.

$$w = MP_L \times P = VMP_L \tag{6.5}$$

식 (6.5)가 노동에 대한 수요곡선이 된다. P가 일정한 것으로 가정하면 w가 변할 때 노동에 대한 수요의 변화를 알 수 있다. 노동에 대한 수요곡선은 우하향하는데, 그 이유는 한계생산물체감의 법칙이 성립

> **MK Test Plus+**
> **한계생산물체감의 법칙**
> 다른 생산요소들의 투입량이 고정되어 있을 때 한 생산요소의 투입량이 증가함에 따라 그 생산요소의 한계생산물이 감소하는 현상.

한다고 가정하기 때문이다.

✚ 가변요소가 두 개 이상인 경우

　장기에 가변요소가 두 개 이상이 되었을 경우에도 가변요소가 하나일 때와 마찬가지로 이윤극대화의 원리하에서 생산요소의 고용이 결정되지만 이 경우에는 생산요소의 가격변화로 인한 효과를 고려해야 한다.

　먼저 어느 한 생산요소의 가격이 변화할 때 생산요소들의 상대가격 체계에도 변화가 생겨 생산요소 간의 대체가 발생할 수 있는데, 이를 대체효과(substitution effect)라고 한다. 또한 요소가격의 변화는 한계비용을 변화시켜 이윤을 극대화하는 생산량 역시 변하게 되고 이에 따라 생산요소에 대한 수요가 변하게 되는데, 이를 산출효과(output effect)라고 한다.

① 대체효과

　만약 임금이 하락하면 기업은 종전에 고용하고 있던 자본 대신에 상대적으로 가격이 더 저렴해진 노동을 추가적으로 구입하려고 할 것이다. 상대적으로 저렴해진 생산요소에 대한 수요는 언제나 증가한다.

② 산출효과

　요소가격의 변화는 한계비용의 변화를 일으켜 이윤극대화 생산량에도 영향을 준다. 그러나 생산량이 증가할 때에 모든 생산요소에 대한 수요가 반드시 증가하지는 않는다. 생산요소가 정상요소라

MK Test Plus+
정상요소와 열등요소
생산량이 증가하면 함께 수요가 증가하는 생산요소를 정상요소(normal factor)라고 하고, 생산량이 증가할 때 오히려 수요가 감소하는 생산요소를 열등요소(inferior factor)라고 한다.

면 요소가격의 하락은 한계비용을 하락시켜 이윤극대화 생산량을 증가시킬 것이고 이에 따라 해당 생산요소에 대한 수요 역시 증가할 것이다.

생산요소에 대한 수요의 가격탄력성 결정요인

① 대체가능성: 다른 생산요소와 대체가 쉬울수록 탄력성은 커진다.

② 상품의 가격탄력성: 해당 생산요소로 생산하는 상품의 탄력성이 클수록 그 생산요소의 탄력성 역시 커진다. 이는 생산요소의 수요가 파생수요이기 때문이다.

③ 대체탄력성: 다른 생산요소의 공급에 대한 가격탄력성이 클수록 해당 생산요소의 수요에 대한 가격탄력성도 커진다. 다른 생산요소의 공급이 탄력적이면 요소 간의 대체가 용이해지기 때문이다.

④ 고려기간: 고려되는 기간이 장기일수록 가격변화에 대한 기업의 대처가 용이해져서 탄력성은 커지게 된다.

생산요소(노동)의 공급

✚ 개인의 노동공급곡선

노동의 공급은 가계로부터 이루어진다. 가계가 효용을 극대화하는 과정을 통해 공급하려는 노동의 양을 결정한다고 가정한다면, 이러한 관점에서 노동에 대한 공급곡선을 도출할 수 있다.

그림 6-1

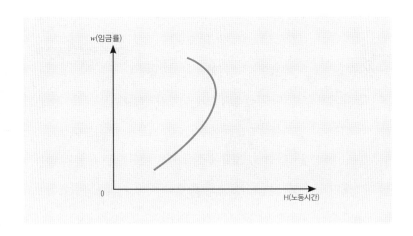

① 후방굴절곡선

소비자가 재화의 소비와 여가를 통해서 효용을 얻을 수 있다고 할 때 〈그림 6-1〉은 대표적인 개인의 노동공급곡선을 나타낸다. 즉 효용극대화를 추구하는 소비자는 어느 수준까지는 임금이 상승하면 노동의 공급을 증가시키지만, 임금이 일정 수준을 넘어서면 오히려 노동의 공급을 줄이게 된다. 이런 모양을 가진 공급곡선을 후방굴절곡선(backward bending supply curve)이라고 한다.

개인의 노동공급곡선이 후방굴절하는 이유

개인의 노동공급곡선이 후방굴절하는 이유는 소득효과와 대체효과를 통해서 설명할 수 있다. 임금이 증가하면 상대적으로 여가의 기회비용이 커지므로(일을 하지 않고 쉬었을 때에 벌지 못하는 금액이 커지므로) 비싼 여가를 줄이려는 대체효과에 의해 노동의 공급이 증가한다. 하지만 임금이 증가하면 소득 또한 증가하게 되므로 소득효과에 의해 여가에 대한 수요가 증가하게 된다. 따라서 일정한 임계치의 임금을 넘게 되면 소득효과가 대체효과를 능가하게 되어 결국 임금이 상승하더라도 노동의 공급이 줄어들고 여가의 소비가 늘어나게 된다.

MK Test Plus+
임계치
어떤 경계를 중심으로 그 이상과 이하에서 상이한 현상이 나타날 때, 그 경계를 말한다.

✛ 시장의 노동공급곡선

개인의 노동공급곡선을 수평으로 더하면 시장 전체의 노동공급곡선이 되는데, 시장 전체의 노동공급곡선은 개별 노동공급곡선이 후방굴절하더라도 전반적으로 우상향한다고 볼 수 있다. 이는 모든 사람들이 임계치를 가지고 있는 것이 아니며, 임계치를 가지고 있더라도 그것이 모두 달라서 상쇄될 수 있기 때문이다.

요소시장의 균형

생산요소시장의 균형은 수요곡선과 공급곡선이 교차하는 점에서 이루어진다. 생산요소시장 전체에서 균형이 이루어지면 임금과 고용량이 결정되는데, 완전경쟁하의 개별 기업은 이 임금수준에서 원하는 만큼의 노동을 구입할 수 있다. 따라서 개별 기업이 직면하게 되는 노동의 공급곡선은 〈그림 6-2〉에서 보는 것과 같이 균형임금 수준에서 수평선의 모양을 갖게 된다.

그림 6-2

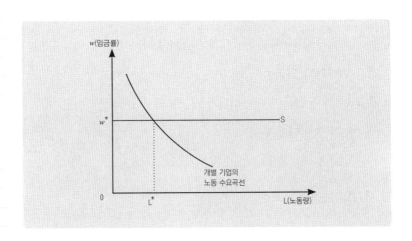

생산물시장이 불완전경쟁적일 경우

생산물시장에서 불완전경쟁이 존재할 경우 $P = MR$ 의 관계가 성립하지 않으므로 생산요소를 한 단위 추가로 고용할 때 얻을 수 있는 수입은 한계생산물가치가 아니라 한계수입생산이 된다. 즉 노동에 대한 최적고용수준은 다음의 조건을 만족할 때 이루어진다.

$$w = MP_L \times MR = MRP_L \tag{6.6}$$

VMP_L 과 마찬가지로 MRP_L 역시 한계생산체감의 법칙으로 인해 우하향하지만, 불완전경쟁시장에서는 시장가격 P 가 기업의 한계수입

MR 보다 더 크므로 언제나 MRP_L 곡선은 VMP_L 곡선보다 왼쪽에 위치하게 된다. 즉 생산물시장이 불완전경쟁적일 때에는 동일한 임금수준에서 완전경쟁적일 때보다 고용의 양이 줄어들게 된다.

03 불완전경쟁 요소시장의 균형

생산요소시장에서의 수요독점

✚ 수요독점의 발생원인

수요독점(monopsony)이란 한 기업이 어떤 생산요소를 독점적으로 수요하는 경우를 말한다. 수요에 독점이 일어나는 이유로는 다음을 들 수 있다.

① 지리적 특성: 지역에 한 기업만이 존재하고, 주민들의 이동이 어려울 때

② 전문화된 생산요소: 어떤 생산요소가 극도로 전문화되어 있어서 특정산업에만 고용될 수 있을 때

③ 정책 또는 제도: 정책이나 제도에 의해 수요자가 제한될 때

✚ 수요독점에서의 균형

① 수요독점기업이 직면하는 공급곡선

시장에 수요측이 수요독점기업 하나만 존재하므로 시장공급곡선은 수요독점기업이 직면하는 공급곡선이 된다. 즉 시장공급곡선은 수요독점기업의 입장에선 평균요소비용(average factor cost)에 해당한

다. 수요독점기업의 입장에서는 고용을 늘릴 때 늘어난 고용에 대한
추가적인 임금의 상승만을 부담하는 것이 아니라 이미 고용된 노동
자들에게도 인상된 임금을 지불해야 하므로 한계요소비용(MFC)곡
선은 시장공급곡선보다 왼쪽에 더 가파른 기울기의 모양으로 위치
하게 된다.

그림 6-3

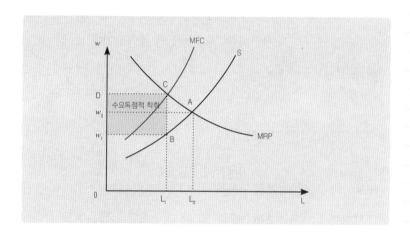

② 수요독점적 착취의 발생

수요독점기업은 한계요소비용(MFC)과 한계수입생산(MRP)이 일치
하는 점에서 생산요소를 고용하게 되는데, MFC가 시장공급곡선보다
왼쪽에 위치하기 때문에 균형이 MRP와 시장공급이 일치하는 〈그림
6-3〉의 점 A에서보다 더 낮은 수준에서 노동을 고용하게 된다. 그리
고 이때의 임금수준은 완전경쟁일 때에 점 A에서 형성되는 임금인 w_0
보다 더 낮은 w_1에서 결정된다. 따라서 수요독점 시의 균형에서는 완
전경쟁일 때에 비해 생산요소의 고용량과 가격이 모두 낮아지게 된다.

이렇게 수요독점기업에 의한 요소시장의 균형에서는 임금이 노동의

한계가치보다 더 낮게 되는데, 이때에 수요독점적 착취(monopsonistic exploitation)가 발생했다고 말한다. 그 크기는 〈그림 6-3〉의 $\square Dw_l BC$ 의 면적에 해당한다.

생산요소시장에서의 공급독점

생산요소시장에서 공급독점이 일어나는 경우로 노동조합의 존재를 들 수 있을 것이다. 노동조합에 의해 노동의 공급독점이 일어나는 경우를 분석해보도록 한다.

✚ 조합원들의 이윤극대화

노동조합이 조합원들의 이윤(임금수입과 노동의 기회비용 간의 차이)을 극대화하기 위해서는 $MR = MC$ 가 되는 수준까지 노동을 공급해야 한다. 따라서 〈그림 6-4〉의 점 A에 해당하는 고용량인 L_l 을 공급하게 되고, 이때의 임금수준을 수요곡선상에서 찾으면 w_l 이 된다.

그림 6-4

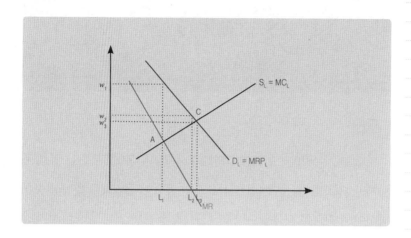

✚ 총임금의 극대화

노동조합은 노동자들의 총임금을 극대화하려고 할 수도 있다. 이때에는 한계수입이 0이 되는 점에서 고용량을 결정하게 된다. 따라서 〈그림 6-4〉의 점 B에 해당하는 고용량인 L_2를 공급하게 되고, 이때의 임금수준은 w_2가 된다.

✚ 고용량의 극대화

노동조합은 노동자들의 고용량을 극대화하려고 할 수도 있다. 이때에는 생산요소시장이 완전경쟁일 때와 마찬가지로 노동의 수요와 공급이 일치하는 점에서 고용량을 결정해야 한다. 따라서 이때의 고용량은 점 C의 L_3가 되고 임금수준은 w_3가 된다.

04 지대

지대(rent)는 일반적으로 토지의 사용에 대한 대가를 뜻하는 말로 쓰이지만, 경제학에서는 어떤 생산요소의 공급이 고정되어 있어서 공급곡선이 수직으로 나타날 때 그 생산요소에 대한 보수를 모두 지대라고 말한다. 공급이 고정되어 있으므로 가격은 전적으로 수요측 요인에 의해서만 결정된다.

경제적 지대

✛ 전용수입

생산요소의 가격과 고용량은 요소의 수요와 공급이 일치하는 지점에서 결정된다. 즉 〈그림 6-5〉의 점 E에서 균형이 이루어지면 임금은 w^*가 되고 고용량은 L^*가 되는 것이다. 그런데 이 임금수준 w^*는 가장 마지막 단위의 노동을 고용할 때에 지불하는 최소금액이므로 그 외의 노동자들에게 이 임금수준을 지급할 필요는 없다. 노동의 공급곡선은 해당 고용수준에서 지불되어야 할 최소금액을 말하고, 따라서 L^*만큼의 고용을 유지하기 위해서는 공급곡선의 아래에 해당하는 면적만큼 임금을 지급하면 되는데, 이것을 전용수입(transfer earnings)이라고 한다.

✚ 경제적 지대

노동자들에게 지급되는 임금은 처음에 고용된 사람이나 마지막에 고용된 사람에 관계없이 모두 똑같이 w^*이므로 실제로 노동자들에게 지급되는 금액은 전용수입을 초과하게 된다. 이렇게 전체 지급액인 임금 w^*과 고용량 L^*를 곱한 크기에서 전용수입을 차감한 만큼을 경제적 지대(economic rent)라고 한다.

MK Test Plus+
경제적 지대
생산요소가 얻는 소득 중에서 기회비용을 초과하는 부분으로 생산요소의 공급자가 얻게 되는 잉여에 해당한다.

그림 6-5

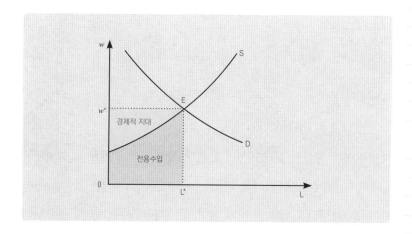

✚ 공급의 탄력성과 경제적 지대

만약 공급이 무한히 탄력적이라면 공급곡선이 수평선이 되어 경제적 지대는 0이 된다. 하지만 공급의 탄력성이 0이라면 공급곡선이 수직선이 되어 지급되는 보수 전체가 경제적 지대가 될 것이다. 즉 예를 들어 운동선수들이나 연예인들과 같이 공급이 비탄력적인 직업을 지닌 사람들이 얻는 보수의 상당부분은 경제적 지대로 이루어지게 된다.

지대추구행위

생산요소의 공급이 비탄력적이거나 고정되어 있을 때 경제적 지대가 커진다는 사실은 생산요소의 공급자들이 임의로 공급을 제한할 유인이 있음을 의미한다. 경제적 지대를 확보하거나 확대하려는 노력에는 실질적인 자원이 소비된다. 이러한 행위를 지대추구행위(rent-seeking activities)라고 한다. 실질자원이 생산 활동에 쓰이지 못하고 정부에 대한 로비활동과 같은 지대추구행위에 소모된다면 사회적 손실이 발생할 수 있다.

준지대

단기에는 생산량을 증대시키기 위해 갑자기 공장 설비를 늘리거나 감축하는 것이 쉽지 않으므로 생산에 필요한 요소들의 투입량을 원하는 대로 조정하기 어려울 때가 많다. 그러나 가변요소들의 경우에는 생산량의 변화에 따라 그 수량을 쉽게 조정할 수 있다. 따라서 가변요소의 경우에 대해서는 그 가변요소의 기회비용만큼 보수를 지불해야 하지만, 고정요소에 대해서는 가변요소들에 지불하고 남은 것을 보수로 주게 된다. 이와 같이 일시적으로 공급이 고정되어 있는 생산요소에 귀속되는 보수를 준지대(quasi-rent)라고 한다.

소득분배의 측정 05

소득분배 측정의 중요성

✚ 소득격차 문제에 대한 관심

생산요소시장에서 결정되는 생산요소에 대한 고용량과 가격은 곧바로 경제주체들의 소득으로 연결된다. 노동을 공급함으로써 임금을 받게 되고, 저축 등을 통해 자본을 제공함으로써 이자 소득을 거두게 된다. 또한 토지나 건물 등을 제공함으로써 지대 또는 임대료 수입을 얻을 수도 있다. 이렇게 생산요소시장에서의 수요와 공급을 통해 결정되는 고용량과 가격은 경제주체들의 소득을 결정하게 되는데, 일반적으로 경제 성장의 결과로 소득이 증가하게 되면, 절대적인 소득의 크기 못지않게 계층 간 소득격차에 대한 문제가 중요한 관심사로 떠오르게 된다.

✚ 소득분배 정도 측정의 중요성

소득은 상품의 구매력과 직결되므로 경제정책의 수립과 수행에 있어서 필수적으로 고려되어야 하고, 또한 계층 간 소득분배가 극심한 불균형을 보이면 사회적 또는 정치적인 갈등을 야기하여 사회통합을 저해할 수 있다는 점에서 소득분배에 대한 논의는 매우 큰 의의를 지닌다. 따라서 소득분배에 대한 논의의 출발점이 될 수 있는 각 계층 간 소득분배 정도의 정확한 측정이 무엇보다 중요하다.

십분위분배율

+ 십분위분배율의 측정

십분위분배율(Deciles Distribution Ratio: DDR)은 1973년 스탠포드대학의 아델만 교수와 모리수 교수가 발표한 소득분배정도 판별법으로, 한 국가의 전체 가계를 소득 수준에 따라 저소득부터 고소득까지 10등분 한 후 계층별 소득분포자료에서 최하위 40%의 소득합계를 최상위 20%의 소득합계로 나누어 계산한다.

$$십분위분배율 = \frac{최하위\,40\%\,소득계층의\,소득}{최상위\,20\%\,소득계층의\,소득} \tag{6.7}$$

+ 십분위분배율의 해석

십분위분배율은 소득분배가 완전히 균등할 때 2가 되고, 완전히 불균등할 때 0이 된다. 아델만 교수는 십분위분배율이 0.45 이상이면 분배가 잘된 국가로, 0.35~0.45이면 중간수준, 0.35 이하이면 분배가 불평등한 국가로 구분한다.

✚ 십분위분배율에 대한 평가

십분위분배율은 쉽게 계층 간의 소득차이를 비교할 수 있다는 장점 때문에 널리 이용되고 있으나 이론적인 뒷받침을 받고 있지는 못하다. 또한 중간의 40%에 해당하는 계층이 고려되지 않아서 사회 전체의 소득분배상태를 나타내지 못한다는 단점도 있다.

로렌츠곡선

✚ 로렌츠곡선의 개념

로렌츠곡선(Lorenz curve)이란 미국의 통계학자인 로렌츠(M. O. Lorenz)가 한 국가 내에서의 소득분배정도를 파악하기 위해 인구의 누적비율과 계층별 소득분포자료에서 소득의 누적점유율 사이의 대응관계를 〈그림 6-6〉과 같이 나타낸 곡선을 말한다.

그림 6-6

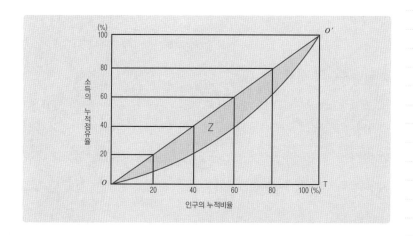

✛ 로렌츠곡선의 해석

만약 완전균등분배가 이루어지게 되면, 로렌츠곡선은 〈그림 6-6〉에서의 OO' 와 같은 대각선이 된다. 그리고 만약 인구의 극소수가 소득의 전부를 갖고, 나머지 대다수는 소득이 전혀 없는 완전한 불균등분배가 이루어지게 되면 로렌츠곡선은 OTO' 가 된다. 그러나 이와 같은 경우들은 매우 비현실적이므로, 실제로 로렌츠곡선은 그 사이에서 곡선의 형태를 갖게 된다. 물론 소득분배가 불균등해질수록 로렌츠곡선은 아래쪽으로 늘어진 모양을 띠게 될 것이다.

✛ 로렌츠곡선에 대한 평가

로렌츠곡선은 그림으로 시각화되어 있어서 소득분배의 정도를 쉽게 인식할 수 있는 장점이 있다. 하지만 소득분배의 정도가 구체적인 수치로 나타나지는 않기 때문에, 어느 정도 균등하고 불균등한지는 판별할 수 없다.

지니계수

✛ 지니계수의 개념

지니계수(Gini's coefficient)는 프랑스의 통계학자 지니가 로렌츠곡선의 단점을 보완하여 로렌츠곡선이 나타내는 소득분배의 정도를 하나의 수치로 단순하게 표현한 것이다. 소득분배의 불균형 정도가 커질

수록 〈그림 6-6〉의 대각선과 로렌츠곡선 사이의 면적 Z가 넓어지는 것에 착안하여, 이 면적 Z를 직각삼각형 OTO' 의 넓이로 나눈 값을 지니계수라고 한다.

$$지니계수 = \frac{Z의\ 면적}{\triangle OTO'의\ 면적} \tag{6.8}$$

✚ 지니계수의 해석

지니계수는 0~1의 값을 갖게 되는데, 소득이 완전히 균등하게 배분될수록 지니계수는 0에 가까워지고 소득이 완전히 불균등하게 배분될수록 1에 가까워진다.

✚ 지니계수에 대한 평가

지니계수는 전 계층의 소득분배 정도를 하나의 수치로 나타내기 때문에 널리 쓰이는 지표이지만, 특정 소득계층의 소득분포 상태를 나타내지 못한다는 한계가 있다.

MK Test Memo

소득분배 측정지표 비교

	측정 방법	측정값의 범위	판단방법
십분위 분배율	최하위 40%의 소득 / 최상위 20%의 소득	0~2	값이 클수록 소득분배가 균등
로렌츠 곡선	인구의 누적비율과 소득의 누적비율을 대응	-	곡선이 대각선에 가까울수록 소득분배가 균등
지니계수	로렌츠곡선의 Z면적을 직각삼각형 OTO' 로 나눔	0~1	값이 작을수록 소득분배가 균등

응용문제 다음 로렌츠곡선으로부터 알 수 있는 것을 모두 고르면?

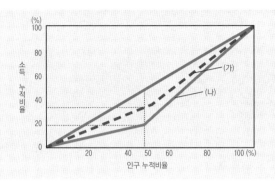

ㄱ. (가)경제의 소득분배가 (나)경제의 소득분배보다 더 평등하다.

ㄴ. (가)경제의 지니계수가 (나)경제의 지니계수보다 크다.

ㄷ. (가)경제의 십분위분배율은 (나)경제의 십분위분배율보다 크다.

ㄹ. 상위 80% 인구의 평균소득은 (나)경제가 (가)경제보다 높다.

① ㄱ, ㄴ   ② ㄴ, ㄷ   ③ ㄷ, ㄹ

④ ㄱ, ㄷ   ⑤ ㄱ, ㄷ, ㄹ

정답: ④

해설: 소득분배가 45도선에 가까울수록 더 평등한 소득분배가 행해지는 것이므로 (가)경제가 (나)경제보다 더 평등하다. 지니계수는 45도선과 로렌츠곡선 사이의 면적을 45도선과 x축, y축으로 이루어진 삼각형 면적으로 나누어 구한다. (가)의 로렌츠곡선이 (나)의 로렌츠곡선보다 45도선에서 더 가까우므로 면적은 더 작다. 따라서 (나)경제의 지니계수가 (가)경제의 지니계수보다 클 것임을 알 수 있다. 십분위분배율은 하위 40% 소득계층 점유율/상위 20% 소득계층 점유율로 구하며 (가)의 하위 40% 소득점유율이 (나)보다 높고 (가)의 상위 20% 소득점유율이 (나)보다 낮으므로 (가)의 십분위분배율은 (나)의 십분위분배율보다 크다. 상위 80% 인구의 평균 소득의 절대액은 주어진 자료로 알 수 없다.

1. 생산요소시장

    ∨ 생산요소의 파생적 수요의 성격 ·· ☐

    ∨ 기업의 이윤극대화 조건 ··· ☐

2. 완전경쟁 요소시장의 균형

    ∨ 생산요소에 대한 수요의 가격탄력성 결정요인 ··················· ☐

    ∨ 개인의 노동공급곡선이 후방굴절하는 이유 ························· ☐

3. 불완전경쟁 요소시장의 균형

    ∨ 수요독점의 발생원인 ··· ☐

    ∨ 수요독점적 착취에 대한 이해 ··· ☐

4. 지대

    ∨ 경제적 지대와 준지대 대한 이해 ·· ☐

    ∨ 지대추구행위에 대한 이해 ·· ☐

5. 소득분배의 측정

    ∨ 십분위분배율, 로렌츠곡선, 지니계수의 장점과 단점 ··············· ☐

 MK Key word

1. 생산요소시장
   - 파생수요, 한계생산, 한계수입, 한계수입생산물, 한계요소비용

2. 완전경쟁 요소시장의 균형
   - 한계생산가치, 대체효과, 산출효과, 정상요소, 열등요소, 후방굴절곡선

3. 불완전경쟁 요소시장의 균형
   - 수요독점, 평균요소비용, 수요독점적 착취

4. 지대
   - 지대, 전용수입, 경제적 지대, 지대추구행위, 준지대

5. 소득분배의 측정
   - 십분위분배율, 로렌츠곡선, 지니계수

01 노동, 자본, 토지 등과 같이 생산과정에 투입되는 일체의 재화나 서비스를 ○○○○라고 하며 이러한 생산요소가 거래되는 시장을 ○○○○○○이라고 한다.

정답: 생산요소, 생산요소시장

02 생산요소수요는 상품에 대한 수요에 의해 결정되는 ○○○○의 성격을 지닌다.

정답: 파생수요

03 기업은 생산요소 한 단위를 추가 고용했을 때 추가적으로 얻는 수입인 ○○○○○○과 추가적으로 지불해야하는 비용인 ○○○○○○이 같아지는 수준에서 이윤을 극대화하기 위해 고용해야 하는 생산요소의 양을 결정한다.

정답: 한계수입생산, 한계요소비용

04 가변생산요소가 두 개 이상인 경우 어느 한 생산요소 가격의 변화는 수요의 변화를 초래한다. 생산요소 가격 변화가 수요에 미치는 효과는 상대가격체계에 변화를 일으켜 생산요소 수요를 바꾸는 ○○○○와 한계비용을 변화시켜 생산요소에 대한 수요를 변화시키는 ○○○○로 나누어 볼 수 있다.

정답: 대체효과, 산출효과

05 ○○○○은 한 기업이 어떤 생산요소를 독점적으로 수요하는 것을 말하며 그 원인으로 지리적 특성, 전문화된 생산요소, 정책 또는 제도를 들 수 있다.

정답: 수요독점

06 ○○는 일반적으로 토지의 사용에 대한 대가를 뜻하는 말로 쓰이지만, 경제학에서는 어떤 생산요소의 공급이 고정되어 있어서 공급곡선이 수직으로 나타날 때 그 생산요소에 대한 보수를 모두 ○○라고 말한다.

정답: 지대

07 ○○○ ○○는 생산요소가 얻는 소득 중 기회비용을 초과하는 부분으로 생산요소 공급자가 얻는 잉여를 말하며 요소공급이 비탄력적일수록 ○○○ ○○는 커진다.

정답: 경제적 지대

08 생산요소의 공급이 비탄력적이거나 고정되어 있을 때 경제적 지대가 커진다는 사실은 생산요소의 공급자들이 임의로 공급을 제한할 유인이 있음을 의미한다. 경제적 지대를 확보하거나 확대하려는 노력에는 실질적인 자원이 소비되는데 이러한 행위를 ○○○○○○라고 한다.

정답: 지대추구행위

09 소득분배를 측정하는 방법 중 하나로 최하위 40% 소득계층의 소득/최상위 20% 소득계층의 소득으로 계산한 지표를 ○○○○○○이라고 한다.

정답: 십분위분배율

10 ○○○○○은 한 국가 내에서의 소득분배 정도를 파악하기 위해 인구 누적비율과 소득의 누적점유율 사이의 대응관계를 나타낸 곡선으로 45도 기준선에 가까울수록 평등한 소득분배가 실현되었음을 나타낸다.

정답: 로렌츠곡선

Lesson **07** 일반균형이론

01 일반균형

일반균형의 개요

✚ 일반균형의 개념

상품시장이나 생산요소시장과 같은 개별적인 시장들 안에서 수요와 공급이 서로 균형을 이루는 것을 시장균형(market equilibrium)이라고 한다. 그리고 만약 한 경제 내에서 그 경제에 속한 모든 시장들이 균형을 이루고 있다면, 이를 일반균형(general equilibrium)이라고 한다.

✚ 일반균형의 조건

① 소비자는 주어진 예산제약하에서 자신의 효용이 극대화되는 상품묶음을 선택한다.
② 소비자는 자신의 효용을 극대화하는 만큼의 생산요소를 공급한다.
③ 생산자는 주어진 생산기술하에서 자신의 이윤이 극대화되는 생산량을 공급한다.
④ 생산자는 자신의 이윤을 극대화하는 만큼의 생산요소를 수요한다.

⑤ 모든 상품시장과 생산요소시장에서의 수요량과 공급량이 일치한다.

위의 조건들이 만족되는 가격체계와 자원배분 상태에서는 어떠한 경제주체도 현재의 상태에서 다른 상태로 변화하는 것을 원치 않게 된다. 따라서 이러한 일반균형이 이루어지면 다른 교란요인이 존재하지 않는 한 균형상태를 유지하려는 경향을 보이게 된다.

✚ 일반균형의 의의

각 개별 시장에서 수요와 공급이 균형을 이루고, 이에 따라 전체 경제 역시 균형을 이루게 된다는 일반균형의 개념은 사적인 이익의 추구가 결국엔 시장의 힘에 의해 조화를 이루게 된다는 것을 뜻한다. 즉 개별 경제주체들이 자신의 이익만을 위하여 경제활동을 하더라도 시장의 기능을 통해 그러한 욕구들이 공적인 이익과 조화의 달성으로 이어질 수 있다는 것이다. 이러한 일반균형이론은 신고전학파 주류경제학 이론의 핵심적인 기초가 되고 있다.

✚ 일반균형분석

일반균형분석은 개별 시장들 간의 상호작용을 모두 고려하여야 하기 때문에 부분균형분석에 비해 상대적으로 복잡할 수밖에 없다. 하지만 일반균형분석을 이용하면 개별 시장의 불균형이 다른 부문에 어떠한 영향을 미치는지에 대한 분석이 가능해지고, 경제 전체의 측면에서 보다 엄밀한 분석결과를 도출해낼 수 있게 된다.

MK Test Plus+
신고전학파
고전학파 이후 한계혁명을 거친 경제학계에서 일반균형이론을 기초로 발전한 학파를 말한다. 대표적인 학자로 마샬, 제본스, 에지워스 등이 있다.

교환경제의 일반균형

일반균형에 대해 분석하기 위해 생산은 이루어지지 않고 교환만 이루어지는 순수교환경제(pure exchange economy) 상태에서 두 명의 경제주체와 두 종류의 재화만 존재하는 가장 단순한 형태의 경제를 가정하도록 한다.

✚ 에지워스상자

① 초기부존량

현재 순수교환경제 내에 A와 B라는 경제주체가 존재하고, 이들이 교환의 대상으로 삼고 있는 재화는 X와 Y 두 가지라고 가정하자. 현재 A는 X와 Y를 각각 $\overline{X}_A$와 $\overline{Y}_A$ 만큼 보유하고 있고, B는 X와 Y를 각각 $\overline{X}_B$와 $\overline{Y}_B$ 만큼 보유하고 있는데, 이를 초기부존량(initial endowment)이라고 한다. 순수교환경제는 생산이 없는 경제이므로 A와 B는 그들이 보유하고 있는 부존량을 가지고 이를 서로 교환하여 각자의 효용을 극대화해야 할 것이다.

MK Test Plus+
부존량
처음부터 가지고 있는 재화의 양을 말한다.

② 에지워스상자

이러한 효용극대화의 문제를 분석하기 위해 에지워스상자(Edgeworth box)를 이용할 수 있다. 〈그림 7-1〉에 나타나 있는 것이 에지워스상자인데, 왼쪽 하단의 O_A 가 A 기준에서의 원점이 되고 오른쪽 상단의 O_B 가 B 기준에서의 원점이 된다. O_A 에서 시작하여 오른쪽으로는 A의 X 재화에 대한 소비량이 표시되고, 위쪽으로는 A의 Y재화에 대한 소비량이 표시된다. 또한 O_B 에서 시작하여 왼쪽으로는 B의 X재화에 대한 소비량이 표시되고, 아래쪽으로는 B의 Y재화에 대한 소비량이 표시된다.

그림 7-1

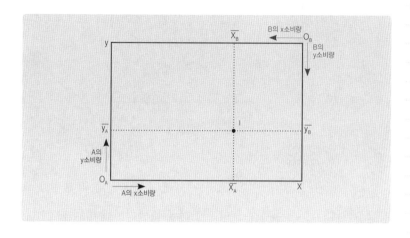

③ 배분가능점

이 상자의 가로축의 길이는 A와 B 두 사람이 현재 보유하고 있는 X 재화의 총합이 되고, 세로축의 길이는 두 사람이 보유하고 있는 Y재화의 총합이 된다. 따라서 이 상자 안에 존재하는 점들은 모두 각자에게 배분가능한 점이 된다. 현재 두 사람의 부존량은 점 I로 표시되어 있다.

✚ 교환의 발생

A와 B의 초기 부존량인 I점에서보다 서로에게 더 큰 효용을 주는 점이 있다면 A와 B는 서로가 가진 재화의 교환을 통하여 효용을 극대화하고자 할 것이다. 이것은 무차별곡선을 이용하여 설명할 수 있다.

그림 7-2

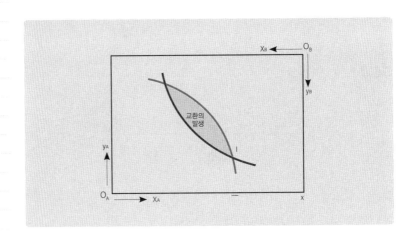

〈그림 7-2〉에는 A와 B에게 초기부존량인 I가 주는 것과 동일한 효용을 가져다주는 상품묶음들의 집합인 무차별곡선들이 나타나있다. A의 입장에서 보면 초기의 점 I가 속한 무차별곡선보다 오른쪽에 있는 무차별곡선들은 언제나 A에게 초기보다 더 높은 효용을 제공한다. 마찬가지로 B의 입장에서 보면 I가 속한 무차별곡선보다 왼쪽에 있는 무차별곡선들이 언제나 B에게 더 높은 효용을 제공한다. 따라서 그림에서 색깔이 칠해진 부분에서와 같이 서로에게 모두 더 나은 효용을 가져다주는 구역이 있다면, 그 구역에서 교환이 일어날 수 있을 것이다.

✚ 계약곡선과 파레토효율성

교환이 일어날 수 있는 한 점에서 A와 B의 효용이 초기보다 더 증대되더라도 그 점에서 얻게 되는 효용이 극대화된 것이 아니라면, 교환은 그 점이 아닌 또 다른 새로운 점에서 이루어질 것이다. 결국 더 이상의 이동을 통해 서로에게 더 나은 효용을 줄 수 없는 상태가 되면 그 점에서 머무르게 될 텐데, 이러한 배분상태에서 파레토효율성(Pareto efficiency)이 달성된다.

① 파레토개선과 파레토효율성

어떤 자원배분의 상태에서 어느 경제주체에게도 손해를 주지 않으면서 최소한 한 경제주체 이상에게 이득을 가져다줄 수 있다면, 그 때에 파레토개선(Pareto improvement)이 가능하다고 한다. 파레토개선이 가능한 상태는 파레토비효율적인 것이다. 파레토효율성 또는 파레토최적(Pareto optimum)은 더 이상 파레토개선이 불가능한 배분상태를 의미한다. 즉 파레토효율성이 달성된 상태에서 어느 한 경제주체의 효용을 증가시키기 위해서는 다른 경제주체의 효용은 감소되어야 한다.

② 계약곡선

에지워스상자 안에서 파레토효율적인 배분이 일어나는 점들은 A와 B의 무차별곡선들이 서로 접하는 점들이다. 즉 두 사람의 한계대체율(MRS)이 같은 점에서는 X재와 Y재에 대한 두 사람의 주관적인 평가가 동일하기 때문에 어느 한 사람의 희생이 수반되지 않고서는 다른 사람의 효용이 증대될 수 없다. 이러한 점들을 이은 곡선을 계약곡선(contract curve)이라고 부른다.

✚ 모색과정

계약이 계약곡선상에서 이루어질 것은 분명하지만, 계약곡선상의 어떤 점에서 최종적인 계약이 이루어져 균형을 이루게 될지에 대해서

MK Test Plus+
파레토효율성
파레토최적(Pareto optimum)과 같은 말로, 자원배분이 가장 효율적으로 이루어진 상태를 말한다.

MK Test Plus+
계약곡선
계약곡선 위에서 교환에 대한 최종계약이 이루어지고, 계약이 이루어지는 점은 각자의 계약능력에 의해 정해진다.

는 아직 언급하지 않았다. 왈라스(L. Walras)는 경매자(auctioneer)를 도입하여 이에 대한 설명을 하였다.

시장참가자들은 자신들의 효용을 증대시키는 상품묶음을 소비하기 위해 자신이 보유하고 있는 재화의 일부를 팔아 다른 사람의 재화를 구입하고자 할 텐데, 이때 경매자에게 자신이 어떤 재화를 얼마나 수요하고 공급할 것인지를 신고하게 된다. 그러면 경매자는 각 경제주체들의 신고를 종합하여 초과수요가 존재한다면 가격을 인상하고, 초과공급이 존재한다면 가격을 인하하는 방법을 통해 수요와 공급을 일치시키는 방향으로 가격을 변동시켜 나가게 된다.

이와 같이 균형에 이르는 과정 속에서 가격을 인상하거나 인하하는 방식으로 조정이 이루어지는 것을 모색과정(tâtonnement process)이라고 부른다.

✚ 왈라스균형

모색과정은 각 상품에 대한 초과수요가 0이 될 때까지 이루어진다. 이때에 결정되는 상대가격체계하에서 시장참여자들의 각 상품에 대한 수요량과 공급량은 일치하게 된다. 이렇게 경제가 균형의 상태에 이르게 될 때의 가격체계와 자원배분을 왈라스균형(Walrasian equilibrium)이라고 부른다. 왈라스균형에서는 각 경제주체들의 효용이 극대화되고, 각 상품에 대한 수요량과 공급량이 일치하게 되며 균형이 계약곡선상에서 이루어지므로 파레토효율성을 만족하게 된다.

➕ 왈라스법칙

어떤 가격체계가 주어지더라도 경제 전체의 총초과수요의 가치는 항상 0이 된다는 것을 왈라스법칙(Walras' law)이라고 한다.

경제주체들은 어떤 상품을 사려고 할 때 자신이 가지고 있는 상품을 제공해야 한다. 이것은 물물교환일 때는 물론이고, 교환의 매개로 화폐가 사용될 때에도 마찬가지다. 교환의 과정에서 각각의 경제주체들은 자신이 수요하려고 하는 상품과 똑같은 가치를 지닌 다른 상품을 공급하게 된다. 따라서 각각의 경제주체들의 수요와 공급을 모두 더하면 그 둘은 서로 일치하게 된다.

응용문제 매경신문 기출문제 응용

다음은 왈라스법칙에 관한 설명이다. 틀린 것을 고르면?

① n개의 시장이 존재하는 경제에서 n-1개의 시장이 균형 상태에 있다면 나머지 하나의 시장도 균형 상태에 있다.
② 각 재화에 대한 초과수요의 시장가치의 합은 0이다.
③ 왈라스법칙은 어떤 가격체계에서도 항상 성립해야 하는 항등식이다.
④ 경제의 총지출과 총수입이 같아진다.
⑤ 왈라스법칙은 왈라스균형에서만 성립한다.

정답: ⑤

해설: 왈라스법칙은 왈라스균형에서 성립하지만 왈라스법칙이 성립하기 위해 왈라스균형이 꼭 얻어져야 할 필요는 없다. 왈라스법칙은 항등식이며 각 재화에 대한 초과수요의 시장가치의 합이 0이라는 것으로 정의된다. 이로부터 n개의 시장 중 n-1개가 균형 상태에 있으면 나머지 한 시장도 균형이라는 법칙이 파생된다.

생산경제의 일반균형

지금까지는 생산이 존재하지 않는 순수교환경제만을 분석했으나, 생산이 존재하는 경우를 살펴봐도 논의의 본질은 달라지지 않는다.

✛ 생산경제에서의 에지워스상자

생산경제에서는 국가 전체의 요소부존량이 외생적으로 주어져 있으므로, 생산과 관련된 에지워스상자의 가로축과 세로축은 각기 노동과 자본과 같은 생산요소 부존량의 총합으로 나타낼 수 있다.

✛ 생산에서의 계약곡선

교환경제에서의 무차별곡선에 대응하는 것이 생산경제에서의 등량곡선이다. 파레토효율적인 생산은 두 재화의 생산에 대한 등량곡선이 서로 접하는 점들에서 이루어지게 된다. 즉 이 점들에서는 각 상품에 대한 한계기술대체율(MRTS)이 같아지는데, 이러한 점들을 이은 것이 생산에서의 계약곡선이다. 계약곡선상에서의 생산은 파레토효율적이기 때문에, 어떤 재화를 더 생산하기 위해서는 다른 재화의 생산을 줄여야만 한다.

MK Test Plus+
등량곡선
어떤 상품을 생산할 때, 동일한 수준의 생산량을 달성하기 위해 투입할 수 있는 생산요소의 조합이 여러 개 있을 수 있는데, 이를 연결한 곡선을 등량곡선이라고 한다.

✛ 종합적인 균형

생산과 교환이 모두 이루어지는 경제에서는 소비자의 효용극대화와 생산자의 이윤극대화가 동시에 충족되는 점에서 균형이 이루어진다.

① 소비자의 효용극대화

한계대체율과 재화의 상대가격이 일치할 때에, 즉 상품에 대한 주관적인 평가와 객관적인 평가가 일치하게 될 때에 효용극대화가 이루어진다. 따라서 일반균형에서는 다음의 조건이 만족된다.

$$MRS_{XY}^A = MRS_{XY}^B = \frac{P_X^*}{P_Y^*} \tag{7.1}$$

② 생산자의 이윤극대화

한계비용과 재화의 가격이 일치할 때 이윤이 극대화되므로, 노동의 가격을 w, 자본의 가격을 v 라고 할 때 일반균형에서는 다음의 조건이 만족된다.

$$MC_X = \frac{w^*}{MP_L^X} = \frac{v^*}{MP_K^X} = P_X^*, \ MC_Y = \frac{w^*}{MP_L^Y} = \frac{v^*}{MP_K^Y} = P_Y^* \tag{7.2}$$

③ 종합적인 균형

①에서의 조건과 ②에서의 조건이 모두 만족될 때, 생산과 교환이 모두 존재하는 경제에서의 파레토효율적인 균형이 달성된다. 따라서 경제의 일반균형에서는 다음의 조건이 충족된다.

$$MRS_{XY}^A = MRS_{XY}^B = \frac{P_X^*}{P_Y^*} = \frac{MC_X}{MC_Y} = MRT_{XY} \tag{7.3}$$

02 일반균형과 파레토효율성

후생적 측면에서의 바람직한 경제

✚ 경제체제의 성과 평가

어떤 경제체제의 성과를 평가하기 위해서는 그 체제가 후생적인 측면에서 어떤 결과를 가져오는지, 그리고 그 결과가 바람직한지를 살펴보아야 한다. 즉 시장이 균형을 이루었을 때에 자원배분이 어떻게 배분되는지, 그리고 그 특징은 어떠한지에 대해 알아보는 것이 중요하다.

✚ 경쟁정도와 완비 여부 검토

경제체제의 성과를 분석하기 전에 시장의 경쟁정도와 완비 여부를 먼저 검토해야 한다. 경쟁의 정도가 약하면 특정 경제주체가 가격에 영향을 미칠 수 있는 가능성이 커지고, 그로 인해 경제의 효율성이 떨어진다. 또한 사람들이 필요로 하는 재화나 서비스의 시장이 모두 존재하는 완비된 시장이라면 사람들의 효용이 증가할 것이지만 그렇지 않다면 효용은 감소할 것이다.

✚ 일반균형의 자원배분 측면에서의 바람직함

경쟁의 정도가 낮고, 필요한 시장이 완비되지 않은 경제에 대한 후생적 분석에는 어려움이 많다. 따라서 완전경쟁적이고 완비된 시장을 갖춘 이상적인 경제체제에 대한 후생적 분석이 주로 이루어져 왔는데, 이러한 이상적인 시장경제에서의 일반균형은 자원배분의 측면에서 바람직한 성격을 갖는다는 사실이 밝혀졌다.

후생경제학의 제1정리

✚ 제1정리의 내용

파레토효율성의 조건과 일반균형의 조건은 밀접하게 연관되어 있다. 즉 일반균형에서 두 소비자의 한계대체율이 일치하게 되는데, 이 균형은 파레토효율적인 상태이다. 이를 후생경제학의 제1정리(the first theorem of welfare economics)라고 하여 다음과 같이 나타낼 수 있다.

> **후생경제학의 제1정리**
> 완전경쟁적인 완비된 시장에서 달성되는 일반균형은 반드시 파레토효율적이다.

✚ 제1정리의 의미

후생경제학의 제1정리는 이상적인 조건을 갖춘 시장경제에서 이루어지는 일반균형은 항상 효율적이고, 따라서 일반균형의 배분보다 더 효율적인 배분은 존재하지 않는다는 것을 말해준다.

완전경쟁적인 일반균형의 상태에서는 모든 경제주체들이 상품의 가격을 주어진 것으로 보고 자신의 이익을 추구하는 경제행위를 한다. 소비자들은 자신의 효용을 극대화시키고, 생산자는 자신의 이윤을 극대화시키고자 하는데 이러한 행위들은 사회 전체를 고려하지 않는다. 따라서 이들의 행위는 서로 충돌할 여지가 있다. 하지만 시장은 서로 상충하는 경제주체들의 욕구들을 조화시켜서 결국 사익의 추구가 공익의 달성을 이루게 한다며 시장의 힘을 옹호하는 것이 후생경제학의 제1정리이다.

✚ 제1정리의 한계

① 현실적인 불가능성

제1정리가 전제하고 있는 이상적인 경제체제, 즉 완전경쟁적이며 완비된 시장을 현실에서는 찾아보기 매우 어렵다. 현실에서는 완전경쟁을 가로막는 많은 요인들이 존재하고 있으며 외부성(externality)과 같은 시장의 힘을 제약하는 수많은 가능성들이 존재한다. 따라서 이 정리의 내용을 현실에 그대로 적용하기에는 많은 한계가 있다.

MK Test Plus+
외부성
어떤 경제주체의 행동이 제3자에게 뜻하지 않게 이득이나 손해를 주는 것.

② 형평성의 문제

제1정리는 공평한 자원의 배분에 대하여 기준을 제시하지 못한다. 즉 일반균형에서 이루어지는 파레토효율적인 배분은 계약곡선 위에 존재하는 수많은 효율적 배분 중의 하나일 뿐이며, 그것이 공평성의 측면에서 가장 바람직하다는 보장은 없다.

후생경제학의 제2정리

✚ 제2정리의 내용

제1정리는 일반균형 상태가 파레토효율적이라는 것을 말해주고 있는데, 그에 대한 역(inverse) 역시 성립하는지에 대해 말해주는 것이 바로 후생경제학의 제2정리(the second theorem of welfare economics)이다. 제2정리는 다음과 같다.

> **후생경제학의 제2정리**
> 모든 개인들의 선호가 볼록성을 만족하면 초기 부존자원을 적절히 배분하여 만들어지는 어떠한 파레토효율적인 배분이라도 일반균형이 될 수 있다.

✚ 제2정리의 의미

제2정리는 수많은 파레토효율성을 만족하는 계약곡선상의 점 중에서 정부의 입장에서 가장 바람직하다고 생각하는 자원배분이 있다면, 그 점에서 자원배분이 이루어지도록 하는 것이 가능하다는 것이다. 현실에서 시장경쟁을 통해서 초기부존의 상태에서 어떠한 바람직한 상태로 이동하는 것은 쉽지 않다. 하지만 정부는 정액세(lump-sum tax)의 부과와 보조금의 지급 등과 같은 최소한의 개입을 통해 시장가격에 의해 이루어지는 거래 방식을 유지하며 바람직한 자원배분의 상태로 이동하게 할 수 있다.

즉 제2정리는 공평성을 위하여 정부가 시장에 개입하여 초기 부존자원을 재분배할 때에도 시장가격체계를 인위적으로 바꿀 필요가 없음을 의미한다.

✚ 제2정리의 한계

제2정리는 제1정리에 대한 역의 성질을 지니므로 제1정리의 한계를 어느 정도 보완해주지만, 제2정리 역시 다음과 같은 한계를 지닌다.

① 바람직한 자원배분 상태 선정의 어려움

실현하고자 하는 자원배분의 상태 역시 정부의 가치판단을 반영할 뿐이므로, 제2정리는 사회적으로 가장 바람직한 자원배분 상태가 어떤 것인지에 대한 해답은 주지 못한다.

② 재분배 방법 선택의 어려움

초기 부존자원을 재분배하는 방법은 여러 가지가 있을 수 있다. 앞서 언급한 정액세나 보조금도 그 중의 하나이다. 하지만 어떤 방법을 통해서 재분배를 하는 것이 바람직한지에 대한 객관적인 판단기준이 없다.

③ 정부에 의한 가격체계의 왜곡

제2정리는 정부의 재분배행위가 가격체계에 영향을 미치지 않는다고 가정하지만, 실제로는 그렇지 않은 것이 대부분이다. 또한 적절한 정액세와 보조금을 설정하기 위해서는 정부가 초기 부존자원을 정확히 알아야 하는데, 이는 어려운 일이다. 각 경제주체들은 자신들의 초기 부존자원을 잘 알고 있지만 정부는 그렇지 못한 경우가 많기 때문이다.

1. 일반균형

∨ 일반균형의 조건 ……………………………………………… □

∨ 계약곡선에 대한 이해 …………………………………………… □

∨ 파레토효율성과 파레토개선에 대한 이해 ……………………… □

∨ 왈라스균형과 왈라스법칙에 대한 이해 ………………………… □

2. 일반균형과 파레토효율성

∨ 후생경제학의 제1정리에 대한 이해 …………………………… □

∨ 후생경제학의 제2정리에 대한 이해 …………………………… □

MK Key word

1. 일반균형
   • 시장균형, 일반균형, 순수교환경제, 에지워스상자, 파레토효율성, 파레토개
     선, 계약곡선, 모색과정, 왈라스균형, 왈라스법칙

2. 일반균형과 파레토효율성
   • 후생경제학의 제1정리, 후생경제학의 제2정리

01 개별시장 내에서 수요와 공급이 서로 균형을 이루는 것을 ○○○○
이라고 하며 한 경제 내에서 그 경제에 속한 모든 시장이 균형을
이루고 있는 것을 ○○○○이라고 한다.

정답: 시장균형, 일반균형

02 ○○○○○은 어떤 자원배분 상태에서 어느 경제주체에게도 손
해를 주지 않으면서 최소한 한 경제주체 이상에게 이득을 가져다
주는 것을 말한다.

정답: 파레토개선

03 ○○○○○은 더 이상 파레토개선이 불가능한 배분상태를 의미
한다. 즉 ○○○○○이 달성된 상태에서 어느 한 경제주체의 효
용을 증가시키기 위해서는 다른 경제주체의 효용은 감소되어야
한다.

정답: 파레토최적

04 에지워스상자 안에서 파레토효율적인 자원배분이 일어나는 두
무차별곡선이 서로 접하는 점들을 연결한 곡선을 ○○○○이라
고 한다. 이 선 위의 점에서는 모두 파레토효율성이 달성되며 각
자의 계약능력에 따라 어느 점에서 최종계약이 이루어질지가 결
정된다.

정답: 계약곡선

05 ○○○○○은 어떤 가격체계하에서도 경제 전체 총초과수요의 시장가치 합이 0이 된다는 것이다. 이를 통해 n개의 시장이 존재하는 경제 내에서 n-1개 시장이 균형을 이루면 나머지 하나의 시장은 자동적으로 균형이 이루어짐을 알 수 있다.

정답: 왈라스법칙

06 생산과 교환이 일어나는 경제에서 균형은 생산자의 ○○○○○와 소비자의 ○○○○○가 동시에 충족되는 점에서 이루어진다.

정답: 이윤극대화, 효용극대화

07 ○○○○○○ ○○○○는 완전경쟁적인 완비된 시장에서 달성되는 일반균형이 반드시 파레토효율적이라는 것이다. 이 정리는 이상적인 조건을 갖춘 시장경제에서 이루어지는 일반균형은 항상 효율적이고, 따라서 일반균형의 배분보다 더 효율적인 배분은 존재하지 않는다는 것을 말해준다.

정답: 후생경제학의 제1정리

08 ○○○○○○ ○○○○는 모든 개인들의 선호가 볼록성을 만족하면 초기 부존자원을 적절히 배분하여 만들어지는 어떠한 파레토 효율적인 배분이라도 일반균형이 될 수 있다는 것이다. ○○○○○○○○○○는 수많은 파레토효율성을 만족하는 계약곡선상의 점 중에서 정부의 입장에서 가장 바람직하다고 생각하는 자원배분이 있다면, 그 점에서 자원배분이 이루어지도록 하는 것이 가능함을 보인다.

정답: 후생경제학의 제2정리

Lesson **08**   후생경제학

01 후생경제학

후생경제학의 개념

파레토효율성을 만족하는 자원배분이 바람직한 자원배분 중의 한 모습이라는 것은 분명하지만, 효율성만이 바람직한 경제의 기준은 아니다. 또한 7장의 일반균형이론에서 살펴봤듯이 계약곡선 위에서 이루어지는 자원의 분배는 언제나 파레토효율성을 만족하지만, 그것이 공평한 배분을 뜻하지는 않는다.

바람직한 배분상태의 달성을 위해 효율성에 더하여 공평성이라는 기준을 추가하게 되면 규범경제학의 영역에 들어가게 된다. 후생경제학(welfare economics)은 사회 전체의 총체적인 후생과 어떤 경제와 다른 경제의 사회후생을 비교하는 이론을 다루며, 실증경제학과 규범경제학의 성격을 모두 갖는 경제학의 한 분야이다.

MK Test Plus+
규범경제학
어떤 경제가 바람직하고 바람직하지 않은지에 대해 가치판단의 개입을 통해 설명하는 경제학.

MK Test Plus+
실증경제학
경제현상을 사실 그대로 분석하여 인과관계를 밝히고, 이를 토대로 미래를 예측하는 경제학.

후생경제학의 규범성

후생경제학은 사회구성원들의 후생, 즉 효용을 다루기 때문에 주관적인 효용을 객관적으로 비교하기 어렵다는 난점에 이르게 된다. 효용을 서수적으로 판단하기 어렵기 때문에 사회후생에 대해 접근할 때에 가치판단이 포함되고, 따라서 후생경제학은 규범적인 성격을 지니게 된다. 후생경제학은 많은 사람들이 공감할 수 있는 가치판단의 기준을 찾고 이를 통해 경제를 파악하며 평가해야 하는 과제를 안고 있다.

02 효용가능경계와 사회후생함수

효용가능경계

✚ 효용가능곡선

효용가능곡선(utility possibility curve)이란 두 사람에게 상품을 분배했을 때, 두 사람이 최대로 효용을 얻을 수 있는 상품묶음의 조합을 나타내는 점들을 모아서 이은 곡선이다. 즉 계약곡선상에 위치하는 자원배분의 점들에 해당하는 효용을 두 사람의 효용평면에 옮겨 그린 것이 효용가능곡선이다.

✚ 효용가능경계

MK Test Plus+
효용가능경계
효용가능곡선들의 가장 바깥쪽에 위치한 점들을 이어서 만든 곡선이다. 효용가능경계 위의 모든 점에서 파레토효율성이 만족된다.

효용가능곡선은 무수히 많이 그릴 수 있는데, 이 효용가능곡선들의 가장 바깥쪽의 점들을 연결하면 우하향하는 효용가능경계(utility possibility frontier: UPF)가 도출된다. 효용가능경계는 경제 내의 모든 자원들을 가장 효율적으로 배분했을 때에 두 사람이 누릴 수 있는 효용수준의 조합을 말한다. 효용가능경계 위의 모든 점에서는 파레토효율성이 만족되고, 따라서 두 사람이 얻을 수 있는 최대한의 효용수준이 달성된다.

효용가능경계를 통해서 경제의 효율성에 대한 판단을 할 수 있다. 어떤 경제의 자원배분이 효율적이라면 효용수준의 조합이 효용가능경계 위에 위치할 것이고, 비효율적이라면 효용가능경계 위에 위치하지 않을 것이기 때문이다.

사회후생함수

효용가능경계 위에 있는 점들이 효율성은 만족하지만, 그 점들 모두가 바람직한 배분상태를 의미하지는 않는다. 바람직한 배분상태를 설정하기 위해서는 공평성의 기준이 추가적으로 필요한데, 이를 위해 사회후생함수(Social Welfare Function: SWF)를 도입할 수 있다.

✚ 사회후생함수

경제에 A와 B라는 두 사람만이 존재한다고 가정할 때, 사회후생함수는 다음과 같이 나타낼 수 있다.

$$W = W(U_A, U_B) \tag{8.1}$$

사회후생함수는 두 사람의 효용수준이 주어졌을 때, 이를 비교 또는 평가하여 하나의 종합적인 사회의 후생수준으로 표현하는 것이므로 비교하는 방식이나 평가의 방법에 대해 가치판단이 개입할 수밖에 없다.

✚ 사회무차별곡선

소비자의 효용함수로부터 무차별곡선이 도출되는 것처럼, 사회후생함수로부터는 사회무차별곡선(Social Indifference Curve: SIC)이 도출된다. 사회무차별곡선은 동일한 사회후생수준을 나타내는 A와 B의 효용수준의 조합을 연결한 곡선이다.

✚ 사회후생함수의 종류

사회후생함수의 형태는 사회적으로 어떤 것에 가중치를 두고 사회 구성원들의 효용수준을 평가하느냐에 따라 달라진다. 사회후생함수의 형태에 따라 사회무차별곡선의 모양 역시 각기 다른 모양을 띠게 된다.

① 공리주의적 사회후생함수

벤담(J. Bentham)의 공리주의(utilitarian)적 가치판단을 반영하는 사회후생함수는 다음과 같이 개별 구성원들의 효용수준의 합으로 나타낼 수 있다.

$$W = U_A + U_B \tag{8.2}$$

이 경우에 사회후생함수는 두 구성원 간에 효용수준이 어떻게 분배되는지는 고려하지 않고 오직 구성원들의 효용수준의 합에만 관심을 갖게 된다. 즉 두 구성원의 효용의 합이 같은 모든 조합에서 사회후생은 동일하다. 따라서 공리주의적 사회후생함수에서 도출되는 사회무차별곡선은 기울기가 -1인 직선이 된다.

② 평등주의적 사회후생함수

평등주의(egalitarian) 사회후생함수는 높은 효용수준을 누리고 있는 사람에게 낮은 가중치를 주고, 낮은 효용수준을 누리고 있는 사람에게 높은 가중치를 두어 사회후생을 평가한다. 평등주의 사회후생함수는 다음과 같이 표현할 수 있다.

$$W = U_A \times U_B \tag{8.3}$$

공리주의적 사회후생함수에서는 구성원 간에 불균등한 분배가 일어나더라도 효용의 총합만 같다면 사회후생을 동일하다고 평가하지만, 평등주의적 사회후생함수에 의하면 분배가 균등할수록 사회후생이 증가한다. 즉 공리주의적 사회후생함수와는 달리 가능하면 공평하게 분배할수록 사회적으로 바람직한 배분상태라는 가치판단이 개입되어 있는 것이 평등주의적 사회후생함수이다.

평등주의적 사회후생함수로부터 도출된 사회무차별곡선은 원점에 대해 볼록한 우하향의 모습을 띠게 되는데, 이와 같은 현상이 나타나는 이유는 한 구성원의 효용이 증가할수록 그의 효용에 부여되는 상대적 중요성이 감소하기 때문이다.

③ 롤즈의 사회후생함수

미국의 철학자 롤즈(J. Rawls)는 사회에서 가장 생활수준이 낮은 계층의 효용이 가능한 한 크게 증가하도록 분배하는 것이 공정한 분배라고 주장했다. 이를 롤즈의 분배적 정의(distributive justice)라고 하고, 이를 반영한 사회후생함수는 최소극대화원칙(maximum principle)이 적용되어 다음과 같이 나타내어진다.

$$W = \min(U_A, U_B) \tag{8.4}$$

이 사회후생함수에 의하면 사회의 후생은 효용수준이 높은 사람의 변화에 영향을 받지 않는다. 가장 효용수준이 낮은 사람의 효용수준이 증가할 때에만 사회 전체의 효용이 증가하게 된다. 이와 같은 사회후생함수는 극단적인 평등주의적 성격을 반영하고 있고, 이에 따라 이 사회후생함수로부터 도출된 사회무차별곡선은 레온티에프생산함수와 비슷한 L자의 모양을 갖게 된다.

그림 8-1 (a)   **그림 8-1 (b)**   **그림 8-1 (c)**

(a) 공리주의적 사회후생함수   (b) 평등주의적 사회후생함수   (c) 롤즈의 사회후생함수

롤즈의 분배적 정의

미국의 철학자 롤즈는 모든 사람이 사회 전체의 복지라는 명목으로도 유린될 수 없는 불가침성을 지닌다고 주장했다. 따라서 롤즈에 의하면 공리주의와 같이 최대다수의 최대행복을 위하여 소수가 희생되는 것은 있을 수 없는 일이다.

또한 그는 사회의 규칙을 정할 때에는 무지의 베일에 싸인 원초적인 입장에 서야 한다고 강조했다. 누구나 자신이 미래에 어떠한 상태에 놓일지 모르는 상황에서는 보다 평등한 상황을 바랄 것이기 때문에 최소 수혜자에게 이익이 되는 조건 아래에서만 사회적 차별이 용납된다.

사회후생의 극대화

효용가능경계 위의 있는 점들은 경제 내의 모든 자원을 가장 효율적으로 분배했을 때 구성원들이 얻을 수 있는 최대한의 효용수준을 나타내는 조합으로 경제의 효율성을 나타낸다. 또한 사회무차별곡선은 동일한 사회후생수준을 나타내는 구성원들의 효용수준의 조합으로 공평성을 반영한다. 따라서 〈그림 8-2〉의 점 E와 같이 효용가능경계와 사회무차별곡선이 접하는 점에서 사회후생이 극대화된다.

그림 8-2

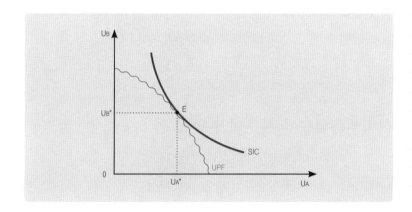

03 불가능성정리

사회후생이 극대화되는 자원분배는 효율성을 반영하는 효용가능경계로만 찾아 낼 수 없고, 공평성을 반영하는 사회후생함수로부터 도출된 사회무차별곡선과 함께 고려될 때에만 찾을 수 있다. 하지만 이와 같은 사회후생함수가 실제로 존재할 수 있느냐에 대해 노벨 경제학상을 수상한 바 있는 애로우(K. Arrow)는 그의 불가능성정리(impossibility theorem)를 통해 그것이 불가함을 증명했다.

사회후생함수가 갖추어야 할 조건

애로우는 사회후생함수가 갖추어야 할 다섯 가지 공리(axiom)를 제시했다. 이 조건들은 다음과 같다.

① 완비성(completeness)과 이행성(transitivity)

임의의 경제상태에 대하여 각각의 경제상태에 대해 선호의 우열을 정할 수 있어야 하고, α, β, γ의 세 가지 경제상태가 존재할 때, α가 β보다 더 선호되고 β가 γ보다 더 선호되면 α는 γ보다 더 선호되어야 한다.

② 개인선호의 보편성

사회의 구성원들에게는 선호에 대한 어떠한 사전적 제한이 없어야 한다. 개인의 선호함수가 어떠한 형태를 갖더라도 사회 전체의 선호체계는 도출되어야 한다.

③ 파레토원칙(Pareto principle)

사회의 모든 구성원들이 α를 β보다 선호한다면, 사회적으로도 α가 β보다 더 선호되어야 한다.

④ 무관한 대안으로부터의 독립(independence of irrelevant alternatives)

α와 β를 비교할 때, 이와 직접적인 관련이 없는 γ가 사회적 선호체계에 영향을 주어서는 안 된다.

⑤ 비독재성(non-dictatorship)

사회의 다른 구성원들의 선호체계가 무시되고 어느 한 구성원의 선호에 의해 사회의 선호가 결정되어서는 안 된다.

불가능성정리

애로우는 어떤 사회후생함수가 앞서 살펴 본 바람직한 사회후생함수가 갖추어야 할 다섯 가지 공리 중에서 ①~④의 네 가지 공리를 만족하면 반드시 공리 ⑤를 위배할 수밖에 없음을 증명했는데, 이것이 바로 불가능성정리이다. 즉 모든 공리를 만족시키는 합리적이며 민주적인 사회후생함수는 존재하지 않는다는 것이다.

04 차선의 이론

사회무차별곡선과 생산가능곡선이 만나는 점에서 달성되는 자원의 배분이 사회적으로 최적이라는 점에서 그 점을 최선의 해결책(the first best solution)이라고도 한다.

그런데 어떠한 이유로 인해 파레토효율성의 조건 중에서 1개의 조건이 충족되지 못했다고 하자. 이 상태는 파레토효율성의 조건 중에서 2개의 조건이 충족되지 못한 상태보다 사회적으로 더 바람직한 상태인가? 이에 대해 립시(R. Lipsey)와 랭카스터(K. Lancaster)는 그렇지 않음을 증명해 보였다.

차선의 이론

립시와 랭카스터에 따르면 이미 하나 이상의 파레토효율성 조건이 만족되지 않은 상태에서는 효율성 조건이 추가적으로 만족된다고 하더라도 사회후생이 항상 더 커진다고 말할 수 없다. 즉 파레토효율성 조건이 모두 동시에 만족될 때에만 이전보다 사회후생이 증가한다는 것이다. 이를 차선의 이론(theory of the second best)이라고 한다.

차선의 이론이 주는 시사점

차선의 이론은 여러 가지 경제개혁조치를 추진할 때 특정 부문이나 특정 산업의 비합리적인 측면만을 개선하려는 점진적인 접근법(piece-meal approach)에 근본적인 한계가 있음을 지적한다. 즉 모든 문제를 동시에 해결하는 방법이 아닌 점진적인 개선 방법을 통해서는 사회후생의 증가를 보장하지 못하며 오히려 부작용이 나타날 수도 있다는 것이다.

1. 후생경제학
∨ 후생경제학이 규범성 특징을 갖는 이유 ·······································□

2. 효용가능경계와 사회후생함수
∨ 경제의 효율성과 효용가능경계에 대한 이해 ·······························□
∨ 사회후생함수와 사회무차별곡선에 대한 이해 ·····························□
∨ 각각의 사회후생함수에 대한 이해 ···□
∨ 사회후생이 극대화되는 과정 ··□

3. 불가능성정리
∨ 사회후생함수가 갖추어야 할 조건 ···□
∨ 불가능성정리에 대한 이해 ···□

4. 차선의 이론
∨ 차선의 이론이 제시하는 시사점 ··□

MK Key word

1. 후생경제학
   • 후생경제학

2. 효용가능경계와 사회후생함수
   • 효용가능곡선, 효용가능경계, 사회후생함수, 사회무차별곡선, 공리주의, 평등주의, 롤즈의 분배적 정의, 최소극대화원칙

3. 불가능성정리
   • 불가능성정리

4. 차선의 이론
   • 최선의 해결책, 차선의 이론, 점진적인 접근법

01 ○○○○○은 사회 전체의 총체적인 후생과 어떤 경제와 다른 경제의 사회후생을 비교하는 이론을 다루는 경제학의 한 분야로 실증경제학과 규범경제학의 성격 모두를 갖는다.

정답: 후생경제학

02 ○○○○○○은 두 사람에게 상품을 분배했을 때 두 사람이 최대로 효용을 얻을 수 있는 상품묶음의 조합을 나타내는 점들을 모아서 이은 곡선이다.

정답: 효용가능곡선

03 ○○○○○○는 효용가능곡선의 가장 바깥쪽의 점들을 연결한 것으로 경제 내의 모든 자원들을 가장 효율적으로 배분했을 때 두 사람이 누릴 수 있는 효용수준의 조합을 말한다.

정답: 효용가능경계

04 효율성과 공평성의 개념을 모두 포함한 것으로 사회 내의 경제주체들이 얻는 효용수준을 비교, 평가하여 하나의 종합적인 사회후생수준으로 표현한 것을 ○○○○○○라 한다.

정답: 사회후생함수

05 사회후생의 극대화는 ○○○○○○와 ○○○○○○○이 접하는 점에서 달성된다.

정답: 효용가능경계, 사회무차별곡선

06 미국의 철학자 롤즈(J. Rawls)는 사회에서 가장 생활수준이 낮은 계층의 효용이 가능한 한 크게 증가하도록 분배하는 것이 공정한 분배라고 주장했다. 이를 ○○○ ○○○ ○○라고 한다.

정답: 롤즈의 분배적 정의

07 애로우는 사회후생함수가 갖추어야 할 다섯 가지 공리를 만족시키는 민주적이고 합리적인 사회후생함수는 존재하지 않음을 ○○○○○○를 통해 밝혀냈다.

정답: 불가능성정리

08 ○○○ ○○은 파레토효율성 조건이 만족되지 않은 상태에서 효율성 조건이 추가적으로 만족된다고 하더라도 사회후생이 항상 더 커지는 것은 아니라는 것이다.

정답: 차선의 이론

Lesson **09**

시장실패와
정보경제학

01 시장의 실패

시장의 실패와 정부의 실패

✚ 시장의 실패

효율적인 자원의 배분에 대한 시장의 역할은 중요하다. 시장에서 각각의 경제주체들에 의해 일어나는 수요와 공급이 가격과 거래량을 결정하고 이에 따라 자원이 배분된다. 그러나 시장에 의한 자원배분이 언제나 효율성을 보장하지는 않는데, 시장기구가 자원을 효율적으로 배분하지 못할 때 시장의 실패(market failure)가 발생했다고 한다.

✚ 시장 실패의 원인

① 불완전경쟁

시장이 완전경쟁적이지 않다면 독점이나 과점과 같은 형태의 시장이 되어 시장 실패가 초래된다.

② 가격의 경직성

어떠한 이유로 가격이 경직성을 갖게 되면 효율적인 자원의 분배가 어렵게 된다.

③ 공공재

공공재(public goods)를 시장기구에 맡겨 생산하게 될 경우 사회적으로 요구되는 적정수준보다 과소 생산된다.

④ 외부성

외부성(externalities)이란 어떤 경제주체의 행동이 제3자에게 뜻하지 않게 이득이나 손해를 주는 것을 뜻한다. 이러한 외부성에는 대가가 존재하지 않기 때문에 제3자에게 손해를 주는 부정적인 외부성이 이득을 주는 긍정적인 외부성보다 더 많이 발생할 수 있다.

⑤ 불확실성

경제주체들 간에 정보의 비대칭이 존재하기 때문에 도덕적 해이(moral hazard)나 역선택(adverse selection)에 의해 시장의 실패가 발생할 수 있다.

✚ 정부의 실패

시장의 실패를 교정하기 위하여 정부가 시장에 개입했을 때, 오히려 비효율이 발생하는 것을 정부의 실패(government failure)라고 한다. 시장의 실패를 교정하기 위한 정부의 개입이 민간부문에서 이루어지는 자유로운 거래를 교란시키거나 정부조직상의 문제로 인하여 비효율이 발생하게 되면 오히려 더 큰 역효과를 낳을 수도 있다. 따라서 시장 실패가 일어났다고 하더라도 정부의 개입은 신중하게 이루어져야 한다.

MK Test Plus+
공공재
비경합성과 비배제성을 가져서 많은 사람들이 동시에 소비할 수 있고, 대가를 지불하지 않더라도 혜택을 배제할 수 없는 재화를 말한다.

MK Test Plus+
도덕적 해이
정보비대칭의 상황에서 정보를 더 가진 측이 자신의 이익을 위해 행동함으로써 상대에게 바람직하지 못한 상황이 발생하는 것.

MK Test Plus+
역선택
정보비대칭 상황에서 정보를 덜 가진 측이 바람직하지 못한 상대와 거래할 가능성이 높아지는 현상.

공공재의 문제

✚ 공공재의 특성

공공재는 국방이나 치안서비스와 같은 비경합성과 비배제성의 특징을 갖는 재화나 서비스를 말한다.

① 비경합성(non-rivalry)

재화의 비경합성이란 어떤 사람이 그 재화를 소비하더라도 다른 사람 역시 그 재화를 소비하는 데에 제약을 받지 않는 것을 말한다. 즉 비경합성이 있는 재화는 경쟁할 필요 없이 모두가 공동소비를 할 수 있다. 따라서 공공재의 한계비용은 0에 가깝다.

MK Test Plus⁺
무임승차의 문제
공공재는 누구나 자유롭게 소비할 수 있기 때문에 사회구성원들이 대가를 지불하지 않고 소비하려고 하는 데에 따르는 문제점을 말한다.

② 비배제성(non-excludability)

재화의 비재제성이란 그 재화에 대해 대가를 지불하지 않은 사람에 대해서도 그 재화의 사용을 막을 수 없는 것을 말한다. 따라서 비배제성이 있는 공공재에는 가격을 매길 수 없다. 또한 비배제성의 특징으로 인해 무임승차의 문제(free rider problem)가 발생할 수 있다.

✚ 공공재의 문제

공공재는 비경합성과 비배제성을 지니므로 사람들은 공공재에 대한 자신의 진정한 선호를 드러내지 않고 공공재에 대한 자신의 수요를 축소하여 드러낼 유인이 있다. 자신이 공공재에 대한 비용을 부담하지 않더라도 그 수익을 온전히 누릴 수 있기 때문이다.

모든 사람들이 이렇게 공공재에 대한 자신의 수요를 축소하여 드러 내게 되면 사회 전체적인 공공재에 대한 수요곡선이 왼쪽으로 이동하 게 된다. 그렇게 되면 시장에 의한 공공재의 생산은 적정수준보다 적 은 수준에서 이루어지거나 극단적인 경우에는 전혀 이루어지지 않을 수도 있다.

외부성의 문제

✚ 외부성의 개념 및 구분

외부성 또는 외부효과란 소비나 생산과 같은 경제활동의 결과로 의 도하지 않게 다른 경제주체에게 영향을 미치는 것을 의미한다. 이러한 외부성은 다른 경제주체에게 이득을 주느냐 손해를 주느냐에 따라 외 부경제(external economies)와 외부불경제(external diseconomies)로 나뉘 는데, 이는 모두 개별 경제주체의 관점에서 평가한 것이다. 사회 전체 적으로는 외부경제나 외부불경제 모두 바람직하지 않은 결과를 초래 한다.

① 외부경제

과수원 인근에서 양봉업자가 양봉을 하게 되어 과수원의 수확량이 증가하게 되는 경우처럼 외부성에 의해 이득을 얻는 경우를 외부경제 라고 한다.

MK Test Plus+
외부경제와 외부불경제
외부성에 의해 다른 경제주 체에게 이득을 주면 외부경 제가 발생했다고 하고, 손 해를 주면 외부불경제가 발 생했다고 한다.

② 외부불경제

생산의 과정에서 배출되는 오염물질로 인해 환경이 오염되는 것과 같이 외부성에 의해 피해를 보게 되는 것을 외부불경제라고 한다.

또한 외부성이 소비과정에서 발생하면 소비의 외부성(consumption externalities)이라고 하고, 생산과정에서 발생하면 생산의 외부성(production externalities)이라고 한다. 소비의 외부성으로 잘 알려진 것은 편승효과(bandwagon effect)와 속물효과(snob effect)가 있다.

✚ 외부성과 생산량

외부성이 존재하면 그것이 외부불경제인지 외부경제인지에 관계없이 모두 사회적으로 비효율적인 결과를 가져온다.

① 외부불경제가 존재하는 경우

외부불경제가 존재하는 경우, 외부불경제를 일으키는 주체는 외부불경제로 인해 다른 주체들이 입게 되는 피해를 고려하지 않기 때문에 사회적으로 적정한 수준보다 더 많은 양을 생산하게 된다. 따라서 과잉생산으로 인한 사회적인 후생의 손실이 발생한다.

② 외부경제가 존재하는 경우

외부경제가 존재하는 경우에 소비자는 외부경제로 인해 증가하는 사적편익이 고려된 수요보다 더 낮은 수준에서 수요를 나타내므로 사회적으로 적정한 수준보다 더 적은 양이 생산된다. 따라서 과소생산으로 인한 사회적인 후생의 손실이 발생한다.

✚ 외부성의 해결방안

외부성을 해결하기 위한 방안으로 정부의 개입을 통한 공적인 방안과 민간부문에 의한 사적인 방안이 있을 수 있다.

① 외부성에 대한 공적인 해결방안

- 조세의 부과: 오염물질을 배출하는 것과 같이 외부불경제를 일으키는 기업에게 적절한 세율의 오염부과금(effluent fee)과 같은 조세를 부과하면 사회적으로 가장 적절한 방출량을 자발적으로 선택하게 하여 사적인 이윤의 극대화가 사회적으로도 바람직한 결과를 낳도록 유도할 수 있다. 이와 같은 조세는 피구(A. Pigou)에 의해 제시되어서 피구세(Pigouvian tax)라고도 한다.

- 직접규제: 정부가 직접적인 규제를 통해 생산자의 오염물질 배출량을 일정수준으로 통제할 수 있다. 이러한 직접적인 규제는 비교적 확실한 방법이 될 수 있지만, 배출량을 통제하는 수량통제(quantity control)방식에 의하면 기업의 선택권이 오염물질을 규제수준보다 적게 배출하는 것밖에 없기 때문에 사회 전체적으로 봤을 때엔 오염감소를 위한 비용이 더 많이 들게 된다. 따라서 가격통제(price control)방식의 일종인 조세를 통한 방법이 수량통제 방식보다 효율적일 수 있다.

- 오염배출권제도: 오염배출권제도는 정부가 개별 기업에게 오염물질 배출량 한도를 설정하여 그 한도 안에서만 해당 기업이 오염물질을 배출할 수 있게 하고, 만약 이를 초과하여 오염물질을 배출할 시에는 시장에서 오염배출권을 구입하도록 함으로써 오염을 규제하는 제도이다. 정부가 설정한 배출량보다 더 낮

은 수준에서 오염물질을 배출하는 기업은 남은 한도만큼 오염 배출권을 시장에서 형성된 가격에 팔 수 있도록 하여 조세나 직접적인 규제보다 더 효율적으로 공해와 같은 외부효과를 규제할 수 있다.

② 외부성에 대한 사적인 해결방안

MK Test Plus+
외부효과의 내부화

외부효과에 의한 이득이나 손해를 경제주체의 내부 의사결정과정에 포함시키는 것을 말한다.

● 합병: 외부효과를 일으키는 주체와 외부효과에 영향을 받는 주체가 분명하고 소수라면 두 주체가 서로 합병(mergers)함으로써 외부효과의 문제를 해결할 수 있다. 이를 통해 외부효과의 내부화(internalization of externalities)가 이루어져서 외부효과에 의한 비용이 기업 내부의 이윤극대화과정 속에 녹아들게 된다.

● 코즈정리: 코즈(R. Coase)는 외부성으로 인해 영향을 주고받는 모든 주체들이 상호 간의 이해관계를 협상을 통해 조정할 수 있다면 정부 개입이 없이도 외부성의 문제를 해결할 수 있다고 주장했다. 코즈는 외부성에 관련된 재산권(property right)이 설정되어 있다면, 이 재산권을 거래하는 시장을 통해서 외부성의 문제를 해결할 수 있음을 보였는데, 이를 코즈정리(Coase Theorem)라고 한다.

응용 문제 다음 중 코즈정리에 관한 설명 중 틀린 것을 고르면?

① 거래비용이 크면 코즈정리가 성립하지 않을 수도 있다.

② 시장 실패가 생기는 이유를 재산권이 확립되지 않았기 때문이라고 보았다.

③ 재산권이 어느 쪽에 귀속되는지와 상관없이 효율적인 자원배분이 이루어진다.

④ 외부효과로 인한 비효율성은 시장을 통해서 해결할 수 없기 때문에 정부의 역할이 중요하다.

⑤ 현실에서는 외부효과의 이해관계 당사자를 규명하는데 어려움이 있을 수 있다.

정답: ④

해설: 코즈정리는 거래비용이 작고 재산권이 확립되어 있다면 외부효과 당사자 간의 협상을 통해 시장 실패를 해결하고 효율적인 자원배분을 달성할 수 있다는 이론이다. 재산권이 어떤 경제주체에게 귀속되어 있는지에 상관없이 자발적인 협상을 통해 효율적인 자원배분이 달성될 수 있으며 시장 실패를 시장기구를 통해 해결할 수 있는 방법을 제시했다는 점에서 의의가 있으나 현실적으로는 외부효과의 가해자와 피해자가 누구인지를 규정하는데 어려움이 있을 수 있고 거래비용도 클 수 있다는 한계점이 있다.

공유지의 비극

　공유지의 비극(tragedy of the commons)이란 모두가 함께 이용할 수 있는 공유지는 누구도 아껴 쓰려고 하지 않기 때문에 결국엔 황폐화되고 만다는 것을 뜻하며 이는 사유재산권이 확립되지 않은 경우에 발생할 수 있는 또 다른 유형의 외부성 문제이다.

정보경제이론 02

일반적인 경제학 모형들은 완전한 정보가 갖추어져 있음을 전제한다. 하지만 현실에서는 그렇지 않은 상황이 보다 일반적이고, 불확실한 상황에서 정보를 얻는 데에는 많은 비용이 들기도 한다. 이러한 정보의 중요성에 주목하여 완전한 정보가 갖추어지지 않은 상황에서의 경제모형을 다루는 정보경제학(economics of information)이 최근 발전해오고 있다.

비대칭정보

✚ 대칭정보와 비대칭정보

대칭정보(symmetric information)의 상황이란 누구나 동일한 정보를 가지고 있는 경우를 뜻한다. 즉 누구나 완전한 정보(perfect information)를 가지고 있거나 누구나 불완전한 정보(imperfect information)를 가지고 있는 경우, 모두 대칭정보의 상황이라고 한다. 반면에 비대칭정보(asymmetric information)의 상황이란 어떤 한 주체가 다른 주체에 비해 우월한 정보를 지니고 있어서 서로 간에 보유하는 정보의 수준에 비대칭이 존재하는 경우를 말한다.

✚ 비대칭정보의 상황

비대칭정보의 상황은 다음과 같은 두 가지 형태 중의 하나로 나타나게 된다.

① 감추어진 특성(hidden characteristics)

거래의 당사자들 중에서 한 쪽이 상대방의 특성이나 거래되는 재화의 품질에 대해 잘 모르고 있는 상황을 말한다. 이 상황에서는 역선택(adverse selection)의 문제가 발생하게 된다.

② 감추어진 행동(hidden action)

거래의 당사자들 모두에게 영향을 미치는 어느 한 쪽의 행동을 다른 쪽이 관찰하거나 통제할 수 없는 상황을 말한다. 이 상황에서는 도덕적 해이(moral hazard)와 주인-대리인 문제(principal-agent problem)가 발생하게 된다.

역선택

✚ 역선택의 의미

역선택(adverse selection)이란, 정보가 거래 당사자들 사이에 비대칭적으로 주어져 있어서 정보를 가지고 있지 못하거나 더 낮은 수준의 정보를 지닌 측이 바람직하지 못한 상대와 거래할 가능성이 높아지는 현상을 의미한다. 시장에서 거래되는 상품들의 감추어진 특성으로 인해 역선택이 발생하게 되면 상대적으로 우수한 품질의 상품은 시장에서 사라지고, 열등한 상품들만 시장에서 거래된다.

✚ 역선택의 예

① 중고차시장에서의 역선택

- 가정: 중고차시장에 좋은 품질의 중고차를 판매하려는 50명의 A 라는 판매자 집단이 존재하고, 또한 상대적으로 나쁜 품질의 중고차를 판매하려는 50명의 B라는 판매자 집단이 존재한다고 하자. A는 중고차 값으로 500만 원을 받으면 된다고 생각하고, B는 200만 원만 받아도 된다고 생각한다. 이때 구매자는 좋은 품질의 중고차에 대해서는 600만 원까지 지불할 의사가 있고, 나쁜 품질의 중고차에 대해서는 300만 원까지만 지불할 의사가 있다고 하자.

- 정보비대칭의 결과: 이 상황에서처럼 중고차의 품질을 겉보기만으로는 알 수가 없을 때, 구매자의 입장에서는 임의의 중고차를 구매할 때 평균적인 가격을 제시하는 것이 가장 최선이 된다. 즉 (300만 원+600만 원)/2=450만 원을 중고차의 가격으로 제시할 것이다. 그렇게 되면 좋은 품질의 중고차를 지닌 판매자는 이 가격에 판매를 하지 않을 것이기 때문에 시장에서 철수하게 되고 중고차시장에는 나쁜 품질의 중고차만 남게 될 것이다. 따라서 역선택으로 인해 사회적 후생의 손실이 발생한다.

② 보험시장에서의 역선택

보험회사가 암보험을 팔 때, 전체 인구의 평균적인 암발생률에 근거하여 보험료를 책정하면 반드시 손해를 볼 수밖에 없다. 평균 암발생률에 기초한 보험료는 현재 건강하거나 가족 중에 암 발생 이력이 없는 등 암의 발생확률이 적은 사람들에게는 너무 비싸다. 반면에 현재 흡연 또는 음주를 많이 하거나 가족 중에 암에 걸렸던 사람이 있는 등의 암 발생확률이 높은 사람에게는 보험료가 싸다. 따라서 보험가입자 중에는 암 발생확률이 높은 사람들만 남게 될 것이다.

✚ 역선택의 해결방안

① 선별(screening)

정보를 갖지 못한 측에서 정보를 가진 측의 유형이나 특성을 파악하기 위하여 노력하는 것을 선별이라고 한다. 즉 선별은 정보를 가지지 못한 측에서 정보의 비대칭에 의해 발생하는 역선택의 문제를 해결하기 위해 노력하는 행위이다.

선별은 보험시장에서 보험상품의 다양화로 나타나는데, 보험료가 저렴한 부분배상보험과 보험료가 비싼 완전배상보험을 판매한다면 사고확률이 높은 사람은 완전배상보험에 가입하고 사고확률이 낮은 사람은 부분배상보험에 가입하도록 유도할 수 있게 된다.

② 신호발송(signaling)

신호발송이란 정보를 가지고 있는 측에서 자신의 특성을 드러내고자 노력하는 것을 말한다. 즉 신호발송은 정보를 가지고 있는 측에서 정보의 비대칭에 의해 발생하는 역선택의 문제를 해결하기 위해 노력하는 행위이다.

신호발송은 노동시장에서 노동자들의 학위 또는 자격증의 취득과 같은 행위로 나타난다. 만약 고용주가 대졸자에게 고졸자보다 더 높은 임금을 제시한다면, 노동자들은 대학교육을 받을 유인이 생긴다. 하지만 생산성이 높은 노동자들이 대학교육을 받는 데에 드는 비용보다 생산성이 낮은 노동자들이 대학교육을 받는 데에 드는 비용이 더 커서, 나중에 대졸자로서 추가적으로 받게 되는 임금보다 비용이 더 많이 든다면 생산성이 낮은 노동자들은 대학교육을 포기할 것이다. 즉 생산성이 높은 노동자는 대학교육을 통해 자신의 생산성이 높다는 신호를 고용자에게 발송할 수 있게 된다.

응용문제

거래 당사자가 알고 있는 정보가 비대칭적일 경우 효율적인 자원배분에 실패하여 시장 실패가 생길 수 있다. 다음의 정보의 비대칭성에 관한 설명 중 맞는 것을 모두 고르면?

ㄱ. 비대칭 정보를 초래하는 요인에는 감추어진 유형과 감추어진 행동이 있는데 감추어진 유형은 계약 이후의 비대칭이고 감추어진 행동은 계약 이전의 비대칭이다.

ㄴ. 정보가 없는 쪽에서 감추어진 속성을 파악하려는 노력을 선별이라 한다.

ㄷ. 정보를 많이 가진 쪽이 덜 가진 쪽에 신호를 보냄으로써 자신의 감추어진 속성을 드러내려는 노력을 신호발송이라고 부른다.

ㄹ. 주인-대리인 문제를 해결하기 위해서는 참여제약과 유인성립제약을 만족시키는 기제를 고안해야 한다.

① ㄱ　　　② ㄱ, ㄹ　　　③ ㄴ, ㄷ
④ ㄱ, ㄴ, ㄷ　　　⑤ ㄴ, ㄷ, ㄹ

정답: ⑤

해설: ㄱ. 감추어진 유형은 계약 이전의 비대칭이고 감추어진 행동은 계약 이후의 비대칭이다.

ㄴ, ㄷ. 감추어진 유형(속성)을 파악하려는 노력을 정보를 적게 가진 쪽에서 하면 선별(screening), 정보를 많이 가진 쪽에서 하면 신호발송(signaling)이 된다.

ㄹ. 감추어진 행동으로 인한 주인-대리인 문제를 해결하기 위해서는 대리인이 주인에게 가장 유리한 행동을 하도록 하는 적절한 보상계획인 기제고안을 해야 하며 대리인이 바람직한 행동을 하도록 유도하기 위해 기제고안은 참여제약과 유인성립제약을 만족시켜야 한다.

주인-대리인 문제

✚ 주인-대리인 문제의 의미

비대칭적 정보의 상황에서 감추어진 행동에 의해 발생하는 전형적인 문제가 주인-대리인 문제(principal-agent problem)이다. 이 문제는 어떤 계약을 통해 어느 한 쪽이 다른 사람에게 권한을 위임하여 자신의 일을 대신 해줄 것을 부탁할 때에 발생한다. 권한을 위임한 사람(즉 주인, principal)이 위임받은 사람(즉 대리인, agent)의 행동에 대한 완전한 정보를 가지고 있다면 계약내용을 충실히 이행하는지 잘 감시할 수 있기 때문에 아무런 문제가 없다. 하지만 정보가 비대칭인 상황이라면 대리인은 자신의 이익을 추구하기 위해 주인의 이익을 침해하는 행동을 할 수 있다. 이러한 문제를 주인-대리인 문제라고 한다.

✚ 주인-대리인 문제의 발생원인

주인-대리인 문제의 원인은 대리인에게 주인을 위하여 최선의 노력을 다할 유인(incentive)이 결여되어 있다는 데에 있다. 대리인이 주인으로부터 받게 되는 보수가 고정급이라면, 즉 보수에 있어서 변동요인이 없다면 대리인은 주인의 이익을 최대화하기 위해 노력하기보다는 현재의 상태를 유지하는 데에 만족할 수 있다.

✚ 주인-대리인 문제의 예

① 주주와 경영자

기업의 경영자는 주주들로부터 고용되어 전문적으로 경영을 하는 사람인데, 경영자와 주주의 이해관계는 서로 다를 수 있다. 주주는 기업의 이윤이 극대화되어 배당을 많이 받길 원하지만, 경영자는 기업의 이윤보다는 자신의 영향력 확대나 입지확보에 유리한 매출이나 시장점유율에 더 관심을 가질 수 있다. 하지만 주주들은 경영자의 이러한 행동들을 일일이 감시할 수 없기 때문에 주인-대리인의 문제가 나타나게 된다.

② 국민과 관료

관료, 즉 공무원들은 국민을 위해 일해야 한다. 하지만 국민이 공무원들을 감시하기 힘든 만큼 공무원들에게는 자신들의 사사로운 이익을 추구할 가능성이 존재한다. 국민의 복리후생을 위하여 일해야 하는 공무원들이 자신의 이익, 또는 자기 부처의 이익을 위한 의사결정을 하게 되면 주인-대리인의 문제가 발생하게 된다.

✚ 주인-대리인 문제의 해결방안

MK Test Plus+
주식매수선택권
회사에 기여한 임직원에게 그 기업의 주식을 특별히 유리한 가격으로 매입할 수 있도록 부여한 권리를 말한다.

주인-대리인 문제의 근본 원인이 유인의 부재에 있으므로, 대리인에게 주인을 위하여 최선의 노력을 할 수 있는 유인을 제공하면 문제가 해결될 수 있다. 예를 들어 경영자의 보수가 성과와 연계되도록 보수체계를 설계하거나 경영자에게 주식매수선택권(stock option)을 부여함으로써 기업의 주가가 경영자 자신의 이익에 직결되도록 하는 등의 방법을 통해서 대리인인 경영자가 주인인 주주의 이익을 위해 노력하도록 할 수 있다. 즉 대리인에게도 일정 부분 위험을 부담시키면 주인을 위해 최선을 다할 유인이 생긴다.

도덕적 해이

✚ 도덕적 해이의 의미

자신의 행동이 상대방에 의해 정확히 파악되지 못한다는 것을 아는 사람이 자신의 이익을 위한 행동을 함으로써 상대방의 입장에서는 바람직하지 못한 상황이 발생하도록 할 수 있는데, 이러한 행동을 도덕적 해이(moral hazard)라고 한다. 도덕적 해이는 주인-대리인의 관계에서 주로 나타나지만, 감추어진 행동의 상황에서는 언제든 나타날 수 있다.

✚ 도덕적 해이의 예와 해결방안

① 보험시장에서의 도덕적 해이

보험가입자는 보험에 가입한 이후에 사고가 나면 보험금을 받게 되므로, 보험 가입 이전에 비해 사고에 대한 주의를 게을리 할 수 있게 된다. 이러한 가입자의 부주의로 인해 사고확률이 높아지게 되면 보험회사의 수익이 악화되고, 이는 장기적으로 보험료의 상승으로 이어지게 된다.

→ 자기부담금을 설정하게 되면 손해가 발생했을 때 가입자 본인에게도 자기부담금만큼 손실이 생기므로 사고가 나지 않도록 스스로 주

의를 하게 될 것이다.

② 노동시장에서의 도덕적 해이

노동자는 기업에 취업한 이후에 고정된 급여를 받게 된다면, 열심히 근무하기보다는 드러나지 않는 수준에서 일을 게을리 할 유인이 생긴다.

→ 성과급제도를 실시하거나 효율성임금(efficiency wage)을 지급해 열심히 일해서 직장에 계속 근무하고자하는 유인이 생기게 한다.

MK Test Plus+
효율성임금

시장에서 형성되는 임금보다 높은 수준의 임금으로, 효율성임금이 지급되면 실직에 대한 기회비용이 커져 근로자들이 계속 근무를 위해 더 열심히 일하게 된다.

응용 문제 시장 실패는 시장에서 효율적인 자원배분이 일어나지 않을 때를 말한다. 시장 실패에 관한 다음의 설명 중 틀린 것을 고르면?

① 역선택의 예로 중고차시장에 비교적 품질이 좋지 않은 차만 남게 되는 것을 들 수 있다.

② 도덕적 해이는 사후적으로 발생하며 보험가입 후 사고방지를 소홀히하는 보험가입자가 이에 해당된다.

③ 불완전경쟁하에서는 자원이 비효율적으로 배분될 수도 있다.

④ 외부효과는 어떤 경제주체의 행위가 시장을 거치지 않고 제3자에게 의도치 않은 이득이나 손해를 가져다주는 것을 말한다.

⑤ 긍정적 외부효과는 시장 실패가 아니다.

정답: ⑤

해설: 비록 외부효과가 긍정적이라도 이는 시장 실패의 일종이다. 긍정적 외부효과를 낳는 재화의 사적 한계가치가 사회적 한계가치보다 낮아 시장생산량은 사회적 최적생산량보다 낮다. 따라서 긍정적 외부효과가 있을 경우 시장은 파레토효율적인 자원배분에 실패한다.

1. 시장의 실패

∨ 시장의 실패와 정부의 실패에 대한 이해 ···································· □
∨ 시장 실패의 원인 ··· □
∨ 공공재의 특성 ··· □
∨ 공공재가 과소생산될 수 있는 이유 ······································· □
∨ 외부성이 생산량에 미치는 영향 ·· □
∨ 외부성에 대한 공적·사적 해결방안 ······································· □

2. 정보경제이론

∨ 대칭정보와 비대칭정보의 상황에 대한 이해 ···························· □
∨ 감추어진 특성과 감추어진 행동에 대한 이해 ························· □
∨ 역선택의 해결방안 ··· □
∨ 주인-대리인 문제의 해결방안 ··· □
∨ 도덕적 해이의 해결방안 ·· □

MK Key word

1. 시장의 실패
   • 시장의 실패, 공공재, 비경합성, 비배제성, 외부성, 정부의 실패, 무임승차의
   문제, 외부경제, 외부불경제, 소비의 외부성, 생산의 외부성, 편승효과, 속
   물효과, 오염부과금, 피구세, 외부효과의 내부화, 코즈정리, 공유지의 비극

2. 정보경제이론
   • 정보경제학, 대칭정보, 비대칭정보, 감추어진 특성, 감추어진 행동, 역선
   택, 도덕적 해이, 주인-대리인 문제, 선별, 신호발송, 주식매수선택권, 효
   율성임금

01 효율적인 자원의 배분에 대한 시장의 역할은 중요하지만 언제나 시장에 의한 자원배분이 효율성을 보장하지는 않는다, 시장 기구가 자원을 효율적으로 배분하지 못하는 것을 ○○ ○○라고 한다.

정답: 시장 실패

02 시장 실패를 교정하기 위해 정부가 시장에 개입했으나 오히려 비효율이 발생하는 것을 ○○ ○○라고 한다. 따라서 시장 실패가 일어났다고 하더라도 정부의 개입은 신중해야 한다.

정답: 정부 실패

03 공공재는 어떤 사람이 그 재화를 소비하더라도 다른 사람 역시 그 재화를 소비하는 데에 제약을 받지 않는 ○○○○과 대가를 지불하지 않은 사람의 사용을 막을 수 없다는 ○○○○을 갖는 재화를 말한다.

정답: 비경합성, 비배제성

04 공공재는 비배제성의 특징으로 인해 대가를 지불하지 않고 편익만 누리려는 ○○○○○ ○○가 발생할 수 있다.

정답: 무임승차의 문제

05 ○○○○란 경제활동의 결과 의도치 않게 다른 경제주체에게 영향을 미치는 것을 의미하며 이를 통해 다른 경제주체에게 이익을 주는 ○○○○와 손해를 끼치는 ○○○○○로 나뉜다.

정답: 외부효과, 외부경제, 외부불경제

06 ○○○○는 외부성에 관련된 재산권이 설정되어 있다면, 이 재산권을 거래하는 시장을 통해서 외부성의 문제를 해결할 수 있다는 것이다.

정답: 코즈정리

07 ○○○○ ○○이란 모두가 함께 이용할 수 있는 공유지는 누구도 아껴 쓰려고 하지 않기 때문에 결국엔 황폐화되고 만다는 것을 뜻하며 이는 사유재산권이 확립되지 않은 경우에 발생할 수 있는 또 다른 유형의 외부성 문제이다.

정답: 공유지의 비극

08 ○○○은 감추어진 특성으로 인해 낮은 수준의 정보를 가진 측이 바람직하지 못한 상대와 거래할 가능성이 높아지는 현상을 말하며 ○○○ ○○는 감추어진 행동으로 인해 나타나는 현상으로 높은 수준의 정보를 가진 측이 상대방이 낮은 수준의 정보를 가지고 있다는 점을 이용하여 바람직하지 못한 행동을 하는 것을 말한다.

정답: 역선택, 도덕적 해이

09 역선택의 해결방안으로 정보를 갖지 못한 측에서 정보를 가진 측의 유형이나 특성을 파악하기 위하여 노력하는 ○○과 정보를 가지고 있는 측에서 자신의 특성을 드러내고자 노력하는 ○○○○의 두 가지가 있다.

정답: 선별, 신호발송

10 권한을 위임한 사람이 위임받은 사람의 행동에 대한 완전한 정보를 가지고 있다면 계약내용을 충실히 이행하는지 잘 감시할 수 있기 때문에 아무런 문제가 없지만 정보가 비대칭인 상황이라면 대리인은 자신의 이익을 추구하기 위해 주인의 이익을 침해하는 행동을 할 수 있다. 이러한 문제를 ○○-○○○ ○○라고 한다.

정답: 주인-대리인 문제

매경 TEST

매경TEST

Lesson **01**   거시경제학 기초

01 거시경제학의 개요

거시경제학의 정의

경제학(economics)의 분야는 크게 미시경제학과 거시경제학으로 나눌 수 있다. 미시경제학(microeconomics)은 소비자의 효용극대화, 기업의 이윤극대화 등 최적화행위를 기반으로 하여 소비, 투자 등에 대한 개별 경제주체의 선택의 문제를 분석하는 학문이다. 이에 비해 거시경제학(macroeconomics)은 국민소득, 물가, 고용, 실업, 경제성장, 경기변동, 환율, 국제수지 등 경제 전체적인 변수의 결정요인과 상호연관관계를 분석하는 경제학의 한 분야이다.

거시경제학의 주요 연구대상

✚ 경제성장

거시경제학의 관점에서 볼 때, 부유한 국가는 그 나라의 역사상 어느 한 시점에서 상당 기간의 지속적 경제성장을 경험했던 반면, 빈곤한 국가는 지속적 경제성장을 전혀 경험해보지 못했거나 혹은 지속적 경제성장이 있었더라도 그 후의 침체가 그것을 상쇄해 버렸기 때문에 각각 부국과 빈국이 되었다고 볼 수 있다.

경제성장률이 궁극적으로 한 나라가 부국이 되는지 아니면 빈국이 되는지를 결정하기 때문에 무엇이 그와 같은 경제성장을 결정하는지 이해하는 것이야말로 거시경제학의 가장 중요한 목표 중 하나라고 할 수 있다.

✚ 경기변동

거시경제학자들은 경제활동이 단기적이지만 때로는 급격한 수축이나 확장을 나타내는 경우를 묘사하기 위해 경기변동(business cycle)이라는 용어를 사용한다. 일반적으로 경기변동은 다음의 네 가지 국면으로 나누어지고 있다.

① 수축(contraction) 또는 불황(depression)

② 회복(revival 또는 recovery)

③ 확장(expansion) 또는 호황(prosperity)

④ 후퇴(recession)

경기가 하강하는 국면에서는 그것이 비교적 완만한 양상을 보인다 하더라도 많은 사람들이 경제적으로 매우 어려운 시기를 겪어야 한다. 따라서 경기침체는 정치적으로도 매우 중요한 관심의 대상이다.

거시경제학자들은 경기변동을 일으키는 요인이 무엇인지를 밝히고 경기변동에 대해서 무엇을 할 수 있고 무엇을 해야 하는지를 규명하는 데 많은 노력을 기울인다.

MK Test Plus+
경제성장률

경제성장률(economic growth)은 국민이 일정 기간 동안에 이룩한 경제성장의 비율을 뜻하며 실질국민총생산이나 실질국민소득의 증가율로 나타낸다.

✚ 실업

경기침체의 특징적 양상으로서 가장 중요한 것 중의 하나는 경기침체가 실업(unemployment)의 증가를 동반한다는 점이다. 즉 고용할 수 있는 사람의 수, 혹은 적극적으로 직장을 원하지만 찾지 못하는 사람의 수가 늘어난다는 것이다. 경제적 여건이 양호한 상황에서도 실업률이 꽤 높은 수준에 머물러 있을 수 있는데, 이러한 문제는 거시경제학이 해결해야 할 과제 중 하나이다.

✚ 인플레이션

각종 상품과 서비스 대부분의 가격이 꾸준히 상승하고 있을 때 경제가 인플레이션(inflation)을 겪고 있다고 말한다. 또한 1년간 평균 물가수준이 상승한 정도를 백분율로 나타낸 것을 물가상승률(inflation rate) 또는 인플레이션률이라 한다. 물가상승률이 극단적으로 높은 수준에 이르게 되면 경제는 잘 작동하지 못하게 된다.

또한 물가가 급격히 상승하면 화폐의 구매력 역시 급속히 떨어진다. 이러한 상황에 부딪히게 되면 사람들은 돈이 수중에 들어오는 대로 곧바로 써버리려 한다. 그리고 인플레이션은 기업의 생산적인 투자를 위축시키고 경제의 불확실성을 증가시켜 경제의 안정적 성장에 있어 걸림돌이 된다.

✚ 국제수지와 환율

경상수지 적자가 지속되어 외채가 누적되면 외환위기와 같은 심각한 문제가 발생할 가능성이 있으므로 경상수지를 건전하게 유지하는 것이 중요하다. 또한 환율은 수출품과 수입품의 상대가격 변화를 통해 경상수지에 영향을 미치므로 환율 또한 중요하다.

✚ 거시경제정책

정부의 거시경제정책은 경제 전반의 수행성과에 영향을 미친다. 거시경제정책의 두 가지 주요한 유형은 재정정책과 금융정책이다. 재정정책(fiscal policy)은 지출과 조세에 관련된 부분을 조절하는 것을 말한다. 금융정책(financial policy)은 중앙은행이 나라 전체의 통화량을 조절하는 것을 말한다. 경제를 안정화시키기 위해 정부가 적극적으로 재정·금융정책을 실시하는 것이 바람직한지가 주요한 논란거리 중의 하나이다.

MK Test Plus+
경상수지

경상수지(balance of current account)는 한 국가의 대외 거래상태를 나타내는 지표 중의 하나로 상품수지, 서비스수지, 소득수지, 이전수지를 합한 것이다.

02 소득순환모형

단순한 소득순환모형: 가계와 기업부문

✚ 가계와 기업의 소득순환과정

〈그림 1-1〉은 가계와 기업부문만 존재하는 단순한 경제의 소득순환 과정을 보여주고 있다. 가계는 기업에 생산요소(노동, 자산, 토지)를 제공한 대가로 소득(Y)을 얻고, 이 소득을 기초로 소비(C)와 저축(S)을 한다. 기업은 가계가 제공하는 생산요소를 생산설비(기계나 공장)와 결합하여 생산물을 만들고 이를 시장에 판매한다. 이때 생산설비나 건물 등에 대한 기업의 지출은 투자(I)로 분류된다.

그림 1-1

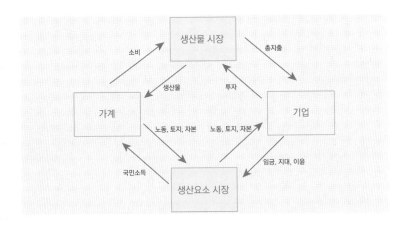

〈그림 1-1〉에 나타난 경제의 소득순환모형에서 국민소득은 다음과 같이 세 가지의 측면에서 바라볼 수 있다.

① 생산국민소득

생산물시장을 통해 가계에 의해 소비되는 최종생산물의 시장가치를 모두 합하여 나타낸 국내총생산을 생산국민소득이라 한다.

② 분배국민소득

생산요소시장을 통해 가계가 벌어들이는 소득을 분배국민소득이라고 한다.

③ 지출국민소득

생산물시장을 통해 가계와 기업이 소비와 투자를 위해 구입한 생산물의 가치를 지출국민소득이라고 한다.

✚ 국민소득 3면 등가의 법칙

생산국민소득, 분배국민소득, 지출국민소득은 사전적으로는 차이가 있을지 모르지만 사후적으로는 항상 동일한 값을 갖는다. 이처럼 이들 세 가지 국민소득이 일치하는 것을 국민소득 3면 등가의 법칙이라 부른다.

✚ 항등관계

이러한 국민소득 3면 등가의 법칙으로부터 다음과 같은 두 개의 항

MK Test Plus+
국민소득

국민소득(national income)은 한 국가의 가계, 기업, 정부 등 모든 경제주체가 일정 기간 동안 새로이 생산한 재화와 서비스의 가치를 시장가치로 합산하여 산출한 것이다.

등관계가 자연스럽게 성립한다.

① 기업이 생산한 생산물의 가치는 가계의 소득과 일치한다.

기업은 생산을 위해 노동, 자본, 토지 등의 생산요소를 투입하며 이들에 대한 보수는 가계의 소득이 된다. 노동, 자본, 토지에 대한 보수를 각각 임금, 이자, 지대라고 한다. 또한 생산물의 가치에서 임금, 이자, 지대를 빼고 남은 것을 이윤이라고 한다. 따라서 임금, 이자, 지대와 이윤을 합한 소득은 생산물의 가치와 일치하게 된다.

② 소득(Y)은 소비(C)와 저축(S)의 합과 같다.

저축이란 소득 중에서 소비되지 않은 부분($S \equiv Y-C$)을 의미한다. 따라서 이 항등관계는 저축의 정의에 의해 자동적으로 성립한다.

일반화된 소득순환모형: 가계, 기업, 정부와 해외부문

✚ 정부와 해외부문이 포함된 소득순환과정

MK Test Plus+
사회간접자본

SOC(Social Overhead Capital)라고도 하는 사회간접자본은 도로나 항만, 철도와 같이 재화의 생산에 간접적으로 도움을 주는 시설을 말한다.

앞서 살펴 본 가계와 기업 외에 정부부문과 해외부문도 존재하는 경제의 소득순환과정을 검토해볼 수 있다. 정부는 예산을 편성·집행하며, 다양한 경제정책을 실시한다. 특히 정부는 도로, 항만과 같은 사회간접자본은 물론 교육과 같은 서비스를 생산하고 그 과정에서 많은 고용을 창출하기도 한다. 정부는 이러한 활동에 소요되는 자원을 조달하기 위해 조세를 거둬들인다. 따라서 정부부문을 고려하면 정부지출(G)과 조세(T)항목을 소득순환모형에 도입해야 한다. 한편 해외부문까지 고려할 경우에는 국내 재화에 대한 해외의 수요인 수출(X)과 해외 재화에 대한 국내의 수요인 수입(Q) 항목이 소득순환모형에 도입된다. 〈그림 1-2〉는 정부부문과 해외부문이 도입되었을 때 소득과 지출의 순환과정을 나타낸 것이다.

그림 1-2

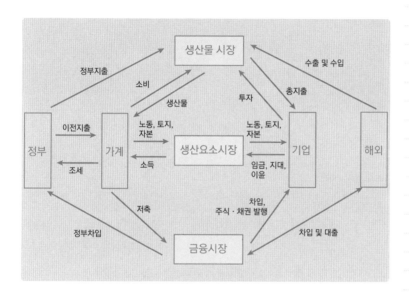

✚ 항등관계

① 기업이 생산한 생산물의 가치가 소득과 항상 일치한다.

이 항등관계는 정부부문과 해외부문이 도입되어도 영향을 받지 않는다. 물론 국민소득의 일부분이 조세의 형태로 정부부문으로 흘러들어가기도 하고 정부부문의 이전지출(TR)이 가계의 소득에 영향을 미치기 때문에 기업이 생산한 생산물의 가치가 모두 가계의 소득이 되는 것은 아니다. 하지만 그럼에도 불구하고 그 기본 틀에는 변함이 없다.

MK Test Plus+
정부의 이전지출
실업수당, 사회보장금과 같이 정부가 민간에게 대가 없이 지급하는 것을 말한다.

② 소득은 소비, 저축 및 조세의 합에서 정부의 이전지출을 제한 것과 같다.

이 항등관계는 정부부문을 고려한 저축의 정의식에서 도출할 수 있다. 소득에서 조세를 차감하고 이전지출을 포함시킨 가처분소득 중 국내에서 생산된 재화와 서비스에 소비되지 않은 부분이 저축($S \equiv Y + TR - T - C$)이므로 $Y \equiv C + S + T - TR$이라는 항등식을 쉽게 얻을 수 있다.

주요 거시경제지표의 개념과 측정 **03**

국민소득

넓은 의미에서의 국민소득이란 '한 나라의 가계, 기업, 정부 등 모든 경제주체가 일정 기간에 새로이 생산한 재화와 서비스의 가치를 시장가격으로 평가하여 합산한 것'으로 한 나라의 경제수준을 종합적으로 나타내는 대표적인 지표이다. 이러한 국민소득은 포괄범위나 평가방법 등에 따라 국내총생산(GDP), 국민총소득(GNI), 국민순소득(NNI), 국민처분가능소득(NDI), 국민소득(NI), 개인처분가능소득(PDI) 등으로 구분할 수 있다.

✚ 국내총생산(GDP)

국내총생산(Gross Domestic Product: GDP)은 한 나라 영토에 거주하는 생산자가 국내외의 생산요소를 결합하여 생산 활동을 수행한 결과 발생한 소득 즉, 국내에서 거주하는 생산자가 자국의 생산요소와 외국의 생산요소를 결합하여 발생시킨 부가가치를 일컫는다. 이러한 GDP는 여러 가지 거시경제지표 중에서 가장 중요한 지표로 인식되고 있다.

MK Test Plus+
부가가치
생산과정에서 새롭게 더해진 가치를 말한다. 부가가치는 인건비, 이자, 이윤의 합계라고 할 수 있다.

✚ 명목 GDP와 실질 GDP

① 명목 GDP

당해 연도(t년도)의 생산물수량에 당해 연도의 시장가격을 곱해서 얻은 GDP를 명목 GDP(nominal GDP)라고 한다.

② 실질 GDP

당해 연도의 생산물수량에 기준연도의 가격을 곱해서 얻은 GDP를 실질 GDP(real GDP)라고 한다.

명목 GDP와 실질 GDP의 사용

① 명목 GDP의 사용

명목 GDP는 물가의 변화를 고려할 필요가 없는 당해 연도만의 경제 상황을 분석할 때는 유용한 지표가 될 수 있다. 일반적으로 국민경제의 구조변동이나 국민소득을 구성하는 각 요소들의 중요도가 기간의 흐름에 따라 어떻게 변화되고 있는가를 분석하고자 할 때에는 명목국민소득의 시계열자료를 사용하게 된다.

> **MK Test Plus+**
> **시계열자료**
> 일정 기간 동안의 시간의 흐름에 따라 변동하는 자료를 말한다. 과거의 시계열 자료는 미래를 예측하는 데에 많이 쓰인다.

② 실질 GDP의 사용

명목 GDP는 재화 및 서비스 산출고의 변화 때문에도 변하지만 시장가격의 변화에 의해서도 변하게 된다. 즉 산출고의 변화가 없더라도 시장가격의 변화만으로도 명목 GDP는 변할 수 있다. 그러므로 실질산출고의 변화를 연도별로 비교하는 데 있어서는 명목 GDP에서 가격의 변화를 제외한 실질 GDP를 사용해야 한다. 일반적으로 경제성장, 경기변동 등 국민경제의 규모가 어떻게 변화하고 있는가를 알아보기 위해서는 실질국민소득의 시계열을 주로 이용한다.

✛ GDP디플레이터

GDP디플레이터(GDP deflator)란 다음과 같이 명목 GDP를 실질 GDP로 나눈 값으로 정의되는데, GDP디플레이터는 경제 내 전반적인 물가수준의 변화를 반영한다.

(1.1)

$$GDP디플레이터 = \frac{명목\, GDP}{실질\, GDP} \times 100 = \frac{P_t \times Q_t}{P_0 \times Q_t} \times 100$$

기준연도에는 명목 GDP와 실질 GDP가 동일하므로 GDP디플레이터의 값이 100이다. GDP디플레이터를 통해서 명목 GDP를 실질 GDP로, 혹은 실질 GDP를 명목 GDP로 환산할 수 있다.

✛ 실제 GDP와 잠재 GDP

① 잠재 GDP

모든 생산요소의 완전고용상태에서 정상적인 경제활동을 통해 생산될 수 있는 것이라고 추산한 가상적인 GDP를 그 국가가 잠재적으로 생산해 낼 수 있는 GDP라는 의미에서 잠재 GDP(potential GDP)라고 한다. 잠재 GDP는 완전고용 GDP(full employment GDP)라고 불리기도 한다.

> **MK Test Plus+**
> **완전고용상태**
> 완전고용(full employment) 상태는 일을 할 의사와 능력을 갖춘 자들이 모두 고용된 상태를 말한다. 즉 노동의 수요와 공급이 일치된 상태이다.

② 실제 GDP

실제의 경제활동을 통해 얻어진 GDP를 실제 GDP(actual GDP)라고
한다.

잠재 GDP와 실제 GDP의 관계

　잠재 GDP는 그 나라의 국민들이 생산하여 얻어낼 수 있는 최대
의 GDP를 의미하지는 않는다. 경제 호황기에 정상적인 근로시간
을 초과하여 근무하게 되면 실제 GDP가 잠재 GDP를 넘어설 수도
있는 것이다. 경기가 대호황일 경우에는 실제 GDP가 잠재 GDP를
초과하지만 통상적인 경제 상황에서는 실제 GDP가 잠재 GDP에
미치지 못하는 것이 일반적이다. 통상적으로는 완전고용이 잘 달
성되지 않기 때문이다.

③ GDP 갭

잠재 GDP와 실제 GDP의 차이를 GDP갭이라고 하며 다음과 같이
나타낼 수 있다.

(1.2)

$$GDP갭 = 잠재\,GDP - 실제\,GDP$$

GDP갭과 경기

GDP갭은 경제활동을 파악하는데 있어서 호황이나 불황의 정도를 나타내는 지표로서, 실제 GDP가 잠재 GDP에 미달(GDP갭 〉 0)하면 생산요소가 정상적으로 고용되지 못한 상태이므로 경기가 침체된 상태이고, 실제 GDP가 잠재 GDP를 초과(GDP갭 〈 0)하면 생산요소가 너무 과잉으로 고용되고 있으므로 경기가 과열된 상태라고 판단할 수 있다.

✚ 국민총소득(GNI)

국내총생산(GDP)이 국적을 불문하고 국내의 총생산을 파악하는 것에 비해, 국민총소득(Gross National Income: GNI)은 한 나라의 국민이 국내외에 제공한 생산요소에 의해 발생한 소득의 합계로서 국적을 지닌 거주자에게 최종적으로 귀착된 모든 소득의 합계이다. 과거에는 소득지표로서 GNP가 사용되었으나 교역조건변화로 인한 실질소득의 변화를 반영하지 못하는 문제점이 있어 GNI로 대체되었다. GDP가 한 나라의 생산 활동을 나타내는 생산지표임에 비하여 GNI는 국민들의 생활수준(후생수준)을 측정하기 위한 소득지표이다. 통상적으로 1인당 국민소득은 1인당 GNI의 크기로 측정된다.

다음은 GDP와 GNI에 관한 설명이다. 옳은 것을 고르면?

① 명목 GNI는 명목 GDP에 국외순수취요소소득과 교역조건 변화를 고려해 구할 수 있다.

② GDP는 시장에서 거래되지 않는 주부의 가사노동 등도 포함할 수 있다.

③ 중고차 거래 또한 GDP에 포함된다.

④ GNI는 한 나라 국민의 생활수준을 알려주는 지표이다.

⑤ 실질 GNI는 실질 GDP에 국외순수취요소소득을 더해서 구한다.

정답: ④

해설: 명목 GNI는 명목 GDP에 국외순수취요소소득을 더해서 구할 수 있다. 교역조건 변화는 명목가격에 이미 반영되어 있다. 실질 GNI는 실질 GDP에 국외순수취요소소득과 교역조건 변화를 더해서 구한다. 실질 GDP에는 교역조건 변화가 반영되지 않기 때문이다. GDP는 일정 기간 동안 한 나라의 국경 안에서 생산된 최종재화나 서비스의 시장가치의 합을 말한다. GDP 산출시 시장에서 거래되는 재화나 서비스만 고려하기 때문에 주부의 가사노동은 포함되지 않으며 최종생산물만을 고려하기 때문에 중고차 거래는 포함되지 않는다. GNI는 국민 개인의 생활수준을 알아보기 위해 만든 지표이다.

물가와 인플레이션

✛ 물가와 물가지수

물가란 시장에서 거래되는 개별상품의 가격을 경제생활에서 차지하는 중요도 등을 감안하여 가중평균한 종합적인 가격수준을 의미하며 물가지수는 이러한 물가의 움직임을 쉽게 알아볼 수 있도록 기준시점을 100으로 지수화한 지표이다. 이러한 물가지수로는 생산자의 국내시장 출하단계에서 재화 및 서비스의 평균적인 가격변동을 측정하기 위한 생산자물가지수(Producer Price Index: PPI), 소비자가 소비생활을 위하여 구입하는 재화의 가격과 서비스요금의 변동을 측정하기 위한 소비자물가지수(Consumer Price Index: CPI), 그리고 명목 GDP를 실질 GDP로 나누어 100을 곱하여 얻어지는 GDP디플레이터 등이 있다.

✛ 소비자물가지수(CPI)와 생산자물가지수(PPI)

생산자물가지수와 소비자물가지수는 다음과 같은 산식에 의해 구해진다.

$$물가지수 = \frac{P_t \times Q_0}{P_0 \times Q_0} \times 100 \qquad (1.3)$$

이러한 산식으로 표시된 물가지수는 GDP 디플레이터와는 달리 기준연도에 구입한 재화와 서비스의 양을 그대로 t년도에 구입한다고 한다면 얼마를 더 지불해야 하는가를 나타내는 개념이다.

✚ 파셰식과 라스파이레스식

GDP 디플레이터를 산출하는 식을 파셰식(Paasche formula)이라고 하며 물가지수를 산출하는 식을 라스파이레스식(Laspeyres formula)이라고 한다.

① 파셰식

파셰식은 물가변동을 파악하면서 가중치로 거래연도의 거래량을 사용한다. 파셰식은 상품 간의 대체성을 인정하고 있으나 이러한 대체로 인해 나타나는 복지의 감소를 적절히 반영하지 못하고 있기 때문에 생활비의 인상을 과소평가하는 경향이 있다.

② 라스파이레스식

라스파이레스식은 기준연도의 거래량을 가중치로 사용한다. 다양한 상품들의 가격이 서로 다른 수준으로 변화할 경우 라스파이레스식은 소비자들이 비싼 상품 대신에 값이 싼 상품으로 대체할 수 있다는 점을 간과하여 생활비의 인상을 과대평가하는 경향이 있다.

CPI와 PPI를 산출하는 데
라스파이레스식이 쓰이는 이유

소비자물가지수나 생산자물가지수를 산출하는 데 라스파이레스식이 이용되고 있는 이유는 가중치로 쓰이는 거래량을 매년 파악하는 데 상당한 시간과 비용이 소요될 뿐만 아니라 그 작업이 쉽지 않은데 반해 기준연도의 고정된 거래량을 가중치로 이용할 경우 이러한 문제가 발생하지 않아 훨씬 편리하기 때문이라고 할 수 있다.

다음 중 물가상승률에 관한 설명 중 틀린 것은?

① 소비자물가지수의 산정에 포함되는 재화를 뜻하는 바스켓의 구성항목은 바뀔 수 있다.

② 소비자물가지수와 생산자물가지수에는 수입품의 가격이 포함되나 GDP deflator는 수입품의 가격을 포함하지 않는다.

③ 소비자물가지수와 생산자물가지수는 모두 라스파이레스 물가지수이다.

④ GDP deflator는 파셰 물가지수이다.

⑤ GDP deflator는 (명목 GDP/실질 GDP)×100으로 구한다.

정답: ②

해설: 라스파이레스 물가지수는 기준연도의 재화로 구한 물가지수이고 파셰물가지수는 비교연도의 재화로 구한 물가지수이다. 소비자물가지수와 생산자물가지수는 라스파이레스 물가지수이고 GDP deflator는 파셰물가지수이다. 소비자물가지수와 생산자물가지수는 수입품을 포함하는데 반해 GDP는 국내에서 생산된 재화나 서비스만 고려하는 지표이므로 GDP deflator는 수입품을 포함하지 않는다.

고용과 실업

✚ 경제활동참가율

경제적인 관점에서 고용은 경제가 자원을 얼마나 잘 활용하고 있는가를 측정하는 지표이다. 따라서 고용상황을 파악하고자 할 경우에는 전체 인구보다는 경제적으로 생산활동(노동)이 가능한 인구가 더욱 중요한 의미를 갖는다. 우리나라에서는 만 15세 이상의 인구를 경제적으로 노동이 가능한 인구(생산활동가능인구)로 보고 있다.

생산활동이 가능한 인구는 노동력 제공을 통해 경제활동에 참여할 의사가 있는 경제활동인구와 경제 활동에 참여할 의사가 없는 비경제활동인구로 나누어진다. 이때 15세 이상 인구에서 경제활동인구가 차지하는 비율을 경제활동참가율이라고 한다.

$$경제활동참가율(\%) = \frac{경제활동인구\ 수}{생산활동가능인구\ 수(15세\ 이상\ 인구\ 수)} \times 100 \tag{1.4}$$

✛ 취업자와 실업자

경제활동인구는 현재 취업하고 있는가를 기준으로 취업자와 실업자로 구분한다.

① 취업자

취업자는 기본적으로 매월 15일이 속한 1주일 동안에 수입을 목적으로 1시간 이상 일한 사람으로 정의되고 있다.

② 실업자

실업자는 조사대상 기간 중 적극적으로 일자리를 구해 보았으나 수입이 있는 일에 전혀 종사하지 못한 사람으로서 일자리가 있으면 즉시 취업이 가능한 사람으로 정의된다.

✚ 실업률

경제활동인구에서 실업자가 차지하는 비율이 실업률이며 실업자 수
를 경제활동인구 수로 나누어 산출한다.

$$\text{실업률} = \frac{\text{실업자 수}}{\text{경제활동인구 수}} \times 100 \tag{1.5}$$

✚ 고용률

취업준비자 및 구직단념자의 경우 실질적인 의미의 실업자이나 조사
대상 기간 동안 구직활동을 하지 않았으므로 실업자가 아닌 비경제활
동인구로 분류되기 때문에 이들이 증가할 경우 오히려 실업률이 낮아
진다. 따라서 국민들이 느끼는 체감실업률과 정부가 발표하는 실업률
간에는 괴리가 발생할 수 있다. 최근에는 이러한 문제점을 해소할 수
있는 지표로 고용률이 이용되고 있다. 고용률은 취업자 수를 15세 이
상 인구 수 즉, 경제활동가능인구 수로 나누어 산출한다.

$$\text{고용률}(\%) = \frac{\text{취업자 수}}{\text{생산활동가능인구 수}(15\text{세 이상 인구 수})} \times 100 \tag{1.6}$$

실업률에 관한 다음의 설명 중 옳지 않은 것을 고르면?

① 취업자가 증가할 경우에도 실업률이 상승할 수 있다.

② 일주일간 보수를 받고 한 시간 이상 일한 사람은 취업자이다.

③ 실망실업자는 비경제활동인구이다.

④ 군인, 전업주부, 학생은 비경제활동인구이다.

⑤ 실업자 수가 증가할 경우 실업률이 하락하는 것은 불가능하다.

정답: ⑤

해설: 취업자가 증가했더라도 경제활동인구 증가율이 더 높다면 실업률의 상승이 가능하다. 실업률 통계를 작성하는 15일이 포함된 일주일 동안 보수를 받고 한 시간 이상 일한 사람은 취업자로 분류된다. 구직활동을 하다가 낙담하여 구직활동을 중단한 실망실업자는 비경제활동인구로 분류된다. 실업자 수가 증가했더라도 경제활동인구 증가율이 더 높으면 실업률의 하락이 가능하다.

330 ✛ 매경TEST 경제편

1. 거시경제학의 개요

∨ 거시경제학의 주요 연구대상 ·· □

2. 소득순환모형

∨ 국민소득 3면 등가의 법칙에 대한 이해 ··· □

∨ 소득순환모형에서 도출되는 항등관계에 대한 이해 ················· □

3. 주요 거시경제지표의 개념과 측정

∨ GDP와 GNI의 차이 ·· □

∨ GDP디플레이터의 계산 방법 ·· □

∨ 경제활동 참가율과 실업률의 계산 방법 ··· □

MK Key word

1. 거시경제학의 개요
   - 경제학, 미시경제학, 거시경제학, 경제성장, 경기변동, 실업, 인플레이션, 물가상승률, 국제수지, 환율, 재정정책, 금융정책

2. 소득순환모형
   - 국민소득 3면 등가의 법칙, 항등관계, 이전지출

3. 주요 거시경제지표의 개념과 측정
   - 국내총생산(GDP), 명목 GDP, 실질 GDP, GDP디플레이터, 실제 GDP, 잠재 GDP, GDP갭, 국민총소득(GNI), 생산자물가지수, 소비자물가지수, 파셰식, 라스파이레스식, 생산활동가능인구, 경제활동인구, 비경제활동인구, 경제활동참가율, 취업자, 실업자, 실업률, 고용률

01 ○○○○○은 국민소득, 물가, 고용, 실업, 경제성장, 경기변동, 환율, 국제수지 등 경제 전체적인 변수의 결정요인과 상호연관관계를 분석하는 경제학의 한 분야이다.

정답: 거시경제학

02 생산국민소득, 분배국민소득, 지출국민소득은 사전적으로는 차이가 있을지 모르지만 사후적으로는 항상 동일한 값을 갖는데, 이들 세 가지 국민소득이 일치하는 것을 ○○○○ ○○ ○○○ ○○이라 부른다.

정답: 국민소득 3면 등가의 법칙

03 ○○○○○(○○○)은 한 나라 영토에 거주하는 생산자가 국내외의 생산요소를 결합하여 생산 활동을 수행한 결과 발생한 소득 즉, 국내에서 거주하는 생산자가 자국의 생산요소와 외국의 생산요소를 결합하여 발생시킨 부가가치를 일컫는다.

정답: 국내총생산, GDP

04 ○○○○○○○○란 명목 GDP를 실질 GDP로 나눈 값으로 정의되는데, 경제 내 전반적인 물가수준의 변화를 반영한다.

정답: GDP디플레이터

05 잠재 GDP와 실제 GDP의 차이를 ○○○○이라고 하는데 이것이 0보다 크면 생산요소가 정상적으로 고용되지 못한 상태이므로 경기가 침체된 상태이고, 0보다 작으면 생산요소가 너무 과잉으로 고용되고 있으므로 경기가 과열된 상태라고 판단할 수 있다.

정답: GDP갭

06 ○○○○○(○○○)은 한 나라의 국민이 국내외에 제공한 생산요소에 의해 발생한 소득의 합계로서 국적을 가진 거주자에게 최종적으로 귀착된 모든 소득의 합계이다.

정답: 국민총소득, GNI

07 물가지수는 물가의 움직임을 쉽게 알아볼 수 있도록 기준 시점을 100으로 지수화한 지표이다. 이러한 물가지수로는 생산자의 국내시장 출하단계에서 재화 및 서비스의 평균적인 가격변동을 측정하기 위한 ○○○○○○(○○○)와 소비자가 소비생활을 위하여 구입하는 재화의 가격과 서비스요금의 변동을 측정하기 위한 ○○○○○○(○○○)가 있다.

정답: 생산자물가지수, PPI, 소비자물가지수, CPI

08 ○○○은 물가변동을 파악하면서 가중치로 거래연도의 거래량을 사용하는 데 반하여 ○○○○○○○은 기준연도의 거래량을 가중치로 사용하고 있다.

정답: 파셰식, 라스파이레스식

09 국가 전체의 인구 중 만 15세 이상의 인구를 ○○○○○○○○라 하며 이들은 다시 경제활동에 참여할 의사가 있는 ○○○○○○와 참여 의사가 없는 ○○○○○○○로 나뉜다.

정답: 생산활동가능인구, 경제활동인구, 비경제활동인구

10 실업자는 조사대상 기간 중 적극적으로 일자리를 구해 보았으나 수입이 있는 일에 전혀 종사하지 못한 사람으로서 일자리가 있으면 즉시 취업이 가능한 사람으로 정의된다. 경제활동인구에서 이러한 실업자가 차지하는 비율이 ○○○이며 실업자 수를 경제활동인구 수로 나누어 산출한다.

정답: 실업률

Lesson **02** 거시경제모형

01 고전학파의 국민소득 결정이론: 장기모형

고전학파의 경제이론은 대체로 경제가 완전고용국민소득수준 근방에서 유지되던 18세기 후반에서 20세기 초반 사이에 정립되었다. 당시의 경제 현실을 반영하여 고전학파 경제학자들은 경제에 완전고용국민소득으로 복귀하도록 하는 강력한 힘이 작용한다고 믿었다. 고전학파이론은 대공황이 발생하기 이전까지 폭넓게 받아들여졌으나, 1930년대 발생한 대공황에 따른 극심한 경기침체를 설명하는 데 있어서는 한계를 드러냈다. 오늘날에는 고전학파이론이 단기적인 경제현상을 설명하는 데는 적합하지 않지만, 여전히 장기적인 경제현상을 분석함에 있어서 유용한 것으로 받아들여지고 있다.

MK Test Plus+
대공황
1929년 10월의 뉴욕 증권시장 주가대폭락을 시발점으로 하여 1930년대에 걸쳐 일어난 세계적인 경제 불황을 말한다.

고전학파의 기본가정

고전학파는 한 나라의 국민소득수준이 경제의 공급측면(노동량, 자본량, 생산기술 등)에 의해서 결정된다고 보았다. 고전학파의 국민소득 결정이론은 이와 같은 경제관을 반영하여 다음과 같은 기본가정을 전제하고 있다.

✚ 세이의 법칙

세이의 법칙(Say's law)이란 '공급은 스스로 수요를 창출한다'. 즉 공급이 이루어지면 그만큼의 수요가 생겨나므로 경제전체로 볼 때 수요의 부족에 따른 초과공급이 발생하지 않음을 의미한다. 세이의 법칙이 성립하면 경제 전체로 볼 때 지속적인 과잉생산은 이루어지지 않는다.

✚ 가격변수의 신축성

물가, 이자율, 명목임금과 같은 가격변수가 완전히 신축적이므로 초과수요나 초과공급으로 인한 불균형이 발생하면 가격이 자유롭게 상승 또는 하락하여 시장의 불균형 상태가 즉시 시정된다. 고전학파는 경제의 균형이 수량조정이 아닌 가격조정에 의해 회복된다고 주장한다.

MK Test Plus+
명목임금
화폐단위로 표시한 임금을 말한다.

✚ 완전예견과 노동시장에 대한 가정

각 경제주체들은 물가에 대한 완벽한 정보를 가지고 있다. 즉 노동자들은 물가를 정확히 알고 있어서 물가가 상승할 시 즉각 명목임금의 인상을 요구한다. 노동자들이 자신이 받는 명목임금만을 고려하지 않고 물가의 변화까지 고려한 실질임금을 기준으로 자신의 노동공급을 결정하기 때문에 노동의 수요와 공급은 모두 명목임금이 아닌 실질임금에 의해 결정된다.

MK Test Plus+
실질임금
명목임금을 당시의 물가지수로 나누어 표시한 임금을 말한다. 실질임금을 통해 명목임금의 실제구매력을 알 수 있다.

MK Test Plus+

가격수용자

시장에서 형성된 가격을 그대로 받아들여 행동하는 경제주체를 말한다. 이들의 경제활동은 시장가격에 영향을 주지 못한다.

✚ 시장구조에 대한 가정

모든 시장은 완전경쟁시장이므로 개별 경제주체들은 모두 가격수용자로서 행동한다.

국민소득의 결정

✚ 총생산함수

거시경제학에서 생산함수는 경제 전체의 총노동고용수준과 이에 대응하는 총산출량을 결정하는 기술적 관계를 나타낸다. 단기에는 자본, 기술수준, 인구가 일정하다고 가정하므로 단기의 총생산량(Y)은 노동의 총고용량(L)의 변화에 따라서 증가하거나 감소하게 된다. 이러한 단기적인 생산함수를 단기총생산함수라고 하고 다음과 같은 식으로 나타낸다.

$$Y = F(L, \overline{K}) \tag{2.1}$$

그림 2-1

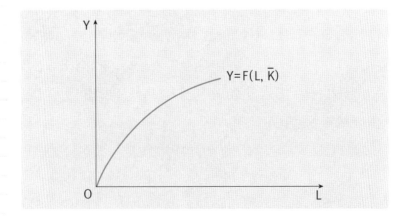

〈그림 2-1〉에서 볼 수 있듯이, 일반적으로 단기총생산함수는 기울기가 점차 감소하면서 아래쪽에서 볼 때 오목한 형태를 취하게 된다. 이는 단기에는 자본이 고정된 상태에서 노동만이 가변적이므로 한계생산물(MP_L)이 체감하기 때문인데, 이를 '수확체감의 법칙'이라고 한다.

✚ 노동시장

① 노동에 대한 수요

개별 기업은 이윤극대화를 위하여 한계생산물가치(VMP_L)와 임금(w)이 일치하는 수준까지 노동을 고용하므로 노동의 적정고용조건은 다음과 같이 나타낼 수 있다.

$$w = MP_L \times P = VMP_L \tag{2.2}$$

식 (2.2)의 양변을 물가(P)로 나누면 실질임금의 함수로 나타낼 수 있는데, 이러한 개별 기업의 노동수요곡선은 우하향의 MP_L 곡선($\frac{w}{P} = MP_L$)이 된다. 경제 전체의 노동수요곡선은 개별기업의 노동수요곡선의 수평적 합으로 도출되므로 개별 기업의 노동수요곡선보다 훨씬 더 완만한(탄력적인) 형태로 도출된다.

$$L^D = L^D\left(\frac{w}{P}\right), \quad \frac{dL^D}{d\left(\frac{w}{P}\right)} < 0 \tag{2.3}$$

② 노동에 대한 공급

노동의 공급은 노동자에 의해서 이루어지고, 노동의 공급을 결정하는 변수는 임금인데, 임금은 여가선택의 기회비용이라 할 수 있다. 임금의 상승은 노동공급을 늘리고 여가를 줄이려는 대체효과(substitute effect)와 임금의 상승으로 소득이 증가하여 여가를 증가시키려는 소득효과(income effect)를 동시에 유발시키게 된다. 일반적으로 소득효과보다는 대체효과가 크므로 임금이 상승하게 되면 노동의 공급은 증가하게 된다. 따라서 노동공급함수를 실질임금의 함수로 나타내면 다음과 같다.

$$L^S = L^S\left(\frac{w}{P}\right), \quad \frac{dL^S}{d\left(\frac{w}{P}\right)} > 0 \tag{2.4}$$

③ 노동시장의 균형

〈그림 2-2〉에서 볼 수 있듯이 노동의 수요와 공급이 일치하는 점 E에서 균형고용량과 균형실질임금이 결정된다. 물가가 P_0에서 P_1으로 상승하면 노동시장에서 초과수요가 발생하여 명목임금이 w_0에서 w_1으로 상승하므로 즉시 균형을 회복한다. 균형고용량 L_0는 균형실질임금수준에서 일하고자 하는 모든 사람이 정상적으로 고용된 상태이므로 완전고용수준(L_N)이다. 따라서 비자발적 실업은 존재하지 않으며 실업은 기본적으로 일시적인 현상이다.

그림 2-2

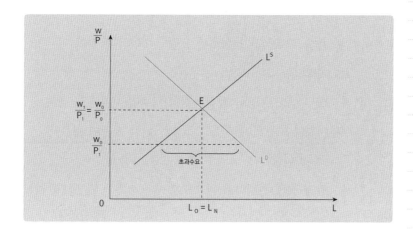

✛ 균형국민소득의 결정

물가의 변동은 명목임금의 즉각적인 변화를 가져와 실질임금에 변화를 주지 않는다. 실질임금에 변화가 없다면, 단기에 고용량이 변하지 않으므로 산출량 역시 불변이다. 이 산출량이 완전고용산출수준이며 이것이 균형국민소득이 된다. 이와 같이 고전학파모형에서는 공급측의 요인만으로 균형국민소득이 결정된다.

이는 장기에서도 마찬가지이다. 단기에 일정하다고(또는 불변이라고) 가정했던 요인들이 변화하면 총공급곡선이 이동하므로 장기에는 균형국민소득이 변화하지만 이것 역시 자본량, 인구, 기술수준 등 공급 측 요인만으로 결정되고, 수요 측 요인(소비, 투자, 정부지출 등)은 균형국민소득에 아무런 영향을 미칠 수 없다.

고전학파모형의 특징 및 평가

① 공급 측 요인에 의해서만 국민소득이 결정된다. 따라서 국민소득을 증대시키기 위해서는 공급능력의 확충이 이루어져야 한다.

② 자본설비 증대를 통한 공급능력의 확충을 위해서는 투자가 이루어져야 하므로 투자재원 조달을 위한 저축이 필요하다. 즉 저축이 미덕이다.

③ 세이의 법칙을 가정하고 있으므로 수요부족이 발생하지 않는다.

④ 물가가 완전 신축적이며, 항상 완전고용이 이루어지는 것으로 가정하고 있으나 이는 비현실적인 가정이다.

케인즈의 국민소득 결정이론: 단기모형 02

대공황이 발생하기 전까지는 고전학파이론이 일반적으로 받아들여졌으나 1930년대 대공황과 더불어 지속된 극심한 경기침체로 인해 고전학파 이론의 타당성에 의문이 제기되었다. 즉 대공황 이후 오랜 기간 동안 국민소득이 완전고용 국민소득수준 이하로 떨어진 상태가 지속되었고, 실업률 역시 높은 수준을 유지했는데 이와 같은 현상들은 고전학파이론으로는 설명하기 어려웠기 때문이다. 이때에 등장한 것이 케인즈의 '일반이론'으로, 케인즈의 모형은 소득-지출모형(income-expenditure model)이라고도 하는데 고전학파모형과는 달리 단기적인 경기변동을 잘 설명해 준다.

케인즈이론의 기본가정

✚ 유효수요이론

고전학파의 이론에 의하면, 초과공급이 발생하면 새로운 수요가 발생하여 과잉생산이 해소되고, 이자율이라는 가격을 매개로 항상 총투자와 총저축이 균형을 이룬다. 하지만 케인즈는 저축과 투자의 주체가 서로 달라서 저축된 돈이 투자로 연결되지 않고 은행에 유휴자금으로 남을 수 있고, 저축이 지나치면 상품에 대한 수요부족이 발생할 수 있기 때문에 과잉생산이나 과소소비와 같은 불균형상태가 나타날 수 있다고 주장한다.

➕ 가격의 경직성

케인즈는 가격이나 임금 및 이자율과 같은 요소가격들이 고전학파가 생각한 것처럼 상하양방으로 완전 신축적이지 않으며 오히려 하방 경직성을 지니고 있다고 생각하였다. 즉 경제에 불황이 지속되고 실업이 늘어나더라도 물가나 임금은 쉽게 하락하지 않는다는 것이다. 따라서 경제의 불균형이 발생한 경우에 가격의 신속한 조정으로 인한 균형으로 회복이 어려우며 불균형을 제거하기 위해서는 수량조정이 이루어져야 한다고 주장했다.

➕ 화폐환상

MK Test Plus+
화폐환상
임금이나 소득의 실질가치에는 변화가 없음에도 불구하고 명목임금이나 명목소득이 오르면 실질임금이나 실질소득이 올랐다고 생각하는 것을 말한다.

케인즈는 시장에서 수요와 공급행위, 그리고 특히 노동시장의 노동공급에서 화폐환상(money illusion)이 존재한다고 보았다. 즉 노동자들의 노동공급이 실질임금이 아닌 명목임금에 의해 결정된다는 것이다.

계획된 총지출(유효수요)

총지출(Aggregate Expenditure: AE)이란 경제 전체의 재화와 서비스에 대한 지출액을 의미한다. 총지출(유효수요)은 가계의 소비지출(C),

기업의 계획된 투자지출(I^P), 그리고 순수출(X-M)의 합으로 구성된다.

$$AE = C + I^P + G + (X - M) \qquad (2.5)$$

✚ 소비지출

① 소비함수

소비지출(consumption spending)이란 일정 기간 동안 국내에서 생산된 최종생산물에 대한 가계의 지출을 말한다. 소비지출에 영향을 미치는 요인으로는 가계의 자산, 처분가능소득, 이자율 등이 있는데 이 중에서 소비지출에 가장 큰 영향을 미치는 것은 가계의 총소득에서 조세를 차감한 처분가능소득($Yd=Y$-T)이다. 케인즈는 소비(C)를 가처분소득의 증가함수라고 가정했다. 이러한 소비함수를 식으로 나타내면 다음과 같다.

MK Test Plus+

가처분소득

소득 가운데 세금을 제외한 부분으로 소비나 저축을 자유롭게 할 수 있는 소득을 말한다.

$$C = C_0 + c(Y - T) = C_0 + cY_d \qquad (C_0 > 0, 0 < c < 1) \qquad (2.6)$$

식 (2.6)에서 C_0 는 소득 이외의 다른 요인에 의해 결정되는 소비를 나타내는데, 이를 기초소비라고 한다. 또한 c 는 처분가능소득이 1단위 증가할 때 소비가 증가하는 비율로서 한계소비성향(Marginal Propensity to Consume: MPC)이라고 한다. 일반적으로 소득이 증가하면 소득증가분의 일부만 소비되므로 한계소비성향은 0과 1 사이의 값을 갖는다.

② 저축함수

저축은 처분가능소득 중 소비되지 않은 부분이므로 다음과 같이 나타낼 수 있다.

$$S = Y - T - C$$
$$= Y_d - (C_0 + c Y_d)$$
$$= -C_0 + (1 - c) Y_d$$

소득이 0일 때의 소비가 C_0이므로 이때의 저축은 $-C_0$이고, 소득과 소비가 일치하는 수지분기점(break-even point)에서는 처분가능소득과 소비가 동일하므로 저축의 크기가 0이다. 그리고 $(1-c)$는 처분가능소득이 1단위 증가할 때 저축의 증가분을 나타내는데, 이를 한계저축성향(Marginal Propensity to Save: MPS)이라고 한다.

✚ 계획된 투자

투자(investment)란 일정 기간 동안 국내에서 새로이 생산된 최종생산물에 대한 기업의 지출액을 의미한다. 총지출에는 계획된 투자만 포함되고, 계획된 투자(I^p)에는 기업의 설비 및 기계 구입금액과 신축주택 구입금액 및 의도된 재고의 변화만 포함된다. 의도하지 않은 재고의 변화는 생산물 중에서 소비되지 않은 것이므로 사후적으로 투자에 포함되는 것일 뿐, 경제 전체 생산물에 대한 수요로 볼 수 없으므로 총지출에는 포함시키지 않는다.

투자는 독립투자와 유발투자로 구분할 수 있는데 여기서는 독립투자만을 고려하여 투자가 외생적으로 주어지는 변수($I = I_0$)라고 가정한다.

① 독립투자(autonomous investment)
기업가의 예상이나 심리의 변화와 같은 요인으로 인해 소득과 무관하게 결정되는 투자이다.

② 유발투자(induced investment)

소득이 증가하면 소비지출이 늘어나고, 이것이 생산을 자극하여 기업이 생산설비를 확충시키는 과정에서 유도되는 투자이다.

✚ 정부지출

정부지출은 정부기관에 의해 국내에서 생산된 재화와 서비스 구입금액을 의미한다. 정부지출은 정부의 예산에 의해 결정되므로 정부지출의 크기도 국민소득과 관계없이 주어진 외생변수($G = G_0$)로 가정한다.

✚ 순수출

순수출(net export)은 수출액에서 수입액을 차감한 것을 말하는데, 순수출은 국민소득, 물가, 환율 등 매우 다양한 요인의 영향을 받는다. 논의를 간단하게 하기 위해서 순수출의 크기가 외생적으로 주어진 것으로 가정한다. 순수출은 총지출의 다른 요소들과 달리 그 값이 (-)가 될 수도 있다.

MK Test Plus+
외생변수
모형 안에서 결정되는 변수가 아니라 모형 밖에서 결정되어 모형에 대입되는 변수를 외생변수라고 한다.

균형국민소득의 결정

✚ 총지출(총수요)

앞의 논의를 종합하여 총지출(AE)을 식으로 정리하면 다음과 같다.

$$AE = C_0 + c(Y-T) + I^P + G + (X-M) \tag{2.8}$$

그런데 논의를 간단하게 하기 위해 가계와 기업만 존재한다고 가정하고, 외생적인 요인들을 $G = T = 0,\ (X-M) = 0$으로 두면 총지출식 (2.8)은 다음과 같이 정리된다.

$$AE = C_0 + cY + I^P \tag{2.9}$$

그림 2-3

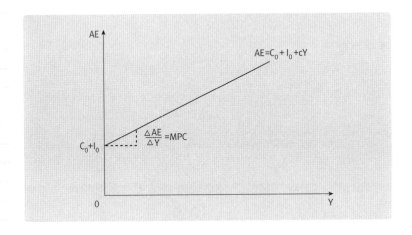

〈그림 2-3〉에서 볼 수 있듯이 총지출선은 소비함수를 투자의 크기만큼 상방으로 이동시킨 선이므로 총지출선의 기울기는 한계소비성향과 일치한다.

✚ 총소득(총공급)

국민소득 3면 등가의 법칙에 의하면 실질 GDP Y_0 만큼의 생산은 Y_0

만큼의 소득의 발생을 의미하므로 총소득(총공급)은 정확히 45°선이 된다. 또한 저축의 정의, 즉 $S \equiv Y_d - C = Y - T - C$ 로부터 $Y \equiv C + S + T$ 의 관계가 성립하므로 $C + S + T$ 는 45°선의 높이가 되고 정부부문이 존재하지 않는 것으로 가정하면 $C + S$ 가 45°선까지의 높이가 된다.

그림 2-4

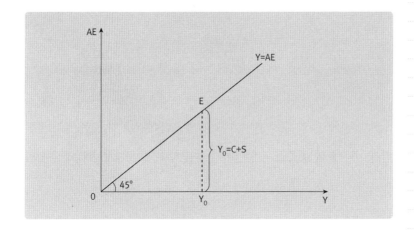

＋ 균형국민소득

① 총공급과 총수요의 식

계획된 지출(유효수요)과 총공급이 일치($Y = AE$)할 때 생산물시장의 균형이 이루어진다.

$$\text{총공급}: Y = C + S$$
$$\text{총수요}: AE = C + I^P$$
(2.10)

〈그림 2-5〉는 이러한 균형을 나타낸 것으로서 〈그림 2-3〉과 〈그림 2-4〉를 하나로 포개어 표현한 것이다.

그림 2-5

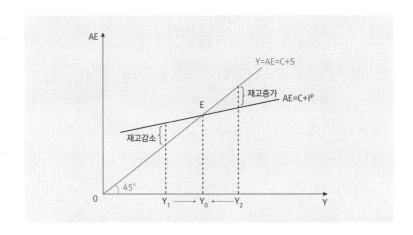

균형국민소득의 수준은 총수요와 총공급이 일치하는 Y_0에서 결정된다. 총수요와 총공급이 일치하지 않을 때 기업의 재고 조정과정에 의해 경제는 균형으로 움직인다.

- 총수요가 총공급을 능가하는 경우: 실제국민소득이 Y_0에 미치지 못하는 Y_1수준에서는 총수요가 총공급을 능가한다. 즉 경제 전체의 판매수준이 실제생산량을 능가하는 초과수요에 따라 생산물의 재고는 줄어든다. 이때 기업은 적정 재고수준을 유지하기 위해 생산량을 증대시킬 것이므로, 실제 국민소득은 Y_0를 향하여 증가한다.
- 총공급이 총수요를 능가하는 경우: 실제국민소득이 Y_0를 초과하는 Y_2수준이라면 총공급이 총수요를 능가한다. 이것은 실제판매량이 생산수준보다 작은 상태를 의미하므로 재고가 축적된다. 이때 기업은 생산을 줄이게 되므로 실제국민소득은 Y_0를 향하여 감소할 것이다. 이와 같은 실제국민소득의 변동은 총공급과 총수

요가 일치하여 재고변동이 일어나지 않게 되는 수준에서 멈추게 된다. 이러한 의미에서 Y_0를 균형국민소득이라 한다.

케인즈 단순모형에서 균형의 특징

● 균형국민소득은 총지출선과 45°이 교차하는 점에서 달성된다. 〈그림 2-5〉에서 볼 수 있듯이 소비함수의 기울기를 결정하는 한계소비성향이 1보다 작기 때문에 소비함수의 기울기가 45°보다 작아서 총수요와 총공급이 교차하는 점이 생긴다. 즉 국민소득은 경제 전체 생산물에 대한 수요를 나타내는 총지출(유효수요)에 의해 결정된다.

● 케인즈 단순모형에서 균형은 계획된 총지출과 생산량에 의존하므로 균형이 반드시 완전고용산출량 수준에서 이루어질 필요는 없다. 만약 현재 생산물시장이 균형 상태에 있다면 완전고용산출량에 미달하더라도 국민소득은 더 이상 변하지 않는다. 유효수요가 부족한 경우에는 노동시장에서 실업이 존재하는 상태에서도 균형국민소득이 유지될 수 있다.

MK Test Plus+
완전고용산출량
완전고용상태에서 생산되는 재화와 서비스의 산출량을 말한다.

절약의 역설

절약의 역설(paradox of thrift)이란 모든 개인이 절약을 하여 저축을 증가시키면 총수요가 감소하여 국민소득이 감소하게 되고, 그 결과 경제 전체적으로 총저축이 늘어나지 않거나 오히려 감소하는 것을 말한다.

Part 2 거시경제학 ✛ 351

① 고전학파의 견해

애덤 스미스 이래의 고전학파 경제학에서 절약은 미덕으로, 개인의 부를 증대시켜 부유하게 만드는 요인으로 인식되어 왔다. 고전학파가 상정하고 있는 바와 같이 경제가 완전고용의 상태를 계속 유지되고 있다면 국민소득 중에서 소비에 지출되는 부분이 많아질수록 자본축적에 할당되는 부분이 적어지는 것이 분명하다. 따라서 그 경우에는 자본축적을 촉진하고 장래의 성장을 빠르게 하기 위해서 소비를 줄이고 저축을 늘리는 것이 필요하다.

② 케인즈학파의 견해

케인즈모형에서는 절약이 국민소득을 감소시켜 불황을 악화시키는 요인으로 작용한다. 케인즈가 상정하고 있는 바와 같이 경제가 불황 상태에 있고, 유효수요의 부족으로 가동되지 않는 유휴설비가 많이 존재하는 상태에서는 저축의 증대에 따른 소비의 감소는 그렇지 않아도 부족한 유효수요를 더욱 감소시키기 때문에 불황을 심화시키는 역할을 하게 된다.

이와는 달리 총수요가 총공급을 초과하여 인플레이션 압력이 존재한다거나 후진국에서와 같이 투자재원이 부족하여 투자가 이루어지지 못할 경우에는 저축은 인플레이션 압력을 해소하고 투자를 증대시켜 경제를 성장시키는 역할을 하기 때문에 바람직한 것이다.

인플레이션갭과 디플레이션갭

디플레이션갭(deflationary gap)이란 완전고용산출량에 도달하기 위해 필요한 유효수요 증가분을, 인플레이션갭(inflationary gap)이란 인플레이션을 억제하기 위해 감소시켜야 하는 유효수요의 크기를 말한다.

그림 2-6

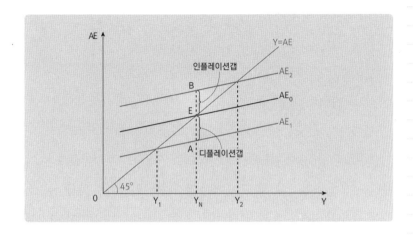

① 디플레이션갭

〈그림 2-6〉에서 완전고용국민소득이 Y_N으로 주어져 있을 때, 계획된 지출이 AE_0이면 완전고용국민소득과 균형국민소득이 일치하므로 인플레이션 혹은 디플레이션 갭이 존재하지 않는다. 그러나 만약 총지출선이 AE_1로 주어져 있다면 균형국민소득이 Y_1이므로 경기가 침체된 상태이다. 경기침체(deflation)를 벗어나 경제가 완전고용국민소득에 도달하기 위해서는 유효수요가 EA 만큼 증가해야 하는데, EA 를 디플레이션갭이라고 한다. 디플레이션갭을 해소시키기 위해서는 정부지출의 증가, 조세수입의 삭감 등의 재정정책과 금융확대정책이 필요하다.

② 인플레이션갭

현재의 총지출선이 AE_2로 주어져 있다면 수요가 경제 전체 생산능력을 초과하였으므로 물가가 상승한다. 물가상승(inflation)을 억제하기 위해서는 유효수요를 BE 만큼 감소시켜야 하는데, BE 를 인플레이션 갭이라고 한다. 인플레이션갭을 해소하여 인플레이션을 회피하기 위해서는 정부지출의 삭감, 조세수입의 확대 등의 재정정책과 금융을 긴축시키는 정책이 필요하다.

승수효과

승수효과(multiplier effect)란 외생적으로 결정되는 투자지출 또는 정부지출이 증가(감소)할 때 그 증가분(감소분)의 일정 배수만큼 국민소득이 증가(감소)하는 효과를 말한다. 승수(multiplier)는 그러한 증가분의 배수를 뜻한다.

✚ 단순한 소득–지출모형에서의 승수효과

MK Test Plus+
지대
토지의 사용에 대한 대가.

어떤 기업이 투자를 $\triangle I$ 만큼 증가시킨다고 하자. $\triangle I$ 는 결국 임금·이자·지대·이윤 등의 형태로 가계소득의 증가를 가져온다. 가계는 $\triangle I$ 만큼 증가된 소득에 한계소비성향을 곱한 $c\triangle I$ 만큼을 소비한다. 그리하여 소비재 생산기업의 수입은 $c\triangle I$ 만큼 증가한다. 이것이 다시 가계의 소득으로 전환되고, 가계는 이 가운데 $c(c\triangle I)$ 만큼을 다시 소비한다. 이러한 과정이 추가적인 소득의 증가가 0이 될 때까지 계속된다면, $\triangle I$ 만큼의 독립투자 증가로 인한 최종적인 소득증가분 $\triangle Y$ 는 다음과 같이 계산된다.

$$\triangle Y = \triangle I + c\triangle I + c^2\triangle I + \dots = (1 + c + c^2 + \dots)\triangle I = (\frac{1}{1-c})\triangle I \qquad (2.11)$$

여기서 $\frac{1}{1-c}$ 을 독립투자지출에 대한 소득-지출 승수라 한다. 즉, $\triangle I$ 만큼의 독립투자지출이 증가하면 소득은 투자증가분의 $\frac{1}{1-c}$ 배만큼 증가하는 것이다.

✚ 정부부문이 도입된 경우의 승수효과

① 독립투자는 증가했으나 정부지출에는 변화가 없는 경우

● 투자승수

조세(T)는 소득의 증가함수($T = tY, 0 < t < 1$)이므로 생산물시장의 균형식은 다음과 같이 나타낼 수 있다.

$$Y = c(Y - tY) + I + G = c(1-t)Y + I + G \qquad (2.12)$$

식 (2.12)를 소득(Y)에 대해서 정리하면 다음과 같은 균형소득결정식이 도출된다.

$$Y = \frac{1}{1 - c(1-t)}(I + G) \qquad (2.13)$$

다시 식 (2.13)을 변화분의 관계로 나타내면 다음과 같다.

$$\triangle Y = \frac{1}{1 - c(1-t)}(\triangle I + \triangle G) \qquad (2.14)$$

식 (2.14)에 의하면 독립지출(즉, 독립투자 또는 정부지출)의 증가에 대해

소득은 독립지출 증가분의 $\dfrac{1}{1-c(1-t)}$ 배만큼 증가한다. 즉 $\dfrac{1}{1-c(1-t)}$ 이 정부부문을 도입하고 조세가 소득의 함수인 경우의 투자승수이다.

● 투자승수의 감소 이유

단순모형에서의 투자승수와 비교했을 때, 조세가 소득의 증가함수 ($0 < t < 1$)인 한, 정부부문이 추가된 경우의 승수가 더 작다. 그 이유는 정부부문이 도입되면 소득의 증가분이 조세의 증가로 일부 상쇄됨으로써 가계와 기업만이 존재하는 단순한 모형에 비해 가처분소득의 증가분이 축소되기 때문이다.

● 자동안정화장치

소득세의 도입은 승수를 감소시켜 국민소득의 변동을 줄이는 역할을 한다. 즉 소득세를 도입함으로써 경기변동시 자동적으로 소득안정화를 꾀할 수 있다. 경기호황기에 투자지출 변화로 큰 폭의 소득변화가 초래될 때, 소득세는 자동적으로 경기과열을 억제하는 역할을 한다. 이러한 기능을 자동안정화장치(automatic stabilizer 또는 built-in stabilizer)라 한다.

MK Test Plus+
소득세
소득에 직접적으로 과세되는 세금으로서, 소득에 비례하거나 누진적으로 과세되므로 경기변동 시 자동안정화장치의 역할을 할 수 있다.

② 정부지출과 조세를 똑같은 크기로 증가시키는 경우의 승수효과

정부지출을 늘릴 때 정부재정의 균형을 위해 조세도 똑같은 크기로 증가시키는 경우의 승수를 균형재정승수(balanced-budget multiplier)라고 한다. 이것은 균형식 $Y = c(1-t)Y + I + G$에 균형재정($tY = G$)을 대입한 뒤 소득(Y)에 대해 정리하여 구할 수 있는데, 그 결과는 다음과 같다.

(2.15)

$$Y = \frac{1}{1-c}[I + (1-c)G]$$

식(2.15) 역시 변화분의 관계로 나타내면, 독립투자지출이 불변인 상황($\triangle I = 0$)에서 정부지출이 $\triangle G$만큼 증가할 때 소득은 $\frac{1-c}{1-c} = 1$배만큼 증가한다. 따라서 균형재정승수는 1이다. 다시 말해, 정부가 항상 균형재정($G = T = tY$)을 유지하면서 정부지출을 증가시키면 국민소득도 동일한 크기만큼 증가한다.

MK Test Memo

정부지출의 증가가 국민소득을 증가시키는 이유

직관적으로 정부지출은 균형국민소득을 늘려주는 역할을 하고, 조세는 그 반대의 역할을 하므로 이들의 크기가 동일하다면 각각의 효과가 서로 상쇄되어 균형국민소득에는 아무런 영향을 미치지 못할 것으로 생각하기 쉽다. 그러나 위의 결과에서 알 수 있듯이 균형재정을 유지한 상태에서의 정부지출 증가도 국민소득을 증가시킨다.

그 이유는 정부지출 증가분의 전체가 수요의 증가로 작용하는 반면에 조세의 경우에는 한계소비성향이 1보다 작아서 그 증가분 전체만큼 소비가 감소하지 않기 때문이다. 조세부담 증가분의 일부는 소비의 감소로, 나머지는 저축의 감소로 나타난다. 이때 소비의 감소분만이 총수요의 크기에 영향을 미친다. 따라서 일정 조세수입의 증가와 동시에 정부지출을 같은 규모로 늘리면 총수요가 증가하여 소득 또한 증가한다.

➕ 승수효과의 한계

① 승수효과가 독립지출 증가와 소득증가 사이의 안정적인 관계를

나타내기 위해서는 소비함수의 안정성이 무엇보다도 중요하다. 한계소비성향이 안정적이지 않다면 승수효과를 확정적으로 표시할 수 없다.

② 승수효과는 연쇄적인 소득의 획득과 지출과정으로 이루어져 있다. 획득된 소득이 더 이상 지출될 용도를 찾지 못한다거나 하는 등의 이유로 이러한 연쇄적인 과정에 장애가 생긴다면 승수효과의 진행은 정지되고 말 것이다.

③ 승수효과는 총지출의 증가가 총공급에 의해 자동적으로 충족된다는 가정에 의존하고 있다. 따라서 공급측면에 장애가 있다면 승수효과는 발생하지 않을 수 있다.

MK Test Memo

케인즈 단순모형의 특징

① 단기에 가격과 임금이 경직적이고 유휴설비가 존재하므로 유효수요에 따라 균형국민소득이 결정된다.

② 유효수요의 증대를 위해서는 저축이 아니라 소비가 미덕이 된다.

③ 유휴설비가 존재하므로 공급부족이 발생하지 않는다.

④ 총지출이 완전고용국민소득에 못 미치는 경우 국민소득 역시 완전고용국민소득에 미치지 못하므로 실업이 지속될 수 있다.

IS-LM모형: 물가고정 03

*IS-LM*모형

*IS-LM*모형은 케인즈의 '일반이론'이 발표된 지 약 1년이 지난 후인 1937년에 힉스(J. R. Hicks)에 의해 소개되었다. *IS-LM*모형은 생산물시장과 화폐시장의 상호작용을 통합하여 동시에 분석하는 표준적인 방법이다.

✚ *IS-LM*모형의 가정

① 앞서 살펴 본 케인즈의 단순모형에서는 독립투자만 존재하는 것으로 가정하였으나 *IS-LM*모형에서는 투자가 이자율의 함수라고 가정한다.

② *IS-LM*모형 역시 케인즈의 가정에 따라 물가는 고정되어 있으며, 공급능력은 충분하지만 수요부족이 존재하는 경제를 가정한다.

✚ *IS-LM*모형의 개관

생산물시장에서 *IS*곡선이 도출되고 화폐시장에서 *LM*곡선이 도출되며, 이러한 *IS*곡선과 *LM*곡선이 교차하는 점에서 수요측 균형이 달

성된다. 또한 *IS-LM*곡선으로부터 AD(총수요)곡선이 도출되고, 노동시
장과 총생산함수로부터 AS(총공급)곡선이 도출되어 이러한 AD곡선과
AS곡선이 교차하는 점에서 거시경제의 일반균형이 성립된다.

생산물시장의 균형과 IS곡선

✚ 생산물시장의 균형

① 국민소득의 공급식

국민소득 결정모형과 같이 국민소득의 공급(Y^s)에 대한 제약조건은 없다
고 간주할 수 있기 때문에 국민소득의 공급식은 다음과 같이 쓸 수 있다.

$$Y^s = Y \tag{2.16}$$

② 국민소득의 수요식

경제의 3대 주체인 가계, 기업, 정부가 각각 소비(C), 투자(I), 정부지
출(G)을 통해 국민소득을 지출한다. 따라서 국민소득의 수요(Y^d)는 다
음의 식으로 쓸 수 있다.

$$Y^d = C + I + G \tag{2.17}$$

● 소비

소득(Y)에서 조세(T)를 제외한 가처분소득(Y-T)이 증가하면 소비도
증가하므로 소비는 가처분소득과 같은 방향으로 움직인다(소비는 가처
분소득의 함수).

$$C = C(Y - T) \tag{2.18}$$

● 투자

화폐시장이 존재하는 상태에서 생산물시장을 분석하기 때문에 이자율을 고려한다. 이자율(r)은 투자를 위해 기업이 자금을 차입할 경우 그 대가로 지급해야 하는 비용으로 볼 수 있으므로 이자율이 상승하면 기업의 부담이 증대되어 기업은 투자를 감소시킨다. 즉 투자는 이자율과 반대 방향으로 움직인다(투자는 이자율의 함수).

$$I = I(r) = I_0 - br \quad (b > 0) \tag{2.19}$$

식 (2.19)에서 b 는 투자가 이자율 변화에 어느 정도 민감하게 반응하는지를 나타내는데, 이를 투자의 이자율탄력성이라고 한다.

● 정부지출

정부가 필요한 지출을 하기 위해서는 재원을 조달해야 하는데 정부는 조세수입에만 의존하지 않고 국채발행이나 화폐발행과 같은 수단을 이용할 수 있다. 따라서 정부는 정부지출의 규모를 특별한 제약 없이 원하는 수준으로 정할 수 있다고 볼 수 있으므로 정부지출은 외생변수로 취급하도록 한다($G = \overline{G}$).

이상의 논의를 종합하여 국민소득의 수요식을 정리하면 다음과 같다.

$$Y^d = C(Y - T) + I(r) + \overline{G} \tag{2.20}$$

③ 생산물시장의 균형식

국민소득의 공급식(2.16)과 수요식(2.20)을 일치시키면 생산물시장의 균형식을 얻을 수 있다.

MK Test Plus+
내생변수
경제모형의 체계 내부에서
그 값이나 변동이 결정되
는 변수.

MK Test Plus+
외생변수
경제모형의 체계 외부에서
결정된 값으로 내생변수에
영향을 준다.

(2.21)

$$Y^s = Y^d$$
$$Y = C(Y - T) + I(r) + \overline{G}$$

생산물시장의 균형식 $Y = C(Y - T) + I(r) + \overline{G}$은 (Y, r, G, T)의 4개 변수 간의 관계식이다. 이 균형식을 만족하는 (Y, r, G, T)의 값이 각각의 균형 값이 된다. 이들 변수 중 국민소득(Y)과 이자율(r)은 모형 내에서 결정되는 내생변수이고, 정부지출(G)과 조세(T)는 모형의 외부에서 결정되는 외생변수이다.

✚ *IS*곡선의 도출

*IS*곡선이란 생산물시장의 균형이 이루어지는 이자율과 국민소득의 조합을 나타내는 선이다. 이자율이 하락하면 투자가 증가하므로 유효수요가 증가하여 생산이 늘어나게 된다. 따라서 균형국민소득이 증가하게 된다. 이와 같이 이자율이 하락하면 균형국민소득이 증가하므로 *IS*곡선은 우하향의 형태로 도출된다. 이러한 과정은 〈그림 2-7〉에 나타나 있다.

그림 2-7 (a)　　　　　　　　그림 2-7 (b)

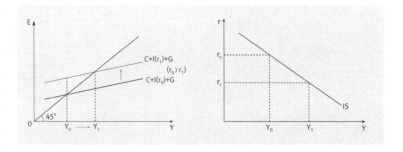

생산물시장의 균형을 나타내는식인 $Y = C + I + G$ 에서 정부부문을 생략하고 소비를 좌변으로 넘기면 $Y - C = I$ 가 되고, $Y - C$ 를 저축(S)으로 정의하면 생산물시장의 균형식은 $S = I$ 가 된다. 이런 의미에서 생산물시장의 균형곡선을 IS곡선이라 일컫는다.

MK Test Plus+
IS곡선
IS곡선의 'IS'는 생산물시장의 균형조건인 투자(Investment)와 저축(Saving)의 영문 첫 글자에서 온 것이다.

➕ 곡선의 기울기

① 곡선의 기울기와 절편

생산물시장의 균형식 $Y = c(1 - t)Y + (I_0 - br) + \overline{G}$을 이자율($r$)에 대하여 정리하면 다음과 같이 식이 변형된다.

(2.22)

$$r = \frac{I_0 + G}{b} - \frac{1 - c(1 - t)}{b}Y$$

따라서 (Y, r)의 평면에서 우하향하는 곡선의 기울기는 $-\dfrac{1 - c(1 - t)}{b}$ 이고, 세로축 절편은 $\dfrac{I_0 + \overline{G}}{b}$ 가 된다

② IS곡선의 기울기를 결정하는 요인

IS곡선의 기울기를 결정하는 요인은 한계저축성향 $[1 - c(1 - t)]$과 투자의 이자율탄력성 b 이다. 즉 한계저축성향이 클수록, 또는 투자가 이자율에 덜 민감하게 반응할수록(즉 b 가 작을수록) IS곡선은 더 가파르게 된다.

*IS*곡선의 기울기에 대한

고전학파와 케인즈학파의 견해 차이

● 고전학파

고전학파는 투자가 이자율에 대해 탄력적이므로 *IS*곡선이 완만한 기울기를 갖는다고 주장한다.

● 케인즈학파

케인즈학파는 투자가 이자율에 대해 비탄력적이므로 *IS*곡선이 가파른 기울기를 갖는다고 주장한다. 고전학파와는 달리 케인즈가 투자의 이자율탄력성이 작다고 본 것은, 기업의 투자가 합리적인 원칙보다는 이른바 기업의 야성적 충동에 의해 결정되는 부분이 크다고 생각했기 때문이다.

✚ *IS*곡선의 이동

곡선은 정부지출(G)이나 독립투자(I_0)와 같은 외생변수의 변화에 따라 이동한다. 이것은 *IS*곡선의 세로축 절편이 $\frac{I_0 + \overline{G}}{b}$ 이기 때문이다. 정부지출이나 독립투자가 증가하면 유효수요가 증가하여 국민소득이 증가해야 한다. 따라서 이러한 변화 후에도 생산물시장이 균형을 이루기 위해서는 동일한 이자율수준에 더 높은 소득수준이 대응되어야 하므로, 정부지출이나 독립투자의 증가는 곡선을 우측으로 이동시킨다.

화폐시장의 균형과 LM곡선

✚ 화폐시장의 균형

케인즈는 총공급(Y)은 수요만 있으면 얼마든지 충족된다고 가정하므로 생산물시장의 균형은 결국 수요측면의 균형을 의미한다. 그러나 생산물시장의 균형 상태를 파악했다고 해서 수요측면을 모두 이해한 것은 아니다. 생산물에 대한 투자수요는 이자율의 감소함수이므로 수요측면의 균형을 정확히 이해하려면 이자율의 결정 과정에 대해서도 살펴보아야 한다.

① 자산시장의 균형

케인즈는 이자율이 화폐시장에서 경제주체들의 유동성에 대한 선호와 화폐공급의 상호작용에 의해 결정된다는 유동성선호설(liquidity preference theory)을 제시하였다. 케인즈는 완전대체적인 두 종류의 금융자산, 즉 화폐(M)와 증권 또는 채권(B)만으로 구성된 자산선택을 고려했다.

이때 자산시장의 균형은 다음과 같이 화폐수요(M^d)와 채권수요(B^d)의 합이 화폐공급(M^s)과 채권공급(B^s)의 합과 같아질 때 성립한다.

$$M^d + B^d = M^s + B^s \tag{2.23}$$

한편 화폐시장의 균형조건은 $M^d = M^s$ 이며, 채권시장의 균형조건은 $B^d = B^s$ 이다. 즉 화폐시장이 균형 상태에 있다면, 채권시장도 균형상태가 된다. 결국 자산이 두 가지만 존재한다면, 어느 한 시장이 균형을 이루면 다른 시장 역시 균형을 이루게 된다. 따라서 채권시장의 균형을 보장하는 이자율과 화폐시장의 균형을 보장하는 이자율은 동일하게 된다.

② 화폐의 공급식

화폐의 공급(M^s)을 중앙은행이 독자적으로 결정한다고 가정하면 화폐공급이 외생성을 갖는다고 하고, 화폐공급이 다른 변수에 의해 영향을 받으면 화폐공급이 내생성을 갖는다고 한다. *IS -LM* 모형에서는 통화의 공급이 중앙은행에 의해 외생적으로 주어진다고 간주하므로 명목화폐량을 물가수준으로 나눈 실질화폐의 공급은 다음과 같이 나타낼 수 있다.

(2.24)

$$\frac{M^s}{P} = \frac{\overline{M}}{P}$$

③ 화폐의 수요식

재산의 보유형태는 현금, 채권, 주식, 부동산 등이 있다. 화폐수요(M^d)란 재산 중에서 화폐(현금)를 얼마나 보유할 것인가에 대한 결정을 말한다. 현금은 이자가 발생하지 않는 무수익자산이지만 채권, 주식, 부동산 등은 수익이 발생하는 수익자산이다. 수익자산에 대한 수익률(r)이 높아질수록 무수익자산인 화폐의 보유에 따른 기회비용이 커지므로 화폐수요는 감소하게 된다. 그리고 소득이 증가하면 일반적으로 모든 형태의 재산의 수요가 증대됨에 따라 화폐수요 역시 증가한다. 따라서 실질화폐수요 $\frac{M^d}{P}$ 는 다음과 같이 이자율(r)과 반대 방향으로 움직이고 소득(Y)과 같은 방향으로 움직인다.

$$\frac{M^d}{P} = L(r, Y) = kY - hr \quad (k > 0, h > 0)$$

(2.25)

식 (2.25)에서 k 와 h 는 각각 국민소득과 이자율의 변화가 화폐수요에 미치는 영향을 나타내는데, 통상적으로 k 는 화폐수요의 소득탄력성, h 는 화폐수요의 이자율탄력성이라고 한다.

④ 화폐시장의 균형식

화폐의 공급식과 화폐의 수요식을 일치시키면 화폐시장의 균형식을 얻을 수 있다.

(2.26)

$$\frac{M^s}{P} = \frac{M^d}{P} \Leftrightarrow \frac{\overline{M}}{P} = L(r, Y)$$

화폐시장의 균형식에서 국민소득(Y)과 이자율(r)은 모형 내에서 결정되는 내생변수이고, 실질화폐량($\frac{\overline{M}}{P}$)을 구성하는 명목화폐량($\overline{M}$)과 고정된 물가(P)는 외생변수이다.

✛ LM곡선의 도출

*LM*곡선이란 화폐시장의 균형을 가져오는 소득(Y)과 이자율(r)의 조합을 나타낸 선이다. 소득수준이 상승하면 거래적 화폐수요가 증가하고, 이를 반영하여 실질화폐수요 역시 증가하여 화폐수요곡선이 우측으로 이동한다. 화폐수요곡선이 우측으로 이동하면 균형 이자율에서 화폐의 초과수요가 발생하게 되고, 이를 해소하기 위해 균형이자율은 상승하게 된다. 따라서 *LM*곡선은 우상향의 형태로 도출된다. 이러한

과정은 〈그림 2-8〉에 나타나 있다.

그림 2-8 (a)   **그림 2-8 (b)**

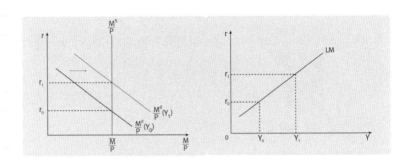

➕ *LM*곡선의 기울기

화폐시장의 균형식 $\dfrac{\overline{M}}{P} = kY - hr$ 을 이자율에 대하여 정리하면 다음과 같다.

(2.27)

$$r = \frac{k}{h} Y - \frac{1}{h} \frac{\overline{M}}{P}$$

따라서 (Y, r) 평면에서 우상향하는 곡선의 기울기는 $\dfrac{k}{h}$ 이다. 즉 *LM* 곡선의 기울기는 거래적 화폐수요의 소득탄력성(k)이 작을수록, 투기적 화폐수요의 이자율탄력성(h)이 클수록 완만해진다.

MK Test Plus+
투기적 화폐수요

투기적 화폐수요는 자본이득을 노리기 위해 증권을 구입할 목적으로 보유하는 화폐수요를 말한다. 증권의 가격은 이자율과 역의 관계에 있으므로 투기적 화폐수요는 이자율의 감소함수가 된다.

*LM*곡선의 기울기에 대한

고전학파와 케인즈학파의 견해 차이

① 투기적 화폐수요의 이자율 탄력성에 대한 **고전학파의 견해**

투기적 화폐수요가 거의 존재하지 않는다고 보는 고전학파는, 이자율이 변해도 화폐수요는 별로 변화하지 않을 것이기 때문에 화폐시장의 균형을 회복하기 위한 소득수준의 변화도 별로 크지 않다고 생각했다. 따라서 이들은 *LM*곡선의 기울기가 매우 가파르다고 주장한다. 극단적으로 투기적 화폐수요가 전혀 존재하지 않는다면 *LM*곡선은 수직선이 된다.

② 투기적 화폐수요의 이자율 탄력성에 대한 **케인즈학파의 견해**

케인즈학파는 투기적 화폐수요가 당연히 존재하며, 따라서 *LM*곡선의 기울기는 매우 완만한 형태라고 주장한다. 극단적으로 이자율수준이 너무 낮아서 모든 사람들이 이자율이 곧 상승할 것이라고, 즉 채권가격이 하락할 것이라고 생각한다면, 투기적 화폐수요가 무한히 증가하여 *LM*곡선은 수평선이 될 것이다. 케인즈는 이러한 상황을 유동성함정(liquidity trap)이라고 하였다.

MK Test Plus+
유동성함정
화폐를 시장에 아무리 많이 공급하더라도 즉각적인 화폐수요의 증가로 인해 모두 흡수되어 유동성이 부족해지는 현상.

+ 곡선의 이동

화폐시장의 균형식을 이자율에 대하여 정리한 식 (2.27)을 보면 *LM*곡선의 절편은 (-)값을 갖는다. 따라서 절편(절댓값)이 커지면 *LM*곡선이 오른쪽 또는 하방으로 이동하고, 절편(절댓값)이 작아지면 왼쪽 또는 상방으로 이동한다.

① 통화량의 변화

중앙은행이 통화량을 $\overline{M}_0$에서 $\overline{M}_1$으로 증가시켰을 때 소득수준에 변화가 없다면, 거래적 화폐수요가 변하지 않을 것이므로 실질화폐수요는 〈그림 2-9〉의 (a)처럼 $\frac{M^d}{P}(Y_0)$를 계속 유지하고 있음을 확인할 수 있다. 따라서 증가된 화폐공급은 투기적 화폐수요에 의해 흡수되어야 하는데, 이 과정에서 균형이자율은 r_0에서 r_1으로 하락해야 한다. 주어진 소득수준 Y_0에서 화폐시장의 균형을 가져오기 위한 이자율의 하락은 〈그림 2-9〉의 (b)에서 LM곡선이 LM_0에서 LM_1으로 하방 또는 우측으로 이동함을 의미한다.

그림 2-9 (a)　　　　　　**그림 2-9 (b)**

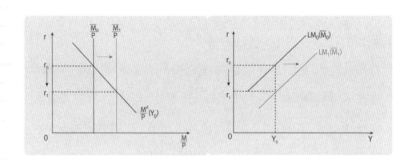

② 물가수준의 변화

물가수준의 변화도 실질통화량에 영향을 주어 LM곡선을 이동시킨다. 예를 들어 물가수준의 하락은 실질통화량을 증가시킴으로써 명목통화량의 증가와 유사하게 LM곡선을 우측으로 이동시킨다.

생산물시장과 화폐시장의 동시균형

IS곡선상에서는 총수요가 총공급과 동일하므로 생산물시장이 균형이고, LM곡선상에서는 화폐의 수요와 공급이 일치하므로 화폐시장이 균형 상태이다. 따라서 IS곡선과 LM곡선이 교차하는 점에서 생산물시장과 화폐시장의 동시적인 균형이 이루어진다. 즉 IS곡선과 LM곡선이 교차하는 점에서 두 시장이 동시에 균형이 되는 국민소득(Y)과 이자율(r)이 결정되고, 이 점에서는 생산물시장이나 화폐시장에 수요와 공급의 불균형이 존재하지 않는다.

IS-LM모형의 한계

힉스(J. R. Hicks)가 고안하고 한센(A. Hansen)에 의해 발전된 *IS-LM* 모형은 복잡한 현실을 두 곡선으로 일반화시킨 단순한 모형으로 오랜 기간 동안 케인즈 경제학의 표준적인 해석방법으로 인식되어 왔다. 하지만 복잡한 현실경제를 분석하는 데에는 많은 한계를 지니고 있는 것도 사실이다.

① *IS-LM*모형은 폐쇄경제를 가정한 모형이기 때문에 환율변동 등의 영향을 직접적으로 분석할 수 없다.

② *IS-LM*모형은 사람들의 기호와 행동, 외부적인 환경, 장래에 대한 기대 등이 변화하지 않는 단기를 대상으로 하여 경제를 분석하고 있다. 만약 이러한 외생적 요인이 변화할 정도의 장기를 대상으로 하여 분석하게 되면 *IS-LM*곡선은 끊임없이 상하좌우로 이동하여 분석 도구로서의 유용성을 잃게 된다. 따라서 불균형에서부터 균형으로의

MK Test Plus+
폐쇄경제
수입이나 수출과 같은 국제 거래가 제한된 경제를 말한다.

조정에 소요되는 시간은 이자율 및 소득의 조정 모두 단기에 국한해야 할 필요가 생긴다.

③ *IS-LM*모형은 기본적으로 폐쇄경제에서 공급 측면을 무시하고 총수요 측면만을 강조한 부분균형모형으로, 물가수준이 안정적이고 유휴생산설비 및 불완전고용이 존재해 수요만 있으면 얼마든지 공급이 가능하다고 전제한다.

*IS-LM*모형과 케인즈이론

*IS-LM*모형이 과연 케인즈가 원래 의도했던 이론을 그대로 반영하고 있는가에 대한 비판이 있다. 케인즈는 불확실성하에서 경제주체들의 기대가 경제활동을 결정하는데 매우 중요하다고 보았는데, *IS-LM*모형 체계 내에서는 기대가 담당하는 역할이 충분히 분석될 수 없다는 결함을 안고 있기 때문이다.

또한 *IS-LM*모형에 의한 분석은 균형분석적인 성질(불균형으로부터 균형 상태로의 조정이 극히 짧은 기간에 이루어진다는 것)을 갖는데, 이는 케인즈 경제학이 갖는 불균형적인 성질(경제는 항상 불균형 상태에 있다는 것)과 상호 조화될 수 없다는 비판이 제시되고 있다.

AD-AS모형: 물가변동 04

총수요곡선

재화시장의 상품과 서비스인 실물과 화폐시장의 화폐가 같은 가치로 교환되면 거래가 성립되는데, 이와 같은 거래량의 크기를 총수요(Aggregate Demand: AD)라 한다. 총수요는 국내에서 생산된 최종생산물(실질 GDP)에 대한 수요로 가계, 기업, 정부, 외국이 구입하고자 하는 재화의 양이므로 다음과 같이 나타낼 수 있다.

$$AD = C + I + G + (X - M) \tag{2.28}$$

또한 총수요곡선은 생산물시장과 화폐시장의 동시적 균형을 가져다 주는 균형국민소득수준과 물가수준 사이의 관계를 나타내는 곡선이다. *IS-LM*모형에서는 물가수준이 고정되어 있다고 가정하였으나 총수요-총공급모형에서는 물가도 변화한다고 가정한다.

✚ AD곡선의 도출

그림 2-10 (a)

그림 2-10 (b)

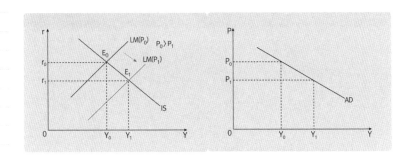

① 균형국민소득과 균형이자율

〈그림 2-10〉의 (a)에서 물가수준이 P_0인 경우 생산물시장과 화폐시장의 동시균형은 IS와 $LM(P_0)$의 교차점인 E_0에서 이루어지고, 수요측면의 균형을 달성시키는 균형국민소득과 균형이자율은 각각 (Y_0, r_0)가 된다.

② 총수요곡선

물가수준이 P_0에서 P_1으로 하락하면, 실질화폐공급이 증가하여 〈그림 2-10〉의 (a)에서 LM곡선은 $LM(P_0)$에서 $LM(P_1)$으로 우측 이동한다. 그 결과 생산물시장과 화폐시장의 동시균형을 가져오는 국민소득은 Y_0에서 Y_1으로 증가한다. 이때 IS곡선상의 소득증가는 이자율 하락($r_0 \rightarrow r_1$)에 따른 투자증가에 기인한다.

〈그림 2-10〉의 (b)에서 생산물시장과 화폐시장의 동시균형을 가져다주는 국민소득수준(Y)과 물가수준(P)의 조합, 즉 (Y_0, P_0)와 (Y_1, P_1)

을 연결하면 우하향하는 곡선 *AD*가 도출되는데, 이것을 총수요곡선 (aggregate demand curve)이라 한다.

AD곡선이 우하향하는 이유

총수요곡선도 미시경제에서 흔히 보는 보통의 수요곡선과 마찬가지로 우하향한다. 다시 말해, 총수요곡선은 물가수준이 하락하면 국민소득이 증가하고, 반대로 물가수준이 상승하면 국민소득이 감소하는 관계를 갖고 있다.

그러나 미시경제에서 특정 상품의 수요곡선이 그 가격에 대해서 우하향하는 이유는 주어진 소득수준에서 특정 상품의 가격이 오르면 소비자들이 상대적으로 가격이 저렴해진 대체재의 수요를 늘림으로써 그 상품의 수요가 감소하기 때문인 반면, 총수요곡선이 우하향하는 이유는 다른 조건이 일정할 때 물가수준의 상승이 실질화폐공급량을 감소시켜 이자율을 상승시키고, 그 결과 투자수요가 줄어들어 결국 총수요도 감소하기 때문이다.

MK Test Plus+
대체재
서로 비슷한 효용을 얻을 수 있는 재화의 관계를 말한다. 일반적으로 대체재의 관계에 있는 한 재화의 수요가 증가하면 다른 재화의 수요는 감소한다.

✚ AD곡선의 이동

AD곡선은 총수요량과 물가수준을 연결 짓고 있다. 물가수준이 일정할 때, 총수요의 변동을 가져오는 어떤 요인에 변화가 생기면 AD곡선은 이동하게 될 것이다. 총수요는 *IS*곡선과 *LM*곡선의 교차점에서 결정되므로 물가수준이 일정할 때 어떤 요인이 *IS-LM*곡선의 교차점을 우측으로 이동시켰다면 이는 총수요를 증가시키고, 따라서 AD곡선을 상방 및 우측으로 이동시킨다고 할 수 있다.

총수요는 $AD = C + I + G + (X - M)$이므로 IS곡선이 우측으로 이동하는 원인인 소비(C), 투자(I), 정부지출(G), 수출(X)의 증가 또는 조세(T)와 수입(M)의 감소는 AD곡선을 우측으로 이동시키고, 마찬가지로 LM곡선을 우측으로 이동하게 하는 원인인 확대금융정책 역시 AD곡선을 우측으로 이동시킨다.

총공급곡선

재화시장과 화폐시장이 결합하여 총수요의 크기가 결정되는 반면, 총공급(Aggregate Supply: AS)의 크기는 생산부문에서 결정된다. 생산 측면의 산출량(Y)은 노동과 자본의 투입에 의해 결정된다. 총공급의 크기를 파악하기 위해서는 산출량(Y)을 노동(L)과 자본(K)의 관계로 표시한 생산함수를 알아야 하고, 이는 노동과 자본에 대한 분석이 필요함을 뜻한다.

MK Test Plus+
단기와 장기
기계설비, 공장시설 등 자본의 크기를 변동시킬 수 없는 기간을 단기(short run)라고 하고, 자본의 크기를 변동시킬 수 있는 기간을 장기(long run)라고 한다.

가격과 임금의 완전신축성(complete flexibility)을 가정하는 고전학파와 가격과 임금의 경직성(rigidity)을 가정하는 케인즈학파는 단기와 장기에 있어서 노동시장의 분석에 차이를 보인다. 이에 따라 각각의 물가수준에서 기업전체가 생산하는 재화의 공급량을 나타내는 총공급곡선의 형태에 대해 고전학파와 케인즈학파의 견해차이가 나타나게 된다.

✛ 고전학파의 AS곡선: 장기

① 신축적인 가격변수
장기에는 가격변수가 신축적이므로 경제 전체의 총생산량은 노동(L),

자본(K), 생산기술 등 실물적인 요인에 의해서만 결정된다. 가격과 임금의 완전신축성을 가정하는 고전학파의 경우 물가(P)가 변동할 경우 같은 비율로 명목임금(W)이 변동하기 때문에 실질임금에는 변동이 없다. 실질임금이 변동하지 않는다면 고용량에도 변동이 없고 총공급 Y에도 변동이 없다.

② 수직의 장기총공급곡선

장기에는 물가가 변동하더라도 경제 전체의 총생산량은 변하지 않으므로 총공급곡선은 자연산출량 수준에서 수직선이 된다. 자연산출량 수준이란 한 경제 내 자원이 완전히 고용된, 실업이 자연실업률 상태에 있을 때의 생산량 수준을 말한다. 수직인 장기총공급곡선(LRAS)을 식으로 나타내면 다음과 같다.

$$LRAS: Y = Y_N \qquad (2.29)$$

MK Test Plus+
자연실업률
프리드먼이 제시한 개념으로, 사람들의 예상 인플레이션율과 실제 인플레이션율이 같아지는 장기균형에 대응하는 실업률을 말한다.

MK Test Memo

수직의 장기총공급곡선이 갖는 의미

총공급곡선이 수직이라는 것은 수요 측면의 변화와는 상관없이 공급측 요인에 의해서만 실질소득이 결정된다는 것을 의미한다. 따라서 고전학파모형에서 소득을 증가시키기 위해서는 생산능력 자체를 늘리는 방법, 즉 새로운 생산기술을 개발하거나 자본을 확충시키는 방법을 동원해야 한다. 그러나 단기에는 이러한 변수들이 고정되어 있다고 가정하고 있기 때문에 실질소득을 증대시킬 수 있는 방법은 사실상 없다. 또한 고전학파모형에서 결정된 소득수준은 완전고용이 이루어진 상태에서 얻어진 소득수준이기 때문에 그것을 변경시켜야 할 유인도 존재하지 않는다.

✛ 케인즈학파의 AS곡선: 단기

MK Test Plus+
하방경직성
경제변수들이 신축적으로 움직임으로써 균형의 달성이 용이해지는데, 경제변수의 움직임이 신축적이지 못할 때 하방경직성을 갖는다고 한다.

케인즈학파는 가격과 임금의 경직성을 가정한다. 특히 명목임금이 하락하지 않는 하방경직성을 가정한다. 따라서 충분한 정도의 유휴설비가 존재하고 물가가 경직적인 단기에는 주어진 물가수준하에서 산출량의 조정이 가능하다. 주어진 물가수준하에서 원하는 만큼 생산이 가능한 경우에는 총공급곡선이 수평선이 된다. 수평인 단기총공급곡선(SRAS)을 식으로 나타내면 다음과 같다.

$$SRAS: P = P_0 \tag{2.30}$$

그림 2-11 (a)　　　　　　**그림 2-11 (b)**

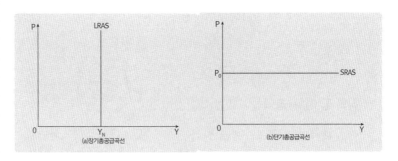

✛ 일반적인 단기총공급곡선

고전학파와 케인즈학파의 공급곡선이 서로 다른 형태로 도출되는 이유는 고전학파가 가격의 신축성을 가정하는 반면에 케인즈학파는 가격의 경직성을 가정하고 있기 때문이다. 하지만 현실은 고전학파와 케인즈학파의 가정 사이의 어딘가에 있을 것이다. 즉 가격은 완전히 신축적이라고 보기도 힘들며 또한 완전히 경직적이라고 할 수도 없을 것이다. 가격은 시간을 두고 천천히 조정된다고 보는 것이 현실적이다.

사실 단기적으로 보더라도 경기가 좋아지면 물가는 상승하기 시작하는 것이 일반적이며, 따라서 현실적인 거시경제분석을 위해서는 고전학파의 수직적인 AS곡선과 케인즈학파의 수평적인 AS곡선의 중간 형태인 우상향의 AS곡선을 생각해 볼 필요가 있는데, 우상향의 AS곡선을 설명하기 위한 4가지 정도의 유력한 학설이 제기되고 있다.

① 경직적 가격모형

경직적 가격모형(sticky price model)은 기업들의 가격조정이 신축적으로 이루어지지 않는다는 점에서 AS곡선이 우상향하는 이유를 찾는 모형이다. 이 모형은 독점적 경쟁기업의 최적화된 선택에 의해 AS곡선이 우상향함을 설명하는 모형으로 새케인즈학파의 AS곡선이라고도 한다.

기업들이 시장수요에 맞추어 가격을 신축적으로 조정할 수 있는 경우도 있지만, 구매자와의 거래관행이나 가격조정비용(menu cost) 등으로 가격조정이 어려울 수도 있다. 또한 어떤 기업들은 경제 상황에 맞추어 신축적으로 가격을 조정하는 대신에 합리적으로 가격을 예상하여 이를 일정하게 유지할 수도 있다. 이런 기업들은 물가가 변동할 때에 가격을 조정하기보다는 생산량을 조절하여 시장의 변화에 대응한다. 총수요의 증가로 물가가 상승할 때 이러한 기업들이 가격조정을 하지 않고 생산량을 증가시키게 되면 경제 전체의 생산량이 증가하게 되어 AS곡선이 우상향의 형태로 도출되게 된다.

② 경직적 임금모형

경직적 임금모형(sticky wage model)은 명목임금의 경직성으로 인해

MK Test Plus+
독점적 경쟁
경쟁시장과 같이 시장에 대한 진입과 이탈이 자유롭지만, 생산물의 차별화가 가능하여 기업이 일정부분 독점적인 지위를 누릴 수 있는 경쟁형태.

AS곡선이 우상향할 수 있음을 보이는 모형이다. 경직적 가격모형에서는 단지 재화시장에서의 생산자의 가격결정만이 문제가 되는 것으로 가정하여 AS곡선을 도출했다. 그러나 가격이 경직적인 이유는 생산비용의 경직성 때문일 수도 있다. 생산비용에서 가장 큰 부분을 차지하는 것은 임금이다. 많은 산업에서는 기업과 노동자 간의 협상을 통해 명목임금이 결정되는데, 명목임금이 결정되면 계약기간 내에서는 명목임금이 경직적이 된다. 명목임금이 경직적인 상황에서 물가가 상승하면 실질임금이 하락하게 되고, 실질임금이 하락하면 기업이 고용을 늘리게 되므로 경제 전체의 생산량이 증가하게 된다. 따라서 AS곡선이 우상향하게 된다.

③ 노동자 오인모형

노동자 오인모형(worker misperception model)은 AS곡선이 우상향하는 이유를 노동자들이 기업에 비해 정보가 부족하므로 명목임금의 변화를 실질임금의 변화로 오인하기 때문이라고 설명한다. 이 모형은 화폐환상모형(money illusion model) 혹은 비대칭 정보모형(asymmetric information model)이라고도 한다.

이 모형은 노동자가 명목임금에 관한 정보는 빨리 알 수 있지만 일반물가수준에 관한 정보는 곧바로 입수할 수 없다고 전제한다. 이에 반해 기업은 임금만이 아니라 일반물가수준에 대해서도 즉시 정보를 입수할 수 있기 때문에 상대가격에 관한 착각은 노동자에게는 발생하지만 기업에서는 발생하지 않게 된다. 따라서 노동공급은 예상실질임금을 기준으로 결정되지만, 노동의 수요는 실질임금에 의해 결정된다.

만약 물가가 상승하게 되면 실질임금이 하락하여 기업들의 노동수요가 증가하는데, 노동자들이 물가상승을 전혀 인식하지 못하거나 부분적으로 인식하는 경우에는 노동공급이 제한적으로 감소하므로 균형점은 예전보다 고용량이 증가된 점에서 결정된다. 이와 같이 화폐환상이 존재하는 경우에는 물가가 상승할 때 고용량의 증가로 인해 생산량이 증가하므로 우상향의 AS가 도출된다.

④ 불완전 정보모형

불완전 정보모형(imperfect information model)은 기업이 자사의 제품가격의 변동과 일반물가수준의 변동을 혼동하는 것과 같이 정보의 불완전성으로 인해 AS가 우상향함을 설명하는 모형이다.

개별 생산자는 전반적인 물가상승으로 인해 자신이 생산하는 재화의 가격이 상승한 경우에는 생산량을 증가시킬 이유가 없지만, 만약 자신이 생산하는 재화의 상대가격만 상승한 경우에는 이윤 증대를 위해 생산량을 늘려야 한다. 그러나 개별 생산자가 자신이 생산하는 재화의 가격은 잘 알고 있지만 다른 재화의 가격에 대해서는 정보가 불완전한 상태라고 한다면, 자신이 생산하는 재화의 가격이 상승할 때에 이것이 전반적인 물가상승에 의한 것인지 아니면 자신이 생산하는 재화의 상대가격이 상승한 것인지를 정확히 판단할 수가 없다. 이 경우 일반적인 물가상승으로 개별 기업이 생산하는 재화가격이 상승할 때 이 중 일부를 자신이 생산하는 재화가격의 상승으로 착각하여 생산량을 증가시키게 된다. 따라서 정보의 불완전성으로 인해 단기에는 AS곡선이 우상향의 형태를 갖게 된다.

✚ AS곡선의 이동

생산요소(노동, 자본 등)부존량, 기술수준 등이 변하면 AS곡선이 이동한다. 그러나 인구 증가, 자본축적 등에는 많은 시간이 걸리므로 AS곡선의 이동에는 많은 시간이 소요된다.

AD-AS모형에서의 균형

✚ 단기균형

〈그림 2-12〉에서와 같이 총수요곡선(AD)과 총공급곡선(AS)이 주어지면 두 곡선이 서로 교차하는 점에서 균형국민소득과 균형물가수준이 결정된다. 현재의 물가수준이 균형수준보다 높은 이라면 경제 전체의 총공급이 총수요보다 크므로 초과공급의 상태에 놓이게 된다. 초과공급이 되면 일부 생산자들은 재화를 판매하기 위해 가격을 낮추게 될 것이고 결국 물가는 균형수준으로 낮아지게 된다. 반면 물가가 균형수준보다 낮다면 일부 사람들이 더 높은 가격으로라도 재화를 구입하려고 할 것이므로 경제 전체의 물가수준이 상승하여 결국 균형으로 수렴하게 된다.

그림 2-12

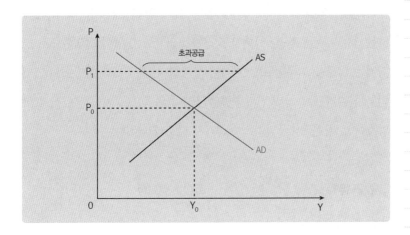

✚ 장기균형

장기에는 총공급곡선이 완전고용산출량(잠재 GDP) 수준에서 수직선이므로 국민소득도 완전고용국민소득수준에서 결정되나 단기 균형에서의 국민소득은 반드시 완전고용국민소득과 일치하는 것은 아니다.

① 균형국민소득이 완전고용국민소득에 미달하는 경우

〈그림 2-13〉의 ⓐ에서와 같이 균형국민소득이 완전고용국민소득에 미달하는 경우에는 노동을 비롯한 생산요소 중 일부가 실업상태에 놓이게 되므로 장기에는 임금을 비롯한 요소가격이 하락하게 된다. 임금을 비롯한 생산요소가격이 하락하면 기업의 생산비가 하락하므로 점차 단기총공급곡선이 오른쪽으로 이동하고, 그에 따라 물가는 하락하고 국민소득은 완전고용국민소득에 도달하게 된다.

MK Test Plus+
생산요소가격
생산을 하기 위한 노동, 토지, 자본에 대해 매겨지는 가격으로 임금, 지대, 이자를 말한다.

② 균형국민소득이 완전고용국민소득을 초과하는 경우

〈그림 2-13〉의 ⓑ에서와 같이 국민소득이 완전고용국민소득을 초과하는 경우에는 노동을 비롯한 생산요소의 부족현상이 발생하므로 장기에는 임금을 비롯한 요소가격이 상승한다. 요소가격 상승으로 기업의 생산비가 상승하면 단기총공급곡선이 왼쪽으로 이동하여 결국 국민소득은 완전고용국민소득수준까지 감소하게 된다.

그림 2-13 (a)　　　　　그림 2-13 (b)

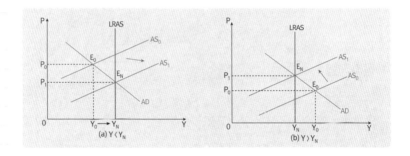

1. 고전학파의 국민소득 결정이론

∨ 고전학파의 기본 가정 ·· □

∨ 균형국민소득의 결정 과정에 대한 이해 ································· □

∨ 고전학파모형의 특징과 평가·· □

2. 케인즈의 국민소득 결정이론

∨ 케인즈이론의 기본 가정 ··· □

∨ 균형국민소득의 결정 과정에 대한 이해 ································· □

∨ 절약의 역설에 대한 고전학파와 케인즈학파의 견해 차이 ······· □

∨ 승수효과에 대한 이해 ··· □

3. IS-LM모형

∨ IS곡선의 기울기에 대한 고전학파와 케인즈학파의 견해 차이············ □

∨ LM곡선의 기울기에 대한 고전학파와 케인즈학파의 견해 차이 ········· □

∨ IS-LM모형에서 균형이 이루어지는 과정에 대한 이해···················· □

∨ IS-LM모형의 한계 ··· □

4. AD-AS모형

∨ 고전학파와 케인즈학파의 AS곡선에 대한 견해 차이 ················· □

∨ 우상향의 일반적 AS곡선에 대한 모형들································ □

∨ AD-AS모형에서 균형이 이루어지는 과정에 대한 이해 ················ □

MK Key word

1. 고전학파의 국민소득 결정이론
   • 세이의 법칙, 가격변수의 신축성, 완전예견, 완전경쟁시장, 가격수용자

2. 케인즈의 국민소득 결정이론
   • 소득-지출모형, 유효수요이론, 가격의 경직성, 화폐환상, 총지출, 소비지출, 처분가능소득, 기초소비, 한계소비성향, 한계저축성향, 투자, 독립투자, 유발투자, 정부지출, 순수출, 균형국민소득, 절약의 역설, 인플레이션갭, 디플레이션갭, 승수효과, 자동안정화장치, 균형재정승수

3. IS-LM모형
   • IS곡선, LM곡선, 야성적 충동, 유동성선호설, 유동성함정

4. AD-AS모형
   • 총수요, 총수요곡선, 총공급, 총공급곡선, 경직적 가격모형, 경직적 임금모형, 노동자 오인모형, 화폐환상모형, 비대칭정보모형, 불완전정보모형

🏃 핵심 개념 문제

01 ○○○ ○○이란 '공급은 스스로 수요를 창출한다'. 즉 공급이 이루어지면 그만큼의 수요가 생겨나므로 경제전체로 볼 때 수요의 부족에 따른 초과공급이 발생하지 않음을 의미한다. ○○○ ○○이 성립하면 경제전체로 볼 때 지속적인 과잉생산은 이루어지지 않는다.

정답: 세이의 법칙

02 케인즈는 시장에서 수요와 공급행위, 그리고 특히 노동시장의 노동공급에서 ○○○○이 존재한다고 보았다. 즉 노동자들의 노동공급이 실질임금이 아닌 명목임금에 의해 결정된다는 것이다.

정답: 화폐환상

03 처분가능소득이 1단위 증가할 때 소비가 증가하는 비율을 ○○○ ○○○이라고 하고, 처분가능소득이 1단위 증가할 때 저축이 증가하는 비율을 ○○○○○○이라고 한다.

정답: 한계소비성향, 한계저축성향

04 케인즈는 투자를 두 가지로 구분했는데, ○○○○는 기업가의 예상이나 심리의 변화와 같이 소득과 무관하게 결정되는 투자이고, ○○○○는 소득이 증가하면 소비지출이 늘어남으로 인해 이것이 생산을 자극하여 기업이 생산설비를 확충시키는 과정에서 유도되는 투자이다.

정답: 독립투자, 유발투자

05 ○○○ ○○이란 모든 개인이 절약을 하여 저축을 늘리면 총수요가 감소하여 국민소득이 감소하게 되어 결국 경제 전체적으로 총저축이 늘어나지 않거나 오히려 감소하는 것을 말한다.

정답: 절약의 역설

06 ○○○○란 외생적으로 결정되는 투자지출 또는 정부지출이 증가(감소)할 때 그 증가분(감소분)의 일정 배수만큼 국민소득이 증가(감소)하는 효과를 말한다.

정답: 승수효과

07 ○○○○○○○은 케인즈이론의 완결이론으로 생산물시장과 화폐시장의 상호작용을 통합하여 동시에 분석하는 표준적인 방법이다.

정답: IS-LM모형

08 고전학파는 투자가 이자율에 대해 탄력적이므로 IS곡선이 ○○○ 기울기를 갖는다고 주장한다. 반면에 케인즈학파는 투자가 이자율에 대해 비탄력적이므로 IS곡선이 ○○○ 기울기를 갖는다고 주장한다.

정답: 완만한, 가파른

09 극단적으로 이자율수준이 너무 낮아서 모든 사람들이 이자율이 곧 상승할 것이라고, 즉 채권가격이 하락할 것이라고 생각한다면, 투기적 화폐수요가 무한히 증가하여 IS곡선은 수평선이 되는데 케인즈는 이러한 상황을 ○○○○○이라고 하였다.

정답: 유동성함정

10 고전학파는 장기에는 물가가 변동하더라도 경제 전체의 총생산량은 변하지 않으므로 총공급곡선은 자연산출량 수준에서 ○○○이 된다고 본다. 케인즈학파에 의하면 충분한 정도의 유휴설비가 존재하고 물가가 경직적인 단기에는 주어진 물가수준하에서 산출량의 조정이 가능하므로 총공급곡선이 ○○○이 된다.

정답: 수직선, 수평선

Lesson **03**   거시경제정책

01 거시경제정책

거시경제정책

✚ 재정정책

거시경제학에서의 재정정책(fiscal policy)이란 경제가 불황에 빠지거나 경기가 과열되어 인플레이션이 발생하는 것을 방지하고, 경제의 안정화를 위해 정부가 재정을 관리하는 모든 정책을 말한다. 대표적인 재정정책으로는 국채와 지방채 등 공채의 발행에 의한 정부지출활동, 감세와 증세 등의 조세정책을 들 수 있다. 재정정책은 금융정책과 더불어 가장 중요한 총수요관리정책 수단이다.

✚ 금융정책

거시경제를 운영할 때 재정정책과 함께 중요한 역할을 담당하는 것이 금융정책(monetary policy)이다. 기본적으로 금융정책의 목표는 재정정책과 마찬가지로 경제변동을 가능한 한 완화하고 안정적인 경제성장을 실현하는 데 있다. 보다 구체적으로는 완전고용의 달성과 유지, 물가의 안정, 국제수지의 균형 등을 들 수 있을 것이다. 이러한 정책목표 중에서 금융정책에 있어서 가장 중요한 목표는 물가의 안정이다. 금융정책은 통화공급의 조절을 통하여 경제활동에 영향을 미치게 되는데, 화폐적인 요인에 의해 물가수준이 좌우되는 경우가 많기 때문이다.

재정정책

✚ 재정정책의 효과

정부지출이 증가하면 *IS*곡선이 우측으로 이동하므로 균형국민소득은 증가하고 이자율이 상승한다. 정부지출의 증가가 통화의 공급이나 증세에 의한 것이 아니라면 채권발행에 의한 것인데, 채권공급의 증가로 인해 채권가격이 하락함으로써 이자율이 상승하게 되는 것이다. 이자율이 상승하게 되면 민간의 투자가 억제되므로, 통화의 공급을 수반하지 않는 정부지출의 증가는 균형국민소득의 증가에 제한적인 영향을 미치게 된다. 이러한 효과를 구축효과(crowding-out effect)라고 한다.

또한 확대적인 재정정책으로 인해 국민소득이 증가하면 화폐수요가 증가하게 되는데, 화폐수요의 증가도 이자율의 상승을 가져온다.

MK Test Plus+
구축효과
경기부양을 위해 정부가 지출을 늘리려면 국채의 발행과 같은 방법에 의해야 하는데, 국채발행은 이자율의 상승을 불러 일으켜 민간의 투자를 감소시킨다. 따라서 정부지출에 의한 경기부양의 효과는 제한적이게 된다.

그림 3-1

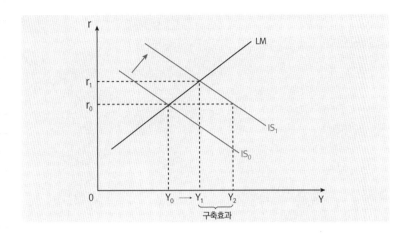

✚ 재정정책의 파급경로

MK Test Plus+
승수효과
케인즈의 단순모형에서 독립투자에 의한 지출이 투자승수에 의해 국민소득을 몇 배로 증가시키는 현상을 말한다.

① 확대적인 재정정책으로 정부지출이 증가하면 총지출(유효수요)이 증가하여 국민소득 또한 증가하게 된다.

② 국민소득이 증가하면 화폐수요가 증가하여 이자율이 상승한다. 또한 정부의 지출이 채권의 발행에 의할 때에도 채권 공급의 증가로 인해 이자율이 상승한다.

③ 이자율의 상승으로 인해 민간부문의 투자가 감소하여 총지출이 감소한다. 따라서 정부지출의 증가에 의한 국민소득 증가분의 일부가 잠식된다.

④ 따라서 승수모형에서보다 국민소득의 증가폭은 작게 나타난다.

> **재정정책의 상대적 유효성**
>
> IS곡선이 수직에 가까울수록(투자의 이자율탄력성이 작을수록), 그리고 LM곡선이 수평에 가까울수록(화폐수요의 이자율탄력성이 클수록) 재정정책의 효과는 커진다.

금융정책

✚ 금융정책의 효과

통화량이 증가하면 LM곡선이 하방(우측)으로 이동하므로 이자율이 하락하고, 그에 따라 민간투자가 증가하므로 국민소득이 증가한다. 금융정책의 경우엔 그 결과로 이자율이 하락하므로 재정정책과는 달리 구축효과가 발생하지 않는다. 하지만 금융정책이 실현되는 데에는 여러 단계가 소요되므로 재정정책에 비해 전달경로가 길다는 문제점이 있다.

① 재정정책: 정부지출의 증가 → 총지출의 증가

② 금융정책: 통화량 증가 → 이자율 하락 → 투자 증가 → 총지출의 증가

그림 3-2

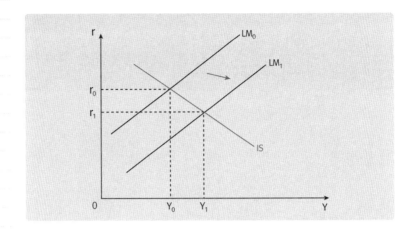

✚ 금융정책의 파급경로

① 확대적인 금융정책으로 화폐시장에 초과공급이 발생하면 이자율이 하락한다.

② 이자율이 하락하면 투자가 증가하므로 국민소득이 증가한다.

③ 국민소득이 증가하면 화폐수요가 증가하여 부분적으로 이자율이 상승하므로 당초 투자의 증가분 중 일부가 상쇄된다.

④ 따라서 승수모형에서보다 국민소득의 증가폭은 작게 나타난다.

금융정책의 상대적 유효성

*IS*곡선이 수평에 가까울수록(투자의 이자율탄력성이 클수록), 그리고 *LM*곡선이 수직에 가까울수록(화폐수요의 이자율탄력성이 작을수록) 금융정책의 효과는 커진다.

재정정책과 금융정책의 상대적 유효성 02

이 절에서는 *IS-LM*모형을 이용하여 재정정책과 금융정책의 상대적 유효성을 살펴보도록 한다. 이러한 논의는 국민소득을 변동시키는 데 있어서 재정정책과 금융정책 중 어느 정책이 더 효과적인가에 관한 논쟁과 관련이 있다. 고전학파의 전통을 이어 받은 통화주의자와 케인즈학파는 *IS*곡선과 *LM*곡선의 기울기에 대해 서로 다른 견해를 보이고 있고, 그로 인해 통화주의자가 선호하는 경제정책과 케인즈학파가 선호하는 경제정책이 서로 다르게 나타난다.

MK Test Plus+
통화주의
거시경제정책 중에서 통화정책(금융정책)이 가장 중요하다고 보는 견해를 말한다. 밀턴 프리드먼이 통화주의의 대표적인 경제학자이다.

*IS-LM*곡선의 기울기와 정책의 유효성

✚ *IS-LM*곡선의 기울기와 이자율탄력성

① 완만한 기울기

완만한 기울기의 *IS-LM*곡선의 경우에는 이자율의 작은 변동에도 국민소득이 크게 변동하는 모습을 보이게 되는데, 이럴 때 탄력적(elastic)이라는 표현을 쓴다. *IS*곡선이 이자율에 대하여 탄력적이라는 것은 투자가 이자율에 대해 탄력적이라는 뜻이고, *LM*곡선이 이자율에 대해 탄력적이라는 것은 화폐수요가 이자율에 대해 탄력적이라는 뜻이다.

② 가파른 기울기

기울기가 가파른 *IS-LM*곡선에 대해서는 반대의 현상이 나타난다. 즉 이자율이 큰 폭으로 변화하더라도 국민소득은 소폭 변화에 그친다. 이럴 때 비탄력적(inelastic)이라는 표현을 쓴다.

✚ *LM*곡선의 기울기와 총수요관리정책의 상대적 유효성

〈그림 3-3〉의 (a)와 (b)에서 *LM*곡선은 각각 특수한 상황을 묘사하고 있다.

그림 3-3 (a)　　　　　　　　**그림 3-3 (b)**

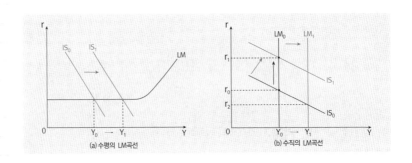

① *LM*곡선이 수평인 경우

(a)처럼 *LM*곡선이 수평일 때 *IS*곡선이 이동하면, 이동한 정도만큼 국민소득이 증가한다. 그러나 이때 *LM*곡선의 이동은 소득증가를 가져올 수 없다. 즉 재정정책의 효과는 있지만 금융정책의 효과는 없다.

② *LM*곡선이 수직인 경우

(b)처럼 *LM*곡선이 수직이면, 이때 *IS*곡선의 이동은 이자율만 상승시킬 뿐 소득증가는 가져오지 못한다. 하지만 *LM*곡선의 이동은 소득증가에 미치는 효과가 크다. 즉 재정정책의 효과는 없지만 금융정책의 효과는 있다.

┌───
│ 〔MK Test Memo〕
│ *LM*곡선의 기울기와 거시경제정책의 유효성
│   결국 *LM*곡선의 기울기가 완만하다면 재정정책의 효과가 크고
│ 금융정책의 효과는 작은 반면, *LM*곡선의 기울기가 가파르다면 재
│ 정정책의 효과는 작고 금융정책의 효과가 커지게 된다.
└───

➕ *IS*곡선의 기울기와 총수요관리정책의 상대적 유효성

① *IS*곡선이 수직인 경우

*IS*곡선이 〈그림 3-4〉의 (a)처럼 수직이라면, *IS*곡선을 이동시키는 재정정책의 효과가 강력하지만 *LM*곡선을 이동시키는 금융정책은 효과가 없다.

② *IS*곡선이 수평인 경우

*IS*곡선이 (b)처럼 수평이라면, *IS*곡선이 우측으로 이동하는 것은 소득을 전혀 증가시키지 못하며 오직 *LM*곡선의 이동으로만 소득을 증가시킬 수 있다. 따라서 *IS*곡선이 수평이라면 재정정책의 효과는 없고, 금융정책의 효과는 클 것이라는 결론을 도출할 수 있다.

그림 3-4 (a)   그림 3-4 (b)

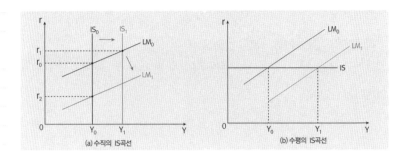

(a) 수직의 IS곡선   (b) 수평의 IS곡선

MK Test Memo

*IS*곡선의 기울기와 거시경제정책의 유효성

결국 *IS*곡선의 기울기가 완만하다면 재정정책의 효과는 작고 금융정책의 효과는 큰 반면, *IS*곡선의 기울기가 가파르다면 재정정책의 효과는 크고 금융정책의 효과가 작아지게 된다.

고전학파와 케인즈학파의 경제정책

MK Test Plus+
자유방임상태
경제주체들의 경제활동에 대한 자유가 최대한으로 보장된 상태.

케인즈 이후 재정정책과 금융정책의 유효성에 대해 케인즈학파와 고전학파 사이에 격렬한 논쟁이 벌어진 적이 있다. 케인즈학파는 자유방임상태의 시장경제는 그 자체만으로는 불안정하다고 믿는다. 따라서 정부가 개입하여 시장경제에 불안정을 초래하는 요소들을 제거해야 하며, 이를 위해서는 재정정책이 유효하다고 주장했다.

반면에 고전학파는 시장경제가 불안정한 것은 정부가 시장에 지나치게 개입하기 때문이라고 생각했다. 따라서 경제정책이 꼭 필요하더라도 정부의 직접적인 개입이 상대적으로 배제될 수 있는 금융정책이 바람직하다고 주장했다. 이러한 두 학파의 견해 차는 *IS*곡선과 *LM*곡선의 형태에 대한 주장에서도 나타난다.

✚ IS곡선의 기울기에 대한 견해의 차이

IS곡선의 경우 케인즈학파는 투자의 이자율탄력성이 낮기 때문에 〈그림 3-4〉의 (a)처럼 IS곡선이 가파른 기울기를 갖게 되므로 재정정책이 유효하다고 주장했다. 반면 고전학파는 투자의 이자율탄력성이 높기 때문에 〈그림 3-4〉의 (b)처럼 IS곡선은 완만한 기울기를 갖게 되므로 금융정책이 유효하다고 주장했다.

✚ LM곡선의 기울기에 대한 견해의 차이

① 케인즈학파

LM곡선에 대해서는, 극단적인 케인즈학파는 유동성함정(liquidity trap)이 존재하여 〈그림 3-3〉의 (a)처럼 LM곡선이 수평인 상황을 전제하였다. 이자율이 0에 가까운 상태에서는 투기적 화폐수요의 이자율탄력성이 거의 무한에 가까울 가능성이 있다. 그리고 이 경우에는 통화량이 증가해도 거의 대부분의 사람들이 그런 낮은 이자율 수준이 오래갈 수 없을 뿐만 아니라, 앞으로 이자율이 반드시 상승할 것으로 기대할 것이다. 따라서 채권을 매입하는 사람은 거의 없을 것이고, 모두 이자율이 상승할 때 채권을 싼 가격으로 매입하기 위해 화폐보유를 늘릴 것이다.

② 고전학파

고전학파는 〈그림 3-3〉의 (b)처럼 LM곡선이 수직인 상황을 전제했다. 그 이유는 화폐가 순전히 거래목적으로만 수요되며 투기적 수요는 존재하지 않기 때문에, 이자율의 변화가 있더라도 화폐에 대한 수요는 변하지 않는다고 믿기 때문이다.

응용문제 다음은 소비, 투자의 이자율 탄력성과 총수요곡선에 관한 설명이다. 틀린 것을 고르면?

① 소비와 투자의 이자율 탄력성이 높을수록 총수요곡선의 기울기가 완만하다.

② 소비와 투자의 이자율 탄력성이 높다면 통화정책을 사용하는 것이 유리하다.

③ 생산비용이 상승한 경우 소비와 투자의 이자율 탄력성이 높을수록 물가 상승효과가 크다.

④ 총수요곡선은 IS-LM곡선으로부터 도출할 수 있다.

⑤ 케인즈 학파는 투자의 이자율 탄력성이 낮다고 주장한다.

정답: ③

해설: 소비와 투자의 이자율 탄력성이 높을수록 IS곡선이 완만하고 그에 따라 AD곡선도 완만하다. 투자의 이자율 탄력성이 높을 경우 재정정책을 사용하면 구축효과가 크게 발생하기 때문에 통화정책을 사용하는 것이 더 낫다. 생산비용의 상승은 AS곡선의 상향 이동을 유발한다. 소비와 이자율 탄력성이 높을수록 AD곡선이 완만하므로 AS곡선 이동에 따른 물가 상승 효과가 작다. 케인즈 학파는 투자의 이자율 탄력성이 낮아 재정정책이 효과적이라고 주장한다.

400 ✦ 매경TEST 경제편

✚ 케인즈영역과 고전학파영역

고전학파와 케인즈학파의 주장들은 모두 그들이 전제하고 있는 특수한 상황에서 유효하다. 하지만 이자율이 0에 가까울 정도로 낮은 수준이 꾸준히 유지된 적은 드물며 화폐에 대한 수요 역시 거래목적에만 의한 것도 아니다. 아마 현실 경제는 고전학파와 케인즈학파가 상정하고 있는 상황 사이의 어디쯤에 있을 것이다. 현실의 경제와 거시경제정책 사이의 유효성에 대하여 대략 다음과 같은 합의가 이루어져 있다.

그림 3-5

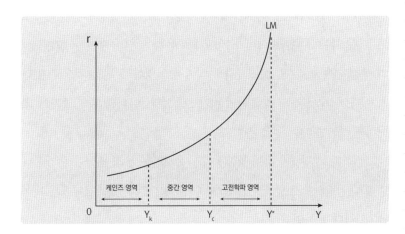

〈그림 3-5〉에서 보듯이 아주 낮은 이자율수준에서는 *LM*곡선이 수평선에 가깝고, 잠재적 GDP 또는 완전고용 국민소득($Y*$)에 가까운 상황에서는 *LM*곡선이 수직선에 가깝다. 따라서 이자율이 아주 낮을 때에는 재정정책이 금융정책보다 더 유효하고, 완전고용에 가까운 상황에서는 반대로 금융정책이 재정정책보다 더 유효하다고 볼 수 있다. 흔히 OY_K 구간을 케인즈영역, $Y_K Y_C$ 구간을 중간영역, $Y_C Y*$ 구간을 고전

학파영역이라 한다.

부의 효과(자산효과)와 경제정책

✚ 부의 효과

케인즈는 경제가 유동성함정에 있을 경우 금융정책은 효과가 없다고 주장했다. 이에 대한 반론으로서 고전학파는 금융정책의 유효성을 주장하기 위해 부의 효과(wealth effect)를 제시했다. 지금까지의 경제모형에서 소비는 가처분소득(Y-T)의 증가함수로만 가정했으나 실제로 소비는 가처분소득뿐만 아니라 가계가 보유하는 금융자산과 실물자산의 실질가치, 즉 부의 실질가치에 의해서도 영향을 받는 것으로 알려져 있다. 이렇듯 부의 효과란 소비가 소득뿐만 아니라 부의 증가에 의해서도 증가한다는 것을 말한다.

고전학파는 경제가 유동성함정에 있을지라도 부의 효과가 존재한다면 확대금융정책으로 국민소득을 증가시킴으로써 경기침체에서 벗어날 수 있다고 하였다.

✚ 부의 효과와 *IS*곡선의 기울기

가계가 보유하는 실질 부는 실질화폐량, 채권, 자본의 합계이다. 그런데 이자율의 변화는 채권의 실질가치에 영향을 미쳐 소비 및 소득수준에 변화를 가져온다.

원래 *IS*곡선은 이자율의 하락이 투자의 증대를 가져와 국민소득을

MK Test Plus+
가처분소득
소득 가운데 세금을 제외한 부분으로 소비나 저축을 자유롭게 할 수 있는 소득을 말한다.

증대시키므로 우하향한다. 여기에 부의 효과까지 고려하게 되면, 이자율 하락이 채권가치의 상승을 통해 실질 부를 증가시켜 소비까지 자극하게 되므로 균형국민소득은 더욱 증대될 것이다. 따라서 하락한 이자율에 대응되는 국민소득이 종전보다 커야 하므로 IS곡선의 기울기는 보다 완만해진다.

✚ 부의 효과와 경제정책의 유효성

곡선의 기울기가 완만해지면 IS곡선이 가파를 때보다 일정 규모의 LM곡선 이동이 유발하는 국민소득 증가효과가 더욱 커진다.

그림 3-6

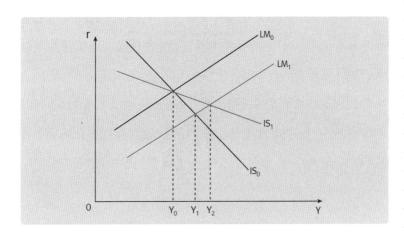

〈그림 3-6〉에서 확대금융정책에 따라 LM곡선이 LM_0에서 LM_1으로 이동하면 기울기가 보다 완만한 IS_1에서 확대적 효과가 더 커짐을 확인할 수 있다. 결국 부의 효과를 도입하면 이자율이 자산 가치에 미치는 효과를 통하여 금융정책의 유효성이 증대된다. 반면 확대재정

정책은 이자율을 상승시키고 실질 자산가치의 하락을 초래하여 결국 소비를 감소시키고, 따라서 소득증대효과를 부분적으로 상쇄시킨다.

✚ 피구효과

MK Test Plus+
명목화폐량
유통되는 화폐들의 액면가를 단순히 합한 금액이다.

① 부의 효과와 피구효과

이자율의 하락에 의한 자산가치의 증가 외에도, 명목화폐량(M)의 증가나 물가(P)의 하락 역시 실질 자산가치의 증가를 가져온다. 이러한 원인에 의한 실질 자산가치의 증가도 부의 효과를 일으키므로, 주어진 이자율 수준에서 생산물시장의 균형을 이루게 하는 국민소득수준은 상승하며 IS곡선은 우측으로 이동한다.

원래 물가의 하락은 LM곡선을 우측으로 이동시킨다. 그러나 LM곡선이 0에 가까운 이자율수준에서 수평인 형태를 갖는다면 유동성함정에 빠져서 물가가 아무리 하락하더라도 소득증대의 효과를 낳지 못한다. 그러나 부의 효과가 도입되면 물가가 하락함에 따라 실질자산이 증가하고, 이것이 소비의 증가를 가져와 IS곡선을 우측으로 이동시키고 국민소득 증가를 통해 유동성함정 문제를 해결할 수 있다. 이것이 피구효과(Pigou effect)로서 〈그림 3-7〉을 통해 확인할 수 있다.

MK Test Plus+
유동성함정
금리가 매우 낮은 수준에서는 사람들이 가까운 장래에 금리가 상승할 것으로 예상하므로 채권을 매입하기보다는 현금을 보유하려 한다. 이에 따라 금리를 내려도 소비나 투자가 진작되지 않는 상태를 유동성함정이라고 한다.

그림 3-7

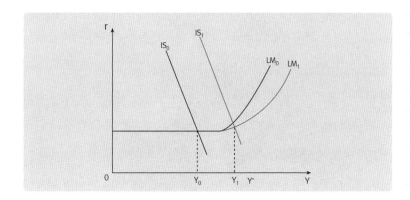

② 피구효과에 의해 완전고용 균형 달성

완전고용 국민소득은 Y^*인데 수요측면의 균형이 Y_0에서 이루어졌다면 초과공급으로 인해 물가가 하락할 것이며, LM곡선이 우측으로 이동하게 된다. 그러나 LM곡선의 우측 이동만으로는 국민소득이 완전고용수준에 도달할 수 없다. 하지만 피구효과에 의해 IS곡선도 우측으로 충분히 이동한다면 고전학파적인 완전고용 균형은 달성될 수 있다.

MK Test Memo

피구효과의 의의

피구효과는 유동성함정의 상황에서도 금융정책이 유효하다는 의미를 갖고 있다. 중앙은행이 발행한 통화의 실질가치(M/P)가 증가한다면, 소비가 증대되어 IS곡선이 우측으로 이동하여 총수요가 증가될 수 있기 때문이다. 이 과정은 물가하락을 통한 피구효과를 이용해서도 설명될 수 있다. 물가하락이나 화폐공급의 증가는 모두 LM곡선을 우측으로 이동시키고, 피구효과에 따라 IS곡선도 우측으로 이동시키기 때문이다.

가속도원리와 경제정책

MK Test Plus+
가속도원리

최초의 소득 증가가 소비를 증가시키고, 이것이 기업의 투자를 유발하는 과정이 계속되어 결국 증가된 소득보다 훨씬 더 많은 투자가 이루어지는 것을 말한다.

지금까지의 거시경제 모형에서 다룬 투자지출과 관련된 승수효과는 독립투자의 변화에 의해 나타나는 것이었다. 그런데 일반적으로 소득이 증가하면 소비지출이 늘어나며, 이것은 생산을 자극한다. 이때 기업은 기존의 생산설비를 확장시켜야 하는데, 이것은 투자를 통해서 이루어진다. 이렇게 소득의 변화에 따라 유발되는 투자를 유발투자(induced investment)라고 한다. 소득, 즉 생산의 증가와 유발투자 사이의 관계는 가속도원리(acceleration principle)로 설명할 수 있다.

✚ 가속도원리와 *IS*곡선의 기울기

가속도원리를 응용하여 투자가 이자율의 감소함수일 뿐만 아니라 동시에 소득의 증가함수인 경우 생산물시장의 균형을 나타내는 *IS*곡선의 기울기는 더욱 완만해진다. 이자율의 하락은 투자의 증가를 통해 소득의 증가를 가져오며, 이에 따라 투자가 더욱 증가하기 때문이다.

✚ 가속도원리와 경제정책의 유효성

투자가 이자율만의 함수일 때 확대적 재정정책은 이자율을 상승시켜 투자를 감소시킨다. 그러나 투자가 이자율뿐만 아니라 소득의 함수이기도 하다면, 확대재정정책으로 인한 이자율의 상승과 소득의 증가가 투자에 대해 서로 반대되는 영향을 미치므로 투자는 투자의 이자율탄력성과 소득탄력성의 상대적인 크기에 따라 결정된다.

① 경기가 침체된 상황

경기가 침체된 상황, 즉 *LM*곡선의 기울기가 완만할 때 확대재정정책을 쓰면, 이자율의 상승은 작고 소득의 증가는 상대적으로 크기 때문에 투자가 증가할 가능성이 크다. 경기가 침체되어 유휴시설이 존재할 때 확대재정정책을 사용하면, 비록 이자율 상승이 투자를 감소시킨다 하더라도 소득의 증가로 인한 투자증가가 상대적으로 크므로 확대재정정책의 효과는 더욱 커진다.

② 경기가 호황인 상황

경기가 호황이고 이자율이 높을 때 확대재정정책을 사용하면 소득증가에 의한 투자증가보다는 이자율 상승으로 인한 투자의 감소가 상대적으로 더 크므로 확대재정정책의 효과는 작아진다. 그러므로 이런 경우에는 상대적으로 금융정책이 재정정책보다 더 효과적이다.

03 새고전학파 vs 새케인즈학파

새고전학파의 견해

1973년, 루카스(R. Lucas)는 불완전한 정보 속에서도 경제주체들이 미래에 대해 합리적인 예상을 한다고 가정하는 거시경제이론을 제시하였다. 이러한 방법론을 받아들여 사전트(T. Sargent), 월리스(N. Wallace) 등의 경제학자들을 중심으로 전개된 이론적 흐름을 새고전학파(New Classical School)라고 지칭한다.

새고전학파는 신축적 가격조정으로 인해 즉각적인 시장청산(market-clearing)이 이루어진다고 가정한다. 이들을 새고전학파라고 지칭하는 것도 고전학파의 이러한 전통을 이어받고 있기 때문이다. 또한 경제상황에 대한 경제주체들의 정보가 불완전할 수 있다는 불완전정보(imperfect information)의 상황을 상정하고, 방법론적 측면에서 미시경제학적인 최적화이론에 기초하여 거시경제함수를 분석한다.

✚ 리카도 등가정리

① 리카도 등가정리의 개념

정부지출수준이 일정하게 주어져 있을 때, 정부지출의 재원조달방법(조세 또는 국채발행)의 변화는 민간부문의 경제활동에 아무런 영향을 주지 못한다는 것이 리카도 등가정리(Ricardian equivalence theorem)이다. 리카도 등가정리는 고전학파 경제학자인 리카도(D. Ricardo)에 의해 제기되었고, 새고전학파 경제학자인 배로(R. Barro)에 의하여 체계화된 것으로 공채중립성정리(debt neutrality theorem)라고도 한다.

② 케인즈학파의 견해

케인즈학파의 견해에 의하면, 정부지출이 고정된 상태에서 국채를 발행하고 조세를 감면하면 민간의 처분가능소득이 증가하므로 소비가 증가한다. 민간의 소비가 증가하면 총수요가 증가하므로 그에 따라 국민소득도 증가하게 된다. 즉 조세를 감면하고 국공채발행으로 재원조달방식을 변경하면 확대재정정책의 효과가 발생한다. 다만 국채가 발행되면 경제 전체의 총저축이 감소하므로 실질이자율이 상승하고, 그에 따라 민간투자가 일부 감소하는 구축효과가 발생한다.

③ 새고전학파의 견해

이에 반해 새고전학파의 견해는, 합리적인 개별 경제주체들은 조세가 감면되고 국채가 발행되면 미래의 조세증가를 예상하고 이에 대비하여 저축을 증가시키므로 민간소비가 전혀 증가하지 않는다는 것이다. 따라서 합리적인 소비자들은 국채를 자산이 아닌 부채로 인식하기 때문에 국채가 발행되더라도 소비가 증가하지 않게 된다. 즉 리카도 등가정리는 재정정책의 무력성을 시사한다.

④ 리카도 등가정리에 대한 비판

리카도 등가정리가 현실적으로 성립하는가에 대해서는 많은 의문이

제기되고 있다. 이것은 리카도 등가정리가 제약된 가정하에서 도출된 것이기 때문이다.

MK Test Plus+
완전자본시장
완전경쟁적이며 시장의 모든 경제주체들은 합리적으로 행동하고, 거래비용과 세금, 정보에 대한 접근비용이 존재하지 않는 시장을 완전자본시장이라고 한다.

MK Test Plus+
경제활동인구
일반적으로 만 15세 이상의 인구 중에서 재화나 용역을 생산하기 위해 노동을 제공할 의사와 능력이 있는 사람을 말한다.

- 리카도 등가정리가 성립하기 위해서는 저축과 차입이 자유롭고 저축이자율과 차입이자율이 동일하다는 완전자본시장의 가정이 충족되어야 한다. 사람들이 소비지출을 늘리고 싶지만 차입에 제약이 있다면 현재의 가처분소득에 의해 소비가 결정될 것이고, 이 경우 국채가 발행되고 조세가 감면되면 가처분소득이 늘어나므로 소비가 증가하게 된다.

- 리카도 등가정리가 성립하려면 조세의 부담을 지는 경제활동인구의 증가율이 0%이어야 한다. 국채발행으로 현 시점에서 조세가 감면되면 미래시점의 조세부담이 증가하게 되는데, 경제활동인구의 증가율이 (+)이면 개인별로 볼 때 미래에 부담할 조세의 현재가치는 현시점에서 감면되는 조세의 크기보다 작아진다. 따라서 소비를 증가시킬 가능성이 높아진다.

- 리카도 등가정리가 성립하려면 소비자들이 합리적이고 미래지향적이어야 한다. 그러나 현실에서 소비자들은 매우 근시안적인 소비행태를 보이곤 한다. 따라서 먼 미래의 조세증가는 현재의 조세감소에 비해 소비에 미치는 영향이 작을 수 있다.

✚ 루카스 공급곡선과 정책무력성명제

① 기업의 물가에 대한 합리적인 예상

루카스는 다른 기업 상품가격과 자기 상품가격의 차이인 상대가격이 생산에 관한 의사결정에 있어서 중요한 것이라고 보았다. 만약 시장에서 자신의 상품가격만 상승한다면, 이것은 다른 기업의 상품에 비해 자신의 상품이 상대적으로 높게 평가받게 되었음을 의미한다. 따라서 생산요소의 투입을 증가시켜서 보다 많은 상품을 생산하면 더 큰 이윤을 낼 수 있다.

그러나 개별기업은 상대가격 변화와 전체 물가를 말하는 일반물가수준의 변동을 정확히 구별하기 힘들다. 이러한 불완전정보의 상황에서 각 기업들은 주어진 정보를 최대한 활용하여 일반물가수준을 합리적으로 예상하고, 이에 따라 산출량을 결정하려 할 것이다.

② 개별 기업의 공급곡선

기업의 물가에 대한 예상을 반영한 공급곡선은 다음의 식으로 표현된다.

$$Y_i = Y_i^* + \gamma(P_i - P_i^e) \quad (\gamma > 0) \tag{3.1}$$

여기서 Y_i 는 개별 기업 i 의 산출량, Y_i^* 는 이 기업의 정상적 산출수준, γ 는 기업 i 의 산출량이 상대가격변화에 반응하는 정도, P_i 는 이 기업의 상품가격, P_i^e 는 개별 기업 i 의 일반물가수준에 대한 합리적 기대를 의미한다.

③ 루카스 공급곡선

개별 기업의 공급곡선 식에서 중요한 것은 개별 기업이 예상치 못한 물가수준의 변화를 상대가격의 변화로 착각하여 산출량을 변화시킬 수 있다는 점이다. 이러한 착각은 개별 기업들이 합리적인 기대를 하더라도 정보가 불완전한 경우에 발생할 수 있다. 개별 기업의 공급곡선을 모두 합하면 경제 전체의 공급곡선을 도출할 수 있다. 이들의 합으로 구성된 총공급곡선은 다음과 같이 쓸 수 있다.

$$Y^{AS} = Y^* + \gamma(P - P^e) \quad (\gamma > 0) \qquad (3.2)$$

이것이 바로 루카스 공급곡선(Lucas supply curve)이다. 위의 총공급곡선식은 예상치 못한 일반물가수준의 상승이 총공급의 증가를 이끌어낼 수 있음을 보여준다. 노동자의 화폐환상이나 가격의 경직성을 가정하지 않고도 물가수준에 대한 정보의 불완전성 때문에 산출수준이 변화할 수 있다는 것이다. 이것은 가격의 신축성과 합리적 기대의 가정 하에 도출된 총공급곡선이라는 점에서 새고전학파의 총공급곡선이라고도 한다.

④ 정책무력성명제

루카스 공급곡선을 전제한 상태에서 정부가 지출을 증가시키는 확대재정정책을 실시하는 상황을 생각해보자.

● 예상된 정부지출의 증가

〈그림 3-8〉의 ⓐ에서 볼 수 있듯이 총수요곡선은 AD_0에서 AD_1으로 이동한다. 이때 만약 정부지출의 증가가 예상된 정책이었다면, 경제주체들은 정책이 가져올 효과를 미리 파악하고 그들의 기대에 반영한다. 예상된 재정정책이라면 정책에 따른 물가변동이 미리 예상된 것이므로 $P^e = P$이고, 따라서 루카스 공급곡선식이 $Y = Y^*$가 된다.

그림 3-8 (a)   그림 3-8 (b)

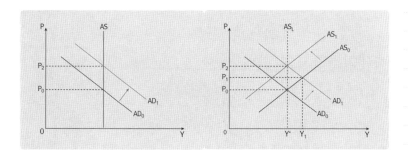

결국 〈그림 3-8〉의 (a)처럼 총공급곡선은 완전고용 국민소득수준 (Y^*)에서 수직인 형태이며, 예상된 확대재정정책은 물가수준을 P_0에서 P_2로 상승시킬 뿐 균형국민소득을 단기에서조차 증가시키지 못한다. 이처럼 예상된 정책은 단기에서조차 실물부문에 아무런 영향을 줄 수 없다는 새고전학파의 주장을 정책무력성명제(policy ineffectiveness proposition)라고 한다.

● 예상하지 못한 정부지출의 증가

정부지출 증가가 예상하지 못한 것이었다면, 경제주체들이 정책 변화에 따른 물가상승분을 자신의 물가예상에 미처 반영하지 못한다. 그러므로 $P > P^e$ 가 성립한다. 따라서 〈그림 3-8〉의 (b)에서 루카스 총공급곡선은 우상향하는 형태를 갖고, 예상치 못한 확대재정정책은 균형국민소득을 Y^*에서 Y_1으로 상승시킨다.

그러나 예상치 못한 거시경제정책이 효과를 갖더라도 그것은 오래 지속될 수 없다. 민간의 경제주체들이 물가예상에 실제 물가수준을 반영하는 그 즉시, 총공급곡선은 AS_0에서 AS_1으로 이동하여 효과가 사라지기 때문이다. 합리적 기대 아래에서는 예상오류의 조정이 신속하게 이루어질 것이므로 새고전학파의 세계에서 예상치 못한 거시경제정책의 효과는 지극히 단기적인 것에 불과하다.

새케인즈학파의 견해

피셔(S. Fischer), 맨큐(N. G. Mankiw), 블랑샤(O. J. Blanchard) 등의 학자들은 합리적 기대나 동태적 최적화 등을 수용하더라도, 경제에 명목변수의 경직성 또는 실질변수의 경직성이 존재한다면 얼마든지 거시경제정책이 효과를 거둘 수 있다고 주장했다. 따라서 이들은 가격변수의 신축적인 조정을 거부하고, 가격변수의 경직성을 논증하는 데 주력했는데, 이들을 새케인즈학파(New Keynesian)라고 한다.

✚ 재정정책의 단기적 유효성

새케인즈학파는 경제 내의 가격변수가 경직적이기 때문에 예상된 정책이거나 예상되지 못한 정책 모두 단기적으로는 실질적인 효과를 가질 수 있다고 생각했다. 가격경직성하에서 총공급곡선이 우상향하는 경우에 정부가 확대재정정책을 실시하게 되면 총수요곡선이 우측으로 이동하여 균형국민소득이 증가하기 때문이다. 또한 가격변수가 신속하게 조정되지 않기 때문에 정책이 유효하게 된다. 즉 단기적으로 경기가 침체상태에 있다면 적극적인 재정정책이 필요하다는 것이 새케인즈학파의 주장이다.

✛ 수직의 장기 총공급곡선

　그러나 장기적으로는 모든 기업들이 가격을 상향조정하면서 총공급곡선이 좌측으로 이동하여 결국엔 물가수준만 상승할 뿐 균형국민소득은 완전고용 국민소득수준으로 수렴한다. 따라서 새케인즈학파의 세계에서도 장기 총공급곡선은 완전고용 국민소득수준에서 수직이 된다.

04 안정화정책

안정화정책(stabilization policy)이란 재정·금융정책 등의 정책수단을 이용하여 경제를 가장 바람직한 상태로 유지하고자 하는 정책을 말한다. 즉 완전고용과 물가안정을 유지하면서도 국제수지균형과 경제의 안정적 성장이 이루어지도록 하기 위해서 실시하는 각종 정책을 경제안정화정책이라고 한다.

그러나 학자들 간에는 과연 안정화정책을 적극적으로 실시하는 것이 바람직한지, 정책을 실시한다면 정책당국의 재량적인 판단에 따라 정책을 실시하는 것이 좋은지 아니면 일정한 준칙을 따르는 것이 좋은지에 대한 논란이 계속되고 있다.

적극적인 정책 vs 소극적인 정책

적극적인 정책이란 어떤 충격이나 교란요인에 의해 경기변동이 발생할 때 정부가 적극적으로 개입하여 안정화시키는 것을 말한다. 이에 비해 소극적 정책이란 민간경제의 자율적인 조정기능에 의해 안정이 이루어질 수 있도록 개입을 자제하는 것을 말한다.

✚ 케인즈학파의 주장

대체로 케인즈학파 경제학자들은 민간투자, 민간소비 등이 심리적인 요인에 의해 좌우되는 경우가 많기 때문에 경제가 불안정적이며 가격기구는 비신축적이므로 자율적인 조정 기능에 맡겨둘 경우 균형으로 회복하는 데에 시간이 많이 걸린다고 본다. 따라서 정부가 적극적으로 개입하여 경제를 안정화시켜야 한다고 주장한다.

✚ 고전학파의 주장

이에 반해 통화주의 및 새고전학파와 같은 고전학파의 계보를 잇는 경제학자들은 민간경제는 안정적이며 가격변수는 대체로 신축적이므로 정부가 적극적으로 개입하는 것은 바람직하지 않다고 주장한다. 특히 이들은 시차문제로 인해 정부의 개입이 오히려 불안정을 유발할 수 있다고 본다.

✚ 시차문제

① 내부시차와 외부시차

일반적으로 시차(time lag)란 어떤 변수의 변화가 다른 변수에 영향을 미치는 데 걸리는 시간적인 차이를 말한다. 경제학자들은 안정화정책을 시행하면서 두 가지 시차, 즉 내부시차와 외부시차를 구별한다.

- 내부시차(inside lag): 경제에 대한 충격과 충격에 대한 정책시행 사이의 기간을 의미한다. 정책입안자가 충격이 발생했다는 사실을 처음 인지하고 적절한 정책을 시행하는 데 시간이 소요되기

때문에 이 시차가 발생한다.

● 외부시차(outside lag): 정책시행과 정책이 경제에 영향을 미치는 사이의 기간을 의미한다. 정책을 시행해도 즉각적으로 지출, 소득, 고용에 영향을 미치지 못하므로 이러한 시차가 발생한다.

② 재정정책의 내부시차 문제

경제안정화를 위해 재정정책을 시행할 경우 장기간의 내부시차가 핵심적인 문제가 된다. 정부지출이나 조세 등을 변경하기 위해서는 국회의 심의과정을 거쳐야 하는데, 이러한 과정은 서서히 이루어지고 여러 단계를 거쳐야 하므로 지연되기 쉽고 이로 인해 재정정책은 경제를 안정화시키는 데에 시기적절한 수단이 되지 못할 수도 있다. 하지만 정부지출이 증가하면 즉각 총수요가 증가하므로 외부시차는 짧다.

③ 금융정책의 외부시차 문제

중앙은행은 하루 만에 정책변화를 결정하고 시행할 수 있으므로 금융정책은 재정정책보다 훨씬 더 짧은 내부시차를 갖게 되지만 반면에 상당한 외부시차를 갖게 된다. 금융정책은 통화공급을 변화시켜 이자율을 변동시키며 이를 통해 투자에 영향을 미침으로써 작동된다. 그러나 기업들은 훨씬 먼저 투자계획을 수립하므로 금융정책이 변화하여도 약 6개월이 지날 때까지는 경제활동에 영향을 미치지 않는 것으로 간주된다.

④ 시차문제와 안정화정책의 유효성 논란

● 소극적인 정책을 주장하는 입장

이들은 시차문제 때문에 안정화 정책이 성공하기는 거의 불가능하다고 주장한다. 실제로 경제를 안정화시키려는 시도가 아주 빈번히 오히려 경제를 불안정하게 만드는 요인이 되고 만다. 정책이 시행되는 시점과 경제에 영향을 미치는 시점 사이에 경제상황이 변화하게 되면, 이 경우 적극적인 정책은 경제가 과열되었을 때 경기부양을 하거나 경제가 하강했을 때 경제를 진정시키게 되는 역효과를 나타내게 된다.

● 적극적인 정책을 주장하는 입장

적극적인 정책을 주장하는 사람들도 이러한 시차 때문에 정책입안자들이 주의를 기울여야 한다는 점을 인정한다. 그러나 이들은 이런 시차 때문에 경제정책이 완전히 소극적이어야 한다거나, 특히 극심하고 장기적인 경제침체에 직면하여 소극적이어야 한다는 것을 의미하지는 않는다고 한다.

MK Test Memo

자동안정화장치

자동안정화장치(automatic stabilizer) 같은 일부 정책들은 안정화정책과 관련된 시차를 감소시킬 수 있다. 자동안정화장치는 필요할 때 계획된 정책변화 없이 경제를 부양하거나 진정시키는 정책을 말한다. 예를 들어 누진세법은 경제가 후퇴기로 접어들면 조세법상의 변화 없이도 조세를 감소시키고, 경기가 호황일 때는 조세를 증가시킨다. 또한 실업보험 역시 경기가 불황일 때 자동적으로 실업보험지급액이 늘어나 소비를 진작시키기 때문에 경기침체를 완화시킨다. 이러한 자동안정화장치는 내부시차가 없는 재정정책이다.

MK Test Plus+
실업보험
노동자가 노동에 대한 의사와 능력을 가지고 있음에도 불구하고 실업에 처했을 경우에 일정 기간 동안 소득을 보장해 주는 사회보험제도.

재량 vs 준칙

재량(discretion)적인 정책이란 경제 상황에 대한 정책당국의 판단에 따라 실시하는 정책을, 준칙(rule)에 입각한 정책이란 사전에 각 상황에서 어떤 정책을 실시할지를 발표하고 단기적인 경제 상황에 관계없이 사전에 정해진 대로 시행하는 정책을 말한다.

✚ 재량보다 준칙이 중요하다는 주장

정책입안자를 신뢰할 수 있고 정책입안자가 능력과 선의를 가지고 있다면 변화하는 경제 상황에 맞추어 신축적으로 대응하는 재량적인 정책이 더 우수할 수 있다. 그러나 경제정책이 너무 중요하기 때문에 정책입안자의 자유재량에 맡겨놓을 수 없다는 주장이 있다. 정치가들이 무능하거나 기회주의적이라면 금융 및 재정정책과 같은 강력한 수단의 사용 여부에 관한 자유재량권을 이들에게 맡기는 것은 옳지 않을 것이다. 재량보다 준칙이 중요하다는 주장에 대한 근거는 다음과 같다.

① 정책입안자에 대한 불신

거시경제시스템은 매우 복잡하며 정치가들은 올바른 경제적 판단을 하는 데에 충분한 지식을 갖고 있지 못하다. 또한 정치가들이 선거에서의 승리를 위해 거시경제정책을 사용하는 것에 대한 우려도 있을 수 있다. 선거 즈음에 인플레이션과 실업 모두를 낮게 유지하는 정책을 실시하면 대중으로부터 인기를 얻어 정치인에게 유리할 수 있겠지만, 이후의 경제후퇴에 대한 고통은 국민들이 감수해야 하기 때문이다. 선거득

표를 위해 경제를 조작하는 것을 정치적 경기순환(political business cycle)이라 한다.

② 최적정책의 동태적 비일관성

시간 비일관성(time inconsistency) 문제를 통해서도 자유재량보다 준칙이 낫다고 주장할 수 있는 근거를 들 수 있다. 어떤 상황에서는 정책입안자들이 민간 의사결정자들의 기대에 영향을 미치기 위해 시행할 정책을 미리 발표하길 원할 수 있다. 그러나 그 후 민간 의사결정자들이 기대에 따라 행동하지 않을 경우 정책입안자들은 발표를 취소하고자 하는 유혹을 받게 된다. 이처럼 정책당국이 처음에 입안한 최적정책이 시간이 지나면서 더 이상 최적정책이 아니게 되어 정책당국이 그 정책을 바꾸려는 유인을 최적정책의 동태적 비일관성 (dynamic inconsistency of optimal policy)이라고 한다. 이 문제는 2004년에 노벨 경제학상을 수상한 프레스컷(E. Prescott)과 키들랜드(F. Kydland)에 의해 제기되었으며, 재량적인 정책보다는 준칙에 입각한 정책이 바람직하다는 증거에 대한 논거로 사용된다.

> **MK** Test Memo
>
> **최적정책의 동태적 비일관성에 대한 예**
>
> 필립스곡선에 의하면 인플레이션과 실업 사이의 상충관계는 기대인플레이션에 의존한다. 만약 중앙은행이 낮은 인플레이션을 택하려면 사람들이 낮은 인플레이션을 기대할 수 있도록, 중앙은행의 목표가 물가안정이라고 발표해야 한다. 그러나 이러한 발표 자체만으로는 신뢰를 얻을 수 없다. 일단 가계와 기업이 물가가 하락할 것이란 기대를 형성하고 이에 따라 임금 및 가격을 결정하면

MK Test Plus+
필립스곡선
인플레이션율과 실업률 사이에 역의 관계가 있음을 나타내는 곡선을 말한다.

중앙은행은 실업을 낮추기 위해 확대적 금융정책을 시행하고 싶어진다. 그러나 사람들이 중앙은행의 최초의도를 감지하면 처음부터 발표를 믿지 않으려 한다. 따라서 가계와 기업은 낮은 인플레이션을 발표한 정책을 도외시 하게 되고, 정책의 효과가 나타날 수 없게 된다.

+ 준칙에 의한 정책

MK Test Plus+
통화지표
중앙은행이 통화정책을 펼치기 위해서는 통화량의 크기와 변동을 파악해야하는데, 통화량을 측정하는 기준이 되는 지표가 통화지표이다.

① k% 준칙

통화 타게팅(monetary targeting)은 통화지표(M1, M2 등)의 증가율을 명목기준지표 또는 중간목표로 정하여 이를 달성하는 방식이다. 통화 타게팅의 선구자라 할 수 있는 프리드먼이 생각했던 것은 경제의 상황 변화와 관계없이 매년 통화를 일정한 비율만큼 늘려가는 'k% 준칙'이었다. 이는 통화량증가율을 경제성장률에 맞추어 k%로 일정하게 유지하자는 것이다.

② 테일러 준칙

프리드먼의 k% 준칙은 경제의 흐름과 상관없이 매년 통화량 증가율을 k%로 일정하게 유지하는 고정 준칙에 해당한다. 하지만 준칙에는 경제의 흐름에 따라 반응하는 준칙도 있다. 즉 경제의 실제 상황 또는 예상되는 상황이나 목표 상황에 반응하는 방식을 준칙으로 정해 놓은 셈이다. 그 대표적인 예가 바로 스탠포드대학의 테일러(John B. Taylor)가 제시한 테일러 준칙(Taylor rule)이다.

현재 대부분의 중앙은행은 자국의 경제 상황을 고려한 후, 정책금리를 조정하여 화폐금융정책을 수행한다. 이때 중앙은행이 정하는 정책금리 수준을 설명하거나 예측하는데 도움이 되는 것이 바로 테일러 준칙이다. 이 준칙에 따르면 목표정책금리 수준은 다음과 같이 계산된다.

$$목표 명목정책금리 = 균형 명목정책금리 + \alpha \times 산출갭 + \beta \times 인플레이션갭 \quad (3.3)$$

여기서 각 변수 값은 백분율(%)로 표시되며 균형 명목정책금리는 실제 인플레이션율과 균형 실질정책금리의 합으로 정의된다. 그리고 α와 β는 양(+)의 상수로서 각각 목표 정책금리가 산출갭과 인플레이션갭에 반응하는 정도를 나타낸다. 이때 산출갭과 인플레이션갭은 각각 다음과 같이 정의된다.

$$(3.4)$$
$$산출갭 = \frac{실제\,실질\,GDP - 잠재\,실질\,GDP}{잠재\,실질\,GDP} \times 100$$
$$인플레이션갭 = 실제\,인플레이션율 - 목표\,인플레이션율$$

테일러 준칙에 의하면 중앙은행은 실제 인플레이션율과 목표 인플레이션율과의 차이가 크면 클수록, 그리고 실제 GDP와 잠재 GDP의 차이가 크면 클수록, 명목 이자율 목표를 상향조정한다.

응용 문제

정부는 경제정책을 재량적으로 혹은 준칙에 따라 운용할 수 있다. 다음 중 이와 관련된 설명으로 틀린 것을 고르면?

① 재량정책을 사용하는 정책당국은 합리적 기대를 하는 민간경제주체와 게임 상황에 직면한다.

② 정부가 인플레이션 억제 정책을 발표하여 민간의 기대가 형성되고 나면 동태적 비일관성 문제가 생긴다.

③ 중앙은행의 독립이 확실하게 보장되어도 합리적인 경제주체를 가정하고 있기 때문에 재량정책 하에서 낮은 물가상승률을 얻을 수 없다.

④ 민간은 동태적 비일관성 문제가 생길 것을 이미 예상하고 있기 때문에 정부가 공표한 정책을 믿지 않는다.

⑤ 준칙정책이 이론상 장점이 있으나 복잡하고 급변하는 현실을 감안할 경우 채택하기 어려운 면이 있다.

정답: ③

해설: 정부가 인플레이션 억제 정책을 발표하여 물가가 오르지 않을 것이라는 민간의 기대가 형성되면 정부는 통화 공급을 늘려 국민 소득을 증대시키는 것이 효용을 극대화시키는 행동이 된다. 이러한 점에서 재량정책을 쓰는 정책당국은 합리적인 민간 경제주체들과 게임 상황에 직면한다. 중앙은행의 주된 목적은 물가안정이다. 중앙은행의 독립성이 확보되면 민간은 중앙은행이 소득증가를 위해 물가를 희생하는 통화정책을 사용하지 않을 것이라는 것을 알게 되므로 재량적 통화정책을 사용해도 낮은 물가상승률을 얻을 수 있다. 민간이 합리적이라는 가정하에 논의를 전개하므로 민간은 처음부터 동태적 비일관성 문제가 생길 것을 예상한다.

루카스 비판

✚ 기대 형성의 중요성

 루카스(Robert Lucas)는 사람들이 장래에 대한 기대를 어떻게 형성하는지에 대한 문제를 강조한다. 기대는 모든 종류의 경제 행태에 영향을 미치므로 경제에서 중요한 역할을 한다. 예를 들어 가계는 장래의 소득에 대한 기대에 근거하여 소비를 결정하고 기업은 장래 수익성에 대한 기대에 근거하여 투자를 결정한다. 이런 기대는 정부가 수행하는 경제정책을 포함하여 많은 것에 의존하여 형성된다. 따라서 정책입안자가 정책 변화에 따른 영향을 평가하려면 사람들의 기대가 정책 변화에 어떻게 반응하는지 알아야 한다.

✚ 전통적인 계량경제학적 방법의 문제점과 루카스 비판

 루카스에 따르면 정책의 효과를 평가하는 전통적인 계량경제학적 방법은 기대에 대한 정책의 충격을 적절히 고려하지 않았다고 한다. 종래의 계량경제학적 수법은 과거의 통계자료로부터 거시모형을 추정하고 그 모형을 사용하여 정책효과를 계량하는 것이다. 그러나 새로운 정책이 도입될 경우 사람들의 행동양식이 영향을 받게 되면 거시모형의 구조자체가 변화하여 종래의 거시모형에 의한 예측은 유효하지 않게 될 가능성이 있다. 이러한 전통적인 정책평가 방법에 대한 비판을 루카스 비판(Lucas critique)이라 한다.

1. 거시경제정책
∨ 재정정책과 금융정책의 효과 ……………………………………………… ☐

∨ 재정정책과 금융정책의 파급경로 ……………………………………… ☐

2. 재정정책과 금융정책의 상대적 유효성
∨ IS곡선과 LM곡선의 기울기와 정책의 유효성에 대한 이해 …………… ☐

∨ 고전학파와 케인즈학파의

　IS곡선과 LM곡선의 기울기에 대한 견해 차이 ……………………… ☐

∨ 케인즈 영역과 고전학파 영역에 대한 이해 ………………………… ☐

∨ 부의 효과가 경제정책에 미치는 영향 ……………………………… ☐

∨ 가속도 원리가 경제정책에 미치는 영향 …………………………… ☐

3. 새고전학파 vs 새케인즈학파
∨ 리카도 등가정리에 대한 이해 ………………………………………… ☐

∨ 정책무력성명제에 대한 이해…………………………………………… ☐

∨ 새케인즈학파의 장·단기 경제정책 …………………………………… ☐

4. 안정화정책
∨ 적극적인 정책과 소극적인 정책의 차이 …………………………… ☐

∨ 시차문제에 대한 이해 ………………………………………………… ☐

∨ 재량과 준칙에 대한 문제의 이해 …………………………………… ☐

∨ 루카스 비판의 의의 …………………………………………………… ☐

MK Key word

1. 거시경제정책
   - 재정정책, 금융정책, 구축효과

2. 재정정책과 금융정책의 상대적 유효성
   - 부의 효과, 피구효과, 가속도원리

3. 새고전학파 vs 새케인즈학파
   - 새고전학파, 리카도 등가정리, 공채중립성정리, 루카스 공급곡선, 정책무력성명제, 새케인즈학파

4. 안정화정책
   - 안정화정책, 내부시차, 외부시차, 자동안정화장치, 재량, 준칙, 정치적 경기순환, 시간 비일관성, 최정정책의 동태적 비일관성, k% 준칙, 테일러 준칙, 루카스 비판

01 경제의 안정화를 위해 정부가 재정을 관리하는 모든 정책을 ○○○○이라고 하며 공채발행에 의한 정부지출활동, 조세정책 등을 예로 들 수 있다.

정답: 재정정책

02 경기부양을 위해 정부가 지출을 늘리려면 국채의 발행과 같은 방법에 의해야 하는데, 국채발행은 이자율의 상승을 불러 일으켜 민간의 투자를 감소시킨다. 따라서 정부지출에 의한 경기부양의 효과는 제한적이게 되는데, 이러한 현상을 ○○○○라고 한다.

정답: 구축효과

03 IS곡선이 수직에 가까울수록, 그리고 LM곡선이 수평에 가까울수록 ○○○○의 효과는 커지고, IS곡선이 수평에 가까울수록, 그리고 LM곡선이 수직에 가까울수록 ○○○○의 효과는 커진다.

정답: 재정정책, 금융정책

04 케인즈는 경제가 유동성함정에 있을 경우 금융정책은 효과가 없다고 주장하였다 이에 대한 반론으로서 금융정책의 유효성을 주장하는 고전학파는 ○○ ○○를 제시하였다. 이는 소비가 소득뿐만 아니라 부의 증가에 의해서도 증가한다는 것을 말한다.

정답: 부의 효과

05 최초의 소득 증가가 소비를 증가시키고, 이것이 기업의 투자를 유발하는 과정이 계속되어 결국 증가된 소득보다 훨씬 더 많은 투

자가 이루어지는 것을 ○○○○○라고 한다.

정답: 가속도원리

06 정부지출수준이 일정하게 주어져 있을 때, 정부지출의 재원조달
방법(조세 또는 국채발행)의 변화는 민간부문의 경제활동에 아무
런 영향을 주지 못한다는 것이 ○○○ ○○○○이다. 공채중립
성정리라고도 한다.

정답: 리카도 등가정리

07 예상된 정책은 단기에서조차 실물부문에 아무런 영향을 줄 수 없
다는 새고전학파의 주장을 ○○○○○○○라고 한다.

정답: 정책무력성명제

08 ○○○ ○○이란 어떤 충격이나 교란요인에 의해 경기변동이 발
생할 때 정부가 적극적으로 개입하여 안정화시키는 것을 말한
다. 이에 비해 ○○○ ○○이란 민간경제의 자율적인 조정기능에
의해 안정이 이루어질 수 있도록 개입을 자제하는 것을 말한다.

정답: 적극적 정책, 소극적 정책

09 경제안정화를 위해 재정정책을 시행할 경우 국회의 심의과정 등
으로 인한 장기간의 ○○○○가 핵심적인 문제가 되는 반면에,
금융정책에 있어서는 그 효과가 발생하는 데에 있어서 ○○○○
가 문제시 된다.

정답: 내부시차, 외부시차

Lesson **04**   소비이론

01 소비함수와 소비이론

소비함수의 종류

지금까지 살펴 본 경제모형에서는 분석의 단순화를 위해 소비가 가처분소득 또는 소득의 증가함수라고 규정하였다. 그러나 소비함수를 다음과 같이 세 가지의 형태로 규정할 수도 있다.

① 횡단면 소비함수: 일정 시점에서 여러 소비자의 소비행태를 파악

② 단기시계열 소비함수: 단기의 시간의 흐름에 따른 대표소비자의 소비행태를 파악

③ 장기시계열 소비함수: 장기의 시간의 흐름에 따른 대표소비자의 소비행태를 파악

소비이론

소비함수들을 규정하는 데 있어서 여러 소비이론들이 상이한 방식으로 소득변수를 규정하고 있다.

✚ 횡단면 소비함수

횡단면 소비함수에서 절대소득가설, 생애주기가설, 항상소득가설은 소득변수를 자기소득의 개념으로 규정한 반면, 상대소득가설은 소득변수를 자기소득과 타인소득의 개념으로 규정하고 있다.

✚ 시계열 소비함수

시계열 소비함수에서 절대소득가설은 소득변수를 현재소득의 개념으로 규정하고 있으며, 생애주기가설과 항상소득가설은 소득변수를 자산, 현재소득 및 미래소득의 개념으로 규정하고 있다.

02 절대소득가설

절대소득가설의 모형

케인즈의 절대소득가설(absolute income hypothesis)의 소비함수는 다음 식과 같이 소비(C_i)가 소득(Y_i)에만 영향을 받는다고 규정한다.

$$C_i = C(Y_i) \quad (= a + bY_i, \ a > 0, \ 0 < b < 1) \tag{4.1}$$

소비함수의 일반형은 곡선의 형태를 따나 분석의 편의상 직선의 형태를 가정하기도 한다. 절대소득가설 소비함수를 그래프로 나타내면 〈그림 4-1〉과 같다.

그림 4-1 (a)   **그림 4-1 (b)**

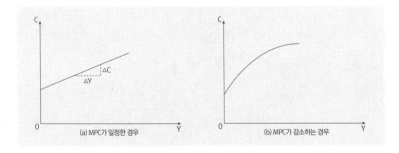

절대소득가설의 특징

✚ 절대소득가설 소비함수의 특징

① 소득이 없어도 생존을 위해 지출해야 하는 최소한의 생존소비가 존재한다.

② 소득이 증가함에 따라 소비함수의 양의 기울기가 점점 완만해진다.

✚ 평균소비성향과 한계소비성향

① 평균소비성향(Average Propensity to Consume: APC)

총소득 중에서 총소비가 차지하는 비율($\frac{C}{Y}$)로서, 그래프에서는 원점과 소비함수의 한 점을 연결하는 직선의 기울기를 의미한다.

② 한계소비성향(Marginal Propensity to Consume: MPC)

소득 1단위가 증가할 때 소비가 몇 단위 증가하는지($\frac{\Delta C}{\Delta Y}$)를 나타내는 것으로서, 그래프에서는 소비함수의 기울기, 즉 소비함수의 한 점에 접하는 접선의 기울기를 의미한다.

APC와 MPC를 이용한

절대소득가설 소비함수의 특징 이해

① 곡선 형태와 직선 형태의 소비함수 모두 일반적으로 소득증
가분의 대부분은 소비되지만 일부는 저축되기 때문에 한계
소비성향은 0과 1 사이의 값을 갖는다.

② 곡선형태와 직선형태의 소비함수 모두 생존소비의 존재로 인
해 평균소비성향이 한계소비성향보다 크다(APC 〉 MPC).

③ 곡선 형태의 소비함수의 경우 소득이 증가할 경우 한계소비
성향은 감소하지만, 직선 형태의 소비함수의 경우 한계소비
성향은 일정하다.

절대소득가설에 대한 비판: 쿠즈네츠의 장기시계열 소비함수

✚ 쿠즈네츠의 실증분석

소득이 증가하면 평균소비성향이 감소한다는 케인즈형의 절대소득 가설은 직관적인 설득력을 지니고 있다고 보여진다. 하지만 장기적인 시계열 자료를 이용하여 검토해 본 결과, 평균소비성향이 소득수준에 관계없이 거의 일정하다는 사실이 밝혀졌다. 이러한 사실을 밝힌 사람이 쿠즈네츠이다. 쿠즈네츠는 1869~1938년의 장기간에 걸친 미국의 연간자료를 기초로 하여 소득과 소비의 관계를 조사한 결과 다음과 같은 관계식을 얻었다.

$$C ≒ 0.9 Y \qquad (4.2)$$

식 (4.2)를 통해 보면 소비는 소득에 비례하고 있으며 따라서 평균소
비성향은 거의 일정하다. 즉 한계소비성향과 평균소비성향은 모두 0.9
로 장기적으로는 일정한 값을 갖고 있는 것으로 나타난 것이다.

✚ 쿠즈네츠의 실증결과와 새로운 소비함수이론

쿠즈네츠의 실증결과는 케인즈형의 소비함수에 의해 설명되지 않
는 것이다. 케인즈형의 소비함수는 쿠즈네츠의 장기소비함수와는 달
리 양(+)의 절편을 갖는 상수항을 포함하며 한계소비성향도 훨씬 작
기 때문이다.

1940년대부터 1950년대에 걸쳐서 이 문제에 대한 논쟁이 격렬하게
전개되었다. 그 과정에서 절대소득가설은 단기의 시계열자료나 횡단면
자료를 이용할 경우에는 타당하다는 것이 밝혀졌다. 따라서 논의의 초
점은 결국 케인즈형의 단기 소비함수와 쿠즈네츠의 장기 소비함수를
어떻게 조화시킬 수 있는가에 모아졌다. 이러한 문제에 대한 해답으로
서 상대소득가설, 생애소득가설, 항상소득가설 등의 소비함수이론들
이 제시되었다.

03 상대소득가설

상대소득가설의 내용

MK Test Plus+
듀젠베리
미국의 경제학자로 상대소득가설을 수립하였다. 이를 통해 전시효과라는 경제용어가 처음 사용되었다.

상대소득가설(relative income hypothesis)은 듀젠베리(James Duesenberry)에 의해 제창된 것이다. 상대소득가설에 의하면 사람들의 소비는 현재의 소득에만 의존하는 것이 아니라 과거의 최고 소득수준에도 영향을 받는다. 듀젠베리는 평균적으로 볼 때, 각 개인은 높은 소득을 얻을 때 행하는 소비행동을 소득이 다소 감소했다고 해서 즉각 변경시키지 않는다는 경험적 사실에 주목했다.

〈그림 4-2〉는 상대소득가설의 내용을 나타내고 있다. 경제가 순조롭게 성장하고 있는 경우에는 소비는 소득의 증가에 따라서 비례적으로 증가한다. 그러다가 불경기가 닥쳐서 소득수준이 지금까지의 최고수준인 Y_0보다 낮은 Y_1의 수준까지 하락하게 되면, 사람들은 높은 소득수준 Y_0에 상응하는 소비를 하고 싶지만 소득이 Y_1으로 낮아졌기 때문에 소비를 줄여야 할 필요를 느끼게 될 것이다. 그러나 일단 익숙해진 소비행태를 다시 낮은 수준으로 수정한다는 것은 쉽지 않다. 따라서 소득이 Y_0에서 Y_1으로 하락하더라도 소비수준은 그만큼 크게 하락하지 않을 것이다.

그림 4-2

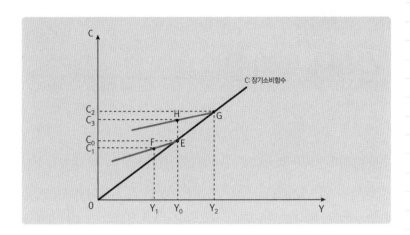

톱니효과

〈그림 4-2〉를 통해 상대소득가설의 예를 들어 보면, 소비는 C_0에서 C_1(점 E에서 점 F)으로 변화할 뿐 장기소비함수 $C = 0.9Y$ 선상을 따라서 하락하지는 않을 것이다. 경기가 회복되면 소비는 F에서 E의 방향으로 증가하고 소득이 과거의 최고수준을 넘어서면 다시 장기소비곡선을 따라서 E에서 G의 방향으로 증가한다. 소득이 Y_2에 달한 후 다시 경기가 후퇴해 소득이 Y_0까지 하락해도 소비는 점 E까지 떨어지지 않고 점 H까지 하락하는 데 그칠 뿐이다.

이러한 견해에 따르면 소비의 변화는 $E \rightarrow F \rightarrow E \rightarrow G \rightarrow H \rightarrow G$라는 경로를 취하게 된다. 이 경로 중에서 $E \rightarrow F, G \rightarrow H$는 과거의 소득수준 Y_0, Y_2가 소비의 감소에 톱니처럼 쐐기를 박고 있는 것으로 나타나고 있기 때문에 이 효과를 톱니효과(ratchet effect)라고 한다. 결국 상대소득가설에 의하면 케인즈형의 소비함수는 경기가 후퇴했다가 다시 회복되는 경기순환과정에서 톱니효과 때문에 나타나는 단기 소비함수가 되는 것이다.

전시효과

듀젠베리는 또한 소비(C)가 자신의 소득(Y)뿐만 아니라 주위의 동일계층에 속하는 사람들의 평균적인 소비태도에 크게 영향을 받는다고 보고, 이것을 전시효과(demonstration effect)라고 불렀다. 주위의 동일계층에 속하는 사람들의 평균소비액을 $\tilde{C}$라고 하면, 어느 한 개인의 소비는 다음과 같은 형태로 표현된다.

$$C = a_0 \tilde{C} + a_1 Y \quad (a_0 > 0, \ a_1 > 0) \tag{4.3}$$

여기에서 Y는 그 개인의 현재소득으로서 단기적으로는 경기가 좋고 나쁨에 따라 변동한다. 한편 $\tilde{C}$는 동일소득계층 전체의 평균소비액이기 때문에 급격하게 변동하지는 않으며, 또한 변동한다고 하더라도 개인이 그것을 인식하는 데는 시간이 소요된다. 따라서 단기적으로 보면 $a_0\tilde{C}$는 일정한 값을 갖게 되어 케인즈형 소비함수의 절편이 된다. 물론 장기적으로는 $\tilde{C}$도 변화하는데 $\tilde{C}$와 Y는 거의 비례하여 움직이는 것으로 간주되기 때문에 결국 C는 Y에 비례적으로 변동한다. 이와 같이 상대소득가설은 단기소비함수와 장기소비함수의 차이를 과거소득과 현재소득 간의 상대관계 또는 주위의 소비(또는 소득)와 자기의 소비(또는 소득)와의 상대관계를 통하여 설명하고 있다.

생애주기가설 04

생애주기가설의 내용

모딜리아니(Franco Modigliani), 브룸버그(R. Brumberg), 안도(Albert Ando)의 생애주기가설(life cycle hypothesis)은 소비자가 소비를 선택함에 있어서 현재소득뿐만 아니라 자산과 미래소득도 함께 고려해야 한다고 주장한다. 자산, 현재소득 및 미래소득의 합을 총자원(total resource)이라 하면 소비는 총자원의 일정한 부분으로 결정된다. 이러한 의미에서 생애주기가설은 기본적으로 시계열 소비함수를 설명하기 위해 제안된 이론이다.

MK Test Plus+
모딜리아니
이탈리아 출신의 미국 경제학자이다. 생애주기가설과 모딜리아니-밀러 정리 등의 연구로 1985년 노벨 경제학상을 수상하였다.

소비의 완만성

생애주기가설에 의하면 개인의 소비행동은 금기의 소득에 의해 결정되는 것이 아니라 그 개인이 전 생애에 걸쳐서 소비할 수 있는 소득의 총액(생애소득)의 크기에 의하여 결정된다. 일생 동안 소득의 수준은 청년기와 노년기에 낮고, 중년기에 가장 높게 된다. 이렇듯 변동이 큰 소득에 비해 소비는 별 변동 없이 완만하게 움직이려는 속성을 지니는데 이를 소비의 완만성(consumption smoothing)이라 한다. 소비의 완만성이 나타나는 이유는 소비가 현재소득에만 의존하지 않고 일생 동안의 총자원에 의존하기 때문이다. 따라서 단기적으로 소득의 변동이 크더라도 소비의 변동은 상대적으로 작게 나타난다. 일생 동안의 소득과 소비 경로를 그래프로 나타내면 〈그림 4-3〉과 같다.

그림 4-3

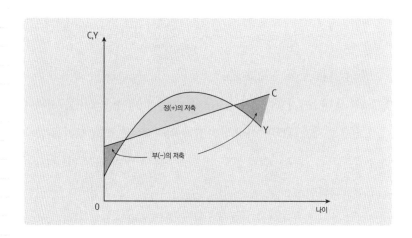

생애주기가설 모형

시계열 소비함수에서 현재소비는 다음과 같이 총자원의 함수로 규정된다. 총자원은 자산(A_t)과 현재 및 미래의 총노동소득(YL_t)의 합이다.

$$C_t = a(A_t + YL_t), \ 0 < a < 1 \tag{4.4}$$

식 (4.4)로부터 평균소비성향(APC)을 구하면 다음과 같다.

$$APC = \frac{C_t}{Y_t} = a\left(\frac{A_t}{Y_t} + \frac{YL_t}{Y_t}\right) \tag{4.5}$$

즉 소득(Y_t)이 증가할 경우 APC가 감소함을 알 수 있다. 따라서 생애 주기가설은 APC 〉 MPC 의 관계를 갖는 단기시계열 소비함수를 잘 설명한다. 그러나 장기적으로는 자산-소득비율($\frac{A_t}{Y_t}$)과 총노동-소득비율 ($\frac{YL_t}{Y_t}$)이 일정한 값에 수렴하기 때문에, 소득(Y_t)이 증가할 경우 APC가 일정하고 APC=MPC의 관계가 성립한다. 따라서 장기시계열 소비함수는 원점을 통과하는 직선의 형태를 갖는다.

정(+)의 저축

✦ 현실에서 관찰되는 정(+)의 저축

생애주기가설에서의 소비함수는 사람들이 자기 자신의 수명을 정확히 예측하고 또한 후세들을 위한 유산을 전혀 남겨두지 않는다는 가정하에서 도출된 것이다. 그러나 실제로 현실에서 관측되는 부(-)의 저축(dissaving)의 크기는 이론이 예측하는 것보다 작은 것으로 나타난다. 이는 사망시점에 상당한 부를 남기는 사람들이 많다는 것을 의미한다. 생애주기가설의 가정이 옳다면 사람들이 청년기까지는 음(-)의 저축을 하고 중년기에는 양의 저축을 하며 은퇴한 이후의 노년기에는 저축을 이용해 소비하므로 다시 음의 저축을 해야 한다.

✦ 정(+)의 저축이 발생하는 이유

① 자신의 수명을 정확하게 예측할 수 없기 때문에 사람들은 자기가 예상했던 것보다 더 오래 살 수 있는 가능성이 있으므로 현재의 소비

MK Test Plus+
전략적 유산

전략적 유산(strategic be-quest)이란 경제주체가 노년기에 자손들로부터 존경을 유지하기 위해 저축을 모두 소비하지 않고 상당한 부를 보유한다는 것이다.

를 어느 정도 억제할 필요가 있게 된다.

② 유산을 남길 경우에도 자신의 효용이 정(+)의 값을 갖는다면 어느 정도 평생의 소비를 억제하여 저축을 하게 된다. 이렇게 되면 사망시점에서 부의 가치는 0이 아니라 정(+)의 값을 갖는다. 이에 대해 '전략적 유산'의 개념을 제기하는 학자들도 있다.

③ 저축은 현재 소득을 얻고 있는 젊은 세대가 주축이 되어 행해지고 있기 때문에 청장년의 인구가 노년의 인구보다 많을 경우에는 사회 전체의 저축이 정(+)의 값을 갖게 된다.

④ 경제성장률이 높아지면 젊은 세대의 자산이 노년 세대의 자산보다 커지게 되며 젊은 세대의 저축성향이 노년 세대의 부(−)의 저축성향보다 크기 때문에 사회전체의 저축총액은 증가하게 된다.

항상소득가설 05

항상소득가설의 내용

밀턴 프리드먼(M. Friedman)은 소비자들의 행태를 설명하기 위해 모딜리아니의 생애주기가설을 보완하여 항상소득가설(permanent income hypothesis)을 제안하였다. 항상소득가설과 생애주기가설은 모두 소비가 현재소득에만 의존하지 않는다고 주장하는 어빙피셔(I. Fisher)의 소비자이론을 따르지만, 평생 동안의 개인소득이 일정한 형태를 갖는다는 점을 강조한 생애주기설과는 달리 항상소득가설은 개인의 소득이 매년마다 무작위적으로, 그리고 일시적으로 변할 수 있다는 점을 강조한다.

MK Test Plus+
프리드먼
케인즈학파의 재정정책에 반대하는 통화주의 경제학자 중의 대표적인 인물이다. 1976년에 노벨 경제학상을 수상했다.

항상소득과 임시소득

프리드먼에 의하면 현재소득 Y는 항상소득(permanent income) Y^P와 임시소득(transitory income) Y^T의 두 요소로 구성된다. 즉 소득은 다음과 같이 나타낼 수 있다.

$$Y = Y^P + Y^T \tag{4.6}$$

① 항상소득

항상소득은 사람들이 장래까지 지속될 것으로 기대하는 소득으로 사람들이 자기의 소득가득능력에 비추어 보아 장래에 얻으리라고 예상하는 평균적인 소득이다. 자기의 소득가득능력은 과거의 소득획득경험, 현재의 자산, 학력, 기능 등을 종합하여 각 개인이 판단하게 된다.

② 임시소득

임시소득은 지속될 것으로 기대할 수 없는 소득으로 경기에 따라서 변동하는 소득부분이라든가 자기의 소득가득능력과는 상관없이 일시적인 요인에 의하여 결정되는 소득이다.

항상소득가설의 모형

항상소득가설은 사람들의 소비결정이 임시소득을 포함한 현재의 소득에 의존하는 것이 아니라 오히려 장래의 자신의 소득가득능력을 고려한 항상소득에 의존한다고 가정한다. 왜냐하면 소비자들은 소득의 일시적인 변화에 대응하여 소비를 평탄하게 유지하기 위해 저축 또는 차용을 이용할 수 있기 때문이다. 프리드먼은 이에 소비함수를 다음과 같이 나타낼 수 있다고 결론 내렸다.

$$C = \alpha Y^P \tag{4.7}$$

여기서 α는 상수이며 항상소득 중 소비되는 부분을 나타낸다. 식 (4.7)과 같이 표현된 항상소득가설에 따르면 소비는 항상소득에 비례한다고 할 수 있다. 식 (4.7)의 양변을 관측된 현재의 소득 Y로 나누면 다음과 같은 형태의 평균소비성향(APC)이 얻어진다.

$$APC = \frac{C}{Y} = \alpha \times \frac{Y^P}{Y} = \alpha \times \frac{Y^P}{(Y^P + Y^T)} = \frac{\alpha}{1 + \frac{Y^T}{Y^P}} \qquad (4.8)$$

여기에서 Y^T는 임시소득이다. 그런데 사회 전체적으로 볼 때 임시소득 Y^T는 호황일 때 정(+)의 값을 갖고 불황일 때 부(-)의 값을 갖는다. 한편 Y^P는 단기적으로 크게 변화하지 않기 때문에 평균소비성향은 Y^T가 정(+)의 값을 가질 때(즉 호황일 때) 작아지고, 부(-)의 값을 가질 때(즉 불황일 때) 커진다. 또한 호황이나 불황이 아닌 정상적인 상태일 때에는 Y^T의 값이 0이 되어 평균소비성향은 장기소비함수의 평균소비성향과 같게 된다.

항상소득가설의 의미

항상소득가설에 의하면 평균소비성향은 현재소비에 대한 항상소득의 비율에 의존한다. 현재소득이 일시적으로 항상소득보다 커질 경우 평균소비성향은 일시적으로 하락하고, 현재소득이 일시적으로 항상소득보다 작아질 경우 평균소비성향은 일시적으로 증가한다.

✚ 가계자료를 이용한 경우

프리드먼은 가계자료를 이용했을 때, 이러한 자료들이 항상소득과 임시소득이 혼합되어 있는 상태를 반영한다고 본다. 현재소득상의 모든 변화가 소득 중 항상소득을 구성하는 부분에서만 기인한다면 평균소비성향은 모든 가계에서 같아질 것이다. 하지만 현재소득상의 변화 중 일부는 임시소득을 구성하는 부분으로부터 기인하였을 것이고, 높은 임시소득을 갖고 있는 가계는 소비를 크게 증가시키지 않을 것이다. 따라서 높은 소득의 가계가 평균적으로 낮은 평균소비성향을 갖게 될 것이다.

✚ 시계열 자료를 이용한 경우

MK Test Plus+
시계열자료
시간의 흐름에 따라 변동하는 경제변수 등의 수치.

프리드먼은 소득의 연간 변동은 임시소득에 의해 이루어진다고 추론하였다. 따라서 소득이 높았던 해에는 평균소비성향이 낮아진다. 그러나 장기간을 살펴볼 경우 소득의 변화는 항상소득을 구성하는 부분에서 기인하므로 장기적인 시계열자료를 이용하여 분석하면 쿠즈네츠가 발견한 것처럼 평균소비성향이 일정하게 된다.

랜덤워크가설 06

랜덤워크가설의 내용

로버트 홀(Robert Hall)과 플래빈(Flavin)은 합리적 기대와 효용극대화에 의한 대표소비자의 최적화행위에 바탕을 두고 전통적 이론인 기존의 생애주기-항상소득가설(Life Cycle-Permanent Income Hypothesis: LC-PIH)을 재해석하여 랜덤워크가설(random walk hypothesis)을 제시하였다. 랜덤워크가설에 따르면 예산제약하에서 매기의 소비는 자산 및 현재소득과 미래소득의 예상아래 소비를 통해 얻을 수 있는 평생의 총기대효용을 극대화시키는 수준에서 결정된다. 또한 개인들은 이용가능한 모든 정보를 이용하여 합리적 기대를 통해 항상소득을 예상하고, 항상소득이 결정되면 그에 따라 소비가 결정된다.

합리적 기대에 의한 항상소득의 예상과 소비의 결정

① (t-1)기에 합리적 기대를 통해 예상한 (t-1)기의 항상소득 Y_{t-1}^P이 결정되면 (t-1)기의 소비 C_{t-1}가 결정된다. t기에도 미래의 소득, 이자율 등에 대한 예상이 동일하다면 t기의 항상소득 Y_t^P도 (t-1)기의 항상소득 Y_{t-1}^P과 동일하므로 t기의 소비도 (t-1)기의 소비와 같아진다($C_t = C_{t-1}$).

② 만약 예상하지 못한 새로운 상황이 발생하여 미래의 소득, 이자율 등에 대한 예상치가 바뀌면 t기의 항상소득이 (t-1)기의 항상소득과 달라지고, 그에 따라 t기의 소비도 (t-1)기 소비와 달라진다.

③ 그러나 t기의 예상치 못한 변화는 (t-1)기에는 사전적으로 예상할 수 없으므로 (t-1)기 시점에서 t기의 소비를 정확히 예측하는 것은 불가능하다. 예상하지 못한 변화는 단지 항상소득과 소비를 증가시키거나 감소시킬 것이란 것만 알 수 있으므로 t기의 소비는 (t-1)기의 소비와 '평균적으로 같다'라고 예상할 수 있을 뿐이다.

랜덤워크가설의 모형

개인들이 이용가능한 모든 정보를 이용하여 항상소득을 합리적 기대에 의해 예상하게 되면 소비함수는 다음과 같이 나타낼 수 있다.

$$C_t = C_{t-1} + \varepsilon_t \qquad E_t(\varepsilon_t) = 0 \tag{4.9}$$

식 (4.9)의 의미는 금기의 소비 C_t 가 전기의 소비 C_{t-1} 에 확률적 오차항 $+\varepsilon$ 을 더한 값으로 나타난다는 것이다. 오차항의 값은 확률적으로 양수 또는 음수로 결정되기 때문에 다음 기의 소비는 금기의 소비에 양수의 오차항 또는 음수의 오차항이 더해져서 결정된다. 이러한 의미에서 소비의 경로(consumption path)는 마치 지그재그의 임의보행(random walk)의 행태를 보인다고 할 수 있다.

랜덤워크 가설의 정책적 시사점

　랜덤워크 가설의 가정에 의하면 사람들은 이용 가능한 여러 가지 정보를 가지고 항상소득을 계산하고 이를 기초로 소비결정을 한다. 어느 때 갑자기 예측할 수 없었던 새로운 정보가 입수되면 그 소비자는 즉각 항상소득을 계산할 때 이를 고려해 넣고 이에 따라 소비행동을 조정하려고 할 것이다. 그러나 예상된 변화는 이미 합리적 기대형성에 포착되고 있는 것이기 때문에 소비행동을 변화시키지 못한다. 따라서 예측 불가능한 돌발적인 사태만이 소비를 변화시킬 수 있다.

　그러나 예측될 수 없는 돌발적인 변화란 사전에 예측 불가능한 것이기 때문에 소비의 변화는 미리 예측할 수 없다는 결론이 얻어지게 된다. 즉, 사람들이 합리적인 기대를 하고 있는 경우 소비행동을 변화시키려는 정부의 정책은 원래 의도했던 목표를 달성하기 어렵다.

07 예비적 저축가설

예비적 저축가설의 내용

　미래소득에 대한 불확실성이 존재한다면 현재 예상하는 소득수준보다 낮은 수준에서 미래소득이 실현될 가능성이 있다. 이럴 경우 계획된 소비가 실현되지 않을 가능성이 있기 때문에 소비자는 미래소비에 충당하기 위해 현재에 저축을 하게 되는데, 이를 예비적 저축효과(precautionary saving effect)라 한다. 예비적 저축효과가 존재한다면 계획된 소비경로에 비해 현재 소비는 줄게 되고 미래소비는 늘게 되는데, 이와 같이 소득의 불확실성과 소비와의 관계를 설명하는 것이 예비적 저축가설(precautionary saving hypothesis)이다.

예비적 저축가설의 모형

　이 가설은 기존의 항상소득-랜덤워크가설에 소득의 불확실성을 도입하여 분석한다는 점에서 프리드먼의 항상소득가설과 홀의 랜덤워크가설을 일반화한 형태라고 할 수 있다. 예비적 저축가설에 의하면 소비자는 항상소득을 기초로 전 생애에 걸쳐 고른 소비를 유지하려 할 뿐만 아니라, 예기치 못한 소득감소를 초래할 수 있는 미래의 불확실성

정도에 따라서도 소비와 저축을 합리적으로 조정하게 된다.

소득의 불확실성과 현재 및 미래 소비의 관계는 다음과 같이 랜덤워크가설에 소득의 불확실성 정도가 추가된 형태로 나타낼 수 있다.

$$(4.10)$$

$$C_{t+1} = C_t + \varepsilon_{t+1} + \frac{\theta}{2} E_t \varepsilon_{t+1}^2$$

여기서 $E_t \varepsilon_{t+1}^2$ 는 현재 t시점에서 예기치 못한 소득변동 ε_{t+1} 의 분산(variance)으로서 미래소득의 불확실성 정도를 나타내며, $\theta(>0)$는 소비자의 절대적 위험기피도를 나타낸다. 위의 식에 의하면 소비는 단순히 랜덤워크($C_{t+1} = C_t + \varepsilon_{t+1}$)하기보다는 불확실성의 정도에 따라 조정된다. 예를 들어 불확실성($E_t \varepsilon_{t+1}^2$)이 증가하는 경우에 현재소비(C_t)는 감소하고 미래소비 (C_{t+1})는 증가하게 된다. 즉, 불확실성과 소비증가율 사이에 정(+)의 관계가 성립한다.

다음의 소비에 관한 설명 중 옳은 것을 모두 고르면?

ㄱ. 케인즈의 절대소득가설에 따르면 소비는 당기 가처분소득에 의존한다.

ㄴ. 상대소득가설은 소비에 전시효과와 톱니효과가 있다고 주장한다.

ㄷ. 절대소득가설은 소비에 관한 정형화된 사실을 모두 설명할 수 있다.

ㄹ. 항상소득가설에 따르면 일시적인 세금감면도 소비를 늘릴 수 있다.

ㅁ. 평생소득가설은 피셔의 2기간 모형에 기반을 두고 있다.

① ㄱ, ㄴ, ㄷ ② ㄱ, ㄹ, ㅁ

③ ㄱ, ㄴ, ㅁ ④ ㄴ, ㄷ, ㄹ

⑤ ㄱ, ㄷ, ㅁ

정답: ③

해설: 상대소득가설은 개인의 소비가 다른 사람의 소득과 개인의 과거 최고소득수준에 의존한다는 주장이다. 전자를 전시효과, 후자를 톱니효과라고 부른다. 절대소득가설은 소비에 관한 정형화된 사실 세 가지 중 두 가지(호황기의 MPC가 불황기의 MPC보다 작고 부자의 MPC가 가난한 사람의 MPC보다 작다)를 설명할 수 있으나 장기적으로 MPC와 APC가 일치한다는 점을 설명하지 못한다는 한계를 갖는다. 항상소득가설에 따르면 일시적 소득 증가는 소비로 이어지지 않고 영구적 소득증가만이 소비증가로 이어지기 때문에 일시적인 세금감면으로는 소비를 진작시킬 수 없다. 평생소득가설, 항상소득가설은 피셔의 2기간 모형에 기반을 둔 이론이다.

1. 소비함수와 소비이론
∨ 소비함수를 규정하는 방법 ··· □

2. 절대소득가설
∨ 케인즈의 절대소득가설 모형의 특징 ································· □
∨ 쿠즈네츠의 비판 ··· □

3. 상대소득가설
∨ 상대소득가설의 내용 이해 ·· □
∨ 전시효과에 대한 이해 ·· □

4. 생애주기가설
∨ 소비의 완만성에 대한 이해 ·· □
∨ 정(+)의 저축이 발생하는 이유 ······································ □

5. 항상소득가설
∨ 항상소득과 임시소득의 차이 ·· □
∨ 항상소득가설의 의미 ·· □

6. 랜덤워크가설
∨ 랜덤워크가설의 정책적 시사점 ····································· □

7. 예비적 저축가설
∨ 예비적 저축효과가 소비에 미치는 영향, ··························· □

MK Key word

1. 소비함수와 소비이론
   • 횡단면 소비함수, 시계열 소비함수

2. 절대소득가설 / 상대소득가설
   • 절대소득가설, 평균소비성향, 한계소비성향, 쿠즈네츠의 실증분석
   • 상대소득가설, 톱니효과, 전시효과

3. 생애주기가설 / 항상소득가설
   • 생애주기가설, 소비의 완만성, 정(+)의 저축, 전략적 유산
   • 항상소득가설, 항상소득, 임시소득

4. 랜덤워크가설 / 예비적 저축가설
   • 생애주기-항상소득 가설, 랜덤워크가설, 합리적 기대, 소비의 경로, 임의보행
   • 예비적 저축효과, 예비적 저축가설

01 ○○○○○○은 케인즈가 주장한 소비가설로 소비는 당기의 가처분소득에 의해 결정된다는 내용이다.

정답: 절대소득가설

02 ○○○○는 1869~1938년의 미국 연간 자료를 기초로 소득과 소비의 관계를 조사하여 케인즈의 절대소득가설이 장기의 소비행태를 설명하지 못한다는 것을 밝혀냈다.

정답: 쿠즈네츠

03 듀젠베리의 ○○○○○○은 소비가 당기 소득 뿐 아니라 과거의 최고 소득, 동류집단의 소비수준에 영향을 받는다는 내용을 담고 있다.

정답: 상대소득가설

04 자신의 소비수준이 주위 동일계층에 속하는 사람들의 평균적인 소비태도에 크게 영향을 받는 것을 ○○○○라 한다.

정답: 전시효과

05 ○○○○○○은 모딜리아니, 브룸버그, 안도가 주장한 소비가설로 개인의 소비행동은 금기의 소득이 아니라 그 개인의 생애에 걸쳐서 소비할 수 있는 소득의 총액에 의해 결정된다는 이론이다.

정답: 생애주기가설

06 프리드먼은 소비가 사람들이 장래에 얻으리라고 예상하는 평균소득인 항상소득에 의해 결정된다고 보는 ○○○○○○을 제안하였다.

정답: 항상소득가설

07 프리드먼은 현재소득을 ○○○○과 ○○○○으로 나누었는데, ○○○○은 사람들이 장래까지 지속될 것으로 기대하는 소득이고, ○○○○은 지속될 것으로 기대할 수 없는 소득을 말한다.

정답: 항상소득, 임시소득

08 ○○○○ ○○에 의하면 금기의 소비는 전기의 소비 에 확률적 오차항을 더한 값으로 나타난다. 오차항의 값은 확률적으로 양수 또는 음수로 결정되기 때문에 다음기의 소비는 금기의 소비에 양수의 오차항을 더해서 결정되기도 하고, 음수의 오차항을 더해서 결정되기도 한다.

정답: 랜덤워크 가설

09 미래소득에 대한 불확실성이 존재한다면 현재 예상했던 소득수준보다 낮게 미래소득이 실현될 가능성이 있다. 이럴 경우 계획된 소비경로가 실현되지 않을 가능성이 있기 때문에 소비자는 미래소비에 충당하기 위해 현재 예비적으로 저축을 하게 되는데, 이를 통해 소득의 불확실성과 소비와의 관계를 설명하는 것이 ○○○ ○○○○이다.

정답: 예비적 저축가설

Lesson **05** 투자이론

01 투자

투자의 개념

투자(investment)란 일정기간 동안 생산된 최종재 중에서 주로 기업이 구입하는 자본재의 총 가치를 말한다. 국가경제에서 투자지출은 소비지출과 함께 총수요를 구성하는 중요한 요소이다.

투자에 대한 분석의 중요성

✚ 경기변동에 큰 영향

소비지출이 GDP에서 차지하는 비중은 크지만 경기변동의 영향을 크게 받지 않고 비교적 안정적인데 반해 투자지출은 GDP에서 차지하는 비중이 별로 크지 않지만 경기변동에 따라 심한 기복을 나타낸다. 따라서 투자가 소비보다 경기변동에 더 민감한 영향을 미칠 수 있기 때문에 경제 분석에 있어서는 투자가 더 중요한 의미를 갖는다고 할 수 있다.

➕ 경제성장과 밀접한 연관

장기적으로 보면, 투자는 자본량 증가를 통하여 경제의 생산능력을 증대시키는 효과가 있으므로 경제성장과도 밀접하게 관련되어 있다. 투자는 새로운 자본재를 창출하기 때문에 투자율이 높다는 것은 자본재가 빠른 속도로 증가함을 의미한다. 자본은 노동과 함께 가장 중요한 생산요소이다. 다른 모든 조건이 동일하다면, 많은 자본을 획득하지 못한 경제에 비해 투자를 통하여 많은 자본스톡을 확보한 경제에서의 생산량수준이 높을 것이다.

02 고전학파의 현재가치법

MK Test Plus+
피셔
미국의 경제학자로 화폐수
량설의 교환방정식으로 유
명하다.

기업은 투자에 대한 의사결정에 있어서 수익이 비용보다 크다면 투자를 실행할 것이고, 수익이 비용보다 작으면 투자를 실행하지 않을 것이다. 기업이 투자로부터 얻는 예상수입의 현재가치와 투자재의 구입비용을 비교하여 투자여부를 결정한다고 보는 이론이 피셔(I. Fisher)에 의해 구체화된 고전학파의 현재가치법이다.

현재가치와 순현재가치

투자수익은 장기간에 걸쳐서 미래에 발생하는 반면, 투자비용은 현재 t 기에 모두 발생한다고 가정하자. 현재 시점에서 투자결정을 하기 위해서는 미래의 투자수익을 현재가치로 할인하여 현재의 투자비용과 비교할 필요가 있다. 현재의 이자율과 미래의 이자율이 r 로 동일하고, 어떤 기업이 내용연수가 n 년이고 가격이 C 원인 기계를 구입할 때 $t + 1$

MK Test Plus+
내용연수
고정자산의 이용가능 연수
로, 통상적인 사용에 감당
할 수 있는 기간을 뜻한다.

기부터 $R_{t+1}, R_{r+2}, \cdots R_{t+n}$ 의 수익이 발생한다고 하면, 미래에 예상되는 수익의 현재가치(Present Value: PV)는 다음과 같이 나타낼 수 있다.

(5.1)

$$PV = \frac{R_{t+1}}{1+r} + \frac{R_{t+2}}{(1+r)^2} + \dots + \frac{R_{t+n}}{(1+r)^n}$$

이러한 예상수익의 현재가치에서 t 기에 투자되는 비용을 차감한 것을 투자안의 순현재가치(Net Present Value: NPV)라고 하는데, NPV 는 다음과 같이 나타낼 수 있다.

(5.2)

$$NPV = -C + \frac{R_{t+1}}{1+r} + \frac{R_{t+2}}{(1+r)^2} + \ldots + \frac{R_{t+n}}{(1+r)^n}$$

MK Test Memo

NPV 에 의한 투자의 결정

투자결정에 있어서 NPV 가 0보다 크면($PV > C$) 투자를 실행하고, NPV 가 0보다 작으면 ($PV < C$) 투자를 실행하지 않는다.

투자와 이자율의 관계

현재가치 PV 식을 보면 이자율(r)이 상승할 때 PV의 값은 감소한다. 이자율이 상승하면 미래 예상수익에 대한 할인 정도가 커져 투자로부터 얻는 수입의 현재가치가 감소하기 때문이다. 따라서 다수의 투자안이 있을 때, 그 중에 몇 개는 이자율의 상승으로 인해 $NPV < 0$ 인 상태에 놓이게 된다. 이러한 사업에 투자하는 것은 손실을 발생시키게 되므로 NPV 가 (-)인 사업에 대한 투자는 기각된다. 그 결과 투자의 규모는 이자율의 상승 전에 비해 감소하게 된다(투자는 이자율의 감소함수).

투자에 대한 고전학파의 견해

투자는 이자율의 감소함수이고, 투자여부는 객관적인 시장이자율에 의해 결정된다. 또한 이자율의 변화는 미래의 예상 수익의 현재가치에 큰 변화를 주므로 투자는 대체로 이자율의 변화에 민감하게 반응한다(투자의 이자율탄력성이 크다).

MK Test Plus+
시장이자율
금융시장에서 자금의 수요와 공급에 의하여 결정되는 이자율.

케인즈의 한계효율법 03

케인즈의 한계효율법도 고전학파의 현재가치법과 동일하게 기업은 투자 결정에 있어서 수익이 비용보다 크면 투자를 실행하고, 수익이 비용보다 작으면 투자를 실행하지 않는다고 본다. 그러나 고전학파의 현재가치법이 *NPV* 라는 절대금액을 기준으로 투자결정을 설명하는 반면, 케인즈의 한계효율법은 기업이 투자의 한계효율(내부수익률)과 시장이자율을 비교하여 투자를 결정한다고 설명한다.

투자의 한계효율 (내부수익률)

투자수익의 현재가치가 투자비용의 현재가치와 동일하게 될 때, 즉 *NPV = 0* 이 될 때의 이자율을 투자의 한계효율(Marginal Efficiency of Investment: MEI)이라 한다. 즉 투자의 한계효율은 다음의 식을 만족하는 ρ 값을 의미한다.

(5.3)

$$C = PV = \frac{R_{t+1}}{1+\rho} + \frac{R_{t+2}}{(1+\rho)^2} + ... + \frac{R_{t+n}}{(1+\rho)^n}$$

투자의 한계효율은 투자비용 *C* 와 기업가의 주관적 평가에 따라 예상되는 기대수익 R_{t+i} $(i = 0, 1, \cdots, n)$ 에 의해 결정된다. 따라서 *MEI* 는 결국 기업가가 주관적으로 기대하는 수익률이라 할 수 있다. 이와 같이 투자의 한계효율이 객관적인 시장이자율과 무관하게 기업가의 주관적인 투자계획 자체에 의해서만 결정되기 때문에 MEI 를 내부수익률(Internal Rate of Return: IRR)이라 부르기도 한다.

투자와 이자율의 관계

MK Test Plus+
대부
이자를 받고 돈을 빌려주는 것을 말한다.

투자의 크기는 MEI 와 투자의 기회비용, 즉 기업이 투자를 하지 않고 금융시장에서 대부하면 얻을 수 있는 이자율이 일치하는 수준에서 결정된다. 즉 MEI 가 시장이자율보다 높은 투자안은 실행되지만 MEI 가 시장 이자율보다 낮은 투자안은 기각될 것이다. 만약 이자율이 상승하면 상대적으로 높아진 이자율보다 낮은 MEI 를 갖는 투자계획은 실행되지 않을 것이다. 즉 투자는 이자율과 역의 관계를 갖는데, 이는 고전학파의 현재가치법에 의한 분석과 동일한 결론이다.

MK Test Memo

투자에 대한 케인즈의 견해

투자는 기업가의 장래에 대한 기대와 야성적 충동(animal spirits)에 의해 결정된다. 즉 투자에 대한 결정은 객관적인 시장이자율이 아닌, 투자를 통해 얻을 수 있는 미래의 예상 수익에 대한 기업가의 주관적인 기대에 기초한다. 따라서 투자는 이자율의 영향을 별로 받지 않는다(투자의 이자율탄력성이 작다).

신고전학파의 투자결정이론 04

신고전학파의 이론에 따르면 적정투자의 규모는 기업의 이윤극대화 원리에 따라 결정된다. 즉 자본의 사용자비용이란 개념을 도입하여 기업의 이윤이 극대화될 때의 적정자본스톡을 도출하고, 자본량을 적정자본스톡(desired capital stock) 수준으로 조정하는 과정에서 투자가 이루어진다고 본다.

자본의 사용자비용

자본의 사용자비용(user cost of capital)이란 기업이 자본재를 일정기간 동안 사용할 때 소요되는 비용을 의미한다. 기업이 생산에 자본재를 사용할 때 소요되는 비용인 자본의 사용자비용에 영향을 미치는 요인으로는 이자비용, 감가상각비, 인플레이션의 세 가지가 있다. 명목이자율을 i, 감가상각율을 d, 인플레이션율을 π, 자본재의 가격을 P_k 라고 한다면, 자본재의 사용자비용(C)은 다음과 같이 나타낼 수 있다.

$$C = (i + d - \pi)P_K \tag{5.4}$$

피셔효과에 의하면 실질이자율(r)은 명목이자율(i)에서 인플레이션율(π)를 차감한 값이므로 $i - \pi$ 를 r 로 두면 자본의 사용자비용은 다

> **MK Test Plus+**
> **감가상각률**
> 생산에 필요한 자본재의 시간에 따른 가치하락률을 말한다.

음과 같게 된다.

$$C = (r + d)P_K \qquad (5.5)$$

자본의 한계생산물가치

자본의 한계생산물가치(Value of Marginal Product of Capital: VMP_k)란 생산을 위해 필요한 기업의 노동력과 기타 생산요소들이 일정하게 유지된 상태에서 기업이 자본 1단위를 추가함으로써 얻을 수 있는 수입으로 다음과 같이 나타낼 수 있다.

$$VMP_K = MP_K \times P \qquad (5.6)$$

MK Test Plus+
수확체감의 법칙
다른 생산요소의 투입을 일정하게 한 상태에서 한 생산요소의 투입을 증가시켰을 때 산출량의 증가분이 점차 감소한다는 법칙이다.

즉 자본 1단위를 일정기간 동안 사용할 때 추가로 생산되는 재화의 수량인 자본의 한계생산물(MP_k)에 생산되는 재화의 가격을 곱한 것이 자본의 한계생산물가치이다. 일반적으로 자본에 대해서도 수확체감의 법칙이 성립하므로 자본투입량이 늘어나면 자본의 한계생산물가치도 점점 줄어든다.

적정자본량의 결정

기업이 얼마만큼의 자본을 사용할지는 자본재 1단위를 추가로 사용할 때 얻는 수입인 자본의 한계생산물가치와 자본의 사용자비용에 의해 결정된다. 기업은 자본의 투입으로 인해 얻게 되는 수입과 그에 해당하는 비용을 비교하여 수입이 더 클 경우에만 투자를 실행할 것이다. 그러므로 기업의 이윤이 극대화되는 적정자본량은 자본의 한계생산물가치와 자본의 사용자비용이 같아지는 수준에서 결정된다. 이를 나타내는 식은 다음과 같다.

$$MP_K \times P = (r+d)P_K \tag{5.7}$$

투자에 대한 신고전학파의 견해

적정자본량은 자본의 한계생산물, 이자율, 감가상각률 등에 의해 결정되므로 투자도 이들 요인의 영향을 받게 된다. 만약 이자율이 하락하게 되면 MP_K 역시 감소해야 이윤극대화의 조건을 만족시킬 수 있다. MP_K를 감소시키려면 한계생산체감의 법칙에 따라 자본을 증가시켜야 한다. 자본이 증가된다는 것은 투자가 증가한다는 의미이다. 따라서 이윤극대화의 조건을 만족하는 투자함수는 이자율과 반대 반향으로 움직이게 된다.

05 가속도원리

가속도원리(acceleration principle)는 투자결정의 주요 요인을 산출량 (GDP)의 변화로 보는 이론이다. 가속도원리는 소득(혹은 소비)의 변화 가 투자에 비례적인 영향을 미치는 것이 아니라 가속적인 영향을 미친 다는 것을 설명해 준다.

가속도원리의 내용

가속도원리는 기업의 투자가 예상매출액에 의해 결정되며, 예상매출 액은 소득수준에 의존하므로 결국 투자가 소득의 변동에 영향을 받는 것으로 설명한다. 대체투자는 없는 것으로 가정하면 t 기의 투자수요 는 목표자본량(K_t^*)과 전년도 자본량의 차이로 나타낼 수 있다.

$$I_t = K_t^* - K_{t-1} \tag{5.8}$$

또한 일정시점에서 자본의 산출량에 대한 비율은 자본계수(capital coefficient) $v = \frac{K}{Y}$ 로 나타낼 수 있으므로 t 기의 목표자본량(K_t^*)도 총 생산(Y_t)의 일정비율로 볼 수 있다. (자본계수는 산출량 1단위를 생산하는 데 필요한 자본의 양을 의미한다.)

$$K_t^* = v Y_t \tag{5.9}$$

전년도 자본량(K_{t-1})은 전년도에 실현된 목표자본량(K_{t-1}^*)으로 볼 수 있으므로 $K_{t-1} = K_{t-1}^* = v Y_{t-1}$이 성립한다. 따라서 투자함수는 다음과 같이 나타낼 수 있다.

$$I_t = K_t^* - K_{t-1} = v Y_t - v Y_{t-1} = v(Y_t - Y_{t-1}) = v \triangle Y \tag{5.10}$$

가속도원리에 의한 투자의 개념

가속도원리는 금기의 목표자본량과 전기의 자본량 사이에 괴리가 발생할 경우 이 차이를 좁히는 행위를 투자로 보고 있다. 자본계수 v는 통상적으로 1보다 큰 값이므로 소득의 변화는 투자에 가속적인 영향을 미친다.

가속도원리에 대한 평가

생산량과 자본 간의 고정적인 관계를 상정하여 도출된 가속도원리는 단순하여 이해하기 쉽다. 또한 경기가 좋을 때는 투자도 활발하게 이루어질 것이기 때문에 현실에 부합한다고 볼 수 있고, 소득의 변화율보다 투자의 변화율이 훨씬 크게 나타나는 현실에도 부합한다. 하지만 가속도원리는 다음과 같은 비판을 받고 있기도 하다.

① 가속도원리가 성립하는 데 있어서 중요한 역할을 하는 것은 어떤 생산량을 산출해내기 위해서는 반드시 일정배수(I/v)의 자본설비가 필

요하다는 가정이다. 그러나 금리와 임금의 상대적인 크기에 따라 바람직스러운 자본스톡의 수준이 영향을 받고, 계획된 투자 역시 영향을 받는다고 보는 것이 현실적이다. 예를 들어 만약 금리가 높아지고 임금이 낮아지면 설비에 대한 투자는 보류하고 노동의 투입량을 증가시켜 필요한 생산량을 산출해 낼 수도 있기 때문이다.

② 가속도원리는 경기가 하강국면에 들어서 $\triangle Y_t$가 (−)의 값을 가질 때에는 작동하지 않는다. 가속도원리에 따르면 $\triangle Y_t$가 (−)이면 투자 역시 (−)가 되는데, 투자는 (−)의 값을 가질 수 없기 때문이다. 자본은 비가역성(irreversibility)을 갖기 때문에 마모에 의해서 감가되는 것 이상으로 줄어들지 않는다. 따라서 가속도원리는 경기가 하강하는 국면에서는 유효하지 않다.

③ 가속도원리는 특정년도의 목표자본량이 당해 연도에 모두 실현되는 것으로 가정하고 있으나 이는 비현실적이다. 투자결정과 실제로 투자가 실행되는 데에는 상당한 시차(time lag)가 존재하기 때문이다.

토빈의 q이론 06

MK Test Plus+
토빈
미국의 경제학자이며 자산선택이론의 창시자이다. 1981년 노벨 경제학상을 수상했다.

지금까지 살펴 본 전통적인 투자이론은 생산량이나 이자율 등을 설명변수로 하는 실물적 측면에서의 자본재에 대한 수요이론이다. 이에 반해 토빈(J. Tobin)은 기업들의 장래 수익성에 대한 시장의 평가를 연결시킨 q 이론을 제시하여 기업의 투자행태를 설명하려고 하였다.

값과 투자결정의 원리

토빈은 주식시장에서 평가한 기업의 시장가치와 기업의 실물자본의 대체비용을 비교하기 위해, 주식시장에서 평가한 기업의 시장가치를 기업의 실물자본의 대체비용으로 나눈 값을 토빈의 q 로 정의하였다. 이를 평균적 q(average q)라 한다.

(5.11)

$$q = \frac{주식시장에서 평가된 기업의 시장가치}{기업의 실물자본의 대체비용}$$

여기에서 실물자본의 대체비용이란 그 기업이 현재 보유하고 있는 실물자본과 똑같은 실물자본을 새로이 만들어 설치하는 데 드는 비용이다.

토빈의 *q* 값과 투자의 판단

① *q > 1*: 시장에서 평가하는 기업가치가 자본량을 늘리는데 드는 비용보다 더 크므로 투자를 하는 것이 바람직하다.

② *q < 1*: 시장에서 평가하는 기업의 가치가 자본재의 대체비용에 미달하므로 자본재가 마모되더라도 대체하지 않는 것이 바람직하다.

③ *q = 1*: 대체투자만 하게 되어 자본량의 변동은 없게 된다.

한계 *q* 와 투자결정의 원리

투자결정 등 모든 의사결정에 있어서 중요한 것은 평균개념이 아닌 한계개념이라는 것에 착안하여 토빈의 평균적 *q*의 개념은 하야시(F. Hayashi) 등에 의해 한계적 *q*의 개념으로 발전하게 된다. 한계적 *q*(marginal *q*)란 자본 1단위를 추가할 경우 발생하는 기업의 시장가치의 증가분을 자본 1단위를 구입할 경우 발생하는 기업의 추가비용으로 나눈 값이다.

(5.12)

$$한계\, q = \frac{증가된\ 실물자본\ 1단위의\ 시장가치}{증가된\ 실물자본\ 1단위의\ 구입비용}$$

토빈의 *q* 이론을 엄밀하게 해석하면, 기업은 한계 *q* 가 1보다 클 때 순투자를 하여 자본량을 증가시키고, 한계 *q* 가 1이면 대체투자만 하게 되어 자본량의 변동은 없게 된다. 그리고 한계 *q* 가 1보다 작으면 투자를 실행하지 않는다. 그러나 한계 *q* 는 정의에 부합하는 자료를 구할 수 없기 때문에 평균 *q* 를 대용변수(proxy variable)로 사용할 수밖에 없다.

토빈의 q 이론에 대한 평가

✚ 토빈의 q 이론의 장점

토빈의 q 이론은 전통적인 실물투자이론과는 달리 실물자본의 대체비용과 자본시장에서 결정되는 그것의 시장가격이라는 객관적인 자료를 근거로 하여 투자행태를 설명하려고 한다는 특징을 가지고 있다. 이것은 이자율에 관한 정보 이외에 주식시장을 통해 획득한 포괄적인 정보를 투자결정에 활용할 수 있다는 장점이 있다.

✚ 토빈의 q 이론의 문제점

① 주식시장이 비효율적이거나 완전하지 않다면 주가가 그 기업의 시장가치를 정확하게 반영한다고 볼 수 없다.

② 기업의 주가는 단기간에 큰 변동을 보이고 있으나 이에 따라 투자규모가 신속하게 변동하는 것은 아니다. 주가가 장기적으로 어떤 방향으로 움직일지 모르는 상태에서 일시적인 주가의 상승만으로 완성기간이 오래 걸리는 실물자산을 증가시키는 데에는 큰 위험이 따르기 때문이다.

토빈의 q 이론은 주식시장이 잘 발달된 선진국에서는 어느 정도 잘 적용이 되는 이론이지만, 주식시장의 발달 정도가 낮고 주가가 기업의 시장가치를 잘 반영하지 못하는 후진국에서는 적용하기 어려운 이론이다.

1. 투자
∨ 투자에 대한 분석의 중요성 ··· □

2. 고전학파의 현재가치법
∨ 투자에 대한 고전학파의 견해 ·· □
　　(투자와 이자율의 관계, 투자의 이자율 탄력성)

3. 케인즈의 한계효율법
∨ 투자에 대한 케인즈의 견해 ··· □
　　(투자와 이자율의 관계, 투자의 이자율 탄력성)

4. 신고전학파의 투자결정이론
∨ 투자가 결정되는 과정 ··· □

5. 가속도원리
∨ 가속도원리의 내용과 평가··· □

6. 토빈의 q이론
∨ 토빈의 q값에 따른 투자결정 원리 ································· □
∨ 토빈의 q이론에 대한 평가································· □

MK Key word

1. 투자
• 투자, 경기변동영향, 경제성장영향

2. 고전학파의 현재가치법
• 현재가치법, 내용연수, 현재가치, 순현재가치, 투자의 이자율탄력성

3. 케인즈의 한계효율법
• 한계효율법, 내부수익률, 한계효율, 야성적 충동

4. 신고전학파의 투자결정이론
• 적정자본스톡, 자본의 사용자비용, 한계생산물가치

5. 가속도원리
• 가속도원리, 자본계수

6. 토빈의 q이론
• 평균적 q, 한계적 q

01 ○○는 일정기간 동안 생산된 최종재 중에서 주로 기업이 구입하는 자본재의 총가치를 말하며 GDP에서 차지하는 비중은 크지 않지만 경기변동에 따라 심한 기복을 나타내므로 경제 분석에 있어서 중요한 의미를 갖는다.

정답: 투자

02 고전학파의 ○○○○○은 투자로부터 얻는 예상수입의 현재가치와 투자재 구입비용을 비교하여 투자여부를 결정한다고 본다.

정답: 현재가치법

03 고전학파의 현재가치법이 ○○○○○(○○○)라는 절대금액을 기준으로 투자결정을 설명하는 반면, 케인즈의 한계효율법은 기업이 투자의 ○○○○○(○○○)과 시장이자율을 비교하여 투자를 결정한다고 설명한다.

정답: 순현재가치, NPV, 내부수익률, IRR

04 케인즈에 의하면 투자는 기업가의 장래에 대한 기대와 ○○○○○에 의해 결정된다. 즉 투자에 대한 결정은 객관적인 시장이자율이 아닌, 투자를 통해 얻을 수 있는 미래의 예상 수익에 대한 기업가의 주관적인 기대에 기초한다.

정답: 야성적 충동

05 ○○○ ○○○○○이란 기업이 자본재를 일정기간 동안 사용할

때 소요되는 비용을 의미하고, 자본의 ○○○○○○○란 생산을 위해 필요한 기업의 노동력과 기타 생산요소들이 일정하게 유지된 상태에서 기업이 자본 1단위를 추가함으로써 얻을 수 있는 수입을 말한다. 기업의 이윤이 극대화되는 적정자본량은 이들이 같아지는 수준에서 결정된다.

정답: 자본의 사용자비용, 한계생산물가치

06 ○○○○○는 기업의 투자가 예상매출액에 의해 결정되며, 예상매출액은 소득수준에 의존하므로 결국 투자가 소득의 변동에 영향을 받는 것으로 설명하고, 금기의 목표자본량과 전기의 자본량 사이에 괴리가 발생할 경우 이 차이를 좁히는 행위를 투자로 보고 있다. 자본계수는 통상적으로 1보다 큰 값이므로 소득의 변화는 투자에 가속적인 영향을 미친다.

정답: 가속도원리

07 토빈은 주식시장에서 평가한 기업의 시장가치와 기업의 실물자본의 대체비용을 비교하기 위해, 주식시장에서 평가한 기업의 시장가치를 기업의 실물자본의 대체비용으로 나눈 값을 ○○○ ○로 정의하였다.

정답: 토빈의 q

08 ○○○ ○란 자본 1단위를 추가할 경우 발생하는 기업의 시장가치의 증가분을 자본 1단위를 구입할 경우 발생하는 기업의 추가비용으로 나눈 값이다. 그러나 ○○○ ○는 정의에 부합하는 자료를 구할 수 없기 때문에 평균 q를 대용변수로 사용할 수밖에 없다.

정답: 한계적 q

Lesson **06**   화폐금융론

01 화폐의 정의와 기능

화폐의 정의

우리는 보통 '화폐'라는 말을 접하게 되면, 쉽게 지폐나 동전과 같은 '돈'을 떠올리게 된다. 하지만 사회와 경제 환경의 변화, 그리고 기술의 발달 등으로 인해 지불수단으로서의 화폐는 수표나 어음, 그리고 신용카드 등과 같이 다양한 형태를 띠게 되었다. 경제학이 연구되기 시작한 이래로 모든 사람들이 동의할만한 화폐에 대한 정의를 내리는 일에 많은 노력이 있었지만, 이에 대한 해답은 만족스럽지 못하다. 그래서 힉스(Hicks)는 "화폐는 화폐가 하는 일, 그것이다(money is what money does)"라는 말을 남기기도 하였다. 즉 화폐는 그 기능으로 밖에 정의 내리기 힘들다는 것이다.

화폐의 기능

화폐의 주요한 기능으로는 교환매개, 가치척도(회계의 단위), 가치저장의 세 가지를 들 수 있다.

① 교환의 매개 (medium of exchange)

화폐가 없을 때의 물물교환에서는 항상 욕망의 이중적 일치(double coincidence of wants)가 이루어져야 한다. 하지만 화폐의 존재는 이러한 번거로움을 해소하고 물물교환에 드는 거래비용을 낮춘다.

② 가치의 척도 (common measure of value)

물물교환 시 거래가 원활하게 이루어지려면 모든 재화 간의 교환비율이 공시되어야 한다. 만약 교환비율이 제대로 공시되지 않는다면 이를 이용하여 쉽게 차익거래를 통해 이득을 챙길 수 있을 것이다. 하지만 화폐가 존재하게 되면 각 재화의 가치를 화폐라는 단일 재화로 나타낼 수 있게 되기 때문에 거래비용을 크게 낮출 수 있게 된다.

③ 가치 저장의 수단 (store of value)

화폐는 일반적인 구매력(general purchasing power)을 가지고 있기 때문에 자산으로서의 기능을 담당하기도 한다. 즉 화폐는 한 시점에서 그 이후의 시점까지 구매력을 보관해주는 역할을 한다. 이를 위해서는 화폐의 가치가 안정적으로 유지되어야 할 것이다.

MK Test Plus+
욕망의 이중적 일치
영국의 경제학자 제본스는 화폐가 존재하지 않을 때에는 거래 당사자들이 서로 원하는 물품을 지녔을 때에만(즉 욕망의 이중적 일치가 이루어질 때에만) 거래가 일어나기 때문에 거래 자체의 성립이 어렵고 비용이 많이 들게 됨을 지적했다.

02 화폐의 수요이론

케인즈의 화폐수요이론

MK Test Plus+
고전학파
애덤 스미스 이래로 맬서스, 리카도 등으로 대표되는 학자들에 의해 형성된 경제학의 토대가 되는 학파이다.

화폐의 수요란 일정 시점에서 개인들이 보유하고자 하는 화폐의 양을 의미한다. 화폐수요에 대한 논의는 화폐의 교환기능을 강조한 고전학파의 화폐수량설에서 처음 시작되었다. 화폐의 교환기능을 강조하는 고전학파의 이러한 입장은 그들의 경제관을 통해 드러난다. 고전학파에 따르면 개개인의 이기심, 즉 '보이지 않는 손(invisible hand)'에 의해 자원이 효율적으로 이용되기 때문에 화폐는 단지 교환의 매개물로서만 기능을 한다는 것이다. 이에 반해 케인즈는 화폐의 교환기능뿐만 아니라 불확실한 가치의 저장 수단으로서 화폐를 바라보았다. 케인즈는 이에 따라 화폐수요를 사람들이 화폐를 보유하고자 하는 동기에 따라 세 가지로 구분하였다.

✚ 화폐 보유의 동기

① 거래적 동기에 의한 화폐수요

거래적 동기(transactions motives)에 의한 화폐수요란 소득의 발생시점과 계획된 거래의 발생시점(지출시점)의 차이에서 발생하는 화폐수요이다. 즉 일상적인 생활을 영위하기 위해 필요한 상품 등을 구매할 때에 일어나는 거래에 대한 화폐수요이다. 거래적 화폐수요는 거래량에 의해 영향을 받는데, 거래량을 결정하는 가장 큰 변수가 소득이라고 할 수 있으므로 거래적 동기에 의해 화폐수요를 설명하는 것은 전통적인 화폐수량설과 그 흐름을 같이 한다.

② 예비적 동기에 의한 화폐수요

예비적 동기(precautionary motives)에 의한 화폐수요란 예기치 못했던 지출을 위해 생겨나는 화폐수요이다. 위급한 사태가 발생하거나 뜻밖의 유리한 조건의 구매 기회가 주어졌을 때에 화폐가 아닌 다른 자산의 형태로서는 이에 적절하게 대응하기 어렵다. 따라서 사람들은 이러한 예비적 동기에 의해 화폐를 보유하게 되고, 케인즈는 예비적 동기에 의한 화폐의 수요가 소득과 정(+)의 관계를 갖는다고 믿었다.

③ 투기적 동기에 의한 화폐수요

투기적 동기(speculative motives)에 의한 화폐의 수요는 불확실성하에서 수익성 자산에 투자할 때에 일시적으로 화폐를 보유하는 것을 말한다. 명목가치가 변하지 않는 화폐와 명목가치의 변동이 거듭되는 기타 자산 사이에 수익률의 차이가 발생하면 화폐의 수요에 변화가 생긴다. 화폐의 투기적 수요는 이자율이 높으면 감소하고 이자율이 낮으면 증가하는 관계를 보여준다.

✚ 투기적 동기의 화폐수요곡선

① 투기적 수요의 변동

화폐의 투기적 수요는 현재의 시장이자율이 미래의 어떤 시점에서 실현될 것으로 예상되는 기대이자율과 괴리를 보임에 따라 변동한다. 채권의 가격은 이자율과 역의 관계에 있으므로, 만약 현재의 시장이자율이 기대이자율보다 높은 상황이면 앞으로 이자율이 하락할 것이기 때문에 현재의 채권가격이 앞으로는 상승할 것이라 예측할 수 있다. 따라서 화폐의 보유를 줄이는 대신 채권을 구입하는 것이 유리할 것이다.

② 이자율에 대한 예상

기대이자율은 과거의 경제 변화에 대한 경험과 경제제도에 대한 사람들의 지식에 영향을 받아 결정될 텐데 커다란 돌발적인 사건이 발생하지 않는 한, 사람들의 기대가 단기적으로 급격하게 변화된다고 볼 수는 없다. 즉 기대이자율은 비탄력적(inelastic)이라고 할 수 있다. 따라서 케인즈는 각 개인이 나름대로 정상적이라고 생각하는 정상이자율(normal rate of interest) 수준과 실제 이자율 수준이 일치하지 않는 경우, 각 개인은 그 차이를 줄이는 방향으로 실제 이자율이 움직일 것으로 예상한다고 보았다.

③ 화폐수요곡선의 도출

케인즈에 따르면, 각 개인은 미래 이자율에 대해 확실한 예상을 하고 있지만 그 확신이 사람들에 따라 모두 다르기 때문에 사회 전체적으로는 미래 이자율에 대한 예상이 다양하게 나타난다. 그러므로 경제 전체로 보면, 이자율이 낮아질수록 조만간 이자율이 상승해 채권가격이 하락할 것으로 예상하는 사람들의 수가 늘어나면서 화폐의 수요가 증가하게 된다. 따라서 각 경제주체들의 화폐수요함수를 모두 합하면 부드럽게 우하향하는 〈그림 6-1〉과 같은 시장 전체의 화폐수요곡선을 얻을 수 있다.

그림 6-1

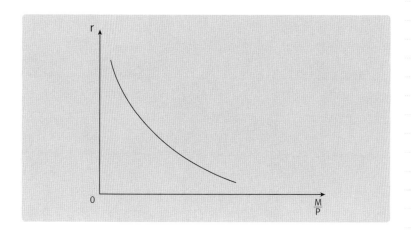

✚ 유동성함정

〈그림 6-2〉에서 확인할 수 있는 것과 같이 화폐수요곡선이 수평인 구간을 유동성함정(liquidity trap)이라고 하는데, 이는 화폐수요(투기적 화폐수요)의 이자율에 대한 탄력성이 무한대인 상태를 말한다. 유동성함정은 사람들이 생각하고 있는 기대이자율에 비해 시장이자율이 매우 낮아서 모든 사람들이 현재의 이자율은 최저수준에 도달해 있기 때문에 언젠가 상승할 것이라는 확신을 가지고 있을 때 발생한다. 이때에는 누구나 채권을 보유하지 않고 화폐로 보유하려고 하기 때문에 화폐에 대한 투기적 수요는 무한대가 된다. 유동성함정에서는 화폐공급이 증가하더라도 증가된 통화량이 모두 화폐수요로 흡수되므로 이자율이 전혀 변하지 않는다. 이러한 유동성함정은 경기가 매우 침체된 상태일 때 나타난다.

그림 6-2

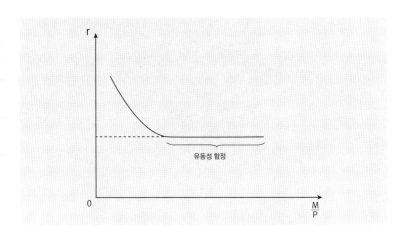

고전학파의 화폐수요이론

고전학파는 화폐의 수요에 대해서 일찍이 화폐수량설(quantity theory of money)을 통해 설명해왔다. 여기에는 두 가지의 정형화된 유형이 있는데, 하나는 피셔(I. Fisher)의 거래수량설이고, 다른 하나는 케임브리지학파(Cambridge School)의 현금잔고수량설이다. 이들을 묶어서 고전적 화폐수량설(classical quantity theory of money)이라고 부른다. 이후 프리드먼에 의해 신화폐수량설(new quantity theory of money)로 개선되어 오늘에 이르고 있다.

MK Test Memo

고전적 화폐수량설

　고전적 화폐수량설은 시장에서 거래되는 모든 재화의 총량이 일정할 때 화폐 총량과 물가수준은 비례관계에 있다고 주장한다. 통화량의 외생적인 변동은 그 변동률과 같은 비율로 물가에 영향을 준다는 것이다. 따라서 고전적 화폐수량설에서는 케인즈와는 달리 통화량의 변동이 이자율을 변화시키지 않으며 화폐의 중립성으로 인해 실물변수에 영향을 미치지 못한다고 본다.

MK Test Plus+
화폐의 중립성
화폐공급의 변화가 실물변수에는 전혀 영향을 미치지 못하는 현상을 일컬어 화폐의 중립성(neutrality of money)이라고 한다.

✛ 거래수량설

① 교환방정식

　피셔의 거래수량설은 교환방정식(equation of exchange)이라 불리는 다음의 식으로 간단히 요약할 수 있다.

$$MV = PT \qquad (6.1)$$

　여기서 M은 저량(stock) 개념으로서의 통화량이고, V는 화폐의 유통속도(velocity of money)이며 P는 거래량 한 단위의 평균가격, T는 실질거래량을 말한다. 즉 PT는 일정기간 동안의 총거래액을 의미하고, MV는 일정기간 동안의 총지불액을 뜻한다. 이러한 교환방정식은 어떤 경제에 존재하는 화폐의 총량과 재화의 총거래액이 주어지면 언제나 성립하게 되어 있는 항등식이다. 그러나 유통속도 V와 거래량 T가 일정하다고 가정을 하면 위의 항등식은 경제적인 의미를 갖는 방정식이 된다.

② 가정의 추가

● 유통속도가 불변이다.

고전적 화폐수량설에 의하면 V는 장기적으로 개인의 소비패턴, 사회의 지불관습, 지급기술 등 제도적, 기술적 요인에 의존한다. 그런데 이러한 요인들은 단기적으로는 변화하지 않는다고 볼 수 있다. 따라서 유통속도는 불변이라고 가정할 수 있다.

● 생산량과 거래량이 일정하다.

고전학파는 가격이 완전히 신축적이어서 생산이 늘 완전고용 상태에서 이루어지고 거래량은 생산량(국민소득)에 비례한다고 간주했다. 이때 완전고용 생산수준은 경제에 부존하는 생산요소량에 의존하므로 단기적으로 일정하다. 따라서 생산량과 거래량도 단기적으로 일정하다고 가정할 수 있다.

③ 통화량과 물가의 비례관계

몇 가지의 가정을 하고나면 교환방정식에서 통화량(M)과 물가(P)는 일정한 비례관계를 갖게 된다. 이와 같이 거래수량설은 단기에 통화량과 물가수준 사이에 비례적인 관계가 있음을 주장하는 이론이다. 사실 피셔의 관심은 통화량과 물가수준 사이의 관계에 있었지 통화수요에 있었던 것은 아니다. 그러나 거래수량설은 결과적으로 화폐수요가 거래액(PT)에 비례해 결정된다는 화폐수요이론으로 해석할 수 있다.

MK Test Plus+
마샬
영국의 경제학자로 신고전학파의 창시자이다. 케인즈, 피구와 같은 많은 제자들을 길러냈고, 주요 저서로는 《경제학원리》가 있다.

✚ 현금잔고수량설

① 화폐보유의 결정

현금잔고수량설은 케임브리지대학의 마샬(A. Marshall), 피구(A.C.

Pigou) 등에 의해 정립되었다. 이들은 개별 경제주체들이 얼마만큼의 화폐를 보유하려고 하는지에 관심을 두었고, 사람들이 화폐를 보유하고자 하는 동기가 화폐를 보유함으로써 얻을 수 있는 편리함과 안정성에 있다고 보았다. 따라서 사람들은 화폐를 보유하여 얻을 수 있는 효용과 다른 형태의 자산을 보유함으로써 얻을 수 있는 이자소득 및 자본이득 등의 효용을 비교하여 주어진 총자산(total wealth) 중에서 얼마만큼을 화폐로 보유할지를 결정한다고 생각했다.

② 명목소득과 화폐수요의 비례관계

마샬과 피구 등은 화폐에 대한 수요가 개인의 명목 부(nominal wealth)에 비례한다고 단순화시켰다. 더 나아가 이들은 명목소득(nominal income)이 명목 부에 비례한다고 보았다. 즉 화폐에 대한 수요는 주로 거래액 내지 명목소득에 의해 결정되며 명목소득이 증가하면 화폐의 수요는 비례적으로 증가한다는 것이다.

③ 0에 가까운 이자율탄력성

마샬과 피구 등은 화폐수요의 이자율탄력성이 거의 영(0)에 가까워 이자율의 변화가 화폐수요에 미치는 효과가 거의 없다고 믿었다.

④ 현금잔고수량설의 모형

$$M_d = kPy = kY \qquad (6.2)$$

여기서 M_d는 화폐수요, P는 물가수준, y는 실질소득, Y는 명목소득이며 k는 사람들이 명목소득 중 화폐로 보유하는 비율로서 흔히 마샬의 k(Marshallian k)라 부른다.

⑤ 현금잔고방정식

y가 완전고용 소득수준과 항상 일치하고, k가 일정한 값으로 고정된다고 가정하면 화폐수요는 물가수준에 비례하게 된다. 또한 화폐의 수요와 공급이 균형상태에서 일치하며 $k = \frac{1}{V_y}$ 이라고 가정하면, 케임브리지학파의 현금잔고방정식이 다음과 같이 도출된다.

$$MV_y = Py \tag{6.3}$$

이때 V_y는 피셔의거래유통속도 V와 구별하기 위해 화폐의 소득유통속도(income velocity of money)라고 부른다.

현금잔고수량설에 의하면 화폐수요(M)가 물가(P) 및 실질소득(y)과 정비례하므로 화폐수요의 실질소득탄력성과 물가탄력성은 모두 1이다. 반면에 이자율이 고려되어 있지 않으므로 화폐수요의 이자율탄력성은 0이다.

✚ 고전적 화폐수량설에 대한 비판

① 소득유통속도의 불안정성

고전적 화폐수량론자들은 대개 V_y가 자주 변동되지 않는 지불관습 등에 의존하므로 상대적으로 안정적이라고 믿었다. 그러나 자본주의가 발달한 선진국의 통계자료를 이용하여 측정하여 본 결과 유통속도가 그다지 안정적이지 못하다는 것이 밝혀졌다. 이는 V_y의 역수인 k도 실증적으로 안정적이지 못하다는 사실을 의미한다.

② 국민소득의 안정성에 대한 의문

화폐수량설을 주장하는 고전학파에 따르면 국민소득이 완전고용수준에서 장기균형을 유지하게 된다. 그러나 1930년대의 대공황으로 인한 대규모 실업사태, 그리고 케인즈 경제학의 등장 이후 적어도 단기에서는 완전고용이 달성되지 못할 수 있음이 이론적으로나 실증적으로 증명되었다.

이러한 화폐수량설에 대한 비판은 화폐수요함수의 안정성 논쟁으로 가열되어 신화폐수량설을 낳게 되는 계기가 되었다.

MK Test Memo

소득유통속도가 안정적이지 않은 이유

소득유통속도가 화폐수량설의 가정과는 달리 안정적인 값을 가지지 못하는 이유는 유통속도의 역수인 마샬 k의 결정요인들과 관련된다. 현대적인 해석에 따르면 마샬의 k는 지급관습, 소비지출패턴, 이자율, 그리고 금융혁신 등의 함수로 볼 수 있다. 이렇게 k가 여러 변수에 의해 영향을 받는 내생변수라면 안정적으로 유지될 수 없고 따라서 그 역수인 유통속도 또한 안정적일 수 없다는 결론이 나온다.

✚ 신화폐수량설

시카고 대학의 프리드먼(M. Friedman)은 대공황 시기에 통화량이 급격히 감소했다는 실증분석을 토대로 명목소득과 통화량 간의 함수관계를 나타내는 화폐수량설의 현실설명력을 주장했다. 프리드먼은 이러한 자신의 주장을 신화폐수량설로 이론화했고 이것은 통화주의(Monetarism)의 이론적 초석이 되었다.

MK Test Plus+
통화주의
대공황 이후에 강조된 케인즈적인 재정정책에 맞서 '화폐가 중요하다(Money matters)'며 통화정책의 중요성을 주장하는 경제학자들의 주장.

① 화폐수요함수의 도출

프리드먼에 의하면, 개인의 화폐수요는 각 개인이 보유하는 자원에 의해 제약받게 되고, 그 수요량은 화폐보유로부터의 한계수익이 다른 대체자산으로부터 얻게 되는 한계수익과 같아지는 점에서 결정된다. 따라서 화폐수요함수는 개인의 총부(total wealth)와 화폐를 포함한 각종 자산의 수익률들의 함수라고 할 수 있고, 서로 다른 대체자산의 수익률은 일반적으로 측정이 가능하다. 프리드먼은 이 점에 착안하여 다음과 같은 화폐수요함수를 도출하였다.

(6.4)

$$\frac{M_d}{P} = f(i^B, i^E, \pi, h, y^P, u)$$

② 화폐수요함수를 구성하는 변수들

● 각 자산의 보유비율을 결정하는 변수

화폐수요함수에 속해 있는 처음의 세 변수 i^B, i^E, π는 각각 채권, 주식, 실물자산의 수익률(인플레이션율)을 뜻하는데, 이는 경제주체들이 자신의 부를 화폐가 아닌 채권이나 주식 또는 재화의 형태로 보유할 수 있음을 의미한다. 만약 이들의 수익률이 상승하면 화폐의 수요량은 감소하게 될 것이다. 그래야 대체 자산의 수익률 상승과 같은 크기로 화폐보유의 한계적 편익도 높아질 수 있기 때문이다. 이는 화폐에 대한 명목 수요가 각 자산의 한계 수익률이 동일해지는 점에서 결정됨을 의미한다. 각 자산의 수익률 차이는 각 자산의 보유비율을 결정해 준다.

● 화폐보유량을 결정하는 변수

화폐의 보유량을 결정하는 것은 총부의 수준인데, 프리드먼은 총부를 경험적으로 추정하는 것이 쉽지 않기 때문에 항상소득을 총부의 대용변수(proxy)로 사용하였다. 또한 총부에는 인적 부(human wealth)가 포함되는데, 인적 부의 크기를 나타내기 위해 프리드먼은 총부에 대한 인적 부의 비중인 h 를 화폐수요함수에 포함시켰다.

● 불확실성을 나타내는 변수

마지막으로 u 변수는 사람들의 선호나 기호와 같은 주관적 상황과 불확실성 등을 나타내는 것으로, 프리드먼은 단기적으로는 u 변수가 안정적이라고 파악했다.

MK Test Plus+
대용변수
원래의 변수를 추정하거나 자료를 구하기 어려울 때, 이를 대신하여 사용하는 변수를 말한다.

③ 몇 가지 논의의 추가

프리드먼은 자신의 화폐수요함수식을 간단히 변형시키기 위해 몇 가지 논의를 추가했다.

● 프리드먼은 소득을 제외한 이자율 및 다른 모든 변수들이 화폐수요에 미치는 영향이 거의 없다고 보고 이들을 설명변수에서 제외시킨다. 각종 수익률들은 보통 같은 방향으로 움직이므로 수익률의 변동이 화폐수요에 별다른 영향을 미치지 않을 것이기 때문이다. 이는 화폐수요가 국민소득의 안정적인 함수임을 시사한다.

● 프리드먼은 물가수준이 항상물가수준(permanent price level)을 측정하는 P^p 로 대체되어야 한다고 생각했다. 즉 개인의 화폐에 대한 수요는 일시적인 물가수준의 변동에 영향을 받지 않으며, 그 변동이 영속적이라고 예측될 때만 변화하게 된다는 것이다.

④ 최종적인 화폐수요함수

프리드먼의 추가적인 논의를 받아들이면 최종적으로 화폐수요함수는 다음과 같이 나타낼 수 있다.

(6.5)

$$M^D = P^P g(y^P), \qquad V = \frac{Y}{M^D} = \frac{Y}{P^P} \frac{1}{g(y^P)}$$

고전적 화폐수량설 vs

신화폐수량설 vs 케인즈의 화폐수요이론

① 신화폐수량설과 고전적 화폐수량설과의 차이

고전학파는 유통속도가 상수라고 가정하였으나 신화폐수량설에서는 유통속도가 변할 수 있다는 점을 인정하고 있다. 하지만 유통속도가 이자율과 예상인플레이션율의 영향을 받더라도 그 정도가 매우 미미하다고 주장한다.

② 신화폐수량설과 케인즈 화폐수요이론과의 차이

케인즈와는 달리 프리드먼은 화폐수요의 이자율탄력성이 매우 낮으므로 화폐수요함수가 매우 안정적이라고 본다. 화폐수요가 안정적이면 통화량의 변화가 명목국민소득에 직접적으로 영향을 미치게 된다. 이러한 통화량의 변화가 실물경제에 중요한 영향을 미친다는 프리드먼의 믿음은 케인즈의 화폐수요이론과는 근본적인 차이가 있다.

프리드먼과 케인즈 사이의 이러한 시각 차이는 통화량의 변화가 명목소득 또는 총지출에 어떤 경로로 영향을 미치는가에 대한 양자 간 견해 차이로 나타난다. 신화폐수량설의 정책적 함의는 통화량을 정책변수로 삼아 조정할 때 경제를 효율적으로 관리할 수 있다는 것이다. 이것은 기본적으로 화폐공급의 외생성과 화폐수요함수의 안정성에 대한 믿음을 바탕에 두고 있는 것이다.

화폐의 공급 03

화폐시장의 균형은 화폐에 대한 수요와 공급이 일치할 때 성립한다. 일반적으로 오늘날의 화폐는 중앙은행이 발행하여 공급하는 주화·지폐와 같은 현금통화(central bank currency)뿐만 아니라 일반은행에 예치된 요구불예금(demand deposits)까지 포함된 넓은 의미의 화폐를 의미한다. 여기서 중앙은행이 공급하는 현금통화는 일반은행이 공급하는 예금통화의 기초가 된다는 점에서 본원통화(monetary base)라고도 한다. 중앙은행 외에 일반은행 역시 요구불예금을 통해 통화를 공급하게 되는데, 먼저 중앙은행에 의한 화폐의 공급을 살펴보고, 다음으로 일반은행에 의한 화폐의 공급을 알아보도록 한다.

MK Test Plus+
본원통화
본원통화는 중앙은행의 창구를 통하여 시중에 나온 현금으로 예금은행의 예금통화 창조의 토대가 된다. 본원통화가 1단위 공급되면 통화량은 공급량보다 훨씬 크게 증가하므로 본원통화를 고성능화폐(high-powered money)라고도 한다. 본원통화는 중앙은행의 통화성 부채이다.

중앙은행의 화폐 공급

중앙은행은 통화를 공급하는 주체로서 중앙은행이 발행한 현금이 시중에 풀리면 통화가 공급된다. 일단 중앙은행 밖으로 흘러나간 현금(본원통화)은 비은행 민간(비은행 민간보유 현금)이나 은행(실제 지급준비금)에 의해 보유된다. 은행은 자신이 보유하는 실제 지급준비금을 시재금(vault cash)의 형태로 자신의 금고에 직접 넣어두거나 중앙은행 예치금(또는 지급준비예치금)의 형태로 중앙은행에 예치할 수 있다. 이때

MK Test Plus+
지급준비금
예금은행이 고객의 인출요구에 대비하여 보유하고 있는 금액.

민간이 보유하는 현금과 은행이 자신의 금고에 보유하는 현금의 합계는 화폐발행액이 된다. 중앙은행 예치금은 은행의 현금자산이지만, 중앙은행 내부로 일단 들어와 있기 때문에 화폐발행액에 포함되지 않는다. 이는 〈표 6-1〉과 같이 정리될 수 있다.

표 6-1

본원통화		
현금통화 (민간)	지급준비금 (은행)	
현금통화 (민간)	시재금	중앙은행 예치금
화폐발행액		중앙은행 예치금

예금은행의 화폐 공급

MK Test Plus+
법정지급준비율
은행은 대출을 해야 이자수익을 얻을 수 있기 때문에 가능하면 지급준비금을 적게 보유하고자 한다. 그러나 은행이 지급준비금을 너무 적게 보유하면 고객들의 인출 요구에 부응하지 못해 은행의 신뢰성에 문제가 발생할 수 있다. 따라서 이를 방지하기 위해 중앙은행은 예금은행이 예금액의 일정 비율 이상으로 지급준비금을 보유하도록 최소한의 비율을 정하고 있는데 이를 법정지급준비율이라 한다.

중앙은행을 통해서 시중에 공급된 화폐는 민간에 의해서 보유되는 것에 그치지 않고 은행에 예금의 형태로 유입된다. 이때 예금이 증가한 은행은 법정지급준비율에 해당하는 준비금을 남겨놓고 그 나머지는 이자 수입을 얻기 위해 대출을 할 것이다. 대출된 자금 중에 일부는 다시 예금이 될 것이고, 그 예금의 일부는 또 다시 대출이 될 것이다. 결국 이러한 연쇄적인 활동이 반복되어 은행에 의해 예금이 창출되는데 이것을 예금창조(deposit creation)과정이라 한다.

✚ 예금창조과정 모형

① 가정

논의를 간단하게 하기 위하여 몇 가지의 가정을 하도록 한다.

- 최초에 중앙은행의 공급 의해 $\triangle M_0$ 만큼의 본원통화가 증가되었다.
- 민간은 증가된 본원통화 전부를 은행에 예치한다.
- 은행은 법정지급준비율(r)에 해당하는 금액 외에는 전부 대출한다.

② 신규대출의 증가분

최초에 증가한 본원통화 $\triangle M_0$ 에 대해서 은행의 신규대출증가분은 본원통화의 증가분에서 법정지급준비율에 해당하는 금액을 제한 것이므로 다음과 같이 나타낼 수 있다.

$$\triangle M_0 - r \times \triangle M_0 = (1-r)\triangle M_0 \qquad (6.6)$$

새롭게 대출된 $(1-r)\triangle M_0$ 은 다시 다른 은행에 예금되고 또 다시 r 에 해당하는 만큼의 지급준비금을 제외하고 다시 대출된다. 즉 $(1-r)^2 \times \triangle M_0$ 만큼이 신규로 대출된다.

③ 연쇄적인 대출과 예금의 과정

이와 같이 대출이 연속적으로 반복되면서 은행들의 예금이 증가하기 때문에 통화는 증가하게 된다. 대출과 예금의 과정이 연속적으로 무한히 일어난다고 가정했을 때, 최초의 본원통화 증가분 $\triangle M_0$ 을 통해 창출되는 통화량의 증가분 $\triangle M$ 은 다음과 같이 표현될 수 있다.

$$\triangle M = \triangle M_0 + (1-r) \times \triangle M_0 + (1-r)^2 \times \triangle M_0 + \ldots \qquad (6.7)$$

이것은 공비가 $(1-r)$ 인 등비급수이기 때문에 다음과 같이 정리될 수 있다.

$$\triangle M = \frac{1}{r} \times \triangle M_0$$

이를 통해 알 수 있는 것은 본원통화의 증가량에 대하여 예금통화가 그것의 $\frac{1}{r}$ 배 증가하게 된다는 것이다.

✚ 예금창조모형의 한계

물론 이러한 예금통화의 창출과정은 여러 가지 가정을 도입하여 단순화시킨 가상적인 모형이며 이 모형에 의해 얻어진 통화의 창출규모는 창출될 수 있는 최대의 예금규모이다. 그 이유는 다음과 같다.

① 예금은행들은 법정지급준비율 이상으로 초과지급준비금을 보유하며 그 외에 유가증권도 구입하므로 대출되는 금액은 모형에서보다 적다.

② 민간에서도 일정 부분 현금을 보유하기 때문에 은행에 예치되는 금액은 모형에서보다 적다.

또한 이렇게 예금통화가 창출되더라도 경제 전체의 유동성이 증가하는 효과는 있지만, 그 과정에서 대출이 함께 이루어져 부채 역시 증가하였으므로 경제 전체의 부(wealth)가 증가하는 것은 아니다.

통화공급방정식과 통화승수

통화(M)는 현금통화(C)와 예금통화(D)로 구분되는데, 예금통화가 모두 같은 성질의 것이며 은행들의 지급준비율(r)이 동일하다는 가정하에서 중앙은행이 공급하는 본원통화(RM)를 기초로 통화량 M이 얼마나 증가하는 알아보도록 한다.

① 통화공급방정식

$M=C+D$ 이며 통화량 중에서 현금이 차지하는 비율, 즉 현금통화비율을 $c=\dfrac{C}{M}$라고 하면 $C=cM$, $D=(1-c)M$의 관계가 성립한다. 또한 본원통화는 현금통화와 지급준비금(R)으로 구성되기 때문에 $RM=C+R$로 표시된다. 지급준비금은 예금총액에다 지급준비율을 곱한 것과 같기 때문에 $RM=cM+(1-c)rM$으로 변형된다. 따라서 통화공급방정식은 다음과 같이 표시된다.

(6.9)

$$M=\frac{1}{c+r(1-c)}\times RM$$

② 통화승수

여기에서 $\dfrac{1}{c+r(1-c)}$을 통화승수라고 한다. 결국 한 국가의 통화공급은 현금통화비율 c와 지급준비율 r, 그리고 본원통화 RM에 의해 결정된다. 본원통화가 일정할 때 통화공급은 현금통화비율과 지급준비율이 작을수록 커지게 된다. 현금통화비율은 경제제도나 사회관습, 그리고 이자율이나 예상물가상승률 등에 의해 영향을 받지만 일반적으로 단기에는 이들의 변화가 크게 나타나지 않는다고 볼 수 있기 때문에 단기에는 현금통화비율이 일정하다고 가정할 수 있다. 따라서 단기적으로 통화량을 결정하는 가장 중요한 변수는 중앙은행이 자의적으로 그 크기를 결정할 수 있는 지급준비율과 본원통화이다. 이러한 이유 때문에 통화공급을 외생변수로 취급할 때가 많다.

화폐공급의 외생성과 내생성

✚ 화폐공급의 외생성

  화폐의 공급은 중앙은행, 일반은행, 그리고 비은행민간 사이의 상호
작용에 의해 결정된다. 즉 화폐공급은 일반적으로 중앙은행이 공급하
는 본원통화, 일반은행의 지급준비율, 그리고 비은행민간의 현금보유
비율의 세 가지에 의해 결정된다. 따라서 통화당국이 본원통화를 증가
시키거나 은행이 지급준비율을 낮추거나 또는 비은행민간이 현금보유
비율을 낮출 때 화폐공급은 증가한다.

  만약 현금보유비율이나 지급준비율이 상대적으로 안정적이어서 화
폐공급의 변화가 모두 본원통화량의 변화에 의해 이루어지고, 본원통
화량의 변화가 항상 중앙은행에 의해 외생적으로 결정된다면, 우리는
화폐공급이 외생적으로 결정된다는 결론을 내릴 수 있다.

✚ 통화공급의 내생성

  현실에서의 중앙은행은 금융제도 내의 다른 경제주체들과의 상호작
용 속에서 자신의 자산 및 부채 포트폴리오를 결정하고, 그 결과로서
본원통화를 공급한다고 파악하는 것이 타당하다.

  민간이 보유한 현금과 지급준비금의 합으로 정의된 본원통화는 민
간이나 은행의 자산이며 중앙은행에게는 통화성 부채(monetary liabil-
ity)가 된다. 즉 본원통화는 중앙은행의 자산과 대응되며, 결과적으로
중앙은행의 자산항목이 변동함에 따라 본원통화가 변동한다. 이러한
측면에서 볼 때 본원통화 공급은 외생적으로 주어지는 것이 아니라 경

제 내부에서 결정되는 내생성을 가진다고 할 수 있다.

매경신문 기출문제 응용

응용문제 본원통화와 통화량에 관한 다음의 설명 중 틀린 것은?

① 본원통화는 중앙은행으로부터 시중에 직접적으로 공급된 통화량을 말한다.
② 본원통화는 민간보유현금과 예금은행 지준금을 합한 것이다.
③ 통화량은 시중에 유통되는 화폐의 양으로 통화량 측정 지표에는 M1, M2, 금융기관유동성, 광의의 유동성이 있다.
④ 본원통화에 통화승수를 곱하여 통화량을 구할 수 있다.
⑤ 통화승수는 민간이 보유하려는 현금통화비율이 높을수록 커진다.

정답: ⑤

해설: 민간이 보유하고자 하는 현금통화비율을 c, 예금은행의 지급준비율을 r이라 할 때 통화승수는 $1/\{c+r(1-c)\}$로 나타낼 수 있다. c와 r이 모두 0에서 1 사이의 값이므로 c가 커지면 통화승수는 작아진다.

중앙은행의 정책수단

본원통화가 내생적으로 결정된다면, 중앙은행은 통화량을 의도한 대로 통제할 수 없다. 하지만 중앙은행은 여러 가지 정책수단을 통해 직·간접적으로 화폐의 공급을 통제하고자 한다. 중앙은행의 주요 정책수단으로는 은행과의 거래를 통해 본원통화에 영향을 주는 공개시장조작과 재할인율정책, 그리고 은행의 포트폴리오를 직접 규제함으로써 예금창조 능력, 즉 통화승수에 영향을 주고자하는 지급준비율정책의 세 가지를 들 수 있다.

✚ 공개시장조작

중앙은행이 공개시장에서 금융기관을 상대로 채권을 사고파는 방식으로 본원통화에 영향을 주는 정책수단을 공개시장조작이라 한다. 중앙은행이 상업은행에 채권을 팔게 되면 은행의 시재금 또는 지급준비금은 줄어들게 되므로 본원통화가 감소하여 화폐의 공급이 줄어들게 된다. 반대로 중앙은행이 은행으로부터 채권을 매입한다면 본원통화가 늘고 화폐공급이 증가할 것이다.

✚ 재할인율정책

중앙은행이 상업은행에 대출 또는 재할인해 줄 때 적용하는 이자율인 재할인율(rediscount rate)을 조절하여 본원통화에 영향을 주는 방법을 재할인율정책이라 한다. 다른 조건이 일정할 때 재할인율을 인하하면 중앙은행으로부터의 자금조달비용이 상대적으로 저렴해진다. 따라서 상업은행은 중앙은행으로부터 차입을 늘리려 할 것이다. 이때 중앙은행은 은행에 현금을 공급하거나 지급준비금을 늘려줄 것이므로 본원통화가 늘어 화폐공급이 증가하게 된다.

MK Test Plus+
재할인

은행이 고객의 약속어음을 할인하여 자금을 공급한 후 다시 이 어음을 중앙은행에 제시하여 할인받고 자금을 차입하는 것을 말한다.

✚ 지급준비율정책

상업은행이 중앙은행에 의무적으로 예치해야 하는 예금은 필요지급준비금의 비율을 조절하여 통화승수에 영향을 주는 정책을 지급준비율정책이라 한다. 대부분의 중앙은행은 은행에게 수신예금의 일정 비율을 지급준비금으로 보유하도록 규제하고 있다. 만일 중앙은행이 필요지급준비율을 변경한다면 은행은 의무적으로 현금보유량을 조절해야 하므로 대출수준이나 유가증권 보유량을 변경해야 한다. 만일 필요지급준비율이 낮아지면 상업은행은 동일한 예금수준에서 자유롭게 운용할 수 있는 자금이 늘어나 수익을 위해 대출이나 기타 자산을 늘리게 된다. 이때 은행의 금융중개가 활발해져 통화승수가 커진다. 다시 말해 지급준비율이 낮아짐에 따라 은행은 예금창조를 보다 활발하게 할 수 있으며 주어진 본원통화 수준에서 보다 많은 통화를 공급하게 된다.

중앙은행인 한국은행은 통화정책을 수행하는 기관이다. 다음 중 한국은행과 관련된 설명으로 틀린 것은?

① 환율이 상승하면 한국은행은 기준금리 인상을 고려할 것이다.

② 한국은행은 인플레이션 타게팅을 정책목표로 삼기 때문에 물가안정이 경제성장에 우선한다.

③ 출구전략과 관련하여 민간으로부터의 자생적 경기회복 움직임이 보이면 한국은행은 기준금리를 인상할 것이다.

④ 한국은행은 공개시장조작을 통하여 시중 통화량을 조절한다.

⑤ 자산가격에 거품이 형성될 경우 한국은행은 채권을 매입하는 전략을 사용한다.

정답: ⑤

해설: 환율이 오르면 수입물가 상승으로 인플레이션 압력이 생긴다. 이 때 금리를 인상하면 자금 유입으로 환율 하락을 기대할 수 있고 시중 유동성 흡수로 물가 상승을 억제할 수 있다. 한국은행은 1998년부터 인플레이션 타게팅을 하고 있으며 물가안정을 최우선으로 삼는다. 경기침체기에 시장에 쏟아냈던 각종 경기부양책들이 경기가 회복된 후에 경제에 부담이 되지 않도록 서서히 거둬들이는 출구전략을 시행하는데 있어서 기준이 되는 것은 민간의 회복이다. 자산가격에 거품이 생기는 이유는 과잉유동성 때문이다. 한국은행은 채권을 매각하여 유동성을 흡수하여 시장의 과잉유동성에 대응한다.

이자율 결정이론 04

케인즈학파와 고전학파의 이자율 결정과정

✚ 케인즈학파의 이자율 결정과정

케인즈경제학의 중심적 명제 중에 하나는 이자율이 주로 화폐의 수요와 공급에 의해 결정된다고 하는 것이다.

① 케인즈에 의하면 화폐수요는 거래적 수요와 투기적 수요로 구성되는데, 거래적 수요는 주로 국민총소득(GNI)의 수준에 의해 결정되며 투기적 수요는 시장이자율의 감소함수로 간주되고 있다. 따라서 화폐에 대한 총수요는 GNI와 이자율의 함수로 규정된다.

② 화폐의 공급측면에서는 중앙은행이 본원통화의 조절을 통해 화폐공급을 관리하므로 중앙은행이 화폐공급을 자의적으로 조절한다고 가정한다. 물론 앞에서 논의한 바 있듯이 화폐의 공급이 전적으로 중앙은행의 의도 대로 조절되는 것은 아니다.

③ 케인즈이론에서는 이러한 화폐의 수요와 공급이 일치되는 점에서 시장이자율이 결정된다고 본다.

✚ 고전학파의 이자율 결정과정

고전학파의 이론에서 이자율이 결정되는 과정은 케인즈의 이론과는 다르다. 고전학파모형에서는 이자율이 화폐시장이 아닌 실물시장에서 결정된다. 고전학파모형에서는 저축과 투자수요가 모두 이자율의 함수라고 가정하고 있다. 저축은 이자율의 증가함수이며 투자수요는 이자율의 감소함수이다. 따라서 균형이자율은 저축과 투자수요가 일치하는 점에서 결정된다.

이 절에서는 이자율이 결정되는 과정에 대한 이론들로서 대부자금설과 유동성선호설을 소개하고, 다음 절에서는 동일한 만기를 갖는 다양한 금융상품들의 이자율 사이에 나타나는 체계적 차이(이자율의 위험구조)와 동일한 종류이지만 다양한 만기를 갖는 금융상품들의 이자율 간에 나타나는 체계적 차이(이자율의 기간구조)에 대해 알아보도록 한다.

대부자금설

대부자금설(loanable funds theory)이란 남에게 빌려줄 수 있는 돈, 즉 대부자금의 수요와 공급에 의해 이자율이 결정된다는 이론이다. 재화와 서비스의 가격이 그것의 수요와 공급에 의해 결정되듯이 이자율도 자금시장에서 대부자금의 수요와 공급에 의해 결정된다는 것이다. 이 이론에 따르면 이자율은 자금의 수요와 공급에 있어서 균형을 가져오는 가격기능을 수행한다.

✚ 대부자금의 공급곡선과 수요곡선의 형태

채권시장을 예로 들어보면, 채권시장은 채권을 매개로 자금의 거래가 이루어지는 일종의 대부자금시장이라고 볼 수 있다. 또한 채권과 자금이 서로 반대방향으로 교환되기 때문에 채권에 대한 수요는 대부자금의 공급이 되며, 채권의 공급은 대부자금에 대한 수요가 된다고 볼 수 있다. 이를 통해 이자율에 대해 대부자금의 공급곡선은 우상향하고 수요곡선은 우하향함을 알 수 있다.

① 우상향하는 대부자금의 공급곡선

대부자금의 공급곡선이 우상향하는 것은 채권가격에 대해 채권수요곡선이 우하향하는 것과 같은 원리로 설명된다. 이자율이 상승하면, 즉 채권가격이 하락하면 자금공급자(채권수요자)는 대부자금을 더 공급하고자(채권을 더 수요하고자) 할 유인이 있다.

② 우하향하는 대부자금의 수요곡선

대부자금의 수요곡선이 우하향하는 것은 채권공급곡선이 우상향하는 것과 같은 원리이다. 이자율이 상승하면, 즉 채권가격이 하락하면 자금수요자(채권 공급자)는 자금조달비용 상승했기 때문에 자금을 덜 빌리고자(채권을 덜 공급하고자) 할 것이다.

✚ 대부자금의 공급곡선과 수요곡선의 이동

① 대부자금의 공급곡선의 이동

다른 조건이 일정할 때 자금공급자의 부가 증가하거나 다른 금융
상품들의 기대수익률이 하락하게 되면 자금공급곡선이 우측으로 이
동한다. 또한 채무불이행 위험의 감소나 채권 유동성의 증가, 그리고
예상인플레이션 하락에 의해서도 자금공급이 늘어날 것이다. 대부자
금의 공급이 증가하면 이자율은 낮아지고 대부자금량은 늘어난다. .

② 대부자금의 수요곡선의 이동

기업의 사업전망이 좋아지거나 예상인플레이션이 높아지면 자금수
요곡선이 우측으로 이동할 것이다. 이처럼 대부자금의 수요가 늘어나
면 이자율은 상승하고 대부자금량은 늘어난다.

그림 6-3 (a)   그림 6-3 (b)

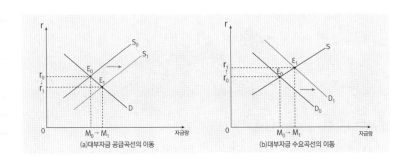

(a)대부자금 공급곡선의 이동   (b)대부자금 수요곡선의 이동

✚ 고전학파와 대부자금설

이처럼 이자율은 금융시장에서의 금융자산에 대한 수요와 공급에

의해 결정된다는 것이 바로 대부자금설이다. 지금까지 살펴 본 대부자금설은 고전학파의 이자율 결정이론에서 출발했다고 해도 과언이 아니다. 그래서 대부자금설을 종종 고전학파의 이자율 결정이론이라고도 한다.

근본적으로 대부자금의 공급은 가계의 저축에 의해 결정되고, 대부자금의 수요는 기업의 투자에 의해 결정된다. 이 둘을 일치시키는 이자율이 균형이자율이 됨은 물론이다. 이때 대부자금의 수요와 공급은 화폐부문이 아닌 실물부문에 의해 영향을 받는 것이므로, 고전학파는 이자율을 실물부문에 의해 결정되는 실물변수라고 본다.

유동성선호설

케인즈는 이자율이 화폐시장에서 경제주체들의 유동성에 대한 선호와 화폐공급의 상호작용에 의해 결정된다고 파악했다. 그런데 케인즈는 화폐공급이 이자율의 함수라기보다는 통화당국이 결정하는 외생변수라고 보았기 때문에 이자율은 실질적으로 화폐수요에 의해 결정된다. 이러한 케인즈의 주장을 담은 이자율결정이론을 유동성선호설(liquidity preference theory)이라고 한다.

✚ 화폐의 수요와 공급

① 화폐의 수요곡선

유동성선호설에서 균형이자율을 화폐에 대한 수요와 공급 간의 관계와 연결시켜 생각해보자. 〈그림 6-4〉에서 화폐에 대한 수요곡선은 우하향한다. 이는 이자율이 화폐보유의 기회비용이기 때문에 화폐수요가 이자율이 높아질수록 감소함을 의미한다. 다른 조건이 일정할 때 경제주체들은 이자율(또는 채권수익률)이 높아지면, 화폐보유를 줄이는 대신 채권보유를 늘려 더 높은 수익을 올리고자 할 것이다.

② 화폐의 공급곡선

논의를 단순하게 하기 위해 화폐공급이 중앙은행의 정책적 의지에 따라 외생적으로 결정되므로 화폐공급량이 이자율과 무관하게 일정 수준으로 주어진다고 가정하면 화폐의 공급은 수직선으로 나타난다.

그림 6-4

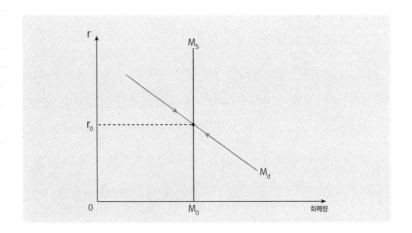

✚ 균형이자율

이자율이 균형수준보다 높으면 사람들이 보유하고자하는 화폐량, 즉 화폐수요가 사람들이 실제로 보유하고 있는 화폐량, 즉 화폐공급보다 작게 되어 화폐시장에서는 초과공급이 발생한다. 그러므로 사람들은 초과 보유된 화폐를 처분하고 채권을 구매하려고 할 것이고, 이 과정에서 채권수요 증가로 인해 채권가격이 상승하고 이자율이 하락한다. 이자율이 균형수준보다 낮은 경우에는 반대의 현상이 벌어진다. 화폐에 대한 초과수요가 발생하여 이자율이 상승하게 된다. 결국 유동성선호설에서 균형이자율은 화폐에 대한 수요와 공급을 일치시켜주는 이자율이며, 이 균형은 안정적이다.

✚ 화폐의 수요곡선과 공급곡선을 이동시키는 원인

① 화폐수요곡선을 이동시키는 원인

화폐수요곡선을 이동시키는 대표적인 요인으로는 소득, 물가수준 및 부(wealth)를 들 수 있다. 우선 소득이 증가하면 경제의 거래량이 증가하므로 거래의 매개수단인 화폐를 더 많이 수요하게 될 것이다. 마찬가지로 물가수준이 오르면 명목거래량이 증가하기 때문에 명목단위로 표시된 화폐수요량도 증가할 것이다. 또한 부가 증가하면 사람들은 가치저장수단으로서 화폐를 더 많이 가지고자 할 것이다. 따라서 소득, 부, 물가수준이 상승(하락)하면 화폐수요가 증가(감소)하여 이자율이 상승(하락)하게 된다.

② 화폐공급곡선을 이동시키는 원인

앞서 화폐공급은 중앙은행에 의해 외생적으로 결정되는 것으로 가정했다. 따라서 화폐공급곡선은 중앙은행의 정책의지에 따라 좌우로 이동하게 될 것이다. 중앙은행이 화폐공급을 늘리고자 하며 공급곡선이 우측으로 이동할 것이며, 줄이려고 하면 좌측으로 이동할 것이다. 따라서 다른 조건이 일정할 때 중앙은행이 화폐공급을 늘리면 이자율이 하락하고, 화폐공급을 줄이면 이자율이 상승할 것이다.

이러한 논의에 대해서는 〈그림 6-5〉를 보면 보다 쉽게 이해할 수 있다.

그림 6-5 (a)   **그림 6-5 (b)**

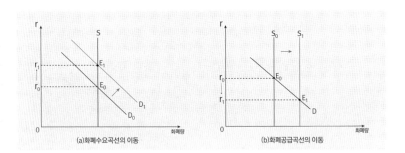

(a)화폐수요곡선의 이동   (b)화폐공급곡선의 이동

이자율의 위험구조 및 기간구조 05

세상에 존재하는 다양한 금융수단(대출이나 채권)에 대한 이자율은 각 수단에 내재하는 만기, 채무불이행 위험, 유동성, 정보비용, 그리고 세금조건 등의 차이로 인해 제각각 달라진다.

① 이자율의 위험구조

금융수단들의 만기가 동일하더라도 이자율은 서로 다를 수 있다. 이는 나머지 네 가지 특징들이 다르기 때문이다. 이와 같이 만기가 동일한 금융수단들의 이자율 간 관계를 이자율의 위험구조(risk structure of interest rates)라 부른다.

② 이자율의 기간구조

만기만 다르고 나머지 네 가지 특징은 모두 동일한 금융수단들의 이자율을 비교해 보아도 이자율은 서로 다르다. 이는 각 금융수단의 만기가 다르기 때문이다. 이와 같이 만기만 다르고, 나머지 네 가지 특징이 동일한 금융수단들의 이자율 간 관계를 이자율의 기간구조(term structure of interest rates)라 부른다.

이자율의 위험구조

만기가 동일한 금융수단 사이의 이자율 차이, 즉 이자율 스프레드는 각 금융수단에 내재된 특징들 – 채무불이행 위험, 유동성, 정보비용, 그리고 세금조건 – 에 대한 시장참여자들의 예상과 평가가 반영된 결과이다. 그러므로 이자율의 위험구조는 경기 예측에 유용한 지표가 된다. 그러면 각각의 특징들이 이자율에 어떠한 영향을 미치는지 알아보도록 하겠다.

✛ 채무불이행 위험

채권발행자가 채권에 명시된 이자나 원금의 일부 또는 전부를 약정대로 채권보유자에게 상환하지 못할 위험이 채무불이행 위험(default risk)이다. 채무불이행 위험은 신용위험(credit risk)이라고도 부른다. 일반적으로 중앙정부가 발행하는 정부채에는 채무불이행 위험이 없다고 간주된다. 정부는 필요한 경우 세금을 더 걷거나 중앙은행의 통화 증발을 통해서라도 빚을 갚을 수 있기 때문이다.

① 채무불이행 위험프리미엄

정부채를 제외한 대부분의 채권에는 채무불이행 위험이 존재하고, 이러한 채권과 무위험채권 사이의 이자율 차이를 채무불이행 위험프리미엄(default risk premium) 이라 부른다. 이는 채권보유자가 채무불이행 위험이 없는 채권 대신 그러한 위험이 있는 채권을 보유하는 데 대한 대가로 요구하는 추가적 이자율이다.

② 채무불이행 위험과 이자율

만약 어떤 이유로 경기가 악화될 것으로 전망되면 채무불이행 위험이 증가하여 투자자들이 회사채보다 정부채를 상대적으로 더욱 선호하게 될 것이다. 그렇게 되면 회사채 가격이 하락하는 반면, 정부채의 가격은 상승하게 된다. 이는 정부채 이자율의 하락과 회사채 이자율의 상승을 의미한다. 이렇게 생겨난 두 채권의 이자율 차이는 채무불이행 위험프리미엄을 반영한다. 회사채의 채무불이행 위험이 커질수록 정부채와의 이자율 차이, 즉 채무불이행 위험프리미엄도 커진다.

MK Test Plus+
회사채
기업이 자금의 조달을 위해 직접 발행하는 채권이다. 기업의 신용등급에 따라 이자율이 결정되므로 일반적으로 정부채보다 높은 이자율에 발행된다.

✚ 유동성

어떤 금융수단을 현금으로 바꾸는 데 들어가는 거래비용이 작을수록, 즉 그 금융수단의 유동성이 클수록 투자자들은 그 금융수단을 더욱 선호하게 된다. 투자자는 유동성이 큰 금융수단에 대해서는 낮은 이자율을 감수할 수 있지만 유동성이 낮은 금융수단은 투자자들에게 더 높은 수익률을 제공해야 한다.

만약 어떤 이유로 회사채의 유동성이 감소하게 된다면, 투자자들은 회사채의 유동성감소에 따라 정부채를 회사채보다 상대적으로 더욱 선호하게 된다. 그 결과 정부채 가격은 상승하고 회사채 가격은 하락하게 되고, 이는 정부채 이자율의 하락과 회사채 이자율의 상승을 의미한다. 이렇게 생겨난 두 채권의 이자율 차이는 유동성 프리미엄을 반영한다. 회사채의 유동성이 감소할수록 이를 보상하기 위한 유동성 프리미엄의 크기는 증가한다.

✚ 정보비용

투자자는 금융수단에 대한 정보를 획득하기 위해 노력과 자원을 투입하게 되고, 여기에는 비용이 든다. 이때 투자자 입장에서 비용이 더 들수록 금융수단의 기대수익은 그만큼 줄어든다. 따라서 금융수단에 대한 정보획득에 비용이 더 많이 들게 되면 그 금융수단에 대한 수요가 줄어들게 되어 가격이 하락하게 된다. 이것은 이자율의 상승을 의미한다.

✚ 세금조건

MK Test Plus+
비과세채권
채권의 이자에 대하여 이자소득세를 과세하지 않는 채권.

투자자들은 이자지급액에 대한 과세 여부를 고려한다. 예를 들어, 비과세채권에 대해서는 투자자들이 낮은 이자율을 받아들인다. 왜냐하면 세전 이자소득은 낮더라도 세후 이자소득이 더 높을 수 있기 때문이다.

수익률곡선

MK Test Plus+
수익률곡선
현재 관찰 가능한 장단기 이자율 간의 관계를 각 채권의 만기와 그에 따른 만기수익률의 그래프로 나타낸 것을 수익률곡선(yield curve)이라 한다.

수익률곡선(yield curve)이란 이자율의 기간구조를 그림으로 표시한 것이다. 수익률곡선의 각 점은 해당 자산의 만기와 이자율 간의 관계를 나타낸다.

수익률곡선의 전형적인 두 가지 특징

　이자율의 기간구조에 관한 어떤 이론도 수익률곡선에 대한 다음의 두 가지 전형적인 특징을 만족스럽게 설명할 수 있어야 한다.

　① 일반적으로 수익률곡선은 만기가 짧은 금융상품의 이자율은 낮고, 만기가 긴 금융상품의 이자율은 상대적으로 높은 경향을 보인다. 그 결과 수익률곡선은 대개 우상향한다.

　② 장·단기 이자율은 보통 같은 방향으로 함께 움직인다. 이는 수익률곡선 전체가 위·아래로 이동하며 중간에 꺾이거나 하는 일이 거의 없음을 의미한다.

이자율의 기간구조

　금융상품의 만기는 우선적으로 고려해야 할 사항들 가운데 하나이다. 앞서 언급한 대로 이자율의 기간구조란 다른 특징은 동일한데 오로지 만기만 각기 다른 채권들과 이자율 사이의 관계를 가리킨다. 이자율의 기간구조에 대한 이론에는 기대이론, 시장분리이론, 선호영역이론, 유동성 프리미엄이론 등이 있다.

✚ 기대이론

　기대이론(expectations theory)은 불편기대이론(unbiased expectations theory)이라고도 한다. 기대이론은 만기가 다른 단기채권과 장기채권 간에 완전한 대체관계가 존재한다고 가정한다.

MK Test Plus+
불편기대이론
미래의 이자율을 예상하는 데 있어서 편의(bias)가 없는 기댓값을 사용한다는 의미에서 기대이론을 불편기대이론이라고도 부른다.

① 자금을 장기간 운용하는 방법

투자자가 자금을 장기간 운용할 때 다음의 두 가지 방법 중에서 선택할 수 있다.

- 장기채권에 투자하여 자금을 장기간 동안 한 번 운용하는 것
- 단기채권에 투자하여 자금을 장기간 동안 여러 번 운용하는 것

장단기채권 간에 완전한 대체관계가 있다는 의미는 투자자가 단기채권과 장기채권 사이에 동일한 선호를 갖는다는 것이다. 따라서 채권시장의 균형에서는 두 가지 채권투자 방법의 수익률이 같아진다.

② 3년간 자금을 운용하는 경우의 예

기대이론에 의하면 한꺼번에 3년간 자금을 운용하는 방법과 3년을 1년씩 세 번으로 나누어 자금을 운용하는 방법의 수익률이 동일해진다. 현재 t기의 3년 만기 채권의 이자율을 $R_{t,3}$, t 기의 1년 만기 채권의 이자율을 $R_{t,1}$, t + 1기의 1년 만기 채권의 예상이자율을 $r^e_{t+1,1}$, 그리고 t + 2기의 1년 만기 채권의 예상이자율을 $r^e_{t+2,1}$ 이라 하면 기대이론에 의한 이자율 간의 관계식은 다음과 같다.

$$(1+R_{t,3})^3 = (1+R_{t,1})(1+r^e_{t+1,1})(1+r^e_{t+2,1})$$

(6.10)

MK Test Plus+
기하평균
n개의 양수가 있을 때, 이들 양수들의 곱의 n제곱근을 말한다. 기하평균은 산술평균보다 작거나 같다.

현재의 장기이자율($R_{t,3}$)과 현재의 단기이자율($R_{t,1}$)은 관찰 가능한 값이고, 1년 후의 단기이자율과 2년 후의 단기이자율은 현재 관찰이 되지 않기 때문에 예상한 값($r^e_{t+1,1}$, $r^e_{t+2,1}$)을 사용한다. 식에 의하면 장기이자율은 단기이자율과 단기예상이자율들의 기하평균이 된다. 결국 기대이론에 의하면 미래이자율에 대한 예상이 현재 장기이자율에 반영된다고 볼 수 있다.

③ 단기이자율의 예상과 수익률곡선

장기이자율이 단기이자율의 기하평균이기 때문에, 만약 단기채권의 이자율이 앞으로 상승할 것으로 예상되면 현재의 장기이자율은 현재의 단기이자율보다 높은 수준에서 형성될 것이며, 단기채권의 이자율이 앞으로 하락할 것으로 예상되면 현재의 장기이자율은 현재의 단기이자율보다 낮은 수준에서 형성될 것이다. 따라서 단기예상이자율들이 앞으로 상승한다면 수익률곡선은 우상향할 것이고, 단기예상이자율들이 앞으로 하락한다면 수익률곡선은 우하향할 것이다.

④ 기대이론의 설명력

기대이론은 단기미래이자율들에 대한 예상에 따라 수익률곡선이 우상향 또는 우하향하기 때문에 수익률곡선이 대체로 우상향한다는 정형화된 사실을 잘 설명하지 못하고 있다.

반면에 기대이론은 장기이자율이 단기예상이자율들의 평균으로 결정된다고 보기 때문에 장단기이자율 간의 밀접한 연계성이 보장된다. 따라서 단기와 장기의 이자율이 같은 방향으로 이동한다는 전형적인 사실을 잘 설명한다.

✚ 시장분리이론

시장분리이론(market segmentation theory) 또는 시장분할이론은 만기가 상이한 채권 간에는 시장이 분리되어 있다고 보기 때문에 장단기 채권 간에 대체관계가 없다고 본다. 채권시장에서 위험을 줄이기 위해 가계는 단기채권의 수요를 선호하게 되나, 기업은 안정적인 자금조달을 위해 장기채권의 공급을 선호하게 된다.

① 단기채권시장

단기채권의 시장에서는 가계의 채권수요가 기업의 채권공급보다 크기 때문에 초과수요가 발생한다. 단기채권 시장의 초과수요로 인해 단기채권의 가격이 상승하고 단기이자율이 하락하게 된다.

② 장기채권시장

장기채권의 시장에서는 기업의 채권공급이 가계의 채권수요보다 크기 때문에 초과공급이 발생한다. 장기채권시장의 초과공급으로 인해 장기채권의 가격이 하락하고 장기이자율이 상승하게 된다.

시장분리이론은 단기이자율의 하락과 장기이자율의 상승으로 인해 수익률곡선이 우상향함을 잘 설명해 준다. 그러나 장단기이자율 간에 대체관계가 없다고 가정하기 때문에 장단기이자율 간의 연계성이 없다. 따라서 시장분리이론은 수익률곡선 자체의 이동은 설명하지 못한다.

✚ 선호영역이론

선호영역이론(preferred habitat theory)은 기대이론과는 달리 장단기채권 간에 불완전한 대체관계를 가정하였다. 대부분의 투자자는 위험을 고려하여 단기채권을 장기채권보다 더 선호하기 때문에, 장기채권을 판매하려면 장기이자율을 단기예상이자율들의 평균보다 더 높게 책정해야 한다.

① 기간프리미엄
장기이자율의 수준을 결정할 때 단기예상이자율들의 평균에다 추가적으로 양(+)의 값을 갖는 부분을 더하게 되는데, 이를 기간프리미엄

(Term Premium: TPr_t)이라 한다. 상속이나 증여의 목적으로 장기채권을 더 선호하는 투자자는 장기이자율이 단기예상이자율들의 평균보다 낮더라도 장기채권을 매입할 것이고 이때의 기간프리미엄은 음(-)의 값을 가질 것이지만, 이러한 예외적인 경우를 제외하면 기간프리미엄은 대부분의 경우에 양(+)의 값을 갖는다.

③ 장기이자율

선호영역이론에 의하면 장기이자율은 단기예상이자율들의 평균과 기간프리미엄의 합으로 나타낼 수 있다.

(6.11)

$$R_{t,3} = \frac{R_{t,1} + r^e_{t+1,1} + r^e_{t+2,1}}{3} + TPr_t$$

선호영역이론은 대체로 양(+)의 값을 갖는 기간프리미엄의 존재로 인해 수익률곡선이 우상향하는 이유를 어느 정도 잘 설명하고 있으며, 장단기이자율 간의 밀접한 연계성으로 인해 수익률곡선의 이동을 잘 설명하고 있다.

✚ 유동성프리미엄이론

유동성프리미엄이론(liquidity premium theory)은 기대이론과는 달리 장단기채권 간에 불완전한 대체관계를 가정하였다. 장기채권을 보유하는 것은 단기채권을 보유하는 것보다 더 높은 위험을 부담하는 것이기 때문에, 장단기채권 간의 불완전 대체관계를 가정하는 것이다.

① 유동성프리미엄

　장단기채권 간에 불완전 대체관계가 있다는 것은 투자자가 단기채권을 장기채권보다 더 선호한다는 것을 의미한다. 따라서 장기채권을 판매하려면 장기이자율을 단기예상이자율들의 평균보다 더 높게 책정해야 한다. 이렇듯 장기이자율의 수준을 결정하는 데 있어서 단기예상이자율들의 평균에다 추가적으로 더해지는 부분을 유동성프리미엄(Liquidity Premium: LPr_t)이라 한다. 유동성프리미엄은 장기채권에 투자함으로써 유동성을 장기간 포기하는 것에 대한 대가이므로 항상 양(+)의 값을 갖게 되며, 채권의 만기가 길어질수록 유동성프리미엄의 값은 커진다.

② 장기이자율

　유동성프리미엄이론에 의하면 장기이자율은 단기예상이자율들의 평균과 유동성프리미엄의 합으로 나타낼 수 있다.

(6.12)

$$R_{t,3} = \frac{R_{t,1} + r_{t+1,1}^e + r_{t+2,1}^e}{3} + LPr_t$$

　유동성프리미엄이론은 양의 유동성프리미엄의 존재로 인해 수익률곡선이 우상향하는 이유를 잘 설명하고 있으며, 장단기이자율 간의 밀접한 연계성으로 인해 수익률곡선의 이동을 잘 설명하고 있다.

1. 화폐의 정의와 기능
∨ 화폐의 기능 ·· □

2. 화폐의 수요이론
∨ 케인즈가 구분한 화폐의 보유 동기 ······································· □
∨ 유동성 함정에 대한 이해 ··· □
∨ 교환방정식에서 통화량과 물가와의 관계 ······························· □
∨ 고전적 화폐수량설에 대한 비판 ··· □
∨ 신화폐수량설과 케인즈 화폐수요이론과의 차이 ······················ □

3. 화폐의 공급
∨ 예금창조과정에 대한 이해 ··· □
∨ 통화공급의 내생성과 외생성에 대한 문제 ······························· □
∨ 중앙은행이 통화량을 조절하기 위해 실시하는 정책들 ················ □

4. 이자율 결정이론
∨ 케인즈학파와 고전학파의 이자율 결정에 대한 견해의 차이 ········· □
∨ 대부자금설에 대한 이해 ·· □
∨ 유동성선호설에 대한 이해 ··· □

5. 이자율의 위험구조 및 기간구조
∨ 수익률곡선의 일반적인 특징 ··· □
∨ 기대이론, 시장분리이론, 선호영역이론에 대한 이해 ·················· □

MK Key word

1. 화폐의 정의와 기능
   • 화폐, 욕망의 이중적 일치, 교환의 매개, 가치의 척도, 가치저장의 수단

2. 화폐의 수요이론
   • 보이지 않는 손, 거래적 동기, 예비적 동기, 투기적 동기, 정상이자율, 유동성함정, 화폐수량설, 거래수량설, 현금잔고수량설, 고전적 화폐수량설, 신화폐수량설, 교환방정식, 마샬의 k, 소득유통속도, 항상소득, 항상물가수준

3. 화폐의 공급
   • 본원통화, 지급준비금, 법정지급준비율, 예금창조, 통화공급방정식, 통화승수, 외생성, 내생성, 공개시장조작, 재할인율정책, 지급준비율정책

4. 이자율 결정이론
   • 대부자금설, 유동성선호설

5. 이자율의 위험구조 및 기간구조
   • 이자율의 위험구조, 이자율의 기간구조, 채무불이행 위험, 신용위험, 채무불이행 위험프리미엄, 수익률곡선, 기대이론, 시장분리이론, 시장분할이론, 선호영역이론, 기간프리미엄, 유동성프리미엄이론, 유동성프리미엄

01 케인즈는 화폐의 보유동기를 세 가지로 구분했는데, ○○○ ○○
는 일상적인 생활을 영위하기 위해 필요한 상품 등을 구매하기
위한 것이고 ○○○ ○○는 예기치 못했던 지출을 위한 것이며
○○○ ○○는 수익성 자산에 투자하기 위한 것이다.

정답: 거래적 동기, 거래적 동기, 투기적 동기

02 피셔의 거래수량설은 ○○○○○이라 불리는 MV = PT라는 식
으로 간단히 요약할 수 있다.

정답: 교환방정식

03 화폐공급의 변화가 실물변수에는 전혀 영향을 미치지 못하는 현
상을 일컬어 ○○○ ○○○이라고 한다.

정답: 화폐의 중립성

04 중앙은행이 공급하는 현금통화는 일반은행이 공급하는 예금통화
의 기초가 된다는 점에서 ○○○○라고도 한다.

정답: 본원통화

05 중앙은행은 여러 가지 정책수단을 통해 직·간접적으로 화폐의
공급을 통제하고자 하는데, 중앙은행의 주요 정책수단으로는 은
행과의 거래를 통해 본원통화에 영향을 주는 ○○○○○○과
○○○○○○, 그리고 은행의 포트폴리오를 직접 규제함으로써 예
금창조 능력, 즉 통화승수에 영향을 주고자하는 ○○○○○○○의

세 가지로 요약된다.

정답: 공개시장조작, 재할인율정책, 지급준비율정책

06 ○○○○○이란 남에게 빌려줄 수 있는 돈, 즉 대부자금의 수요와 공급에 의해 이자율이 결정된다는 이론이다. 재화와 서비스의 가격이 그것의 수요와 공급에 의해 결정되듯이 이자율도 자금시장에서 대부자금의 수요와 공급에 의해 결정된다는 것이다.

정답: 대부자금설

07 케인즈는 이자율이 화폐시장에서 경제주체들의 유동성에 대한 선호와 화폐공급의 상호작용에 의해 결정된다고 파악했는데, 화폐공급은 정부 또는 통화당국이 결정하는 외생변수이므로 이자율은 실질적으로 화폐수요에 의해 결정된다고 보았다. 이것이 케인즈의 ○○○○○○이다.

정답: 유동성선호설

08 만기가 동일한 금융수단들의 이자율 간 관계를 ○○○○ ○○○○라 부르고, 만기만 다르고, 나머지 특징이 동일한 금융수단들의 이자율 간 관계를 ○○○○ ○○○○라 부른다.

정답: 이자율의 위험구조, 이자율의 기간구조

09 채권발행자가 채권에 명시된 이자나 원금의 일부 또는 전부를 약정대로 채권보유자에게 상환하지 못할 위험을 ○○○○○ ○○이라고 한다. 신용위험이라고도 부른다.

정답: 채무불이행 위험

Lesson **07**　인플레이션과 실업

01 인플레이션

인플레이션의 개념 및 측정

✚ 인플레이션의 개념

인플레이션(inflation)이란 물가수준이 지속적으로 상승하는 현상을 의미한다. 화폐가 교환의 매개로서 일반적으로 사용되고 있는 현대 사회에서 물가는 바로 화폐로 측정되고 있기 때문에 인플레이션이란 바로 화폐가치(화폐의 구매력)가 지속적으로 하락하는 현상이라고 바꾸어 말할 수 있다.

✚ 인플레이션율

$(t - 1)$기의 물가지수를, P_{t-1}, t 기의 물자지수를 P_t 라고 하면 $(t - 1)$기와 t 기의 인플레이션율 π_t 는 다음과 같이 나타낼 수 있다.

$$\pi_t = \frac{P_t - P_{t-1}}{P_{t-1}} \tag{7.1}$$

+ 기대인플레이션율

한편 많은 경제주체들은 어떤 경제행위를 할 때 미래의 물가상승에 대해 깊은 관심을 갖는다. 임금계약 체결시 노동자들은 내년도 물가수준을 예측하게 되고, 신상품 출시를 계획하는 기업도 장래의 물가수준에 관심을 갖기 마련이다. 따라서 경제주체들의 의사결정에 기대인플레이션율이 중요한 변수로 작용한다. $(t+1)$기의 예상물가수준을 P_{t+1}^e라고 하면, t기와 $(t+1)$기 사이의 기대인플레이션율 π_t^e은 다음과 같이 정의된다.

$$\pi_t^e = \frac{P_{t+1}^e - P_t}{P_t} \tag{7.2}$$

인플레이션의 원인

+ 수요측 요인 (수요견인설)

총수요가 계속 증가하여 총수요곡선이 우측으로 계속 이동하면 물가 역시 지속적으로 상승한다. 인플레이션을 물가수준의 지속적인 상승현상이라고 정의한다면, 이때의 인플레이션은 총수요의 지속적 증가에 의한 것이다. 이처럼 인플레이션의 주요 원인을 총수요 증가에서 찾는 수요견인설(demand-pull theory)은 오랫동안 인플레이션이론에서 지배적인 위치를 차지해 왔다. 인플레이션을 유발하는 총수요의 증가가 주로 무엇에 기인한 것인지에 대해 고전학파와 케인즈학파의 견해는 다르다.

① 고전학파의 견해

고전학파 경제학자들은 물가상승의 원인을 통화량 증가에서 찾는다. 〈그림 7-1〉의 (a)에서 볼 수 있듯이 고전학파의 세계는 완만한 기울기의 IS곡선과 수직의 LM곡선으로 표현할 수 있다. 이때 통화량이 증가하여 LM곡선이 LM_0에서 LM_1으로 이동하면 총수요곡선이 우측으로 이동하여 주어진 총공급곡선상에서 물가상승을 유발하는 것이다. 반면 투자나 정부지출의 증가는 IS곡선이 이동하더라도 총수요가 증가하지 않으므로 물가상승을 유발하지 않는다.

MK Test Memo

"인플레이션은 화폐적 현상이다"

인플레이션에 대한 고전학파 경제학자들의 견해는 프리드먼(M. Friedman)의 "인플레이션은 언제, 어디서나 화폐적 현상이다(Inflation is always and everywhere a monetary phenomenon)"라는 말로 잘 표현된다. 즉 이 말은 물가와 통화량의 변화가 항상 정확하게 일대일 대응을 하는 것은 아닐지라도, 이 둘 사이에는 밀접한 관계가 존재하기 때문에 통화량 증가와 관계없는 인플레이션은 있을 수 없다는 것을 의미한다.

② 케인즈학파의 견해

케인즈학파 경제학자들은 투자증가나 정부지출 증가와 같은 실물부문 수요의 증가가 물가상승의 주된 요인이라고 생각했다. 〈그림 7-1〉의 (b)에서 볼 수 있듯이 케인즈학파의 경제는 완만한 기울기의 LM곡선과 가파른 IS곡선으로 표현할 수 있다. 경제의 총산출량이 불완전고용 수준에 있을 때 독립투자 증가 등으로 IS곡선이 IS_0에서 IS_1으로 이동하면 총수요곡선이 우측으로 이동하여 주어진 총공급곡선상에서 물가상승이 발생하는 것이다.

그림 7-1 (a)　　　　　　　　　　**그림 7-1 (b)**

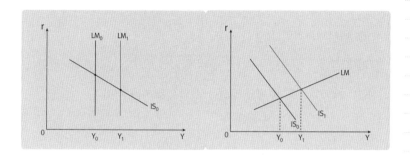

✚ 공급측 요인(비용인상설)

1950년대에 이르기까지 인플레이션은 거의 예외 없이 경제 전체의 총공급에 비해 총수요가 과다하기 때문이라는 수요견인설이 지배적이었다. 그런데 1950년대 말부터 실업이 증가하고 경기가 침체되었는데도 물가가 하락하기는커녕 오히려 상승하는 현상이 나타났다. 즉 물가상승과 더불어 경기침체가 함께 나타나는 스태그플레이션(stagflation)이 나타난 것이다. 그러자 인플레이션의 원인을 공급 측면의 생산비 상승에서 찾으려는 비용인상설(cost-push theory)이 대두되었다.

MK Test Plus+
스태그플레이션

경기침체(stagnation)와 인플레이션(inflation)을 합성한 말로 물가상승과 더불어 경기침체가 동시에 나타나는 현상을 말한다.

총공급곡선을 좌측으로 이동시키는 요인

① 기후조건의 변화

농업이 주요 산업인 나라에서 가뭄과 같은 기후조건의 변화는 총공급곡선을 좌측으로 이동시킨다.

② 원자재가격의 상승

1970년대에 있었던 두 차례에 걸친 오일쇼크와 같은 원유 및 원자재 가격 상승은 총공급곡선을 좌측으로 이동시킨다.

③ 임금의 상승

임금이 매기마다 노동조합과 기업주 간의 계약에 의해서 결정된다면, 노동조합의 임금인상 요구도 총공급곡선을 좌측으로 이동시킬 수 있다. 이처럼 총공급곡선이 지속적으로 좌측이동하면 인플레이션이 발생할 가능성이 높다.

✚ 수요견인설과 비용인상설의 관계

인플레이션의 원인을 이론적으로는 수요견인설과 비용인상설로 구분할 수 있지만 현실적으로는 구분하기 어려운 점이 있다. 인플레이션이 발생할 경우 이것이 수요측 요인으로부터 발생한 것인지 아니면 공급측 요인으로부터 발생한 것인지를 명확히 구분하기 어렵기 때문이다.

예를 들어 화폐량을 증가시키는 확대금융정책으로 수요견인 인플레이션이 발생했는데 노동자들의 임금인상 요구로 인해 명목임금 역시 상승했다면 비용인상 인플레이션이 동반하여 발생할 것이다. 이렇듯 현실경제에서 관찰되는 인플레이션은 수요견인 인플레이션과 비용인상 인플레이션이 상호작용을 통해 발생한 것으로 볼 수 있다.

매경신문 기출문제 응용

응용문제 다음 중 틀린 설명을 고르면?

① 스태그플레이션은 스태그네이션과 인플레이션의 합성어로 경기침체와 물가상승이 함께 나타나 전형적인 필립스곡선의 설명에 부합한다.

② 경기가 호황이면서 물가가 상승했다면 수요견인 인플레이션이 나타난 것이다.

③ 스태그플레이션의 원인으로 원료가격 상승 등의 공급 측 충격을 들 수 있다.

④ 물가가 하락하고 실업률이 증가하는 경기침체기에는 적자재정 정책이 도움이 된다.

⑤ 석유파동 당시 스태그플레이션이 발생했다.

정답: ①

해설: 전형적인 필립스곡선은 실업률과 물가상승률 사이의 역관계를 설명한다. 스태그플레이션은 실업률과 물가상승률이 동시에 상승하는 경제상황을 의미하기 때문에 전형적인 필립스곡선으로 설명할 수 없다.

인플레이션과 이자율

✚ 명목이자율과 실질이자율

① 명목이자율(nominal interest rate): 화폐단위로 측정된 이자율을 말한다.

② 실질이자율(real interest rate): 실물재화를 단위로 계산한 이자율을 말한다.

✚ 명목이자율과 실질이자율의 관계

인플레이션율은 명목이자율과 실질이자율을 구분하는 데 결정적인 역할을 한다. 실질이자율(r)과 명목이자율(R), 그리고 인플레이션율의 관계를 수식으로 나타내면 다음과 같다.

$$1 + R_t = (1 + r_t)(1 + \pi_t) \tag{7.3}$$

MK Test Memo

인플레이션율이 실질이자율에 미치는 영향

예를 들어 명목이자율이 10%이고 인플레이션율이 4%라고 하면, 현재 1만 원을 가진 사람이 1년 후에는 이자수익을 포함하여 11,000원을 보유할 수 있게 된다. 하지만 그 사이에 물가가 4% 상승하여 작년에 1만 원으로 살 수 있었던 재화를 10,400원 주고 사야하므로 실질적인 이자소득은 1만 원의 10%인 1,000원이 아니라 대략적으로 1만 원의 6%인 600원 정도가 된다.

✚ 피셔방정식

식 (7.3)의 우변을 전개하면 $1 + r_t + \pi_t + r_t\pi_t$가 되는데 $r_t\pi_t$는 충분히 작으므로 식 (7.3)은 다음의 식 (7.4)와 같은 근사식으로 다시 쓸 수 있다. 이것을 피셔방정식(Fisher equation)이라 부른다.

$$R_t = r_t + \pi_t \tag{7.4}$$

피셔방정식에 따르면 실질이자율은 명목이자율에서 인플레이션율을 차감한 값이다.

$$r_t = R_t - \pi_t \tag{7.5}$$

실물부문의 경제 분석에서 중요한 것은 명목이자율이 아니라 실질이자율이다. 이때 인플레이션율은 실질이자율을 계산하는 매개가 된다는 점에서 중요한 역할을 한다.

인플레이션의 사회적 비용

화폐에 대한 고전학파 이론에 의하면 전반적인 물가수준의 변화는 측정단위상의 변화일 뿐이기 때문에, 실제로는 아무것도 변하지 않는다. 즉 모든 재화의 가격과 임금수준이 동일하게 상승한다면 실질적인 변화는 없는 것이다. 경제적 복지는 상대가격에 달려 있을 뿐, 전반적인 물가수준에 의존하는 것이 아니다

그러나 사람들이 인플레이션을 정확하게 예상하여 대처할 수 없는 이상 특히 자원배분 및 소득분배의 관점에서 인플레이션은 사회적인

비용을 발생시킬 수 있다. 인플레이션율이 일정하지 않은 현실에서는 모든 경제주체가 완전히 동일한 예상을 한다는 것이 불가능하고, 따라서 인플레이션에 의해 효율적인 자원배분이 어려워질 수 있다.

✚ 예상된 인플레이션의 비용

① 부와 소득의 재분배

인플레이션이 완벽하게 예상되면 노동자들은 물가상승률에 맞추어 임금인상을 요구하므로 실질임금이 변하지 않는다. 그리고 채권자들도 실질이자율의 하락을 막기 위해 더 높은 명목이자를 요구하므로 채권자와 채무자 간에도 부의 재분배가 발생하지 않는다.

그러나 정부의 부채인 화폐의 보유에 대해서는 이자가 지불되지 않으며 실질소득이 아닌 명목소득을 기준으로 과세되고 있다는 사실, 그리고 국채의 이자는 발행 시의 이자로 지불되고 있다는 사실로부터 알 수 있듯이 인플레이션이 완전히 예측되는 경우에도 민간부문과 정부부문 간의 계약은 경제적, 제도적으로 조정이 이루어지기 어렵다. 따라서 민간부문으로부터 정부부문으로 소득의 재분배가 발생한다.

피셔효과와 다비효과

● **피셔효과**

인플레이션이 예상되면 채권자들이 예상인플레이션율만큼 명목이자율을 높게 설정하게 되는 효과를 피셔효과(Fisher effect)라고 한다. 피셔효과에 의하면 인플레이션 이후에도 실질이자율에는 변화가 없으므로 채권자와 채무자 사이에 부와 소득의 재분배는 일어나지 않는다.

● **다비효과**

채권자가 예상인플레이션율만큼 명목이자율을 더 높게 설정하더라도 조세제도에 따른 소득재분배효과를 고려하면 여전히 채권자가 불리하므로, 이를 고려하여 보다 높은 수준의 명목이자율을 요구하게 되는 것을 다비효과(Darby effect)라고 한다.

② 구두창비용(shoe-leather cost)

높은 인플레이션율은 높은 명목이자율로 이어져 실질화폐잔고를 감소시킨다. 일반인들이 평균적으로 낮은 화폐잔고를 소지할 경우 돈을 찾기 위해 은행에 더 자주 방문하여야 할 것이기 때문에, 화폐소지를 줄이는 데에 따르는 불편함을 은유적으로 표현하여 구두창비용이라고 한다.

③ 메뉴비용(menu cost)

인플레이션은 기업들이 공표한 가격을 자주 변경하게 한다. 그러나 가격을 변동시킬 경우에 새로운 가격표를 인쇄하여 회람시켜야 하는 등의 비용이 들 수 있다. 이러한 가격조정과 관련된 비용을 메뉴비용이라고 한다.

✚ 예상치 못한 인플레이션 비용

① 부와 소득의 재분배

예상하지 못한 인플레이션이 발생하면 나중에 상환해야 할 원금의 가치가 하락하므로 채권자는 불리해지고, 채무자는 유리해진다. 또한 고정된 연금이나 고정된 소득을 받는 고정 소득자는 불리해진다.

② 경제의 불확실성

예상하지 못한 인플레이션이 발생하면 경제의 불확실성이 증가하므로 기업의 투자활동과 소비자의 구매계획이 억제되어 고용과 성장에 악영향을 미치게 된다. 또한 환율의 조정이 원활하지 않은 경우, 외국보다 높은 인플레이션율은 국내에서 생산된 재화의 상대가격을 상승시키기 때문에 수입이 증가하고 수출이 감소된다. 따라서 국제수지의 악화가 초래된다.

응용 문제 다음은 인플레이션과 관련된 설명이다. 옳은 것을 고르면?

① 예상된 인플레이션은 부의 자의적 재분배 문제를 낳는다.

② 인플레이션은 연금생활자에게 유리하다.

③ 연동화된 계약을 해도 인플레이션이 발생하면 실질구매력은 떨어진다.

④ 인플레이션이 발생하면 채무자의 부가 채권자에게로 이동한다.

⑤ 낮은 수준의 인플레이션은 노동시장을 활성화시킨다.

정답: ⑤

해설: 예상되지 않은 인플레이션이 부를 자의적으로 배분하며 채권자의 부가 감소하고 채무자의 부가 증가한다. 인플레이션은 고정된 수입을 얻는 봉급생활자나 연금생활자에게 불리하며 연동화된 계약을 하면 인플레이션이 발생한 만큼 물가상승률을 고려하여 명목지급액이 증가하기 때문에 실질구매력은 유지된다. 명목임금의 경직성 때문에 노동시장은 시장균형보다 높은 실질임금을 유지할 가능성이 높고 이는 노동의 초과공급을 발생시킨다. 낮은 수준의 인플레이션은 실질임금을 낮추고 노동시장의 시장균형달성을 도와 노동시장을 활성화시킬 수 있다.

02 실업

실업(unemployment)이란 경제활동 인구 중에서 일할 의사와 능력을 가진 사람이 직업을 갖지 않거나 갖지 못한 상태를 의미한다. 실업은 개인의 소득 기회 상실을 초래하고 사회적으로는 인적 자원이 제대로 활용되지 못함에 따른 생산의 감소를 유발한다. 따라서 실업이 왜 발생하는가를 밝히고 실업을 어떻게 하면 해소할 수 있는가에 대한 대처방안을 제시하는 것은 거시경제학의 가장 핵심적인 내용 중 하나이다.

실업의 종류

✚ 마찰적 실업

MK Test Plus+
마찰적 실업
마찰적 실업은 노동자들이 일자리를 탐색하는 데에 시간이 걸리기 때문에 발생하므로 탐색적 실업(search unemployment)이라고도 한다.

마찰적 실업(frictional unemployment)이란 노동시장이 구직자와 일자리를 신속하게 연결시켜주지 못할 때 발생하는 실업을 말한다. 노동력의 거래에도 다른 재화의 거래와 마찬가지로 탐색비용 등의 거래비용이 수반되므로 일자리가 있어도 노동력을 구하지 못하는 기업이 존재하는가 하면, 일을 하고 싶어도 일자리를 구하지 못하는 노동자가 동시에 존재할 수 있게 된다.

노동시장에서 구인·구직정보의 유통이 활발하게 이루어지도록 하여 마찰적 실업을 줄일 수는 있다. 그러나 현실에서 마찰적 실업을 완전히 제거하기란 거의 불가능하다. 또한 어느 정도의 마찰적 실업은 노동력의 효율적 배분을 위해 필요하다. 노동자의 기술력과 기업의 특성 등이 충분히 반영되도록 노동자와 기업이 적절히 연결되어야 장기적으로 효율성이 발휘될 수 있기 때문이다.

✚ 구조적 실업

구조적 실업(structural unemployment)이란 경제구조가 변하면서 노동에 대한 수요와 공급 여건이 달라지고. 이에 따라 노동력과 일자리가 재분배되는 과정에서 발생하는 실업을 말한다. 기본적으로 마찰적 실업과 유사하나, 이것은 경제의 구조변화라는 장기적 현상과 관련된 것이라는 점에서 차이가 있다.

경제의 구조가 급속하게 변화할수록 구조적 실업의 문제는 심각해지지만 구조적 실업을 줄이기란 쉽지 않다. 노동자들을 재훈련시키거나 성장산업 예측에 관한 정보를 제공함으로써 노동력의 이동성을 일정 부분 증가시킬 수 있겠지만, 그 효과는 그리 크지 않다. 결국 구조적 실업은 경제가 성장하고 변모하는 과정에서 자연히 겪게 되는 현상으로 보는 것이 타당하다.

✚ 경기적 실업

경기적 실업(cyclical unemployment)은 노동에 대한 전반적인 수요가 공급에 비해 부족하기 때문에 발생한다. 구조적 실업이 특정산업이나 특정지역을 중심으로 나타나는 것인데 반해 경기적 실업은 일반적으로 산업전반, 국가 전체적으로 노동에 대한 수요가 부족하기 때문에 나타나는 것이다. 일반적으로 총지출과 총산출고가 감소함에 따라 경제의 모든 부문에서 경기적 실업이 증가하게 되며, 따라서 경기적 실업은 다른 실업과는 달리 전반적인 노동 시장의 건전성과 경제의 움직임을 파악하는 데 있어서 중요한 요소가 된다.

경기적 실업은 경기가 회복되어 일자리가 늘어나면 해소된다. 그러나 경기가 불황의 상태로부터 자연히 신속하게 회복되는 것은 아니기 때문에 경기침체로 인해 경기적 실업이 심각하다고 판단될 경우에는 경제의 활성화를 위해 정부가 확대적인 재정정책과 금융정책을 동원하는 경우가 많다.

오쿤의 법칙

고용은 생산요소인 노동이 활용되고 있음을 의미하고, 실업은 노동이 생산요소로서 활용되지 못하고 있음을 의미한다. 따라서 실업률이 높아지면 생산 활동이 둔화되어 실질 GDP가 감소하게 된다. 실업률과 GDP 간에 부(-)의 관계가 있다는 것은 미국의 경제학자인 오쿤(Arthur Okun)이 미국의 통계자료를 분석하여 처음으로 규명하였다. 따라서 실업률과 실질 GDP 간의 부(-)의 관계를 나타내는 것을 오쿤의 법칙(Okun's Law)이라고 하며 그 관계는 다음과 같다.

(7.6)

$$\frac{Y^* - Y}{Y^*} = \alpha(u - u_N)$$

여기서 Y^*는 잠재 GDP로서 실제 실업률이 자연실업률과 일치할 때의 산출량을 말하고, Y는 실제 GDP, α는 상수, u는 실제 실업률, u_N은 자연실업률을 뜻한다. 오쿤에 의하면 미국의 경우 실업이 1% 증가할 때마다 실질 GDP는 약 2.5% 감소하는 것으로 나타났다. 즉 α가 약 2.5 정도로 측정되었다.

물론 실업률과 실질 GDP 간의 정확한 관계는 국가에 따라, 그리고 시대에 따라 다르게 나타난다. 이는 인구증가, 자본축적, 기술진보 등 경제구조가 달라짐에 따라 실업률과 실질 GDP 간의 실질적인 관계가 달라질 수 있음을 의미한다.

매경신문 기출문제 응용

응용문제) 다음 중 실업률과 관련된 설명 중 틀린 것은?

① 군인, 주부 등은 경제활동인구에 포함되지 않는다.

② 적극적인 구직노력에도 취업이 되지 않아 집에서 쉬고 있는 철수를 실망실업자라고 부르며 철수는 경제활동인구에 속한다.

③ 만 15세 이상의 인구를 노동가능인구로 본다.

④ 실업률과 경제성장률 사이의 상관관계를 오쿤의 법칙이라 부른다.

⑤ 실업률은 실업자 수/경제활동인구×100으로 계산한다.

정답: ②

해설: 만 15세 이상 인구는 노동가능인구인데 이들은 다시 경제활동인구와 비경제활동인구로 나뉜다. 군인, 주부, 실망실업자는 비경제활동인구이다.

실업에 대한 고전학파와 케인즈학파의 이론

✚ 고전학파의 탐색이론

MK Test Plus+
자발적실업
노동자가 일을 할 능력은 있으나 현재의 임금수준에서는 일을 할 의사가 없기 때문에 발생하는 실업을 자발적 실업이라고 한다.

고전학파는 완전경쟁(perfect competition) 모형을 토대로 현재의 실질임금을 노동시장의 수요와 공급의 균형가격으로 보고 있다. 고전학파는 완전경쟁시장에서 실업이 존재하는 이유를 자발적 실업(voluntary unemployment)의 개념을 통해 설명하려고 하였다. 이는 노동자들이 자발적으로 자신에게 주어진 최상의 일자리를 찾는 데 시간이 소요되기 때문에 마찰적 실업이 존재할 수 있다는 것이다.

① 탐색이론의 개념

탐색이론(job search theory)에서의 노동자들은 최상이라고 판단되는 노동기회가 생길 때까지 직장 쇼핑(job shopping)을 하게 된다. 노동자가 서로 다른 임금을 제시하는 고용주에 대한 정보를 수집하는 데 상당한 시간이 소요되기 때문에, 노동시장에서의 탐색행위로 인해 마찰적 실업의 기간이 늘어나게 된다. 그러나 노동자의 입장에서 보면 탐색과정을 통해 좀 더 좋은 직장을 얻을 기회가 늘어나기 때문에 실업을 감수하려고 한다. 이와 같이 탐색으로 인한 실업은 자발적 실업이고, 일종의 인적자본에 대한 투자로 볼 수 있다.

② 노동자의 탐색활동

일자리 제안을 받은 실업자는 그 직업을 수락할 것인지, 아니면 다른 일자리를 계속해서 탐색할지를 결정한다. 실업자가 낮은 임금의 일자리 제안을 거절할 경우, 미래에 더 높은 임금의 자리를 찾을 가능성이 생기지만 실업기간의 연장과 불확실성을 감수해야만 한다. 따라서 현재 어떤 일자리를 거절할 것인가에 대한 결정은 실업의 단기적 손실과 미래의 취업으로부터 얻을 수 있는 기대수익을 비교하여 이루어진다. 실업자는 이러한 선택기준에 따라 특정 직업과 관련하여 일정 수준 이상의 임금을 수락할 것이다. 이때 특정 직업의 거절과 수락을 결정하는 임금수준을 유보임금(reservation wage) 또는 수락임금(acceptance wage)이라 한다. 직업탐색기간이 길어질수록 직업탐색에 따른 한계비용이 증가하고, 보다 나은 직장을 찾을 가능성이 줄어들기 때문에 유보임금 수준은 하락하게 된다.

③ 기업의 탐색활동

기업은 비어 있는 일자리를 채울 노동자에게 지급할 용의가 있는 임금수준을 정해놓고 노동자를 탐색하는데, 이때의 임금수준을 제공임금(offer wage)이라고 한다. 기업의 탐색기간이 길어질수록 비어 있는 일자리로 인한 산출량의 손실이 증가하므로 기업이 제공하고자 하는 제공임금의 수준 역시 상승하게 된다.

④ 균형임금과 탐색기간의 결정

균형임금과 탐색기간은 노동자들의 유보임금 수준과 기업의 제공임금 수준이 일치하는 점에서 결정된다. 개인들의 직업탐색기간이 결정되면 그에 따라 경제 전체의 실업률이 결정된다. 즉 경제 전체의 실업률을 낮추려면 탐색기간을 줄일 수 있는 방안을 모색해야 한다.

✚ 케인즈학파의 비자발적 실업

케인즈학파는 구조적으로 또는 제도적인 요인 등으로 인해 명목임금이 경직성을 갖는다면 노동자들이 원하지 않더라도 실업 상태에 놓일 수 있다고 주장하였다. 이를 비자발적 실업(involuntary unemployment)이라 한다.

명목임금이 경직적이면 노동수요가 감소하더라도 명목임금이 적절히 하락하지 않아 노동의 초과공급이 발생하게 되므로 비자발적인 실업이 나타나게 된다. 케인즈학파는 경기적 실업을 설명하기 위해서는 임금이 신축적이라는 가정을 포기해야 한다고 주장한다. 또한 실업의 발생 원인이 기본적으로 경기침체로 인한 유효수요의 부족이므로 실업문제를 해소하기 위해서는 정부의 확대정책이 필요하다고 주장한다.

임금의 경직성으로 인해 비자발적 실업이 나타나게 되는 이유에는 다음과 같은 다섯 가지 정도를 들 수 있다.

① 최저임금제

제도적으로 최저임금을 균형임금보다 높게 설정하면 노동시장에서 공급은 증가하나 수요가 감소하여 초과공급이 발생한다. 이러한 초과공급이 비자발적 실업이 된다. 최저임금제는 균형임금이 낮은 미숙련 노동자의 비자발적 실업을 초래할 가능성이 높다.

② 효율임금이론

효율임금(efficiency wage)이란 실질임금이 높아지면 근로의욕과 생산성이 높아진다는 가정하에 균형임금보다 임금을 높게 지급함으로써 노동자가 보다 효율적이 되게 하는 임금을 말한다. 균형임금보다 높은 수준의 효율성 임금이 노동자에게 지급되면 고용량이 줄어들게 되어 비자발적 실업이 발생하게 된다.

기업이 균형실질임금보다

높은 효율임금을 지급하는 이유

- 실질임금이 높아지면 노동자가 다른 일자리를 구할 필요가 줄어들기 때문에 노동의 이직률이 낮아진다. 기업의 입장에서 이직률이 낮다는 것은 교육 및 연수비용을 절감할 수 있는 기회가 된다.

- 노동자는 일단 고용이 되면 근로를 제공하는 데 있어서 태만해질 수 있는 도덕적 해이(moral hazard)를 보일 수 있다. 이 경우 효율임금이 제공되면 해고에 대한 기회비용이 상승해 태업을 줄일 수 있다.

- 노동자의 생산성에 대해 기업이 정확히 알지 못하는 정보의 비대칭성이 존재할 경우 모든 노동자에게 일률적으로 평균 실질임금을 지급한다면, 평균 이상의 생산성을 지닌 노동자는 이직을 할 것이고 평균 이하의 생산성을 지닌 노동자만 남게 될 것이다. 이럴 경우 기업의 입장에서는 원하는 노동자를 선택하지 못하게 되는 역선택(adverse selection)의 문제에 직면하게 된다. 이러한 문제를 방지하기 위해 기업은 효율임금을 지급할 유인이 생긴다.

MK Test Plus+
내부자

내부자(insider)란 이미 고용이 된 노동자로서 해당 기업의 임금 및 고용정책에 영향을 미치는 사람을 말한다.

MK Test Plus+
외부자

외부자(outsider)란 해당기업에 고용되지 않았지만 현재 지급되는 임금보다 낮은 임금으로도 고용될 의사가 있는 사람을 말한다.

③ 내부자-외부자이론

내부자는 특화된 기술을 가지고 있거나 독점적 협상력을 지닌 노동조합의 도움으로 높은 실질임금을 유지할 수 있다. 기업의 입장에서도 내부자에게 높은 실질임금을 지급함으로써 양질의 노동력을 지속적으로 사용하고자 하는 유인을 갖는다. 따라서 내부자와 기업이 협상하여 결정한 높은 실질임금으로 인해 임금이 시장의 균형임금보다 높은 수준에서 경직성을 갖게 되면 외부 근로자는 해당 기업에 고용될 기회를 잃게 된다.

④ 중첩임금계약모형

기업과 노동자 간의 명목임금에 대한 계약의 체결이 매년 동시에 일어나는 것이 아니라 1년 중에 순차적으로 일어난다고 가정하면 노동자들이 명목임금을 변경하는 시기가 기업마다 다르게 된다. 이와 같은 임금계약을 테일러(J. Taylor)는 기업 간 시간차 임금계약 또는 중첩적 임금계약(staggered wage contract)이라 불렀다.

이 경우 특정 시점에서 명목임금을 인상하는 계약을 체결하는 기업은 전체 기업 중에서 일부분이다. 일부분의 기업과 노동자가 임금인상에 대해 협상할 때 명목임금의 절대수준뿐만 아니라 기업 간 상대적 수준도 고려해야 하기 때문에, 명목임금을 원하는 수준으로 충분히 인상하지 못하고 부분적으로만 인상하게 된다.

한편 기업은 임금조정에 있어서 이를 시간차를 두고 행하는 경우가 많다. 이와 같이 시차를 두고 임금협상이 이루어지는 경우에는 명목임금이 여러 기간에 걸쳐 점진적으로 조정된다. 이러한 결과로 경제 전체적인 명목임금이 상호의존성으로 인해 경직적일 수 있다.

⑤ 장기임금계약

노동자가 새로운 직장을 찾거나 기업주가 새로운 노동자를 고용하는 데에는 상당한 비용이 수반되므로 노동자와 기업주는 장기임금계약을 통해 안정적인 고용관계를 유지하는 것을 선호한다. 장기임금계약이 이루어지면 노동시장의 상황과 관계없이 상당기간 임금이 경직성을 나타내게 된다.

03 필립스곡선

1958년 영국의 경제학자 필립스(A. W. Phillips)는 1861~1957년 기간 동안 영국의 실업률과 명목임금 변동률에 대한 자료를 실증적으로 분석했다. 그 결과 이들 사이에 안정적인 역의 관계가 있다는 사실을 발견했다. 이후 필립스의 연구결과는 인플레이션율과 실업률의 관계를 나타내는 이론으로 발전되어, 양자 간 역의 관계를 나타내는 곡선을 필립스곡선(Phillips curve)이라고 부르게 되었다.

1960년대에 필립스의 연구와 유사한 실증 연구들이 영국뿐만 아니라 미국 등 다른 여러 나라, 그리고 여러 시기에 걸쳐 이루어졌다. 이들 연구에서도 물가 또는 임금상승률과 실업률 사이에 매우 안정적인 역의 관계가 존재하는 것으로 밝혀졌다.

고전적 필립스곡선

✚ 필립스곡선의 개념

필립스가 제안하고 립시(R. Lipsey)에 의해 발전된 고전적 필립스곡선에 의하면 높은 실업률은 물가상승률의 하락을 가져오며, 낮은 실업률은 물가상승률의 상승을 가져온다. 즉 필립스곡선은 물가상승률과 실업률 사이에 존재하는 역의 상관관계(trade-off)로 이해할 수 있다.

〈그림 7-2〉의 필립스곡선을 보면 실업률이 높을 때는 기울기가 완만하지만 실업률이 낮을 때는 기울기가 급하다. 이것은 실업률이 낮을 때는 실업률이 높을 때보다 실업을 줄이기 위해 감수해야 할 물가상승률의 증가가 훨씬 크다는 것을 의미한다.

그림 7-2

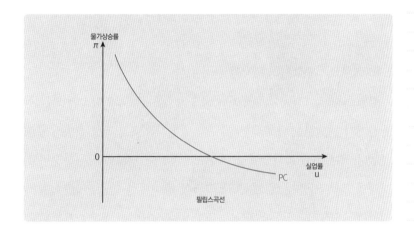

✚ 필립스곡선의 시사점

안정적인 필립스곡선의 존재는 인플레이션과 실업에 관한 정책에 중요한 시사점을 갖는다. 그것은 물가안정과 완전고용이라는 두 가지 거시경제정책 목표가 동시에 달성될 수는 없으며, 이 둘 가운데 어느 한쪽을 달성하기 위해서는 다른 한쪽을 희생시켜야 함을 의미한다.

하지만 필립스곡선이 말해주는 실업률과 인플레이션의 상충관계는, 정책당국이 실업이 초래하는 사회적 비용과 인플레이션이 가져오는 해악을 비교하여 필립스곡선상에서 그들이 원하는 실업률과 인플레이션율의 조합을 선택할 수 있음을 의미하기도 하는 것이었다.

✚ 고전적 필립스곡선에 대한 비판

1960년대와 1970년대 초까지만 해도 실증 연구들에 의해, 우하향하는 필립스곡선은 물가상승률과 실업률의 조합들을 보여주는 안정적인 관계식으로 간주되었다. 그러나 시간이 흐르면서 이론적·실증적 측면에서 필립스곡선에 대한 많은 문제점이 제기되었다.

① 이론적 측면에서의 문제점

필립스곡선은 경험적 관계에서 도출된 것이므로 왜 이러한 역의 상관관계가 존재하는지에 대한 이유를 이론적으로 명확히 설명해 주지 못했다. 립시는 노동시장에 초과수요가 있으면 명목임금이 상승하고, 초과공급(즉, 실업)이 있으면 명목임금이 하락하는 임금결정방식을 상정하고, 이로부터 실업과 명목임금 상승률 간 역의 상관관계를 도출하였다. 그러나 프리드먼 등은 노동의 수요와 공급이 명목임금이 아니라 실질임금에 의존하는 것이 일반적이라면서 립시의 설명에 의문을 제기했다.

② 실증적 측면에서의 문제점

또한 이후의 실증 연구들은 필립스곡선이 처음에 나타냈던 실업-인플레이션 간의 안정적인 상충관계가 깨지고 있음을 보여주었다. 예를 들어 1970년대에는 물가상승률과 실업률이 동시에 상승하는 스태그플레이션 현상이 나타났는데, 이는 원래 필립스곡선이 제시한 인플레이션과 실업 간 역의 관계가 항상 안정적인 것은 아니라는 사실을 말해준다.

프리드먼의 필립스곡선

✚ 프리드먼 모형의 개념

프리드먼과 펠프스(E. Phelps)는 노동의 초과수요(초과공급)와 양(음)의 상관관계를 갖는 것은 명목임금 변화율($\dot{W}$)이 아니라 예상실질임금 변화율($\dot{W}^e = \dot{W} - \pi^e$)이라고 보고 다음의 식을 설정했다.

$$\dot{W}^{re} = \dot{W} - \pi^e = h(u - u_n) \quad (h(0) = 0, h' < 0) \tag{7.7}$$

여기서 u_n은 자연실업률로서 잠재적 산출량에 대응되는 실업률이다. 자연실업률은 총수요 변동과 관계없는 구조적·마찰적 요인에 따라 결정되는 실업률, 또는 공급측면에 교란요인이 없을 때 장기적으로 인플레이션 압력을 유발하지 않는 수준의 실업률(Non-Accelerating Inflation Rate of Unemployment: NAIRU)을 의미한다.

✚ 기대인플레이션율이 고려된 필립스곡선

프리드먼과 펠프스는 기대실질임금 변화율을 결정하는 중요한 요인인 기대인플레이션(π^e)의 역할을 강조했다. 특히 이들은 1970년대 들어 필립스곡선이 상방이동 하는 현상을 기대인플레이션율의 상승이 반영된 결과로 해석하였다.

앞의 식에서 명목임금변화율($\dot{W}$)을 인플레이션율(π)로 대체하면 실

MK Test Plus+
기대인플레이션율
경제주체들이 예상하고 있는 미래의 인플레이션율을 말한다. 기대인플레이션율은 경제주체들의 의사결정에 큰 영향을 미친다.

업률과 물가상승률과의 관계를 나타내는 다음의 식 (7.8)이 도출된다.

$$\pi = \pi^e + h(u - u_n) \quad (h(0) = 0, h' < 0) \tag{7.8}$$

MK Test Plus+
적응적 기대
과거에 예측한 인플레이션
이 현재의 인플레이션과 상
이하다면 그 차이인 예측오
차의 일부분을 수정하여 다
음 기의 인플레이션을 예상
하는 방식을 말한다.

식 (7.8)은 프리드먼과 펠프스가 기대인플레이션율을 고려하여 고안한 필립스곡선(expectation-augmented Phillips curve)으로서 기대인플레이션율 π^e는 적응적 기대(adaptive expectations)에 의한 미래인플레이션율의 기댓값이다. 이 모형에서 π^e는 필립스곡선의 절편으로서 π^e가 상승하면 필립스곡선이 위쪽으로 이동한다. 이 모형은 노동자들이 기대인플레이션율을 명목임금에 완전히 반영시킴으로써 화폐환상(money illusion)이 존재하지 않는다고 가정하고 있다.

✚ 프리드먼 모형의 시사점

프리드먼과 펠프스는 확장적 거시경제정책으로 인플레이션이 발생하는 경우 일시적으로 실업률이 하락할 수는 있으나, 곧 노동자들이 인플레이션을 인지하고 임금상승을 요구하기 때문에 장기 실업률은 자연실업률수준으로 수렴한다고 주장하였다.

① 단기적인 실업률의 하락
〈그림 7-3〉에서 PC_0의 점A처럼 인플레이션율이 0이고, 실업률이 자연실업률수준(예를 들어 4%)인 상황에서 정책당국이 실업률을 3%로 낮추고 그 대신 3%의 인플레이션율 상승을 감수하는 정책을 실시했다고 하자. 그 결과 물가와 명목임금이 상승할 것이다. 이때 적응적 기대를 형성하는 노동자들은 명목임금 상승이 인플레이션에 따른 것임을 알지 못하고 노동공급을 증가시키게 된다. 따라서 실업률이 떨

그림 7-3

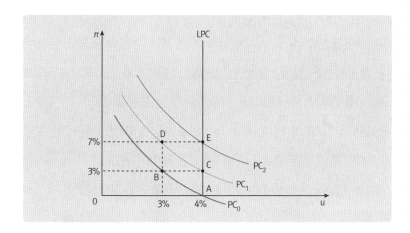

어지고 인플레이션율이 증가해 경제는 단기 필립스곡선을 따라 점 B
에 도달한다.

② 노동자들의 적응적 기대에 따른 실업률의 회귀

시간이 지남에 따라 노동자들이 인플레이션을 사후적으로 인식하
고 앞으로도 인플레이션이 지속될 것으로 예상하여 기대인플레이션
율을 상향조정하게 되면 필립스곡선은 상방이동한다. 즉 필립스곡선
은 PC_1으로 이동한다.

이후 정책당국이 실업률 3%를 고집하지 않고 경제를 시장기구의 자
율적 운행에 맡긴다면, 노동자들은 이제 인플레이션율을 정확히 예상
하므로 자신의 실질임금이 종전과 동일하다는 것을 알게 되어 노동공
급을 줄일 것이다. 따라서 π와 π^e가 같아져 실업률은 다시 자연실업률
로 돌아가고, 경제는 점 C에 도달한다.

③ 확장정책의 고수에 따른 인플레이션의 가속

만약 정책당국이 실업률 3%를 유지하기 위해 지속적인 확장정책을 실시한다면 인플레이션이 가속화되어 경제는 점 D로 이동한다. 그런데 점 D에서는 실제인플레이션율이 기대인플레이션율보다 높으므로 노동자들은 다시 사후적으로 기대인플레이션율을 상향조정할 것이다. 따라서 단기필립스곡선은 다시 상방으로 이동하여 인플레이션은 더욱 가속화된다. 장기적으로 사람들이 인플레이션율을 완전히 예상하는 상황에서 정책당국이 계속 자연실업률수준보다 낮은 실업률을 유지하기 위해 확장적 정책을 지속적으로 시행한다면 실업률은 낮아지지 않고 인플레이션율만 지속적으로 상승하게 된다. 따라서 장기균형점은 자연실업률을 통과하는 수직선 위의 점이 된다.

루카스의 필립스곡선

✚ 루카스 모형의 개념과 시사점

인플레이션과 실업률 사이에 단기적인 상충관계만이 존재한다는 프리드먼의 자연실업률 가설은 1970년대 들어 루카스(R. Lucas) 등에 의해 제기된 합리적 기대가설에 의해 더욱 새로운 형태로 발전하였다. 프리드먼의 모형에서는 노동자들이 이번 기의 인플레이션율과 전기의 인플레이션율이 같다고 예상하는 적응적 기대를 가정하였지만, 루카스의 합리적 기대(rational expectations)모형에 의하면 경제주체들은 미래 경제변수들의 움직임을 포함하여 이용 가능한 모든 정보를 활용하여 효율적으로 인플레이션을 예상하게 된다.

MK Test Plus+
합리적 기대가설
사람들이 의사결정을 할 때, 그 당시에 얻을 수 있는 가장 최선의 정보를 가지고 미래에 대한 예측을 한다는 가설이다.

✚ 합리적 기대가 고려된 필립스곡선

합리적 기대가 사람들이 인플레이션율을 항상 정확히 예상하는 완전예견(perfect foresight)을 의미하는 것은 아니다. 주어진 정보를 최대한 효율적으로 이용하더라도 주어진 정보가 불완전하면 예측오차는 발생하기 마련이다. 그러나 합리적으로 기대를 형성하면, 지속적으로 한 방향으로 발생하는 체계적인 예측오차(systematic forecast error)는 막을 수 있다. 즉 합리적 기대 상황에서도 예측오차는 발생하지만, 이러한 예측오차는 평균적으로 0이 된다.

이러한 합리적 기대를 가정했을 때, 인플레이션과 기대인플레이션의 차이는 평균적으로 0이 되고, 따라서 이를 앞서의 프리드먼의 모형에 대입하면 결국 평균적으로는 단기나 장기나 모두 필립스곡선이 자연실업률수준에서 수직이 된다. 그러므로 예상되지 못한 정책의 경우에는 단기적으로 실업률에 영향을 미칠 수 있지만, 예상된 정책의 경우에는 단기적으로도 실업률에 영향을 미칠 수 없고 물가상승만을 가져온다.

기억효과와 자연실업률

✚ 새케인즈학파의 주장

자연실업률가설을 믿는 경제학자들은 일시적으로 자연실업률 이상의 실업률이 관측되더라도 적극적인 거시경제정책을 사용하는 것을 비판한다. 장기적으로 자연실업률 이하로 실업률을 낮출 수 없을 뿐

더러, 자칫 확장적인 거시경제정책이 민간의 기대인플레이션율만 상승시킬 수 있기 때문이다. 그러나 이들의 주장이 현실과 항상 부합하는 것은 아니다. 최근 일부 새케인즈학파 경제학자들은 거시경제정책이 단기는 물론 장기적으로도 영향을 미칠 수 있다는 의견을 제시하고 있다.

✚ 자연실업률의 상승

1970년대에 영국의 평균실업률은 3.4% 정도였으나 1980년대의 평균실업률은 9.4%에 육박했다. 이러한 영국의 높은 실업률은 대처(M. Thatcher) 정부의 인플레이션 억제정책에 기인했다. 인플레이션 억제정책을 통해 18%에 이르던 인플레이션이 5% 수준으로 떨어졌으나 자연실업률은 이전보다 훨씬 높아진 것이다. 즉 긴축정책이 실시되면 일시적인 실업증가만 발생한다는 자연실업률가설의 설명과는 달리, 자연실업률 자체가 상승함으로써 장기적으로 경제의 균형이 이동한 것이다.

✚ 기억효과와 장기실업률의 상승

경제에 가해진 충격이 경제시스템에 각인되어 장기 균형이 변하는 현상을 기억효과 또는 이력현상이라고 하는데, 특히 실업의 비용이 지속적으로 존재하여 장기실업률이 상승하는 현상을 설명하기 위해 다음과 같은 몇 가지 이론이 제시되었다.

① 노동자의 숙련도 상실

불황은 해고된 사람들의 생산성에 영구적인 영향을 미친다. 실업자가 되면 여러 가지 유용한 기술들을 배울 기회를 박탈당하고, 그 결과 노동자의 생산성이 떨어진다. 또한 한 번 해고된 노동자는 다른 노동자들에 비해 열등하다는 인식을 받게 되어 경기가 회복되더라도 일자리를 찾기가 어렵다.

② 근로에 대한 태도 변화

실업기간이 길어지면 개인의 노동에 대한 태도 등이 바뀔 수 있다. 예를 들면 노동에 대한 의욕이나 성취욕 등이 줄어들 수 있다. 또 일자리를 구하기가 쉽지 않다는 것을 깨달으면서 아예 구직행위 자체를 포기해 버릴 수도 있다: 이러한 사람들을 가리켜 실망실업자(discouraged worker)라 한다.

③ 내부자-외부자 모형

실직된 사람들은 임금협상 과정에서 자신의 이해를 관철시킬 수 없기 때문에 고용되기가 더 힘들다. 만약 소수의 내부자들이 임금협상 때 자신들의 이해만을 생각하여 임금수준을 훨씬 높여 제시한다면 외부자들의 취업은 그만큼 더 어렵게 된다. 따라서 한 번 외부자가 된 노동자는 다시 내부자가 되기가 무척 힘들며, 계속 실업자로 남게 된다.

응용문제 필립스곡선에 대한 다음의 설명 중 틀린 것을 고르면?

① 물가상승률과 실업률 사이의 단기적 상충관계를 나타낸다.

② 자연실업률 가설에 따르면 장기에는 필립스곡선이 자연실업률 수준에서 수직이다.

③ 우상향하는 단기 총공급곡선으로부터 도출할 수 있다.

④ 적응적 기대를 가정할 때의 희생률은 합리적 기대를 가정할 때의 희생률보다 낮다.

⑤ 자연실업률 가설에 대한 반론으로 이력현상을 주장하는 경제학자들이 있다.

정답: ④

해설: 필립스곡선은 물가상승률과 실업률 사이의 단기적 상충관계를 나타낸다. 일반적인 식으로 나타낼 때다. 장기에는 기대인플레이션율이 적정하게 조정되므로 필립스곡선은 자연실업률 수준에서 수직이다. 필립스곡선은 우상향하는 단기 총공급곡선과 동전의 양면과 같은 관계에 있다. 물가가 기대물가보다 높으면 산출량은 자연산출량 수준보다 높은 수준을 유지한다. 이를 바꿔 말하면 물가가 기대물가보다 높으면 산출량이 높아져야 하므로 실업은 자연실업률 수준보다 낮다는 것을 의미한다. 즉, 물가상승률과 실업률 사이에 상충관계가 성립한다. 적응적 기대를 가정하면 전기 인플레이션율을 대입하면 되고 합리적 기대를 가정하면 이용가능한 모든 정보를 이용하여를 예상하면 된다. 희생률은 인플레이션을 1% 줄일 때 희생해야 하는 연간 실질 GDP의 백분율이다. 적응적 기대 가정 시에는 인플레이션 관성으로 인해 합리적 기대 가정시 보다 희생률이 높다. 합리적 기대하에서는 정책이 기대가 형성되기 전에 경제주체들에게 발표되고 정책당국이 경제주체들로부터 신뢰를 확보하고 있다면 즉각적인 기대인플레이션율 수정이 발생하여 GDP 희생 없이 인플레이션을 줄일 수 있다. 경기침체 후에 경제가 이전의 자연율 수준으로 돌아오지 못한다는 이력현상을 주장하는

경제학자들이 있다. 이들은 실업을 당한 노동자의 생산성이 낮아지거나 일할 의욕을 잃어 실망실업자가 되는 등의 과정을 통해, 또 임금 결정의 내부인-외부인 문제로 인해 이력현상이 생긴다고 설명한다.

1. 인플레이션

∨ 인플레이션의 발생원인에 대한 고전학파와 케인즈학파의 견해 ········ □

∨ 피셔의 방정식에 대한 이해 ··· □

∨ 인플레이션이 사회에 미치는 영향 ··· □

2. 실업

∨ 실업의 종류 ··· □

∨ 오쿤의 법칙에 대한 이해 ··· □

∨ 실업 문제를 해결하기 위한 고전학파와 케인즈학파의 대책·············· □

3. 필립스곡선

∨ 고전적 필립스곡선에서 실업과 인플레이션의 관계 ····················· □

∨ 고전적 필립스곡선에 대한 비판 ··· □

∨ 프리드만과 루카스모형에서의 장·단기 실업률 ···························· □

∨ 기억효과를 설명하기 위한 이론들 ··· □

 MK Key word

1. 인플레이션
   • 인플레이션, 인플레이션율, 기대인플레이션율, 수요견인설, 비용인상설, 명목이자율, 실질이자율, 피셔방정식, 구두창비용, 메뉴비용

2. 실업
   • 마찰적 실업, 탐색적 실업, 구조적 실업, 경기적 실업, 오쿤의 법칙, 자발적 실업, 유보임금, 수락임금, 제공임금, 비자발적 실업, 효율임금, 도덕적 해이, 역선택, 내부자, 외부자, 중첩적 임금계약

3. 필립스곡선
   • 필립스곡선, 적응적 기대, 화폐환상, 합리적 기대, 체계적인 예측오차, 실망실업자, 기억효과, 이력현상

01 ○○○○○이란 물가수준이 지속적으로 상승하는 현상을 의미한다. 화폐가 교환의 매개로서 일반적으로 사용되고 있는 현대 사회에서 물가는 바로 화폐로 측정되고 있기 때문에 ○○○○○이란 바로 화폐가치가 지속적으로 하락하는 현상이라고 바꾸어 말할 수 있다.

정답: 인플레이션

02 인플레이션의 원인을 총수요 증가에서 찾는 이론을 ○○○○○이라고 하고 공급 측면의 생산비 상승에서 찾는 이론을 ○○○○○이라 한다.

정답: 수요견인설, 비용인상설

03 경기침체(stagnation)와 인플레이션(inflation)을 합성한 말로 물가상승과 더불어 경기침체가 동시에 나타나는 현상을 ○○○○○○○이라고 한다.

정답: 스태그플레이션

04 인플레이션은 기업들이 공표한 가격을 자주 변경하게 한다. 그러나 가격을 변화시킬 경우 비용이 든다. 예를 들어 새로운 가격표를 인쇄하여 회람시켜야 하는 경우가 있을 수 있다. 이렇게 가격 조정과 관련된 비용을 ○○○○이라고 한다.

정답: 메뉴비용

05 ○○○ ○○이란 노동시장이 구직자와 일자리를 신속하게 연결시켜주지 못할 때 발생하는 실업을 말하고, ○○○ ○○이란 경제구

조의 변화로 인해 노동에 대한 수요와 공급 조건이 달라짐으로써
노동력과 일자리가 재분배되는 과정에서 발생하는 실업을 말한다.

정답: 마찰적 실업, 구조적 실업

06 실업률과 GDP 간에 부(-)의 관계가 있다는 것은 미국의 경제학
자인 오쿤(Arthur Okun)이 미국의 통계자료를 분석하여 처음으로
규명하였는데, 이와 같이 실업률과 실질 GDP 간의 부(-)의 관계
를 나타내는 것을 ○○○ ○○이라고 한다.

정답: 오쿤의 법칙

07 노동자가 일할 능력은 있으나 현재의 임금수준에서는 일을 할
의사가 없기 때문에 발생하는 실업을 ○○○ ○○이라고 한다.

정답: 자발적 실업

08 ○○○○이란 실질임금이 높아지면 근로의욕과 생산성이 높아진
다는 가정하에 균형임금보다 임금을 높게 지급함으로써 노동자
가 보다 효율적이 되게 하는 임금을 말한다.

정답: 효율임금

09 필립스(A. W. Phillips)는 1861~1957년의 기간 동안 영국의 실업률
과 명목임금 변동률에 대한 자료를 실증적으로 분석했는데, 그
결과 이들 사이에 안정적인 역의 관계가 있다는 사실을 발견했고,
이후 인플레이션율과 실업률 사이의 역의 관계를 나타내는 곡선
을 ○○○○○이라고 부르게 되었다.

정답: 필립스곡선

Lesson **08** 경기변동론

01 경기변동

경기변동의 개념과 특징

✚ 경기변동의 개념

경기변동(business cycle)이란 실질 GDP, 소비, 투자, 고용 등 집계변수들이 장기 추세선을 중심으로 상승과 하락을 반복하는 현상을 말한다. 역사적으로 볼 때 자본주의 국가는 총체적인 경제활동의 상승과 하강을 되풀이하여 경험해 왔다. 경기의 흐름을 보면 시간이 지남에 따라 호황→후퇴→불황→회복의 과정을 되풀이 하면서 끊임없이 변동해 간다.

✚ 경기변동의 특징

① 반복성: 호황과 불황이 교차하여 발생하는 반복성
② 다양성: 다수의 경제활동을 포괄하는 다양성
③ 파급성: 확장 또는 수축양상이 시차를 두고 경제 각 부문에 전달되는 파급성
④ 누적성: 일정기간 동안 일정한 방향으로 계속 확대해 나가는 누적성

경기변동의 국면

✚ 경기변동 국면의 구분

경기는 순환성을 갖고 변동하는데 그 변동과정은 몇 가지 국면으로 구분할 수 있다. 피어슨(Pearson, E. S.)과 미첼(Mitchell, W. C.)은 정점과 저점을 기준으로 하여 크게 상승국면과 하강국면의 두 국면으로 나누고 다시 상승국면을 회복국면과 확장국면으로, 그리고 하강국면을 후퇴와 수축국면으로 세분하여 경기변동의 4국면을 일반화시켰다.

한편 슘페터(J. A. Schumpeter)는 경제의 균형 상태를 경기변동국면 분류의 기준으로 설정하여 파동의 변곡점을 중심으로 호경기와 불경기로 구분하고 있다. 즉 변곡점보다 상위에 있는 때를 호경기, 하위에 있는 때를 불경기라고 규정하고 있다.

✚ 일반적인 경기변동의 네 가지 국면

① 수축(contraction) 또는 불황(depression)

② 회복(revival 또는 recovery)

③ 확장(expansion) 또는 호황(prosperity)

④ 후퇴(recession)

✚ 경기변동의 과정

경기는 일정기간 동안 하강, 수축하다가 상향전환점(lower turning point) 또는 저점(trough)에 이르러 하강국면에서 반전, 상승하기 시작하여 회복과정에 들어간다. 회복기간을 거친 후 경기는 확장단계에 들어가고 일정기간이 지난 후 하향전환점(upper turning point) 또는 정점(peak)에 도달하고 상승국면에서 반전하여 후퇴하기 시작함으로써 다시 수축과정에 들어간다.

✛ 경기변동관련 용어

① 주기(cycle): 경기의 저점에서 다음 저점까지의 기간(또는 정점에서 다음 정점까지의 기간)

② 진폭(amplitude): 저점에서 정점까지의 높이

③ 특수경기(boom): 호황국면이 급격하게 나타나는 경우

④ 고원경기(plateau): 호황국면이 정상적인 기간 이상으로 오랜 기간 지속되는 현상

⑤ 공황(crisis): 경기의 급격한 후퇴국면

경기변동의 유형

현실에서의 경기변동 국면은 일정한 주기와 진폭을 갖지는 않는다. 호황국면과 불황국면 간의 길이는 불규칙하며 정점과 저점까지의 진폭도 큰 차이를 보이고 있다. 현실에서의 경기변동은 진폭과 주기를 달리하는 여러 가지 유형의 변동이 합성된 결과이기 때문에, 경기변동은 불규칙적인 형태로 나타나게 된다.

여러 가지 유형의 변동이 동시에 호황국면을 보일 때는 실제로 나타나는 경기변동의 국면은 호황의 정도가 강하고 그 기간이 길어지지만

각 유형별 국면이 다르게 나타날 때에는 실제로 나타난 경기변동의 국면이 호황이라 할지라도 그 정도가 약하며 지속기간도 짧아지는 경향을 보인다. 경기변동의 기본적인 유형으로는 일반적으로 네 가지가 알려져 있는데 그 각각의 특징을 살펴보면 다음과 같다.

✚ 소순환

소순환(minor cycle)은 평균 40개월(약 3~4년)의 주기를 가지고 나타나는 단기변동이다. 소순환은 주로 수요와 공급의 불일치를 조정하기 위한 재고투자의 변동을 중심으로 일어나는 것으로 알려져 있으며 따라서 소순환은 재고순환이라고도 한다. 또한 그 발견자인 키친의 이름을 따서 키친순환(Kitchin cycle)이라고도 한다.

✚ 주순환

경기변동 중에서 중심적인 순환이란 뜻에서 주순환(major cycle)이라고 불리는 이 순환은 주로 기업의 설비투자의 움직임에 의하여 일어나는 것으로 알려져 있으며 따라서 설비투자순환이라고도 한다. 이 순환은 평균 약 10년을 주기로 하여 나타나는 순환으로서 그 발견자의 이름을 따서 쥬글러순환(Juglar cycle)이라고도 한다.

✚ 중기순환

중기순환은 노벨 경제학상을 수상한 바 있는 미국의 경제학자 쿠즈네츠가 발견한 순환으로서 쿠즈네츠순환(Kuznets cycle)이라고도 한다.

이 순환은 평균주기가 약 20년인데 이러한 중기순환은 주택이나 빌딩 등의 건축과 관련되어 있는 것으로 알려져 있으며 따라서 건축순환(building cycle)이라고도 한다.

✚ 장기순환

장기순환은 평균 50년을 주기로 하는 순환으로서 발견자의 이름을 따서 콘트라티에프순환(Kontratiev cycle)이라고 한다. 장기순환을 발생시키는 요인에 대해서는 기술혁신, 대발명, 전쟁이나 혁명, 금광발견, 식민지 개척 등이 열거되고 있다. 그러나 역사적 자료를 통해 지금까지 세 번의 장기파동이 파악된 것으로 알려지고 있는데 이 세 번의 장기파동은 모두 기술혁신이 주요인이었다는 슘페터의 주장이 가장 널리 받아들여지고 있다.

경기순환 비교

	다른 이름	주기	발생원인
소순환	키친순환	3~4년	재고투자의 변동
주순환	쥬글러순환	10년	설비투자의 변동
중기순환	쿠즈네츠순환	20년	건축경기
장기순환	콘트라티에프순환	50년	기술혁신

경기변동의 원인

일반적으로 경제학자들은 경기변동을 경제 전체의 충격에 대해 경제주체들이 반응하는 과정에서 나타나는 현상으로 이해한다. 따라서 경기변동을 분석하는 이론의 핵심은 크게 두 가지로 나눌 수 있다. 첫째는 무엇이 최초에 경기변동을 발생시키는가, 즉 경기변동을 촉발시키는 주된 원인이 무엇인가에 관한 것이다. 둘째는 경기변동의 파급경로, 즉 무엇이 호황 또는 불황을 상당기간 동안 지속시키고, 또 호황에서 후퇴로, 불황에서 회복으로 반전시키느냐에 관한 것이다. 경기변동을 촉발시키는 외부충격의 실체에 관해 다음과 같은 견해들이 있다.

① 민간기업의 투자지출 변화에 의한 총수요 측면의 충격을 강조하는 견해

민간기업의 장래에 대한 기대 변화 등으로 인해 투자지출이 변함으로써 경기변동이 촉발될 수 있다는 것이다. 경기변동의 원인으로 투자지출의 역할을 강조한 대표적인 경제학자는 케인즈이다. 케인즈에 따르면 시장경제에서 투자는 기업가의 미래수익에 대한 기대를 반영하는데, 기대는 기업가의 야성적 충동(animal spirit)에 크게 의존한다.

② 통화량 변화와 같은 화폐적 충격을 강조하는 견해

프리드먼으로 대표되는 통화주의자들에 의하면, 시장경제는 본질적으로 안정적이지만, 통화당국의 자의적인 통화량 조정 때문에 경기변동이 나타난다. 통화론자들은 과거의 시계열자료 분석을 통해 추세를 제거한 통화량의 변화가 GDP의 변화에 선행한다고 판단하여, 경기순환의 원인을 화폐적 요인에서 찾아야 한다고 보았다.

한편 루카스는 불완전정보하에서 경제주체들이 합리적 기대를 하더라도 예상치 못한 화폐금융정책으로 인한 물가수준의 변화를 정확히 예측할 수 없기 때문에, 경제주체들은 명목임금의 변화를 실질임금의 변화로 오인하여 노동공급을 변화시킬 수 있다고 본다. 이에 따라 경기변동이 촉발된다고 주장한다.

③ 기술이나 생산성 변화와 같은 공급측 요인을 강조하는 견해

슘페터는 경기변동과 경제발전의 원인이 생산요소의 새로운 결합 또는 기술혁신(innovation)에 있다고 보았다. 특히 최근 주목받고 있는 실물적 경기변동이론(real business cycle theory)도 경기변동의 주요 원인으로 기술변화와 같은 실물적 충격의 중요성을 강조하고 있다.

MK Test Plus+
실물적 충격
화폐적 충격이 아닌 기술이나 환경조건, 정부지출, 교역조건, 원자재 공급 등의 변화와 같은 것을 말한다.

경기지표

✚ 경기종합지수(Composite Index: CI)

우리나라의 대표적인 종합경기지표라고 할 수 있는 경기종합지수는 국민경제의 각 부문을 대표하고 경기 대응성이 높은 각종 경제지표들을 선정한 후 이를 가공·종합하여 작성한다. 통계청에서 1981년 3월부터 매월 작성하고 있다. 경기종합지수의 전월에 대한 증감률이 양(+)인 경우에는 경기상승을, 음(-)인 경우에는 경기하강을 나타내며 그 증감률의 크기에 의해 경기변동의 진폭까지도 알 수 있으므로 경기종합지수를 통하여 경기변동의 방향, 국면 및 전환점은 물론 변동속도까지도 동시에 분석할 수 있는 장점이 있다.

경기종합지수는 또한 기준순환일(경기전환점)에 대한 시차(time lag) 정도에 따라 비교적 가까운 장래의 경기동향을 예측하는 선행지수, 현재의 경기상태를 나타내는 동행지수, 경기의 변동을 사후에 확인하는 후행지수의 3개 군으로 구분된다.

표 8-1

선행종합지수	동행종합지수	후행종합지수
1. 구인구직비율	1. 비농가취업자 수	1. 이직자 수(제조업)
2. 재고순환지표(제조업)	2. 산업생산지수	2. 상용근로자 수
3. 소비자기대지수	3. 제조업가동률지수	3. 생산자제품재고지수
4. 국내기계수주액	4. 건설기성액(실질)	4. 도시가계소비지출 (전 가구)
5. 자본재수입액(실질)	5. 서비스업활동지수 (도·소매업 제외)	5. 소비재수입액(실질)
6. 건설수주액(실질)	6. 도·소매업판매액지수	6. 회사채유통수익률
7. 종합주가지수(월평균)	7. 내수출하지수	
8. 총유동성 (Lf, 실질, 말잔)	8. 수입액(실질)	
9. 장단기금리차		
10. 순상품교역조건		

➕ 기업경기실사지수(Business Survey Index: BSI)

기업경기실사지수는 경기동향에 대한 기업가의 의견을 직접 조사하여 이를 기초로 경기동향을 파악하고 예측하고자 하는 경제심리지표이다. BSI는 다음의 공식에 의해 산출되는 값을 통해 분석한다.

(8.1)

$$BSI = \frac{긍정적\ 응답업체\ 수 - 부정적\ 응답\ 업체\ 수}{전체\ 응답\ 업체\ 수} \times 100 + 100$$

기업경기실사지수의 해석방법

기업경기실사지수는 0~200의 값을 가지며 100을 초과한 경우 경기를 긍정적으로 보는 업체 수가 부정적으로 보는 업체 수보다 많다는 것을 의미하고, 100 미만인 경우에는 그 반대를 나타낸다. 기업경기실사지수는 실물지표와 높은 상관관계를 보임으로써 경기 판단 및 전망에 유용하게 활용되고 있다.

✚ 소비자동향지수 (Consumer Survey Index: CSI)

소비자의 소비지출 계획 및 경기에 대한 인식을 조사하는 소비자동향지수의 경우 1946년 미국 미시간대학이 최초로 작성하였으며 그 이후 세계 각국에서 소비자동향지수를 편제하여 공표하고 있다. 한국은행의 소비자동향지수는 기업경기실사지수와 유사한 방식으로 조사되며 해석방법 역시 동일하다.

✚ 소비자심리지수 (Composite Consumer Sentiment Index)

한국은행이 2005년 1/4분기부터 발표하고 있는 소비자심리지수는 소비자들의 경제에 대한 전반적인 인식을 종합적으로 파악할 수 있는 종합지수로서 개별소비자동향지수 중 관련 경제지표와 연관성이 높은 지수를 골라 합성한 것이다. 즉 생활형편지수 2개(현재생활형편, 생활형편전망), 경제상황지수 2개(현재경기판단, 향후경기전망), 소비관련지수 2개(가계수입전망, 소비지출전망) 등 6개 개별지수의 시계열을 이용, 지수 수준 및 진폭을 일정하게 표준화한 후 합성하는 방식으로 개발하였다.

소비자심리지수의 해석방법

소비자심리지수가 100보다 클 경우 과거 평균적인 경기상황보다 나음을, 100보다 작을 경우 과거 평균적인 경기상황보다 좋지 않음을 나타낸다. 이러한 소비자심리지수는 소비자태도에 대해 종합적 판단을 가능하게 해주며, 특히 기준치 100을 중심으로 대칭적인 움직임을 보임으로써 부정적인 응답편의에 의한 경기 판단 오류를 피하고 경기수준에 대한 균형적 판단을 할 수 있게 해준다. 소비자심리지수는 민간소비 및 경기동행지수 등 실물 경제지표와의 밀접한 상관관계를 보이고 있다.

02 케인즈학파의 경기변동이론

사무엘슨의 승수-가속도 모형

케인즈학파인 사무엘슨(Samuelson)은 독립투자 또는 내구재 소비의 증가로 인한 소득증가가 소비지출의 증가를 유발함으로써 추가적인 소득 증가를 가져오는 승수효과(multiplier effect)와 이러한 생산 변동이 다시 투자변동을 유발시키는 가속도원리(acceleration principle)를 결합하여 경기순환을 설명하고 있다. 즉 투자변동과 국민소득변동이 서로 영향을 주고받는 순환과정의 지속성을 통하여 경기변동을 설명하였다.

모형의 내용

재화시장의 균형조건으로부터 승수-가속도 모형을 살펴보자. 소비함수에서 t기의 소비(C_t)는 $t-1$기의 소득(Y_{t-1})의 증가함수이고, 투자함수에서 t기의 투자(I_t)는 $t-1$기의 소득 증가분($Y_{t-1} - Y_{t-2}$)의 증가함수이다. 이를 식으로 표현하면 다음과 같다.

$$C_t = \overline{C} + b Y_{t-1}$$
$$I_t = \overline{I} + v(Y_{t-1} - Y_{t-2})$$

(8.2)

여기서 한계소비성향 b는 0 ~ 1 사이의 값을 갖고, v는 가속도계수 (accelerator coefficient)로 0보다 큰 양수이다. 식(8.2)를 재화시장 균형식 인 $Y = C + I$에 대입하여 정리하면 다음과 같다.

$$Y_t - (b+v)Y_{t-1} + vY_{t-2} = \overline{C} + \overline{I} \qquad (8.3)$$

MK Test Plus+
한계소비성향
실질소득의 변화에 대한 실 질소비의 변화비율을 말한다.

식 (8.3)은 국민소득에 관한 2차 차분방정식이다. 차분방정식을 풀면 v의 값에 따라 수렴형, 발산형, 진동형 등의 유형이 결정된다.

① 수렴형: $0 < v < 1$ 일 때 모형이 수렴하게 된다.

② 발산형: $v > 1$ 일 때 모형이 발산하게 된다.

③ 진동형: $v = 1$ 일 때 일정한 진폭을 갖는 대칭적인 정규순환을 한다.

MK Test Plus+
가속도계수
소득의 한 단위 증가에 의 해 유발되는 투자의 증가분 을 말한다.

그러나 경기변동의 비대칭성이 일반적인 현상이기 때문에 승수-가 속도 모형은 현실 설명력이 떨어진다고 할 수 있다.

힉스의 순환제약론

힉스(Hicks)는 사무엘슨의 모형 중 발산형이 현실적이라고 판단하 여 사무엘슨 모형을 발전시켰다. 힉스는 경제가 기본적으로는 불안 정하게 발산하려는 기본속성을 가지고 있다고 가정하고 상한과 하한 의 범위 내에서 승수와 가속도원리가 작용하여 경기변동이 일어난다 고 보았다.

힉스의 모형에서 상한은 완전고용산출량 증가선이 된다. 경기가 호 황이 되더라도 완전고용산출량 수준 이상의 생산이 지속될 수는 없 기 때문이다. 또한 하한은 최저소비수준 증가선이 된다. 경기가 불황이 되더라도 최소한 최저소비수준 만큼은 생산이 이루어질 것이기 때문이다.

이러한 상한과 하한 내에서 독립투자의 증가와 같은 외부적인 요인이 발생하면 승수와 가속도원리의 상호작용으로 경기변동이 일어난다고 보는 것이 힉스의 순환제약론이다.

새고전학파의 경기변동이론 03

루카스의 비판

MK Test Plus+
행태방정식
경제주체의 행태를 규정하
는 식을 말한다.

전통적인 승수-가속도 모형은 행태방정식(behavioral equation)의 계
수가 일정하다는 가정하에 연립방정식 체계의 거시경제모형을 추정한
후 추정계수를 고정시키고 미래의 정책효과를 분석한다. 그러나 루카스
(Lucas)는 정부의 정책변화가 경제주체들의 기대를 변화시키고 이에 따
라 최적 경제행위의 양태를 변화시키므로, 소비·투자함수의 계수들이
변할 수 있는 가능성을 모형에 도입해야 한다고 주장하였다. 이를 루카
스의 비판(Lucas critique)이라고 한다.

균형경기변동이론

루카스, 사전트(Sargent) 등은 임의의 소비 및 투자함수를 가정하
는 대신, 불확실성하의 합리적 기대하에서 개별 경제주체의 최적화
(optimization)와 수요와 공급이 일치하는 시장청산(market clearing)의
결과로써 경기변동을 설명하고자 하였다. 이를 균형경기변동(equilib-
rium business cycle)이론이라 한다. 새고전학파의 균형경기변동이론에서
는 균형 상태에서 외생적인 충격이 화폐적인 것인가 아니면 실물적인

것인가에 따라 화폐적 균형경기변동이론과 실물적 균형경기변동이론으로 구분할 수 있다.

화폐적 균형경기변동이론

✚ 화폐적 균형경기변동이론의 내용

루카스는 화폐량의 역할을 중시하는 프리드먼 등의 견해를 발전시켜 특히 불완전정보하에서 합리적 기대를 하는 경제주체들이 상대가격의 변화와 일반물가수준의 변화를 구별하지 못함으로써 경기변동이 발생할 수 있다는 화폐적 경기변동(Monetary Business Cycle: MBC)이론을 제시하였다. 루카스는 일반물가의 변화를 초래하는 화폐적, 총체적 충격과 상대가격의 변화를 초래하는 실물적, 개별적 충격을 구별하였다. 불완전정보하에서 예상치 못한 총체적 충격이 발생할 경우 경제주체들은 이를 개별적 충격으로 오인하여 국민소득에 변화를 가져오게 된다. 이런 면에서 루카스의 이론은 경제주체들의 화폐량 변동에 대한 오인모형(monetary misperception model)이라고 한다.

✚ 루카스 공급함수

일반물가수준과 총공급의 관계는 다음과 같은 루카스 공급함수로 나타낼 수 있다.

$$Y = Y_N + \alpha(P - P^e) \quad (\alpha > 0) \tag{8.4}$$

식 (8.4)와 같은 루카스 공급함수에 의하면 예측하지 못한 통화공급의 증가가 발생하면 예상치 못한 인플레이션($P - P^e$)이 발생하여 $Y > Y_N$이 된다. 즉 일시적으로 국민소득이 완전고용국민소득을 초과하여 경기호황이 발생한다. 그러나 점차 경제주체들이 합리적 기대를 통해 기대인플레이션율을 조정하여 물가예상이 정확해지면($P - P^e = 0$) 생산량이 다시 완전고용산출량 수준으로 복귀하게 된다.

✚ 화폐적 균형경기변동이론의 시사점

화폐적 균형경기변동이론의 시사점은 정책당국이 예상된 통화정책을 시행할 경우에는 국민소득에 영향을 주지 못하지만, 예상치 못한 통화정책을 시행할 경우에는 실물경제에 영향을 주고 경기변동을 일으키게 된다는 것이다. 따라서 경제주체들이 예측가능하도록 중앙은행의 정책이 운용된다면 물가예상 착오에 의한 비용이 감소될 것이다. 그러나 대규모의 경기변동을 협소한 물가예상의 오차로 설명하기 어려울 뿐만 아니라 상대가격에 대한 착오를 유발하는 화폐충격이 현실적으로 계속 발생하지 않기 때문에, MBC이론은 경기변동의 지속성을 설명하기 어렵다는 단점을 갖는다.

실물적 균형경기변동이론

✚ 실물적 균형경기변동이론의 내용

1980년대 들어 키들랜드와 프레스컷(Kydland and Prescott)에 의해 기

MK Test Plus+
키들랜드와 프레스컷
키들랜드는 노르웨이의 경제학자이며 프레스컷은 미국의 경제학자이다. 이들은 실물적 균형경기변동이론을 주창하여 함께 2004년 노벨 경제학상을 받았다.

술충격, 유가상승 등 실물적 요인이 경기변동의 주요 원인이라고 보는 실물적 균형경기변동(Real Business Cycle: RBC)이론이 대두되었다. 실물적 경기변동이론은 최적화조건과 시장균형하에서 기술변화, 유가상승 등 공급충격이 확산되어 경제 전반에 파급되는 과정에서 경기변동이 발생한다고 주장한다. 경제에 긍정적인 실물충격과 부정적인 실물충격은 평균적으로 서로 상쇄되지 않기 때문에 연속적이고 누적적인 효과를 발생시킴으로써 산출량을 변화시키게 된다.

✛ 실물적 균형경기변동이론의 설명력

① 기간간 노동대체

실물적 균형경기변동이론은 실물적 기술충격에 대한 노동공급자의 기간 간 노동대체(intertemporal substitution of labor)를 통해 경기순환의 지속성을 잘 설명하고 있다. 생산성 충격이 발생할 때 노동의 기간 간 대체가 발생하면 그 효과가 미래로 파급되므로 경기변동이 지속성을 갖게 된다.

② 경기변동의 동조성에 대한 설득력

실물적 경기변동이론은 일반균형상태에서 거시경제변수들이 결정되기 때문에 생산, 고용량, 투자, 소비 등 거시경제변수들의 공통적인 움직임을 나타내는 경기변동의 동조성도 잘 설명하고 있다.

✛ 공급의 충격에 따른 경기변동

〈그림 8-1〉에서 볼 수 있듯이, 기술향상과 같은 유리한 공급충격이

발생하면 생산함수가 상방으로 이동하여 한계생산물이 증가하므로 고용량과 생산량이 모두 증가하여 경기호황이 발생한다. 그러나 유가 상승과 같은 불리한 공급충격이 발생하면 생산함수가 하방으로 이동하여 한계생산물이 작아지므로 고용량과 생산량이 모두 감소하고 경기침체가 발생한다. 실물적 균형경기변동이론 이러한 과정을 통해 경기변동을 설명한다. 실물적 균형경기변동이론은 경기변동의 지속성에 대해 제대로 설명하지 못한 화폐적 균형경기변동의 한계를 극복한 것으로 평가받고 있다.

그림 8-1

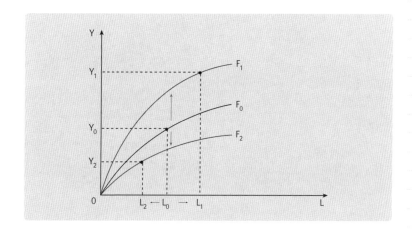

➕ 실물적 균형경기변동이론에 대한 비판

① 단순한 실물경기변동모형을 이용하여 현실 경제의 경기변동 현상을 설명하기 위해서는 지속적이고 변동성이 큰 기술충격이 필수적이다. 하지만 기술충격에 대한 정의 자체에 의문과 논란이 제기되었고, 따라서 기술충격의 변동성과 지속성에만 의존한 설명에는 한계가 있

었다. 또한 기술진보는 점진적으로 일어나기 때문에 단기적으로 대규모 기술충격을 경험하는 것이 어렵다는 비판도 받았다.

② 실물적 균형경기변동이론은 경기변동의 주된 요인으로서 화폐의 중요성을 무시하고, 화폐는 경기변동에 중립적이라고 주장한다. 그러나 이러한 RBC이론은 프리드먼이나 슈와츠(A. Schwartz) 등이 실증분석을 통해 제시한, 2차 세계대전 이후 화폐량 변동이 GDP 변동에 선행한다는 미국의 화폐적 경기변동현상을 설명하기 어렵다.

새케인즈학파의 경기변동이론 04

새고전학파의 방법론을 수용한 새케인즈학파

케인즈학파의 전통을 따른 새케인즈학파의 경제학자들은 최적화 행위와 합리적 기대라는 새고전학파의 방법론을 받아들이고, 케인즈학파의 임금·가격의 경직성과 승수효과의 아이디어를 계승하였다. 새케인즈학파는 개별 시장에서 관찰되는 가격조정 메커니즘의 불완전성을 미시적 기초에 근거하여 합리적으로 규명하였다. 즉 가격과 임금의 경직성이 이론적 가정이 아니라 경제주체들의 최적화 행동의 결과로 나타나는 합리적인 것임을 증명하고, 총수요충격이 가격조정이 아닌 생산수준의 변화를 유발할 수 있다고 설명하였다. 새케인즈학파는 GDP의 변동이 가격과 임금의 경직성에 의한 것이라 봄으로써 경기변동의 현상을 설명하고 있다.

메뉴비용

가격의 경직성에 대한 이유로 제시되는 것이 메뉴비용(menu cost)이다. 메뉴비용이란 기업이 가격을 연속적으로 변경시키는 데 발생하는 모든 비용을 가리킨다. 새케인즈학파는 메뉴비용의 크기가 개별 기업

의 입장에서는 작다고 할지라도 경제 전체적으로는 메뉴비용의 크기
가 상당히 클 수 있다고 주장하였다. 그 밖에 임금과 가격이 중첩적으
로 결정되거나 가격 및 임금 인하에 대해 기업 간 조정이 실패하는 경
우에도 가격 및 임금의 경직성이 초래될 수 있다고 보았다.

새케인즈학파는 개인의 최적화 행동의 결과로서 임금과 가격의 경
직성이 나타나더라도 이것이 사회적으로는 최적의 결과가 아닐 수 있
음을 보여줌으로써 정부가 시장에 개입하는 것에 대해 정당성을 부여
하였다.

1. 경기변동

2. 케인즈학파의 경기변동이론

3. 새고전학파의 경기변동이론

4. 새케인즈학파의 경기변동이론

MK Key word

1. 경기변동
   - 경기변동, 수축, 회복, 확장, 후퇴, 주기, 진폭, 특수경기, 고원경기, 공황, 소순환, 키친순환, 주순환, 쥬글러순환, 중기순환, 쿠즈네츠순환, 건축순환, 장기순환, 콘트라티에프순환, 경기종합지수, 기업경기실사지수, 소비자동향지수, 소비자심리지수

2. 케인즈학파의 경기변동이론
   - 승수효과, 가속도원리, 한계소비성향, 가속도계수, 순환제약론

3. 새고전학파의 경기변동이론
   - 루카스의 비판, 균형경기변동이론, 화폐적 경기변동이론, 화폐량 변동에 대한 오인모형, 루카스 공급함수, 실물적 균형경기변동이론, 기간간 노동대체

4. 새케인즈학파의 경기변동이론
   - 메뉴비용

01 ○○○○이란 실질 GDP, 소비, 투자, 고용 등 집계변수들이 장기 추세선을 중심으로 상승과 하락을 반복하는 현상을 말한다.

정답: 경기변동

02 ○○○(○○○○)은 평균 40개월(약 3~4년)의 주기를 가지고 나타나는 단기변동이다. 주로 수요와 공급의 불일치를 조정하기 위한 재고투자의 변동을 중심으로 일어나는 것으로 알려져 있어서 재고순환이라고도 한다.

정답: 소순환, 키친순환

03 ○○○(○○○○○)이라고 불리는 이 순환은 주로 기업의 설비투자의 움직임에 의하여 일어나는 것으로 알려져 있으며 따라서 설비투자순환이라고도 한다. 이 순환은 평균 약 10년을 주기로 하여 나타나는 순환이다.

정답: 주순환, 쥬글러순환

04 ○○○○(○○○○○○)이라고 불리는 이 순환은 평균주기가 약 20년인데 이러한 중기순환은 주택이나 빌딩 등의 건축과 관련되어 있는 것으로 알려져 있으며 따라서 건축순환이라고도 한다.

정답: 중기순환, 쿠즈네츠순환

05 ○○○○(○○○○○○○)은 평균 50년을 주기로 하는 순환으로 이 순환을 발생시키는 요인에 대해서는 기술혁신, 대발명, 전쟁이나 혁명, 금광발견, 식민지 개척 등이 열거되고 있다.

정답: 장기순환, 콘트라티에프순환

06 ○○○○○○○(○○○)는 경기동향에 대한 기업가의 의견을 직접 조사하여 이를 기초로 경기동향을 파악하고 예측하고자 하는 경제심리지표이고, ○○○○○○○(○○○)는 소비자의 소비 지출 계획 및 경기에 대한 인식을 조사하여 나타낸 지표이다.

정답: 기업경기실사지수, BSI, 소비자동향지수, CSI

07 루카스는 정부의 정책변화가 경제주체들의 기대를 변화시키고 이에 따라 최적 경제행위의 양태를 변화시키므로, 소비·투자함수의 계수들이 변할 수 있는 가능성을 모형에 도입해야 한다고 주장하였는데 이를 ○○○○ ○○이라고 한다.

정답: 루카스의 비판

08 루카스는 화폐량의 역할을 중시하는 프리드만 등의 견해를 발전시켜 특히 불완전정보하에서 합리적 기대를 하는 경제주체들이 상대가격의 변화와 일반물가수준의 변화를 구별하지 못함으로써 경기변동이 발생할 수 있다는 ○○○ ○○○○○○을 제시하였다.

정답: 화폐적 경기변동이론

09 ○○○ ○○○○○○은 최적화 조건과 시장균형하에서 기술변화, 유가상승 등 공급충격이 확산되어 경제 전반에 파급되는 과정에서 경기변동이 발생한다고 주장한다.

정답: 실물적 경기변동이론

10 ○○ ○ ○○○○란 동태적 최적화 행동의 결과로서 노동자들은 노동에 대한 충분한 보상을 받을 수 있을 때 노동공급을 늘리고, 그렇지 못한 시기에는 노동공급을 줄인다는 것을 말한다.

정답: 기간 간 노동대체

Lesson **09** 경제성장론

01 ☝ 경제성장

경제성장의 개념

국가경제의 경제성장(economic growth)이란 오랜 기간에 걸쳐 일어나는 총체적 생산수준 혹은 실질 국내총생산(real GDP)의 지속적 증가와 평균생활수준 혹은 1인당 실질 GDP의 지속적 성장을 의미한다. 경제규모를 측정하는 대표적인 거시경제변수가 실질국민소득이므로 통상적으로 실질 GDP가 점점 증가하는 현상을 경제성장이라고 한다.

경제성장의 정형화된 사실

1950년대 들어 장기적 경제성장을 설명하기 위해 영국과 미국의 경제학자들이 성장이론을 발전시키고 논쟁을 벌이던 상황에서 칼도(N. Kaldor)는 선진자본주의 경제의 성장과정을 분석하여 경제성장률, 생산요소의 증가율 및 소득에 대한 상대적인 분배율 간에는 상당한 규칙성이 있다는 것을 발견하고 이러한 관계를 '경제성장의 정형화된 사실(stylized facts)'이라고 하여 발표하였다.

경제성장의 정형화된 사실

① 자본-산출량의 비율(K/Y)은 거의 일정하다. 자본-산출량비율은 자본계수라고도 한다.

② 자본의 증가율은 거의 일정하다. (①의 사실과 결합하여 산출량의 증가율도 거의 일정하다는 결론이 도출된다)

③ 자본-노동의 비율(K/L)과 1인당 자본량과 1인당 산출량이 일정한 비율로 증가한다. (자본의 심화, 자본증가율 〉 노동증가율)

④ 실질이자율(자본수익률)이 대체로 일정하다.

⑤ 총소득에서 자본소득과 노동소득이 차지하는 비중이 대체로 일정하다.

⑥ 1인당 실질소득(Y/L)이 지속적으로 증가한다.

⑦ 생산성 증가율은 나라마다 상당한 차이를 보인다. (국가 간 경제성장률의 차이)

02 고전학파의 성장이론

생산의 공급과 수요

고전학파의 성장이론은 리카도(Ricardo)의 수확체감의 법칙과 맬더스(Malthus)의 인구론을 결합하여 경제성장을 설명하고 있다. 이에 의하면 인구(L)가 증가할수록 생산량(Y) 역시 증가하지만, 수확체감의 법칙으로 인해 그 증가 속도는 점차 감소하게 된다. 따라서 총생산함수는 아래쪽에서 볼 때 오목한 형태로 그려진다.

$$\text{생산의 공급} : Y^s = f(L), \quad f' > 0, \quad f'' < 0 \tag{9.1}$$

이에 비해 한 사람의 생존에 필요한 재화의 양이 x 단위라면 L 명의 인구를 부양하기 위해 필요한 재화의 양은 xL 단위이다. 따라서 생산의 수요는 기울기가 x 인 원점을 통과하는 직선으로 표시할 수 있다.

$$\text{생산의 수요} : Y^d = xL \tag{9.2}$$

생산량의 공급은 노동자 수가 증가함에 따라 수확체감의 법칙이 적용되지만, 생산량의 수요는 인구의 수에 단순히 비례하여 증가하게 된다. 〈그림 9-1〉에서 이러한 관계를 볼 수 있다.

그림 9-1

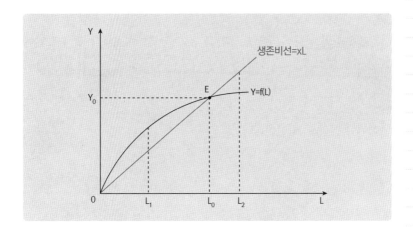

고전학파 경제성장이론의 비관적인 결론

〈그림 9-1〉에서 인구수가 L_1이라면 재화생산량이 생존에 필요한 재화의 양을 초과하므로 자본의 축적이 이루어지고 인구가 증가한다. 반면에 인구수가 L_2이면 재화생산량이 인구부양에 필요한 재화의 양에 미달하게 된다. 따라서 인구가 감소하게 되고, 이러한 조정을 거쳐서 인구수는 L_0로, 재화생산량은 Y_0로 수렴하게 되어 더 이상 인구와 재화생산량의 변화가 일어나지 않는 정체상태에 도달하게 된다. 정체상태에서 임금과 생존비는 일치하게 되고, 사람들은 노동의 재생산을 위한 최소한의 재화만을 소비할 수 있다는 비관적인 결론에 이르게 된다.

고전학파 경제성장이론에 대한 비판

고전학파의 성장이론은 노동만을 유일한 생산요소로 가정하고 있어 현재와 같이 기술의 진보에 의해 생산이 증대된다는 사실을 고려하지 못하고 있다. 또한 역사적 사실에 비추어 볼 때 임금이 생존비에 의해 결정된다는 것도 비현실적이다.

해로드-도마모형 03

해로드-도마모형의 가정

해로드(R. Harrod)와 도마(E. Domar)는 케인즈이론을 동태적으로 적용하여 자본주의 경제가 장기적으로 어떠한 성장경로를 밟게 될 것인가를 규명하고자 하였다. 이들은 다음과 같은 3가지의 가정하에서 경제성장을 설명하였다.

① 생산요소 간의 완전보완성(perfect complementarity)을 특징으로 하는 레온티에프(Leontief) 생산함수를 가정하였다.

② 저축은 산출량(소득)의 일정비율로 결정되며, 저축과 투자는 항상 일치한다.

③ 인구의 증가율(n)은 외생적으로 주어져 일정하다.

> **MK Test Plus+**
> **완전보완성**
> 생산요소들이 특정 비율로 결합하지 않으면 비효율이 발생하는 것을 말한다.

레온티에프 생산함수

레온티에프 생산함수(Leontief production function)는 노동과 자본투입비율이 고정된 생산함수로 통상적으로 다음과 같은 형태이다.

$$Y = \min\left(\frac{K}{v}, \frac{L}{a}\right)$$

(9.3)

> **MK Test Plus+**
> **레온티에프**
> 러시아 출신의 미국 경제학자이며 산업부문 분석을 창시하였다. 1973년에 노벨 경제학상을 수상하였다.

이러한 생산함수 하에서 생산을 할 때에는 효율적인 생산을 위해 노동과 자본의 투입비율이 $a : v$ 로 유지되어야 한다. 만약 이 비율을 벗어날 경우 일부 생산요소가 과다 투입되므로 비효율적이다. 따라서 생산함수가 레온티에프 생산함수로 주어져 있다면 효율적인 생산이 이루어지기 위한 조건은 다음과 같이 나타낼 수 있다.

(9.4)

$$Y = \frac{K}{v} = \frac{L}{a}$$

효율적인 생산이 이루어지면 위의 식이 성립하므로 이를 v 와 a 에 대해 정리하면 각각 다음과 같다.

① 자본계수(자본-산출량 비율): $v = \frac{K}{Y}$ (재화 1단위 생산에 필요한 자본량)

② 노동계수(노동-산출량 비율): $a = \frac{L}{Y}$ (재화 1단위 생산에 필요한 노동량)

레온티에프 생산함수의 경우에는 특정한 생산함수가 주어지면 v 와 a 는 하나의 숫자로 주어진다. 즉 레온티에프 생산함수의 경우 자본계수(v)와 노동계수(a)가 고정되어 있으므로 고정투입계수 생산함수라고도 한다.

자연성장률과 적정성장률

✚ 노동의 완전고용조건: 자연성장률

노동계수 a 가 고정된 값으로 주어진 상태에서 효율적인 생산이 이루어지려면 $Y = \dfrac{L}{a}$ 이어야 하므로 $\triangle Y = \dfrac{\triangle L}{a}$ 역시 성립한다. 즉 경제성

장률($\dfrac{\triangle Y}{Y}$)이 인구증가율($\dfrac{\triangle L}{L}$)과 같아야 한다. 따라서 노동이 완전

고용된 상태에서 효율적인 생산이 이루어지기 위해서는 산출량의 증

가율이 노동(L)의 증가율인 인구증가율(n) 수준이어야 한다. 이런 의

미에서 해로드-도마는 노동증가율을 자연성장률(natural rate of growth:

g_n)이라고 하였다.

(9.5)

$$\frac{\triangle Y}{Y} = \frac{\triangle L}{L} = n = g_n$$

✚ 자본의 완전고용조건: 적정성장률

자본이 완전 고용된 상태에서 효율적인 생산이 이루어지려면 $Y = \dfrac{K}{v}$

가 성립하므로 $\triangle Y = \dfrac{\triangle K}{v}$ 도 성립한다. 이러한 조건으로부터 자본의

완전 고용이 이루어지려면 경제성장률($\dfrac{\triangle Y}{Y}$)이 자본증가율($\dfrac{\triangle K}{K}$)과

같아야 함을 알 수 있다.

그런데 감가상각을 고려하지 않는다면 자본의 증가분($\triangle K$)은 투자

(I)의 크기와 동일하다($\triangle K = I$). 그리고 저축은 투자와 항상 일치하

고($S = I$), 또한 저축은 소득의 일정비율($S = sY$)이라고 가정하였으므

로 자본증가율은 다음과 같이 바꾸어 쓸 수 있다.

(9.6)

$$\frac{\triangle K}{K} = \frac{I}{K} = \frac{S}{K} = \frac{sY}{K} = \frac{s}{K/Y} = \frac{s}{v}$$

여기서 s 는 평균저축성향(average propensity to save)을 나타내고, $\dfrac{s}{v}$

는 자본의 완전 고용을 유지하도록 하는 산출량의 적정증가율이다.

MK Test Plus+
감가상각
고정자산의 가치감소를 액
수로 산정하여 그 고정자산
의 가치에서 제하는 것.

해로드-도마는 이를 적정성장률, 또는 보증성장률(warranted rate of growth: g_w)이라고 하였다.

기본방정식

완전고용상태에서는 자연성장률 식에 의한 노동증가율과 적정성장률 식에 의한 자본증가율이 일치해야 하므로, 적정 성장경로는 다음과 같이 결정된다.

(9.7)

$$g_n = n = \frac{s}{v} = g_w$$

식 (9.7)을 해로드-도마의 기본방정식이라고 한다. 이 식은 노동과 자본이 경제가 성장함에 따라 완전고용 상태가 되려면 자연성장률과 적정성장률이 일치해야 함을 나타낸다.

불안정성의 원리

✚ 면도날 균형

해로드-도마모형에서는 저축률(s), 자본계수(v), 인구증가율(n) 등이 모두 외생적으로 각각 결정되므로 기본방정식이 충족되기 어렵다. 또한 실제 성장률이 적정성장률로부터 벗어나게 된다면, 균형으로 회복되지 못하고 더욱 더 균형에서 멀어지게 된다. 해로드-도마의 균형은 이처럼 균형의 유지가 어렵고, 한번 균형에서 멀어지면 균형으로의 회복이 불가능하기 때문에 불안정적 균형(unstable equilibrium)이라고 할 수 있다. 이런 이유에서 해로드-도마의 균형을 면도날 균형(knife-edge equilibrium)이라고도 부른다.

✚ 불균형의 확대

$g = \frac{s}{v}$이므로 g와 v가 반비례의 관계에 있기 때문에 실제성장률이 적정성장률을 상회하게 되면 실제자본계수는 적정자본계수를 하회하게 된다. 이러한 상황에서 기업은 투자를 더욱 확대하여 자본계수를 적정치로 만들려고 할 것이다. 그러나 실제성장률이 적정성장률보다 큰 상태에서는 투자의 수요창출효과가 생산력증대효과보다 더 크기 때문에 투자가 확대되면 실제성장률과 적정성장률의 차이는 더 벌어지고 만다. 결국 경제 전체적으로 보면 자본과잉의 상태에 빠져 있는데도 불구하고 개개의 기업 입장에서는 투자의 확대가 바람직스러운 것으로 받아들여진 것이다.

해로드-도마모형에 대한 평가

✚ 케인즈이론에 기초한 해로드-도마모형

해로드-도마의 성장이론은 케인즈이론을 기초로 하고 있기 때문에 케인즈 경제학의 기본사상을 강하게 담고 있다. 즉 시장에서 가격조정 기구가 신속하게 작동하지 않기 때문에 경제가 완전고용을 향하여 움직여가도록 조절해주는 내재적인 메커니즘이 존재하지 않는다는 것이다. 시장기구의 결여로 인해 경제의 '불안정성'이 필연적으로 나타나게 되고, 이로 인해 경제가 완전고용을 보장하는 성장궤도로부터 벗어난 경우에 경제의 내부적인 힘에 의해 자동적으로 그 궤도로 복귀할 수 없으며 따라서 불황과 저성장이 장기간에 걸쳐서 계속될 가능성이 많다.

✚ 현실에 대한 설명력이 부족

현실의 자본주의 경제는 불황과 저성장이 장기간에 걸쳐 계속되는 불안정한 상태를 경험하지 않고 있다. 그것은 자본주의 경제를 안정적 성장경로로 이끄는 어떤 내재적인 힘이 작용하고 있음을 의미하는 것이다. 다음 절에서부터 알아 볼 신고전학파의 솔로우모형은 그러한 내재적인 힘을 자본과 노동 등 생산요소 간의 기술적 대체가능성과 생산요소가격의 신축적 조정에서 찾았다.

솔로우모형 04

MIT의 솔로우(R. Solow)와 오스트리아 국립대학의 스완(T. W. Swan)은 거의 같은 시기에 소위 '신고전학파 성장론'이라 불리는 새로운 이론을 발표하였다. 신고전학파 이론의 두드러진 특징은 해로드-도마모형과는 달리 시장 메커니즘의 움직임에 의해 자본과 노동의 투입비율이 조정되는 것으로 가정하고 있다는 점이다. 또한 신고전학파 성장이론은 이자율의 신속한 조정에 의해 저축과 투자가 항상 일치하고, 이에 따라 투자에 의한 '생산력효과(productivity effect)'와 '수요창출효과'는 항상 균형을 이룬다고 본다. 따라서 신고전학파 모형에 의하면 실제 성장률과 적정성장률은 항상 일치한다.

> **MK Test Plus+**
> **생산력효과**
> 설비에 대한 투자는 최초에 수요의 한 요소로 작용하지만 일정 기간이 지난 후에는 공급의 동력으로 작용하게 되는데 이를 생산력효과라고 한다.

솔로우모형의 가정

① 인구증가율은 n 으로 일정하다. 분석의 단순화를 위하여 매기 개별 소비자에게는 1만큼의 가용시간이 주어지고, 여가로부터 아무런 효용을 얻지 못한다고 가정한다. 이 경우 개별 소비자는 주어진 시간을 실질임금에 관계없이 모두 노동으로 공급하게 되므로, 기간 간 인구증가는 곧 노동의 증가를 의미한다.

② 저축은 소득의 일정비율이며 저축과 투자는 항상 일치한다.

③ 생산함수는 규모에 대한 수익불변과 한계수확체감의 성질을 가지며 요소대체가 가능한 1차 동차함수(homogeneous of degree one)를 가정한다.

규모에 대한 수익불변과
한계수확체감의 법칙의 양립

　규모에 대한 수익불변과 한계수확체감의 법칙은 동시에 성립할 수 있다. 즉 규모에 대한 수익불변이란 자본과 노동을 동시에 같은 비율로 증가시킬 때, 산출량이 자본과 노동의 증가율만큼 증가한다는 개념인 반면, 한계수확체감의 법칙은 노동(자본)의 증가 없이 자본(노동)만 증가시킬 경우, 산출은 자본(노동)의 증가율만큼 증가하지 못한다는 개념이다.

생산함수

　생산함수가 규모에 대한 수익불변인 1차 동차이므로 K 와 L 을 전부 t 배하면 생산량이 t 배 증가한다.

(9.8)

$$Y = F(K, L)$$
$$\rightarrow tY = F(tK, tL) \quad (t > 0)$$

　식 (9.8)에서 $t = 1/L$ 로 두면 생산함수는 다음과 같이 바꾸어 쓸 수 있다.

(9.9)

$$\frac{Y}{L} = F(\frac{K}{L}, 1)$$

1인당 생산량 $\frac{Y}{L} = y$, 1인당 자본량 $\frac{K}{L} = k$, 그리고 $F(k, 1) = f(k)$로 두면 1인당 생산함수는 다음과 같다.

$$y = f(k) \tag{9.10}$$

자본에 대해서도 수확체감의 법칙이 성립하므로 1인당 자본량(k)이 증가하면 1인당 생산량이 체감적으로 증가한다. 장기적으로 1인당 소득이 어떻게 변화할 것인지는 1인당 자본량의 크기와 생산함수에 달려 있다.

기본방정식

저축을 통해 투자가 이루어지면 1인당 자본량이 증가하는데 비해, 인구가 증가하면 1인당 자본량이 감소한다. 저축률이 s이고 1인당 생산량이 $y = f(k)$이므로 1인당 투자(=저축)의 크기는 $sf(k)$이다. 그리고 인구증가에 의한 1인당 자본량의 감소분은 nk로 나타내어진다. 즉 nk는 다시 말하면, 현재의 1인당 자본량을 유지하기 위해 필요한 투자액을 의미한다.

이상의 논의에 의해 1인당 자본량 변화분은 1인당 투자에서 인구증가에 따른 자본량 감소분의 차이로 나타낼 수 있는데, 이를 기본방정식이라고 한다.

$$\triangle k = sf(k) - nk \tag{9.11}$$

> **솔로우모형에서 균형으로의 수렴**
>
> 식 (9.11)은 1인당 실제투자액(=저축)이 필요투자액을 초과하면 1인당 자본량(k)이 증가하고, 그 반대의 경우에는 1인당 자본량이 감소한다는 것을 나타낸다. 이러한 과정을 거쳐서 1인당 자본량이 실제투자액과 필요투자액이 일치하게 되는 k^*에 이르게 되면 더 이상 1인당 자본량이 변하지 않는다.($\triangle k = 0$) 이와 같이 솔로우모형에서는 불균형상태에 있더라도 1인당 자본량의 조정을 통해 균형으로 수렴하게 된다.

균제상태

실제투자액과 필요투자액이 일치하여 1인당 자본량이 더 이상 변하지 않는 상태를 균제상태(steady state)라고 한다. 균제상태에서는 1인당 자본량과 1인당 생산량이 일정하게 유지되나 매년 인구가 n의 비율로 증가하므로 경제 전체의 총생산량도 n의 비율로 증가한다. 즉 균제상태에서는 경제성장률이 인구증가율과 일치한다.

기본방정식을 1인당 자본량(k)로 나누어 주면 기본방정식은 다음과 같이 바꾸어 쓸 수 있다.

(9.12)

$$\frac{\triangle k}{k} = \frac{sf(k)}{k} - n$$

즉, 1인당 자본량 증가율은 자본증가율에서 인구증가율을 차감한 것으로 나타난다. 식 (9.12)는 자본증가율이 인구증가율보다 크면 1인당 자본량이 증가하고, 자본증가율이 인구증가율에 미달하면 1인당 자본량이 감소함을 의미한다. 균제상태에서는 1인당 자본량이 더 이상 변하지 않으므로 자본증가율과 인구증가율이 일치하고, 경제성장률은 인구증가율과 일치하므로 다음이 성립한다.

$$경제성장률 = 인구증가율 = 자본증가율 \tag{9.13}$$

경제성장에 영향을 주는 변수 검토

앞 절에서는 인구증가율(n), 저축률(s), 기술수준 등이 일정한 값으로 주어진 상황에서 1인당 자본량, 생산 및 소비의 균제상태를 살펴보았다. 이제 주어진 변수들의 변화가 균제상태에 어떠한 영향을 미치는지 분석해 보도록 하겠다.

✛ 인구증가율의 상승

출산율이 높아져 인구증가율이 상승하면 균제상태의 1인당 자본량과 생산량이 감소한다. 그리고 1인당 산출량수준이 감소하는 과정에서 일시적으로 음(-)의 경제성장이 나타난다. 왜냐하면 인구증가에 따라 1인당 자본량을 일정 수준으로 유지하기 위해 요구되는 자본량 보다 1인당 실제 투자액 $sf(k)$가 작아지기 때문이다. 즉 새로운 균제상태에 도달할 때까지 1인당 자본량과 산출량이 감소한다.

그러나 일단 새로운 균제상태에 도달하게 되면 1인당 자본량과 산출량의 증가율은 다시 0이 되고, 총자본량과 총산출량의 증가율은 높아진 인구증가율과 같아진다. 따라서 새로운 균제상태에서의 경제성장률은 그 이전보다 상승하게 되지만, 1인당 자본량이 낮아져 1인당 소득이 그 이전보다 감소하게 된다.

✚ 저축률의 상승

저축률이 상승하면 1인당 저축(=투자)을 나타내는 $sf(k)$ 가 상방으로 이동하여 균제상태의 1인당 자본량과 생산량이 증가한다. 단기적으로 균제상태를 찾아가는 과정에서 경제성장률이 높아지나 장기적으로 균제상태에 도달하면 경제성장률은 이전의 수준(n)으로 복귀하게 된다. 결국 1인당 산출량의 증가로 정의된 경제성장률은 새로운 균형성장경로에 도달할 때까지만 양(+)의 값을 가질 뿐, 균형에 이르면 결국 0이 된다. 따라서 솔로우모형에서 저축률의 증가로 인한 경제성장 역시 장기균형에 이르는 과정에서 나타나는 일시적인 현상일 뿐이다.

이와 같이 저축성향의 변화가 1인당 산출량의 수준만 변화시키고 균제상태에서 1인당 산출량 성장률을 변화시키지 못하는 것을, 수준효과(level effect)만 있고 성장효과(growth effect)가 없다고 표현한다.

✚ 기술의 진보

솔로우모형에서 인구증가와 저축률 증가가 1인당 자본량과 산출량의 지속적 증가, 즉 경제성장에 영향을 미치지 못하는 것은 기본적으로 한계수확체감의 법칙 때문이다. 즉 1인당 생산함수가 오목한 형태를 갖기 때문에, 1인당 자본량을 증가시키는 어떠한 변화도 결국 새로운 균형에 이르기까지 일시적으로만 경제성장을 가져왔던 것이다. 따라서 솔로우모형에서 지속적인 경제성장은 장기적으로 한계수확체감이 존재하지 않을 때에 가능하다.

기술진보는 1인당 생산함수 $f(k)$를 상방으로 이동시키는 역할을 한다. 그러나 기술진보로 1인당 생산함수가 상방으로 이동하더라도, 한계수확이 체감하는 한 생산함수의 오목한 형태는 그대로 유지된다. 따라서 지속적이지 않은 일회적 기술진보는 단기적인 경제성장만을 가져올 뿐이다. 현실적으로 저축률의 지속적 증가나 인구증가율의 지속적인 감소는 불가능하므로 경제성장은 오직 지속적 기술진보가 이루어질 때에만 가능하다.

자본축적의 황금률

✚ 개념

솔로우모형에서는 균제상태에 도달하면 1인당 자본량, 1인당 생산량, 1인당 저축, 1인당 소비가 모두 일정한 수준으로 유지된다. 그러나 소비자들이 궁극적으로 관심을 갖게 되는 것은 그들의 평생 소비로부터 얻게 되는 효용 또는 후생수준이다. 그런데 사회후생의 관점에서 볼 때, 1인당 소비가 극대화 되면 그 총합인 사회후생 역시 극대화된다고 볼 수 있다. 여러 균제상태 중에서 1인당 소비가 극대화되는 상태를 자본축적의 황금률(golden rule)이라 한다.

✚ 내용

1인당 소비 c 는 1인당 생산량 $f(k)$ 에서 1인당 저축 $sf(k)$ 을 차감하여 구할 수 있다. 따라서 1인당 소비는 다음과 같이 나타낼 수 있다.

$$c = f(k) - sf(k) = (1-s)f(k) \tag{9.14}$$

균제상태에서 $sf(k) = nk$ 이므로 균제상태의 소비 c^* 는 아래와 같이 다시 쓸 수 있다.

$$c^* = f(k^*) - nk^* \tag{9.15}$$

식 (9.15)에서 1인당 소비를 극대화시키는 자본량이 황금률 자본량이 된다. 소비의 극대화를 위해 식 (9.15)를 k 에 대해 미분하여 0으로 놓는다.

$$\frac{\partial c^*}{\partial k} = f'(k^*) - n = 0 \tag{9.16}$$

이는 생산함수 곡선의 기울기($f(k^*)$)인 자본의 한계생산성이 인구의 증가율(n)과 같을 때 소비가 극대화되고 이때의 자본량이 황금률 자본량이 됨을 의미한다. 자본축적의 황금률 상태에서는 1인당 소비의 크기가 노동소득과 일치하므로 자본소득은 모두 투자(=저축)되는 상태이다.

솔로우모형에 대한 평가

✚ 성장원동력의 외생성

솔로우모형은 지속적 경제성장을 가져오는 원동력을 지속적인 기술진보에서 찾고 있다. 그러나 솔로우모형은 이러한 결론만을 제시하고 있을 뿐, 어떤 요인이 지속적인 기술진보를 가져오는가에 대한 만족스러운 설명을 제시하지는 못한다. 이는 솔로우모형이 기술진보라는 성장 원동력을 단지 외생변수로 취급해버렸기 때문이다.

➕ 경제성장의 수렴성 논쟁

① 절대적 수렴가설

생산함수가 한계수확체감의 법칙을 따른다면, 부유한 국가는 1인당 소득의 성장률이 낮고, 가난한 국가는 1인당 소득의 성장률이 높다. 따라서 각국의 1인당 소득이 장기적으로 수렴하게 된다. 이러한 주장을 절대적 수렴(absolute convergence)가설이라 한다.

② 조건부 수렴가설

솔로우모형의 수렴성은 부유한 국가들과 가난한 나라들 간의 지속적인 소득격차를 설명하는 데에 어려움이 있다. 경제학자들은 그 이유를 경제의 구조적인 차이에서 찾고 있는데, 경제의 생산함수, 저축률, 인구증가율 등이 다르다면 경제의 균제상태 자체가 다를 것이므로 경제성장의 수렴성이 발생하지 않을 수도 있다는 것이다. 이러한 주장을 조건부 수렴(conditional convergence)가설이라 한다. 조건부 수렴가설은 비교적 다양한 실증분석 결과들에 의해 뒷받침되고 있다.

솔로우 성장모형에 관한 다음의 설명 중 옳은 것은?

① 생산함수의 한계생산성체감 법칙 성립 여부와 관련 없이 일반
적인 솔로우 성장모형의 정태상태가 성립한다.

② 내생적 성장모형의 하나이다.

③ 인구증가율을 n, 기술진보율을 g라 할 때 정태상태에서 1인당
생산의 증가율은 n+g이다.

④ 1인당 소비가 극대화된 정태상태를 황금률이라고 부른다.

⑤ 현재의 저축률이 황금률을 달성케 하는 저축률보다 낮은 경
우 세대 간 갈등 없이 황금률 수준의 1인당 자본량을 달성할
수 있다.

정답: ④

해설: 생산함수의 한계생산성체감 법칙이 성립하지 않으면 정태상태도 존재하지 않는
다. 솔로우모형은 기술진보가 외생적으로 주어진다고 가정하기 때문에 외생적 성장
이론이다. 정태상태에서 1인당 생산의 증가율은 0이며 총생산의 증가율은 n+g이다.
현재의 저축률이 황금률을 달성케 하는 저축률보다 낮으면 미래 세대가 황금률 수준
의 소비를 할 수 있도록 하기 위해 현재 세대는 소비를 줄이고 저축을 늘려야 하기 때
문에 현재 세대와 미래 세대 사이의 이해가 상충된다.

내생적 성장이론 **05**

외생적 성장이론의 한계

한계생산체감의 법칙에 입각한 솔로우모형에서 성장의 원동력은 외생적으로 주어진 기술의 진보라는 점에서 솔로우의 모형은 외생적 성장이론이다. 그러나 외생적으로 주어진 기술변수가 지속적으로 증가한다고 가정할 만한 충분한 근거를 찾기 어렵기 때문에, 현실경제에서 관찰되는 국가 간 1인당 GDP의 지속적 격차를 외생적 기술진보의 차이로 설명하기는 어렵다.

내생적 성장이론의 제시

외생적 성장이론의 문제점을 극복하고자 경제학자들은 경험적으로 관찰되는 각국의 지속적인 성장률 격차를 모형의 내생변수 간 상호작용에 의해 설명하려고 노력했다. 이러한 시도를 통칭하여 내생적 성장이론(endogenous growth theory)이라 하는데, 내생적 성장이론은 경제주체들의 최적행위를 전제하고 사회후생을 극대화시키는 경제성장률이 어떤 내생적 요인들에 의해 결정되는가를 규명하는 성장이론이다.

R&D모형

로머(P. Romer), 아기온(P. Aghion)과 하윗(P. Howitt) 등에 의해 개발된 R&D모형은 한계생산체감의 법칙을 유지하고, 한 경제의 기술수준을 외생적으로 주어진 것이 아니라 자본과 노동의 투입에 의해 결정되는 내생변수로 취급한다. 이 모형에서 한 경제의 기술수준은 외생적으로 주어진 것이 아니라 자본과 노동의 투입에 의해 결정된다. 이 모형은 재화를 생산하는 부문 외에도 기술을 개발하는 연구 및 개발부문(R&D sector)을 명시적으로 고려한다. 기술변수를 내생화한 1인당 생산함수는 다음과 같다.

(9.17)

$$y_t = A_t f(k_t)$$

$$\frac{A_{t+1} - A_t}{A_t} = g(L_{At}, K_{At})$$

여기서 생산함수 $f(k_t)$ 가 수확체감의 법칙을 따르더라도, R&D 부문의 최적화 결과로 투입된 노동(L_{At})과 자본(K_{At})에 의해 내생적으로 결정되는 기술진보(A)의 속도 $g(L_{At}, K_{At})$가 일정 수준을 유지하면, A가 지속적으로 상승하여 지속적인 경제성장을 유지할 수 있다. 한계수확체감의 법칙과 경제성장의 원동력으로서 기술의 진보를 꼽는 것은 솔로우모형과 동일하지만 R&D모형은 기술의 진보를 경제주체들의 최적화 행위에 대한 결과로서 경제 내에서 결정되는 내생변수로 본다는 차이가 있다.

AK모형

생산함수가 $Y = AK$ 의 형태로 표시되면 자본의 한계생산이 일정하게 된다. 자본의 한계생산이 체감하지 않기 때문에 솔로우모형에 근거한 수렴가설은 성립하지 않고 1인당 GDP의 지속적 격차가 설명된다.

인적자본모형

루카스(Lucas) 등은 경제성장의 원동력으로서 인적자본(human capital)을 강조하였다. 투자를 통해서 물적 자본형성이 이루어지는 것과 마찬가지로 교육투자를 통해 인적자본형성이 이루어질 수 있는데, 인적자본 축적은 교육현장에서만 이루어지는 것이 아니라 사회적 교류의 부산물로도 추적될 수 있으므로 축적과정에서 지식의 확산과 같은 긍정적인 외부효과(positive externality)를 발생시킬 수 있다. 이에 따라 한계생산이 체감되지 않게 되면 지속적인 성장이 가능해진다. 이 모형에 의하면 교육에 대한 투자를 통해 인적자본 축적이 많은 국가일수록 경제성장률이 높아진다.

학습효과모형

학습효과 모형은 기존의 경제활동에서 경험을 통한 학습(learning by doing)을 통해 지식이 축적되고 그에 따라 경제성장이 이루어질 수 있음을 보여준다. 인적자본의 축적이 의도적인 교육투자를 통해 이루어지는 것에 비해 학습효과는 일상적인 생산과정에서 나타난다. 축적된 기존의 자본을 이용하여 생산하는 과정에서 경험을 통한 학습이 이루어지면 지식이 축적되고, 경험에 의한 지식수준은 긍정적인 외부효과를 갖기 때문에 개별기업의 생산함수는 규모에 대한 수익불변이더라도 경제 전체에 대해서는 규모에 대한 수익체증이 이루어 질 수 있다. 이와 같이 학습을 통한 지식축적으로 생산함수가 규모에 대한 수익체증을 보이게 되면 지속적인 경제성장이 가능하게 된다.

내생적 성장이론에 대한 평가

내생적 성장이론은 경제성장의 동인을 경제 내부에서 찾음으로써 장기균형에서 1인당 소득이 지속적으로 성장하는 현상에 대한 설명을 가능하게 하였다. 내생적 성장이론의 모형에서는 수렴가설이 성립하지 않으며 저축률이나 생산성에 영향을 미치는 정부의 정책은 경제성장률에 직접적인 영향을 미치게 된다.

1. 경제성장
∨ 경제성장의 정형화된 사실 ……………………………………… ☐

2. 고전학파의 성장이론
∨ 고전학파 성장이론의 비관적인 결론 ………………………… ☐

3. 해로드-도마모형
∨ 해로드-도마모형의 불안정적 균형에 대한 이해 …………… ☐

4. 솔로우모형
∨ 경제성장에 영향을 주는 변수들 ……………………………… ☐
∨ 자본축적의 황금률에 대한 이해 ……………………………… ☐
∨ 경제성장의 수렴성 논쟁 ……………………………………… ☐

5. 내생적 성장이론
∨ 외생적 성장이론의 한계 ……………………………………… ☐
∨ 내생적 성장이론들의 지속적인 성장에 대한 설명……………… ☐

MK Key word

1. 경제성장
• 경제성장, 경제성장의 정형화된 사실

2. 고전학파의 성장이론
• 수확체감의 법칙, 인구론

3. 해로드-도마모형
• 레온티에프 생산함수, 자연성장률, 평균저축성향, 적정성장률, 보증성장률, 불안정적 균형, 면도날 균형

4. 솔로우모형
• 생산력효과, 수요창출효과, 균제상태, 수준효과, 성장효과, 자본축적의 황금률, 절대적 수렴가설, 조건부 수렴가설

5. 내생적 성장이론
• 내생적 성장이론, 인적자본, 긍정적인 외부효과, 경험을 통한 학습

01 ○○○○이란 오랜 기간에 걸쳐 일어나는 총체적 생산수준 혹은 실질 국내총생산의 지속적 증가와 평균생활수준 혹은 1인당 실질 GDP의 지속적 성장을 의미한다.

정답: 경제성장

02 해로드-도마모형에서는 실제 성장률이 적정성장률로부터 벗어나게 된다면, 균형으로 회복되지 못할 뿐만 아니라 더욱 더 균형에서 멀어지게 된다. 이에 따라 해로드-도마의 균형을 ○○○○○○(○○○ ○○)이라고 부른다.

정답: 불안정적 균형, 면도날 균형

03 솔로우모형에서 실제투자액과 필요투자액이 일치하여 1인당 자본량이 더 이상 변하지 않는 상태를 ○○○○라고 한다. ○○○○에서는 경제성장률이 인구증가율과 일치한다.

정답: 균제상태

04 저축성향의 변화가 1인당 산출량의 수준만 변화시키고 균제상태에서 1인당 산출량 성장률을 변화시키지 못하는 것을, ○○○○만 있고 ○○○○가 없다고 표현한다.

정답: 수준효과, 성장효과

05 사회후생이란 관점에서 본다면 1인당 소비가 극대가 되면 사회후생도 극대화될 것으로 유추할 수 있으므로 이러한 측면에서 볼 때, 여러 균제상태 중에서 1인당 소비가 극대화되는 상태를 ○○○○○○○○○이라 한다.

정답: 자본축적의 황금률

06 생산함수가 한계수확체감의 법칙을 따른다면, 부유한 국가는 1인당 소득의 성장률이 낮고, 가난한 국가는 1인당 소득의 성장률이 높다. 따라서 각국의 1인당 소득이 장기적으로 수렴하게 된다. 이러한 주장을 ○○○ ○○○○이라 한다.

정답: 절대적 수렴가설

07 솔로우모형에서 저축률이 변하면 1인당 산출량의 수준은 변하지만 균제상태에서 1인당 산출량 성장률은 변하지 않는데 이를 두고 ○○○○만 있고 성장효과가 없다고 한다.

정답: 수준효과

08 외생적 성장이론의 문제점을 극복하고자 경제학자들은 경험적으로 관찰되는 각국의 지속적인 성장률 격차를 모형의 내생변수 간 상호작용에 의해 설명하려고 노력했는데 이러한 시도를 통칭하여 ○○○ ○○○○이라 한다.

정답: 내생적 성장이론

매경TEST

Lesson **01**　　국제무역이론

01 국제무역의 기초이론

절대우위

애덤 스미스(A. Smith)에 의하면 두 국가 사이의 무역은 절대우위 (absolute advantage) 때문에 발생한다. 한 국가가 다른 국가에 비하여 한 상품의 생산에서는 효율적이지만(또는 절대우위를 가지고 있지만) 다른 상품의 생산에서는 비효율적이라면(또는 절대열위를 가지고 있다면), 두 국가는 각각 절대우위에 있는 상품의 생산에 특화하여 이들 중 일부를 절대열위에 있는 상품과 교환함으로써 두 국가 모두 이익을 거둘 수 있다. 이러한 과정을 통해 자원은 가장 효율적인 방법으로 활용되며 두 가지 상품의 생산량이 모두 증가한다.

<절대우위에 의한 무역의 예>
절대우위에 의한 무역을 통해 각국의 후생이 증가되는 것을 구체적인 예를 통해 알아보도록 하겠다.

MK Test Plus+
특화
생산효율을 높이기 위해 각기 다른 개인, 산업, 국가 단위에서 분업이 일어나는 것을 말한다.

표 1-1

	한국	미국
직물(㎡/시간당 노동)	6	1
쌀(kg/시간당 노동)	4	5

① 절대우위에 있는 재화의 생산에 특화

〈표 1-1〉을 보면, 한 시간의 노동으로 한국에서는 6㎡의 직물을 생산할 수 있지만 미국에서는 1㎡의 직물밖에 생산할 수 없음을 알 수 있다. 반면에 한 시간의 노동으로 미국에서는 쌀 5kg를 생산하지만 한국에서는 4kg만을 생산할 수 있다. 따라서 한국은 직물의 생산에 있어서 미국보다 효율적이며 미국에 대해 절대우위를 가지고 있는 반면, 미국은 쌀의 생산에 있어서 한국보다 효율적이며 한국에 대해 절대우위를 가지고 있다. 한국과 미국이 무역을 하게 되면, 한국은 직물의 생산에 전념하여 이 중 일부를 미국의 쌀과 교환하고 미국은 쌀의 생산에 전념하여 그 중 일부를 한국의 직물과 교환한다.

② 무역에 의한 이익

만약 한국이 직물 6㎡를 미국의 쌀 6kg과 교환한다면, 한국은 (한국 국내에서는 6㎡에 대하여 4kg만을 얻을 수 있기 때문에) 2kg의 이익을 얻게 되며, 이는 노동력 1/2시간을 절약할 수 있음을 의미한다. 마찬가지로 미국은 한국으로부터 얻는 직물 6㎡와 동일한 양의 직물을 생산하기 위해서 6시간의 노동력이 필요한데, 미국에서는 이 6시간의 노동력으로 쌀 30kg를 생산할 수 있다. 즉 미국에서는 1시간이 조금 넘는 노동력으로 생산할 수 있는 쌀 6kg를 한국의 직물 6㎡과 교환함으로써 24kg의 이익을 얻거나 또는 거의 5시간의 노동력을 절약할 수 있게 된다.

③ 절대우위에 의한 무역의 시사점

위의 예에서 미국이 한국보다 무역을 통해 더 많은 이익을 얻은 것은 단지 교환비율(교역조건)의 차이 때문이다. 즉 다른 교환비율에서는 한국이 미국보다 더 많은 이익을 얻을 수도 있다. 중요한 것은 두 국가가 생산에서의 특화와 무역을 통하여 이익을 얻는다는 점이다.

　그러나 절대우위는 선진국과 개발도상국의 무역과 같은 세계무역의 극히 일부분만을 설명할 수 있다. 세계무역의 대부분, 특히 선진국 사이의 무역은 절대우위로는 설명할 수 없다. 비교우위의 법칙으로 무역의 발생원인과 무역으로부터의 이익을 제대로 설명한 사람은 리카도(D. Ricardo)였다. 실제로 절대우위론은 보다 일반적인 비교우위론의 특수한 경우에 불과하다.

비교우위

MK Test Plus+
절대열위
한 나라가 어떤 재화를 생산할 때 다른 나라에 비해 효율성이 떨어지는 경우 절대열위에 있다고 한다.

　비교우위(comparative advantage)의 법칙에 의하면, 한 국가가 다른 국가에 대하여 두 가지 상품의 생산에 있어서 비효율적이라고(절대열위에 있다고) 하더라도 서로에게 이익이 되는 무역이 발생할 수 있다. 첫 번째 국가는 절대열위가 보다 작은 상품(이 국가가 비교우위를 가지고 있는 상품)의 생산에 특화하고 수출하며, 절대열위가 더 큰 상품(이 국가가 비교열위에 있는 상품)을 수입하게 된다.

〈비교우위에 의한 무역의 예〉
　비교우위에 의한 무역을 통해 양 국가가 모두 이익을 얻게 되는 과정을 구체적인 예를 통해 알아보도록 하겠다.

표 1-2

	한국	미국
직물(㎡/시간당 노동)	6	1
쌀(㎏/시간당 노동)	4	2

① 각국의 각 재화에 대한 비교우위

〈표 1-2〉를 보면 이전의 〈표 1-1〉과 비교했을 때, 미국의 쌀 생산 효율이 한국에 미치지 못하는 것을 알 수 있다. 즉 미국은 한국에 비해 직물과 쌀 생산 모두에 있어서 절대열위에 있다. 그러나 미국 노동자의 생산성은 한국과 비교하여 쌀의 생산에 있어서는 2/4이지만 직물의 생산에 있어서는 1/6이기 때문에, 미국은 쌀에 있어서 비교우위를 가지고 있다. 반대로 한국은 미국에 비하여 직물과 쌀의 생산에 있어 절대우위를 가지고 있지만, 직물 생산에서의 절대우위(6: 1)가 쌀 생산에 있어서의 절대우위(4: 2)보다 크기 때문에, 한국은 직물의 생산에 비교우위를 가지고 있다.

② 각국에게 무차별한 교역조건

한국이 직물 6㎡을 주고 미국으로부터 쌀 4kg를 얻을 수 있다면 무역을 하든지 안 하든지 한국이 얻게 되는 결과는 같을 것이다. 왜냐하면 한국은 직물 6㎡의 생산을 포기함으로써 생기는 자원으로 국내에서 정확하게 쌀 4kg를 생산할 수 있기 때문이다. 또한 한국은 직물 6㎡을 주고 쌀을 4kg보다 더 적게 얻는다면 무역을 하지 않을 것이다.

마찬가지로 미국은 한국으로부터 직물 1㎡을 얻는 대신에 쌀 2kg를 포기해야 한다면 무역에 대해 무차별할 것이며, 직물 1㎡ 대신에 쌀 2kg 이상을 포기해야 한다면 무역을 하지 않을 것임에 분명하다.

③ 각국에게 이익을 주는 교역조건

무역을 통해 두 국가가 모두 이익을 얻을 수 있다는 점을 보여주기 위해, 한국이 직물 6㎡를 미국의 쌀 6kg과 교환할 수 있다고 가정하자. 한국은 국내에서 직물 6㎡를 쌀 4kg과 교환할 수 있으므로, 한국은 쌀 2kg(또는 1/2시간의 노동력)의 이익을 얻는다. 한편 미국은 한국으로부터 얻는 직물 6㎡를 생산하기 위해서는 6시간의 노동력이 필요한데, 대신에 이 6시간의 노동력을 쌀 생산에 모두 투자하면 12kg의 쌀을 생산할 수 있고, 한국으로부터 얻는 직물 6㎡에 대해 쌀 6kg만 지출하면 된다. 따라서 미국은 6kg의 이익을 얻거나 3시간의 노동력을 절감할 수 있게 된다. 즉 어느 한 국가(이 예에서는 미국)가 다른 국가보다 두 상품의 생산에 있어 비효율적이더라도 두 국가 모두 무역을 통해 이익을 얻을 수 있다.

④ 무역이 일어날 수 있는 교역조건의 범위

위의 예에서 직물 6㎡과 쌀 6kg을 교환함으로써 두 국가가 모두 이익을 얻었지만, 이 비율만이 서로에게 이익이 되는 무역이 발생할 수 있는 유일한 교환비율은 아니다. 한국은 직물 6㎡에 대하여 쌀 4kg 이상을 받을 수 있으면 무역을 할 것이고, 미국 또한 그들이 생산한 쌀 2kg에 대해 직물 1㎡ 이상만 받을 수 있으면 무역을 할 것이기 때문에 한국이 1시간의 노동을 통해 생산할 수 있는 직물 6㎡를 기준으로 하여 이러한 관계를 종합하면, 무역이 일어날 수 있는 범위를 아래와 같은 부등식으로 표현할 수 있다.

$$쌀4\text{kg} < 직물6㎡ < 쌀12\text{kg}$$

(1.1)

⑤ 교역조건에 따른 각국이 무역으로부터 얻는 이익

쌀 12kg과 4kg의 차이, 즉 8kg은 두 국가가 직물 6㎡를 무역함으로써 얻을 수 있는 무역으로부터의 총이익이다. 교환비율이 '4kg=6㎡'에 가까워질수록 한국에 귀속되는 이익이 적어지고 미국으로 귀속되는 이익이 커진다. 반면에 교환비율이 '6㎡=12㎏'에 가까워질수록 무역을 통해 한국이 얻을 수 있는 이익이 커지게 된다.

한 국가가 다른 국가에 대해서 갖는 절대열위가 두 상품 간에 동일한 경우 비교우위는 존재하지 않고 그에 따라 무역도 발생하지 않는다. 하지만 이러한 상황은 우연의 일치이고 실제로 발생하는 일이 매우 드물다.

비교우위와 기회비용

비교우위론은 기회비용 이론을 바탕으로 설명할 수 있는데, 어떤 상품의 생산에 있어서 기회비용이 낮은 국가는 그 상품에 비교우위를 갖는다(그리고 다른 상품에 대해서 비교열위를 갖는다).

예를 들어 무역을 하지 않을 때 한국이 국내에서 직물 1단위를 더 생산하기 위하여 자원을 추가로 동원할 때 쌀 2/3단위를 포기해야 한다면, 직물의 기회비용은 쌀 2/3단위가 된다. 만일 미국에서 '직물 1㎡ = 쌀 2㎏' 라면 직물의 기회비용은 미국보다는 한국에서 더 낮기 때문에 한국은 미국에 대해 직물의 생산에 비교우위를 갖게 된다. 이 경우 두 국가, 두 상품이 존재하는 세계에서는 미국이 쌀에 비교우위를 갖는다.

생산가능곡선

기회비용은 생산가능곡선을 이용하여 설명할 수 있다. 〈그림 1-1〉

MK Test Plus+
기회비용

기회비용개념에 의한 한 상품의 비용은 그 상품을 한 단위 더 생산하기 위한 자원을 동원함으로써 포기해야 하는 다른 상품의 생산량이다.

MK Test Plus+
생산가능곡선
한 국가가 이용 가능한 최
선의 기술로 모든 생산자원
을 완전히 활용할 때 생산
할 수 있는 두 가지 상품의
여러 조합을 보여주는 곡선
이다.

은 앞서 살펴 본 한국과 미국의 예에 대한 생산가능곡선을 나타낸 그
림이다.

① 생산가능곡선의 해석

경계선상의 각 점은 이 국가가 생산할 수 있는 직물과 쌀의 한 가지
조합을 표시한다. 예를 들면, 점 A에서 한국은 직물 90㎡과 쌀 60kg를
생산하고, 점 B에서 미국은 직물 40㎡과 쌀 40kg를 생산한다.

그림 1-1 (a)   **그림 1-1 (b)**

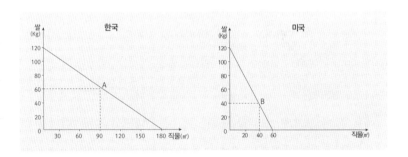

MK Test Plus+
유휴자원
쓰지 않고 놀리는 자원을
말한다.

생산가능곡선의 내부 또는 아래에 있는 점들에서는 생산이 가능하
지만 한 국가가 유휴자원을 가지고 있거나 이용 가능한 최선의 기술
을 사용하지 않는다는 점에서 비효율적인 점들이다. 반대로 생산가능
곡선 위에 있는 점들은 현재 이 국가가 이용 가능한 기술이나 생산자
원으로는 생산이 불가능한 점들이다.

② 생산가능곡선의 의미

〈그림 1-1〉에서 생산가능곡선이 우하향한다거나 기울기가 음(-)의
값을 갖는다는 사실은 한국과 미국이 직물을 더 생산하기 위해서는
쌀 생산의 일부를 포기해야 한다는 점을 의미한다. 만약 각국에서 어

떤 생산량에서나 기회비용이 일정하다면 두 국가의 생산가능곡선은 직선이 된다. 이것은 또한 한계변환율이라 불리는 생산가능곡선의 기울기가 일정함을 뜻한다. 그러나 기회비용이 일정하다는 것은 비현실적이다. 보다 현실적인 형태의 기회비용이 증가하는 경우는 다음 절인 '국제무역의 표준이론'에서 다루도록 한다.

MK Test Plus+
한계변환율
어떤 상품 한 단위를 생산하기 위해 포기해야 하는 다른 상품의 생산량을 말한다.

응용문제

매경신문 기출문제 응용

다음 표는 갑국과 을국이 X재와 Y재를 각각 한 단위 생산에 필요한 노동자의 숫자를 나타낸 것이다. 이에 대한 해석으로 틀린 것을 고르면?

구분	X재	Y재
갑국	32명	24명
을국	12명	20명

① 을국은 X재 생산과 Y재 생산에 있어 절대우위에 있다.
② 갑국은 Y재 생산에 을국은 X재 생산에 비교우위가 있다.
③ 교환비율이 2:1일 경우 교환이 일어날 것이다.
④ 교환비율이 1:1일 경우 갑국의 무역이득은 Y재 1/3이다.
⑤ 교환비율이 1:1일 경우 을국의 무역이득은 X재 2/3이다.

정답: ③

해설: 을국이 갑국에 비해 더 적은 노동력 투입으로 X재와 Y재를 생산할 수 있으므로 을국이 X재와 Y재 생산에 있어 절대우위에 있다. 갑국은 X재 한 단위 생산을 위해 Y재 4/3단위를 포기해야 하는데 비해 을국은 3/5단위 포기하여야 하므로 갑국은 Y재 생산에 비교우위를 갖고 을국은 X재 생산에 비교우위를 갖는다. 교환비율이 2:1이라면 을국에게 불리한 조건으로 차라리 X재를 국내에서 생산하는 것이 더 낫게 되

어 무역이 일어나지 않는다. 무역이 없을 경우 Y재 한 단위 획득에 X재 5/3단위를 포기하면 되는 반면 2:1 조건의 무역을 할 경우 Y재 한 단위 획득에 X재 2단위를 포기해야 하므로 무역을 하지 않는 것이 더 유리하게 된다. 교환비율이 1:1일 경우 갑국이 X재와 Y재를 각각 한 단위씩 보유하는 경우를 생각해보면 무역이 없으면 56명이 필요한 반면 무역을 하면 48명이 필요하다. 남는 8명은 Y재 생산에 다시 투입할 수 있으므로 Y재 1/3단위가 무역의 이득이 된다. 을국의 경우 무역이 없을 땐 32명이 필요한 반면 무역을 하면 24명이 필요하다. 남는 8명을 다시 X재 생산에 투입하면 X재 2/3단위를 생산할 수 있으므로 X재 2/3단위가 무역의 이득이 된다.

국제무역의 표준이론 02

기회비용의 증가와 생산가능곡선

➕ 오목한 형태의 생산가능곡선

앞 절에서 살펴 본 것과 같이 기회비용이 일정한 경우보다는 기회
비용이 증가하는 경우가 더 현실적일 것이다. 기회비용이 증가한다는
것은 어떤 상품을 추가적으로 생산하기 위해 포기해야 하는 다른 상
품의 양이 증가하는 것을 의미한다. 기회비용이 증가하는 경우에 생
산가능곡선은 직선이 아닌, 원점에 대해서 오목한 형태를 갖는다. 〈그
림 1-2〉는 A국과 B국에 대해 상품 X와 상품 Y의 가상적인 생산가능
곡선을 보여준다.

그림 1-2 (a)   그림 1-2 (b)

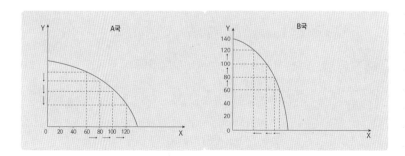

〈그림 1-2〉를 보면 A국이 20단위의 상품 X를 추가적으로 생산함에 따라 상품 Y를 점점 더 많이 포기해야 한다는 것을 알 수 있다. 이것은 B국에서도 마찬가지로 20단위의 상품 Y를 추가적으로 생산함에 따라 상품 X를 점점 더 많이 포기해야 한다.

✚ 생산가능곡선의 기울기

상품 Y 단위로 표시한 상품 X의 한계변환율(MRT)은 한 국가가 상품 X 한 단위를 더 생산하기 위해 포기해야 하는 상품 Y의 양을 나타낸다. MRT는 상품 X(수평축을 따라 측정된 상품)의 기회비용과 같으며 어떤 한 생산점에서 생산가능곡선의 기울기와 같다.

예를 들어 〈그림 1-2〉에서 A국의 생산가능곡선의 MRT가 1/4이라면 A국이 이 생산점에서 상품 X 한 단위를 더 생산하기 위해 필요한 만큼의 자원을 사용하게 되면 상품 Y를 1/4 단위를 포기해야 한다는 것을 의미한다. 그런데 이 기울기(MRT)는 어떤 상품의 생산량이 증가할수록 가파르게 된다. 이것이 기회비용의 증가를 반영한 생산가능곡선이다.

✚ 기회비용의 증가 원인

① 생산요소 또는 자원이 동질적이지 않은 경우
② 모든 상품의 생산에서 생산요소가 같은 비율 또는 집약도로 사용되지 않는 경우

기회비용이 증가한다는 것은 한 상품의 생산을 증가시킴에 따라 점

점 더 비효율적이거나 덜 적합한 생산방식을 사용한다는 것을 의미한다. 즉 첫 번째 상품을 한 단위씩 추가적으로 생산하는 데 필요한 자원을 방출하기 위해 포기해야 하는 두 번째 상품의 양이 점점 증가하는 것을 의미한다.

✚ 생산가능곡선의 차이

또한 〈그림 1-2〉에서 A국과 B국의 생산가능곡선이 차이를 보이는 것은 두 국가의 생산요소의 부존량이 서로 다르거나 생산에서 사용하는 기술이 다르기 때문이다. 현실세계에서 각 국가들이 서로 다른 생산가능곡선(동일한 생산기술을 갖고 있더라도)을 가지고 있는 것은 각 국가들의 생산요소 부존량이 다르기 때문이다. 따라서 자원의 공급 또는 자원의 이용 가능성이나 기술이 변화하게 되면 생산가능곡선은 이동하게 된다.

MK Test Plus+
부존량
처음부터 가지고 있는 재화나 자원의 양.

사회무차별곡선

사회무차별곡선이란 한 국가나 사회에 동일한 만족을 제공하는 두 상품의 여러 가지 조합들을 보여준다. 원점에서 먼 곡선일수록 높은 만족을, 가까운 곡선일수록 낮은 만족을 나타낸다.

사회무차별곡선의 특징

① 음의 기울기를 갖는다.

사회무차별곡선이 음(-)의 기울기를 가진다는 것은, 한 국가가 어떤 상품 X를 더 많이 소비함에 따라 동일한 만족을 얻기 위해서는 상품 Y를 덜 소비해야 함을 의미한다.

② 원점에 대하여 볼록하다.

사회무차별곡선이 원점에 대해 볼록하다는 것은, 한 국가가 상품 X 한 단위를 더 얻고도 동일한 무차별곡선 위에 있기 위해 포기해야 하는 상품 Y의 양이 감소하기 때문이다. 즉 한계대체율(MRS)이 하락한다는 것을 의미한다. 생산에서 기회비용의 증가가 오목한 생산가능곡선으로 반영되듯이 소비에서 한계대체율의 체감은 사회무차별곡선이 원점에 대해 볼록한 모양을 갖는 것으로 반영된다.

③ 서로 교차되지 않는다.

사회무차별곡선이 유용하기 위해서는 서로 교차해서는 안 된다. 교차점에서는 서로 다른 무차별곡선이 동일한 만족을 주게 되므로 이것은 정의와 모순되기 때문이다.

MK Test Plus+
한계대체율의 체감
어떤 재화의 수량이 증가할수록 다른 재화로 평가한 그 재화의 중요도는 감소하게 되는 것을 말한다.

폐쇄경제하에서의 균형

✚ 폐쇄경제에서 사회 후생의 극대화

MK Test Plus+
폐쇄경제
수출이나 수입과 같은 국가 간 무역거래가 제한된 경제.

무역이 없는 경우, 주어진 생산가능곡선하에서 한 나라가 도달할 수 있는 가장 높은 무차별곡선에 도달하게 되면 균형이 성립한다. 이것은 이 나라의 사회무차별곡선이 생산가능곡선과 접하는 점에서 성립한다. 두 곡선이 접하는 점에서의 공통된 기울기는 그 국가의 국내에서의 균형 상대가격을 뜻하며, 이 나라의 비교우위를 반영한다. 〈그림 1-3〉은 생산가능곡선과 사회무차별곡선을 모은 것이다.

그림 1-3 (a)　　　　　　　그림 1-3 (b)

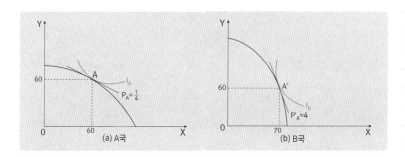

〈그림 1-3〉의 (a)로부터 무차별곡선 I_A 는 A국이 자국의 생산가능곡선으로 도달할 수 있는 가장 상위의 무차별곡선임을 알 수 있다. 이와 같이 A국은 무역을 하지 않는 경우 또는 자급자족하에서 점 A에서 생산하고 소비할 때에 균형을 이루고 후생을 극대화하게 된다.

✚ 폐쇄경제에서 사회 후생극대화의 한계

사회무차별곡선은 원점에 대하여 볼록하고 서로 교차하지 않기 때문에 이러한 접점이나 균형점은 단 하나만 존재하게 된다. 또한 수 없이 많은 무차별곡선이 있기 때문에 이러한 균형점이 존재한다는 것은 확실하다. 하위의 무차별곡선상에 있는 점들은 도달 가능하지만 이 나라의 후생을 극대화시켜 주는 점들이 아니다. 반면에 이 나라는 현재의 이용 가능한 자원과 기술로는 무차별곡선 I 이상의 무차별곡선에 도달할 수 없다.

✚ 무역을 통한 상호이익의 가능성

MK Test Plus+
상대가격
어떤 상품 한 단위가 다른 상품의 실물과 교환되는 비율을 말한다.

폐쇄경제하의 균형상대가격은 자급자족하의 생산 및 소비점에서 생산가능곡선과 무차별곡선이 접하는 점에서의 공통접선의 기울기로 표시된다. 따라서 무역이 없는 경우 A국에서 상품 X의 균형상대가격은 $P_A = P_X / P_Y = 1/4$ 이다. 같은 방식으로 B국에서는 $P_{A'} = P_X / P_Y = 4$ 가 된다. 양국의 생산가능곡선과 무차별곡선의 모양과 위치가 서로 다르므로 양국의 상대가격은 상이하다.

폐쇄경제하에서 $P_A < P_{A'}$ 이므로 A국은 상품 X에 비교우위를 갖고, B국은 상품 Y에 비교우위가 있게 된다. 따라서 A국은 상품 X의 생산에 특화하여 수출하고 그 대가로 B국의 상품 Y를 수입하게 되면 양국은 이익을 얻을 수 있다.

무역의 발생

〈그림 1-3〉에서처럼 무역이 없는 경우 A국에서 상품 X의 상대가격 $P_A = 1/4$ 이고, B국에서는 $P_{A'} = 4$ 가 된다면 A국은 상품 X에 비교우위를 가지고, B국은 상품 Y에 비교우위를 갖는다. 무역을 하는 경우 A국은 상품 X의 생산에 특화하여 수출하고, 그 대가로 B국으로부터 상품 Y를 얻게 된다. 이러한 과정은 〈그림 1-4〉를 통해 설명될 수 있다.

그림 1-4 (a)　　　　　**그림 1-4 (b)**

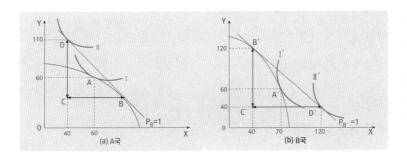

✚ 생산의 특화

① A국의 상품 X에 대한 생산 특화

점 A(그림 1-3의 (a)에 있는 폐쇄경제하의 균형점)에서 시작하여, A국이 상품 X의 생산에 특화하여, 생산가능곡선상에서 아래 방향으로 이동함에 따라 상품 X의 생산에 대한 기회비용은 증가하게 된다. 이것은 생산가능곡선의 기울기가 증가한다는 사실에서도 반영되어 있다.

② B국의 상품 Y에 대한 생산 특화

B국은 상품 Y의 생산에 특화하여 〈그림 1-4〉의 (b)의 점 A′로부터 생산가능곡선의 위로 이동함에 따라 상품 Y의 생산에 대한 기회비용이 증가하게 된다. 이것은 생산가능곡선의 기울기가 감소한다는 사실에 반영되어 있다.

③ 상대가격의 결정

생산에서의 이러한 특화 과정은 양국에서 상품의 상대가격(생산가능곡선의 기울기)이 일치할 때까지 진행된다. 무역을 하는 경우의 공통적인 상대가격(기울기)은 무역을 하기 전의 상대가격인 1/4과 4 사이의 어떤 점에서 무역량이 균형을 이루도록 결정될 것이다. 이것은 〈그림 1-4〉에서 $P_B = P_{B'} = 1$ 이다.

✚ 무역으로 인한 이익

① A국의 이익

무역을 하는 경우 A국의 생산점은 〈그림 1-4〉의 점 A에서 점 B로 하향 이동한다. 그 후 B국과 80X를 80Y와 교환하여, A국은 무차별곡선 Ⅱ 위의 점 D(40X와 110Y)에서 소비할 수 있게 된다. 이것은 최초의 무차별곡선 Ⅰ의 점 A보다 더 높은 만족을 제공하는, A국이 $P_X / P_Y = 1$ 에서 무역을 할 때 도달할 수 있는 가장 높은 만족수준이다. BD선은 이 선을 따라 무역이 발생하므로 무역가능선 또는 단순히 무역선이라 불린다.

② B국의 이익

B국의 생산점은 점 A′에서 점 B′로 위로 이동하며, B국은 무역선 B′

D′를 따라 A국과 80X와 80Y를 교환함으로써 무차별곡선 Ⅱ′상의 점 D′(120X와 40Y)에서 소비하게 된다. 최초의 무차별곡선 Ⅰ′상의 점 A′와 비교했을 때 B국 역시 생산에서의 특화와 무역으로 인해 더 높은 만족을 누리는 이익을 얻게 된 것이다.

이와 같이 생산에서의 특화와 무역으로 인해 각국은 특화와 무역이 없었다면 불가능한 일이었던, 생산가능곡선(이는 무역을 하지 않을 때의 소비가능곡선이다)의 바깥부분에서 소비를 누릴 수 있게 되었다.

교역조건

한 나라의 교역조건(terms of trade)은 그 나라 수입상품가격에 대한 수출상품가격의 비율로 정의된다. 2국 세계에서 어느 한 나라의 수출은 교역상대국의 수입이므로 교역상대국의 교역조건은 특정국 교역조건의 역수가 된다.

➕ 교역조건의 변화

시간이 지남에 따라 수요와 공급조건이 변동하게 되면 교역조건 및 교역량이 변동하게 된다. 특정국의 교역조건이 개선되는 경우 수출품의 가격이 수입품의 가격에 비해 상승한다는 의미이므로 보통 그 나라에 유익한 것으로 간주된다.

+ 교역조건의 상대성

2국으로 구성된 세계에서 한 국가의 교역조건이 개선된다는 것은 필연적으로 다른 국가의 교역조건이 악화된다는 것을 의미한다. 예를 들어 시간이 경과함에 따라 A국의 교역조건이 1에서 2로 개선되면 B국의 교역조건은 1에서 1/2로 악화된다.

+ 여러 상품이 거래될 때의 교역조건

두 가지 상품이 아닌 여러 상품의 무역이 이루어지는 경우, 그 국가의 교역조건은 수입가격지수에 대한 수출가격지수의 비율로 주어지며, 이 값에 100을 곱한 백분율의 값이 교역조건으로 주어진다.

헥셔-오린이론

헥셔-오린(H-O)이론은 국가 간 생산요소의 상대적 풍부성 차이가 상품의 상대가격의 차이와 비교우위를 결정하는 가장 중요한 요인이라고 말한다. 헥셔-오린(H-O)이론은 두 개의 정리로 표현되는데, 하나는 무역패턴을 설명하고 예측하는 헥셔-오린(H-O)정리이며 다른 하나는 국제 무역이 생산요소의 가격에 미치는 영향을 설명하는 요소가격 균등화정리이다.

✚ 헥셔-오린(H-O)정리

헥셔-오린(H-O)정리의 내용은, 한 국가는 그 국가에서 상대적으로 풍부하고 저렴한 생산요소를 집약적으로 사용하는 상품을 수출하는 반면, 국내에서 상대적으로 희소하고 값비싼 생산요소가 집약적으로 사용된 상품을 수입한다는 것이다. 요약하면 상대적으로 노동이 풍부한 국가는 노동집약적인 상품을 수출하고 자본집약적인 상품을 수입한다는 것이다.

헥셔-오린 정리는 국가 간 상품의 상대가격의 차이를 설명할 수 있는 여러 가지 이유 중에서 국가 간 상대적 요소의 풍부성 차이, 즉 요소부존량의 차이를 비교우위와 국제무역의 결정요인 또는 원인이라고 본다. 이러한 이유로 헥셔-오린(H-O)이론을 종종 요소비율 또는 요소부존이론이라고도 한다.

✚ 요소가격균등화정리

헥셔-오린(H-O)이론의 요소가격균등화정리는 무역의 결과 동질적 생산요소에 대한 보수는 국가 간에 균등화된다는 것이다. 이 정리는 무역의 결과, 동질적 노동(즉 훈련, 숙련도 및 생산성이 동일한 노동)에 대한 임금이 (무역규제나 수송비 등이 존재하지 않으며 기타 몇 가지 가정이 성립하면) 모든 교역국에서 동일해진다는 것을 의미한다. 마찬가지로 무역의 결과, 동질적 자본(즉 생산성과 위험이 동일한 자본)에 대한 보수가 모든 교역국에서 동일해진다. 생산요소의 절대가격 및 상대가격 모두 균등화된다.

임금과 이자율의 균등화 과정

예를 들어 A국이 노동집약적인 상품 X의 생산에 특화하고, 자본집약적인 상품 Y의 생산을 감소시킴에 따라 노동에 대한 수요가 상대적으로 증가하여 임금이 상승하는 반면, 자본에 대한 수요는 상대적으로 감소하여 자본의 가격 또는 이자율이 하락한다. 반면에 B국의 반대의 과정을 겪는다고 할 때에, 무역의 결과 임금은 저임금국가인 A국에서는 상승하고 고임금국가인 B국에서는 하락한다.

마찬가지로 무역의 결과, A국의 이자율은 하락하고 B국의 이자율은 상승하여 결국 폐쇄경제하에서 존재했던 양국 간 이자율 격차는 감소한다. 국가 간에 임금과 이자율의 차이가 존재하는 한, 무역은 계속 확대되지만 무역의 확대로 인하여 임금과 이자율의 국가 간 차이는 감소한다. 국제무역이 지속적으로 확대되면 결국 국가 간 임금과 이자율은 완전히 균등화된다.

응용 문제

A국은 노동이 상대적으로 풍부하고 B국은 자본이 상대적으로 풍부한 국가이다. 재화는 X재와 Y재 두 가지만 있다고 가정하는데 X재 생산에는 노동 3단위와 자본 2단위가 필요하고 Y재 생산에는 노동 5단위와 자본 4단위가 필요하다고 한다. 이와 관련된 분석으로 틀린 것을 고르면?

① 헥셔-오린 모형에 따르면 A국은 X재를 수출하고 B국은 Y재를 수출한다.
② X재는 노동집약적 재화이고 Y재는 자본집약적 재화이다.
③ 교역이 이루어지면 A국의 임금이 하락하고 B국의 이자율이 하락한다.
④ 교역을 통해 양국의 후생수준을 모두 높일 수 있다.
⑤ 자유무역의 결과 양국 생산요소 가격이 같아진다.

정답: ③

해설: 재화 생산에 투입되는 생산요소의 비율(K/L)을 구하면 X재는 2/3, Y재는 4/5로 Y재가 더 크기 때문에 X재는 노동집약적 재화이고 Y재는 자본집약적 재화라는 것을 알 수 있다. 헥셔-오린정리에 의하면 노동이 상대적으로 풍부한 나라는 노동집약적 재화를 수출하고 자본이 풍부한 나라는 자본집약적 재화를 수출하므로 A국은 X재를 수출하고 B국은 Y재를 수출할 것임을 예상할 수 있다. 교역이 일어나기 전에는 부존량의 차이 때문에 A국은 임금이 상대적으로 낮고 B국은 이자율이 상대적으로 낮을 것을 예상할 수 있다. 교역이 이루어지면 A국의 임금과 B국의 이자율은 상승한다. 무역을 통해 B국이 A국의 노동을 수요하고 A국이 B국의 자본을 수요하기 때문이다. 각국은 생산특화와 교역을 통해 후생수준을 더 높일 수 있으며 요소가격균등화정리에 의해 자유무역 후에는 양국 간 상대적, 절대적 생산요소 가격이 같아진다.

스톨퍼-사무엘슨정리

MK Test Plus+
실질소득
화폐단위가 아닌 재화와 같
은 실물을 단위로 하여 나
타낸 소득을 말한다.

자유무역의 결과 생산요소의 가격이 국가 간에 상대적으로 뿐만 아니라 절대적으로도 균등화된다. 이에 따라 (노동이 저렴하고 자본의 가격이 비싼) A국에서는 노동의 실질소득이 증가하고 자본소유자의 실질소득은 감소하는 반면, (노동이 비싸고 자본이 저렴한) B국에서는 노동의 실질소득이 감소하고 자본소유자의 실질소득은 증가한다. 이것이 바로 스톨퍼-사무엘슨정리이다. 스톨퍼-사무엘슨의 정리를 보다 일반적으로 설명하면, 자유무역의 결과 한 국가에서 희소한 생산요소의 실질소득은 감소하는 반면 풍부한 생산요소의 실질소득은 증가한다는 것이다.

레온티에프의 역설

레온티에프(Leontief)는 1951년에 1947년도의 미국 자료를 이용하여 처음으로 헥셔-오린 모형을 검증하였다. 미국은 세계에서 가장 자본이 풍부한 국가였으므로 레온티에프는 미국은 자본집약적 상품을 수출하고 노동집약적 상품을 수입할 것으로 예상하였다. 그러나 예상과는 달리 미국의 수입상품에서의 자본집약도가 수출상품에서의 자본집약도보다 약 30% 정도 더 높게 나타났다. 이 결과는 헥셔-오린 모형의 예측과는 정반대였는데, 이를 레온티에프의 역설(Leontief paradox)이라고 한다.

1. 국제무역의 기초이론

∨ 절대우위에 의해 무역이 이루어지는 과정에 대한 이해 ················· □

∨ 비교우위에 의해 무역이 이루어지는 과정에 대한 이해 ················ □

∨ 각국에게 모두 이익을 주는 교역조건 ······························· □

2. 국제무역의 표준이론

∨ 기회비용의 증가가 생산가능곡선의 형태에 미치는 영향 ·············· □

∨ 기회비용이 증가하는 원인 ··· □

∨ 각국의 생산가능곡선 모양이 다른 이윤 ···························· □

∨ 사회무차별곡선의 특징 ··· □

∨ 무역이 일어나는 과정 ·· □

∨ 교역조건의 변화가 각국에게 미치는 영향 ·························· □

∨ 헥셔-오린정리에 의해 요소가격이 균등화되는 과정 ················ □

∨ 레온티에프의 역설에 대한 내용 ··································· □

MK Key word

1. 국제무역의 기초이론
   · 절대우위, 비교우위, 특화, 교역조건, 기회비용, 생산가능곡선, 한계변환율

2. 국제무역의 표준이론
   · 사회무차별곡선, 한계대체율, 사회후생의 극대화, 균형상대가격, 헥셔-오린
   정리, 요소가격균등화정리, 스톨퍼-사무엘슨정리, 레온티에프의 역설

01 한 국가가 다른 국가에 비해 어떤 상품을 더 효율적으로 생산할 수 있다면 그 국가는 그 상품에 ○○○○를 가지고 있다고 한다.

정답: 절대우위

02 한 국가가 다른 국가에 대해 모든 상품 생산에 있어 절대열위에 있다고 하더라도 ○○○○에 있는 상품의 생산에 특화함으로써 두 국가 모두에게 이익을 가져다주는 무역이 발생할 수 있다.

정답: 비교우위

03 ○○○○○○이란 한 국가가 이용 가능한 최선의 기술로 모든 생산자원을 완전히 활용할 때 생산할 수 있는 두 상품의 여러 조합을 보여주는 곡선이다.

정답: 생산가능곡선

04 생산가능곡선의 기울기는 ○○○○○○이라고 부르며 x축 상품을 한 단위 추가로 생산할 때 포기해야 하는 y축 상품의 양을 나타낸다.

정답: 한계변환율

05 ○○○○○○○이란 한 국가나 사회에 동일한 만족을 제공하는 두 상품의 여러 가지 조합들을 보여준다. 원점에서 먼 곡선일수록 높은 만족을, 가까운 곡선일수록 낮은 만족을 나타낸다.

정답: 사회무차별곡선

06 한 나라의 ○○○○은 그 나라 수입상품가격에 대한 수출상품가격의 비율로 정의된다. 2국 세계에서 어느 한 나라의 수출은 교역상대국의 수입이므로 교역상대국의 ○○○○은 특정국 교역조건의 역수가 된다.

정답: 교역조건

07 ○○-○○○○는 한 국가는 그 국가에서 상대적으로 풍부하고 저렴한 생산요소를 집약적으로 사용하는 상품을 수출하며 국내에서 상대적으로 희소하고 값비싼 생산요소를 집약적으로 사용하는 상품을 수입한다는 내용을 담고 있다.

정답: 헥셔-오린정리

08 헥셔-오린이론의 ○○○○○○○○는 무역의 결과 동질적 생산요소에 대한 보수는 국가 간에 균등화된다는 것이다. 이 정리는 무역의 결과, 동질적 노동에 대한 임금이 모든 교역국에서 동일해진다는 것을 의미한다. 마찬가지로 무역의 결과, 동질적 자본에 대한 보수가 모든 교역국에서 동일해진다.

정답: 요소가격균등화정리

09 ○○○-○○○○○○는 자유무역의 결과 생산요소 가격이 국가 간에 상대적, 절대적 균등화되어 한 국가에서 희소한 생산요소의 실질소득은 감소하고 풍부한 생산요소의 실질소득은 증가한다는 것을 말한다.

정답: 스톨퍼-사무엘슨정리

10 레온티에프는 미국 자료를 이용하여 헥셔-오린 모형을 검증하였는데, 자본이 풍부한 미국이 오히려 노동집약적 상품을 수입하고 자본집약적 상품을 수출한다는 결과가 나왔다. 이는 헥셔-오린 모형의 예측과 상반된 결과인데, 이를 ○○○○○○ ○○이라고 한다.

정답: 레온티에프의 역설

Lesson **02**   국제무역정책

01 관세정책

앞 장의 국제무역이론에서 살펴봤듯이 자유무역을 하게 되면 세계 생산량이 극대화되고, 모든 국가들이 이익을 얻게 된다. 그러나 현실의 국가들은 무역을 제한하는 조치들을 시행하고 있는 것이 사실이다. 이번 장에서는 먼저 관세를 부과하는 경우에 대해서 살펴보고, 그 다음으로 비관세정책에 대해서 살펴보도록 한다.

무역정책으로서의 관세

MK Test Plus+
관세
거래되는 상품이 국경을 통과할 때 부과되는 세금이나 징수금을 말한다.

한 국가가 국제무역에 대해 취하는 제한이나 규제조치들은 그 국가의 무역이나 통상을 다루기 때문에 일반적으로 무역정책 또는 통상정책으로 불린다. 관세(tariff)는 역사적으로 볼 때 가장 중요한 무역제한 조치이다. 이러한 관세가 부과되는 경우의 경제적 효과에 대해 검토해보도록 한다.

관세의 경제적 효과

✚ 소국의 국내가격 변화

소국이란 수입상품의 세계시장가격에 영향을 미치지 않는 국가를 말한다. 즉 소국은 주어진 세계시장가격에서 원하는 대로 얼마든지 수입할 수 있다. 또한 소국이 수입품에 관세를 부과하여 수입량이 감소하더라도 국제가격은 변하지 않으므로 소국의 국내가격은 단위당 관세액 만큼만 상승한다.

✚ 대국의 국내가격 변화

대국이 관세를 부과하여 대국의 수입량이 감소하게 되면 국제시장에 초과공급이 발생하므로 국제가격이 하락한다. 따라서 관세부과 이후의 대국의 국내가격은 새로운 국제가격에 단위당 관세액을 합한 것만큼 상승한다. 이러한 과정은 아래의 〈그림 2-1〉을 통해 쉽게 이해할 수 있다.

그림 2-1 (a)   그림 2-1 (b)

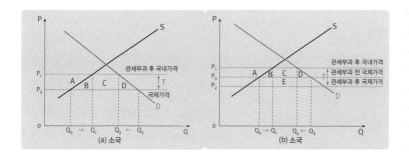

✚ 관세부과의 경제적 효과

〈그림 2-1〉에서 확인할 수 있는 관세부과의 경제적 효과는 다음의 〈표 2-1〉과 같이 정리할 수 있다.

표 2-1

	소국	대국
국내생산 증가	$Q_0 \rightarrow Q_1$	$Q_0 \rightarrow Q_1$
국내소비 감소	$Q_3 \rightarrow Q_2$	$Q_3 \rightarrow Q_2$
수입량 감소	$(Q_3 - Q_0) \rightarrow (Q_2 - Q_1)$	$(Q_3 - Q_0) \rightarrow (Q_2 - Q_1)$

관세가 부과되었을 때, 수요가 탄력적일수록 소비감소효과가 크게 나타나고 공급이 탄력적일수록 생산증가효과가 크게 나타난다. 관세가 생산, 소비, 수입량에 미치는 효과는 소국과 대국이 동일하다.

✚ 관세의 부과가 각 경제주체에 미치는 영향

관세가 부과되었을 때, 관세가 각 경제주체들의 후생에 미치는 효과는 각기 다르다. 관세가 각 경제주체들의 후생에 미치는 효과는 다음 〈표 2-2〉과 같이 정리할 수 있다.

표 2-2

	소국	대국
소비자잉여	-(A+B+C+D)	-(A+B+C+D)
생산자잉여	A	A
재정수입(관세수입)	C	C+E
총잉여	-(B+D)	E-(B+D)

즉 관세를 부과하면 국내의 소비자 잉여는 감소하고 생산자 잉여는 증가한다.

MK Test Plus+
생산자잉여
어떤 재화의 특정 수량에 대해 시장가격에서 기업의 평균비용을 차감한 것을 말한다.

✚ 교역조건효과

소국의 경우에는 관세를 부과했을 때 반드시 (B+D)만큼의 사회후생에 손실이 발생하나, 대국의 경우에는 E의 면적이 (B+D)의 면적보다 넓으면 관세를 부과하더라도 사회후생이 증가할 수 있다. 그 이유는 관세의 교역조건효과 때문이다. 대국이 수입상품에 관세를 부과하면 대국의 수입 감소로 인해 세계시장에 초과공급이 발생해 상품의 가격이 하락하게 된다. 이것은 대국의 수입상품가격이 하락함을 의미하고, 또한 대국의 교역조건이 개선됨을 뜻한다. 무역량의 감소 자체는 후생을 감소시키는 반면 교역조건의 개선 자체는 후생을 증가시킨다.

MK Test Plus+
교역조건효과
교역조건효과의 크기는 그 나라의 수입수요의 가격탄력성과 외국의 수출공급의 가격탄력성에 의존한다. 소국의 경우 교역조건효과의 크기는 0이다.

최적관세와 보복

✚ 최적관세

최적관세(optimal tariff)란 무역량의 감소에 따른 음(-)의 효과에 대해 교역조건의 개선에 따른 순이익이 극대화 되도록 하는 관세율이다. 한 국가가 자유무역에서 출발하여 관세율을 점차 높여가면 그 국가의 후생이 증가하여 일정 관세율에서 최대점에 도달하고(그 때의 관세율이 최적관세), 최적관세율을 지나면 관세율이 증가할수록 후생이 감소하게 된다.

✚ 보복의 과정

2국으로 구성된 세계에서 관세를 부과하는 국가의 교역조건이 개선됨에 따라 교역 상대국의 교역조건은 악화된다. 왜냐하면 상대국의 교역조건은 관세부과국의 교역조건의 역수 값을 갖기 때문이다. 교역 상대국의 경우 무역량도 감소하고 교역조건도 악화되기 때문에 후생수준은 명백히 감소한다.

따라서 교역 상대국은 자국 입장에서의 최적관세를 부과하는 보복을 하게 될 것이다. 이렇게 하면 교역조건의 악화로 인한 손실을 회복할 수 있으나 무역량은 더욱 감소될 것이며 최초에 관세를 부과한 국가는 그것에 대해 다시 보복하고자 할 것이다.

✚ 보복의 결과

보복의 과정이 계속되는 경우 모든 국가는 무역으로부터 얻게 되는 이익의 전부를 잃게 된다. 한 국가가 최적관세를 부과할 때 상대국이 최적관세를 부과하지 않는 경우라도 관세 부과국의 이익은 교역 상대국의 손실보다 작다. 따라서 세계 전체적으로는 자유무역에 비해 후생이 감소하게 된다. 자유무역이 세계후생을 극대화한다는 것은 이런 점 때문이다.

실효보호율

✚ 관세가 보호정도의 기준으로 적절하지 않은 이유

관세는 수입재의 국내가격을 인상하여 국내 생산자를 보호하는 데
그 목적이 있다. 국내 생산자에 대한 보호 정도는 관세율의 크기로 계
산된다. 그러나 관세율의 크기로만 보호의 정도를 평가하는 것은 타당
하지 않다. 그 이유로는 다음의 두 가지를 들 수 있다.

① 대국에서 관세를 부과하면 수입재의 국제시장가격이 떨어지기 때
문에 국내가격의 상승률이 관세율보다 낮아진다.

② 어떤 산업의 실질적인 보호정도는 그 산업의 부가가치가 얼마나
증가하는지에 달려있다. 중간재의 관세율과 최종재의 관세율이 서로
같지 않으면 부가가치 증가율은 최종재의 관세율과 같지 않다.

MK Test Plus+
중간재
최종재인 소비재를 생산하
는 과정에서 필요한 재화를
말하며 자본재라고도 한다.

MK Test Plus+
최종재
인간의 욕망을 충족하기 위
해 직접적으로 소비되는 재
화를 말한다.

✚ 실효보호율

부가가치의 보호정도를 실효보호율(effective rate of protection)이라고
한다. 실효보호율은 부가가치를 이용해 계산하므로 최종재와 중간재
의 관세율이 함께 고려된다. 실효보호율을 계산하는 공식은 다음과
같이 제시된다.

(2.1)

$$q = \frac{V' - V}{V}$$

여기서 V 는 관세부과전의 부가가치이고, V' 는 관세부과후의 부가
가치이다.

✚ 실효보호율 개념의 필요성

최종재에 대한 관세부과는 국내 산업을 보호하는 효과를 갖지만, 중간재에 대한 관세부과는 국내 산업의 경쟁력을 떨어뜨리는 역할을 한다. 따라서 최종재와 중간재에 대해 모두 관세가 부과되고 있을 때 국내 산업에 미치는 영향을 정확히 알기 위해서는 실효보호율의 개념이 필요하다. 실효보호율은 무역협상, 특히 선진국과 개발도상국 간의 협상에 매우 중요한 역할을 한다.

비관세정책 02

역사적으로 볼 때 관세가 가장 중요한 무역제한조치이긴 하지만, 그 외에 수입쿼터, 수출자율규제, 반덤핑조치 등 다른 유형의 무역장벽들도 있다. 관세는 GATT와 WTO 같은 협정을 통해서 상당한 정도로 인하되었기 때문에 현재는 비관세 무역장벽이 크게 중요해졌다. 가장 대표적인 무역장벽은 다음과 같다.

MK Test Plus+
GATT
관세를 비롯한 무역장벽을 제거하여 자유무역을 증진시키기 위해 1947년 제네바에서 23개국이 조인한 국제무역협정.

표 2-3

종류	내용
수량할당(quota)	일정량 이상의 특정상품에 대한 수입을 금지시키는 제도. 비관세장벽 중에서 가장 많이 이용되는 제도.
수출자유규제(VER)	수입국이 수출국에게 압력을 가해 수출국이 자율적으로 수출물량을 일정수준으로 줄이도록 하는 정책.
수입과징금	수입억제를 위하여 수입상품의 일부 내지는 전부를 대상으로 일종의 조세를 부과하는 것.
수출보조금	수출재 생산에 대하여 보조금을 지급하는 것.
수입허가제	수입품목에 대하여 정부의 허가를 받도록 하는 제도.

MK Test Plus+
WTO
세계무역기구. GATT에 주어지지 않았던 법적 권한과 구속력을 통해 국제무역관련 분쟁을 해결하는 기구이다.

수량할당(quota)

쿼터는 상품의 수입 또는 수출 수량에 대한 직접적인 규제이다. 이에 대한 경제적인 효과는 〈그림 2-2〉를 통해 알아보도록 한다.

그림 2-2

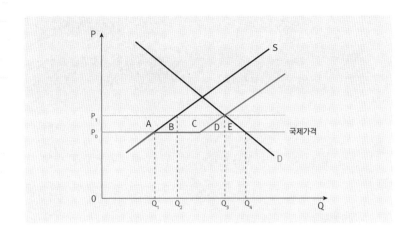

➕ 수량할당의 효과

관세 부과 전의 가격이 P_0 이고 단위당 T원의 관세를 부과하면 국내가격이 P_1으로 상승하고 수입량이 $(Q_3 - Q_2)$로 감소한다. 하지만 관세를 부과하는 대신 수입량을 $(Q_3 - Q_2)$로 제한하면 공급곡선이 그만큼 우측으로 이동한다. 단, 국내가격이 P_0 이하이면 수입이 이루어지지 않으므로 가격이 P_0 이상인 부분에서만 공급곡선이 우측으로 이동한다. 따라서 수량할당의 경우에도 관세 부과시와 마찬가지로 국내가격은 P_1으로 상승하므로 국내생산량은 Q_2로 증가하고, 국내소비량은 Q_3으로 감소한다.

➕ 관세부과와의 차이

관세를 부과할 때와의 차이점은 관세부과시의 재정수입(정부수입)에 해당하는 부분이 수입업자의 초과이윤으로 귀속된다는 점이다.

수량할당이 사회후생에 미치는 영향을 관세 부과시와 비교하면 다음의 〈표 2-4〉로 정리된다.

표 2-4

	관세부과 시	수량할당 시
소비자잉여	$-(A+B+C+D+E)$	$-(A+B+C+D+E)$
생산자잉여	A	A
재정수입	$C+D$	
수입업자		$C+D$
이윤총잉여	$-(B+E)$	$-(B+E)$

MK Test Memo

수량할당과 지대추구행위

관세와 비교하여 수량할당의 중요한 차이점은 수량할당의 경우 수입허가권을 배분해야 한다는 것이다. 정부가 경쟁시장에서 수입허가권을 경매방식으로 팔지 않는다면 그것을 획득한 수입업자는 독점이윤을 획득하게 된다. 그것은 수입업자가 낮은 국제가격으로 수입하여 국내에서 비싸게 판매하기 때문이다. 따라서 수입허가권이 독점이윤을 가져오기 때문에 잠재적 수입업자는 로비하는 데에 상당한 노력을 쏟아 붓거나 정부 관리들을 매수하여 수입권을 따내려고 하는 등의 지대추구행위(rent-seeking behavior)를 할 수 있다.

기타 비관세장벽

✚ 수출자유규제

    수출자유규제(VER)는 수입하는 국가에서 수출국의 수출에 의해 국내 산업 전반이 위협받는다고 판단할 때 수출국으로 하여금 자율적으로 수출을 규제하도록 하고, 만약 그렇게 하지 않으면 더욱 높은 수준의 수입규제조치가 취해질 수 있다고 위협하는 것이다.

    수출자율규제가 성공적인 경우 그 경제적 효과는 수입 쿼터의 경우와 동일하지만 그것이 수출국가에 의해 시행되므로 수입효과나 지대가 외국의 수출업자에게 돌아간다는 점에 차이가 있다. 수출자율규제는 수출 국가들이 마지못해 수출을 억제하므로 수입 쿼터에 비해 수입을 규제하는 면에서는 덜 효과적이다. 해외수출업자들은 자신들이 할당받은 쿼터를 고품질 및 고가격의 상품으로 채우고자 할 것이다.

✚ 기술적, 행정적 및 기타규제

    국제무역은 또한 기술적, 행정적 및 기타 규제들에 의해 방해를 받는다. 이런 방해들은 자동차 및 전자 장비에 대한 안전규정, 위생적인 생산 및 수입식품의 포장에 관한 건강규정, 원산지와 함량을 보여주는 상표요구조건 등으로 나타난다. 이러한 많은 규제들은 법적인 목적을 가지고 있지만 어떤 것들은 수입규제를 위하여 위장된 것이다.

✚ 국제카르텔 (international cartel)

  국제카르텔은 각기 다른 국가에 소재한 상품의 공급자들이 산출량 및 수출을 제한해서 그 조직의 총이윤을 극대화시키거나 증가시킬 목적으로 조직된 기구이다. 이러한 카르텔은 국내법에 의해 불법이거나 법에 의해 제한받지만 국제카르텔은 그들이 임의의 국가의 법 아래에 있지 않기 때문에 쉽게 해체될 수 없다. 대표적인 예로 석유수출국기구(OPEC)를 들 수 있다.

MK Test Plus+
OPEC
석유수출국기구. 국제석유 자본에 대항하여 원유가격의 하락을 방지하기 위해 결성된 석유수출국들의 국제조직.

✚ 덤핑

  덤핑(dumping)은 한 제품을 생산비 이하로 또는 국내에서보다 해외에서 더 낮은 가격으로 판매하는 것이다. 덤핑은 지속적, 약탈적, 산발적 덤핑으로 분류된다.

  ① 지속적 덤핑
  지속적 덤핑 또는 국제 가격차별은, 해당 제품을 국제시장보다 국내시장에서 더 높은 가격으로 지속적으로 판매하는 것이다. 지속적 덤핑이 발생하는 이유는 국내생산자에게 보다 높은 이윤이 확보되기 때문이다.

  ② 약탈적 덤핑
  약탈적 덤핑은 한 상품을 생산비 이하로 또는 해외의 생산자를 업계로부터 축출하기 위해서 국내가격보다 해외가격을 낮게 책정하여 일시적으로 판매하는 것이다. 그 후에는 이윤을 극대화하기 위해 해외

가격을 상승시킨다.

③ 산발적 덤핑

산발적 덤핑은 간헐적으로 일어나는 덤핑행위이다. 이것은 국내가격을 하락시키지 않고 그 제품의 예기치 않은 일시적인 초과공급을 해소하기 위한 것이다.

약탈적 덤핑을 상쇄하기 위한 무역규제조치는 부당한 해외경쟁으로부터 국내 산업을 보호하기 위해 정당화된다. 이러한 규제는 보통 가격 차이를 상쇄하는 반덤핑관세의 형태를 띠게 된다. 그러나 덤핑의 유형을 정의하는 것이 쉽지 않기 때문에 국내생산자들은 어떠한 덤핑에 대해서도 보호를 요구하게 된다. 그렇게 함으로써 그들은 수입을 억제하고 그들 자신의 생산 및 이윤을 증가시킨다.

✚ 수출보조금

수출보조금은 정부가 자국의 수출업자나 잠재적 수출업자에게 직접적으로 보조금을 지급(조세경감 및 융자보조)하거나 또는 해외구매자에게 저금리 융자를 제공하는 것으로, 그 자체로서 수출은 덤핑의 형태로 간주될 수 있다. 수출보조금이 국제협정에 의해서 불법이기는 하지만 많은 국가들은 위장된 형태로든 위장되지 않은 형태로든 보조금을 제공하고 있다.

1. 관세정책

∨ 관세가 소국과 대국에 미치는 경제적 효과 ····································· □

∨ 관세가 각 경제주체들에게 미치는 경제적 효과 ························· □

∨ 무역보복의 최종적 결과 ··· □

∨ 실효보호율 개념의 필요성 ·· □

2. 비관세정책

∨ 여러 가지 비관세 무역장벽 ··· □

∨ 수입쿼터의 경제적 효과 ·· □

MK Key word

1. 관세정책
   • 관세, 소비자잉여, 생산자잉여, 교역조건효과, 최적관세, 실효보호율

2. 비관세정책
   • 수량할당(쿼터), 수출자율규제, 수입과징금, 수출보조금, 수입허가제, 지대
   추구행위, 국제카르텔, 덤핑, 수출보조금

01 ○○란 거래되는 상품이 국경을 통과할 때 부과되는 세금이나 징수금을 말하고, 역사적으로 볼 때 가장 중요한 무역제한조치이다.

정답: 관세

02 관세를 부과하면 무역량이 감소하는 불리한 효과와 교역조건의 개선에 의해 유리한 효과가 동시에 발생하는데 무역량 감소와 교역조건 개선을 모두 고려하여 순이익을 극대화시키는 관세율을 ○○○○라 한다.

정답: 최적관세

03 부가가치의 보호정도를 ○○○○○이라고 하며 이것은 부가가치를 이용해 계산하므로 최종재와 중간재의 관세율이 함께 고려된다.

정답: 실효보호율

04 비관세장벽 중 가장 많이 이용되는 제도로 일정량 이상의 특정 상품에 대한 수입을 금지시키는 제도를 ○○○○(○○○○○)이라고 한다.

정답: 수량할당, quota

05 ○○○○○○(○○○)는 수입하는 국가에서 수출국의 수출에 의해 국내 산업 전반이 위협받는다고 판단할 때 수출국으로 하여금 자율적으로 수출을 규제하도록 하고, 만약 그렇게 하지 않으면 더욱 높은 수준의 수입규제조치가 취해질 수 있다고 위협하는 것이다.

정답: 수출자율규제, VER

06 ○○은 한 제품을 생산비 이하로 또는 국내에서보다 해외에서 더 낮은 가격으로 판매하는 것을 말한다.

정답: 덤핑

07 수입허가권이 독점이윤을 가져오기 때문에 잠재적 수입업자에게는 로비하는 데에 상당한 노력을 쏟아 붓거나 정부 관리들을 매수하여 수입권을 따내려고 하는 등의 ○○○○○○를 할 유인이 생기게 된다.

정답: 지대추구행위

08 ○○○○○은 각기 다른 국가에 소재한 상품의 공급자들이 산출량 및 수출을 제한해서 그 조직의 총이윤을 극대화시키거나 증가시킬 목적으로 조직된 기구이다.

정답: 국제카르텔

Lesson **03** 국제수지론

01 국제수지의 개념과 내용

국제수지의 개념

MK Test Plus+
국제수지
일정 기간 동안에 한 국가
의 거주자와 다른 국가들의
거주자들 사이에 발생한 모
든 경제적 거래를 말한다.

국제수지표는 "일정 기간 동안에 일국의 거주자와 여타국의 거주자들 사이에 발생한 모든 경제적 거래를 체계적으로 분류한 표"이다. 국제수지(balance of payments)는 어느 한 경제의 대외거래 수지를 알려준다. 국제수지의 정의와 관련된 세부 내용을 좀 더 알아보면 다음과 같다.

① '일정 기간 동안에'라는 말은 국제수지가 저량(stock)변수가 아니고 유량(flow)변수임을 의미한다. 저량변수는 일정 시점에서의 양을 나타내는 것으로 외채, 통화량 등이 여기에 속하고, 유량변수는 일정 기간의 양을 합계한 것으로 국민소득, 수요량, 공급량 등이 그 예이다. 국제수지표는 한국은행에서 작성하는데 1개월 단위, 분기 단위, 그리고 1년 단위를 기간으로 작성된다.

② 국제수지표는 '일국의 거주자와 여타국의 거주자' 사이의 거래를 대상으로 한다. 따라서 국제수지표의 작성기준은 국적에 따른 국민이 아니라 지역을 경계로 한 국경이다. 국적과는 관계없이 국경을 통과하는 거래는 모두 국제수지표에 기록된다.

③ 국제수지표는 '모든 경제적 거래'를 기록한다. 이는 국경을 통과하는 실물거래와 금융거래 등 모든 경제적 거래를 기록함을 말한다.

④ 마지막으로 '체계적으로 분류'한다는 것은 모든 거래를 거래의 성격에 따라 재화거래, 서비스거래, 이전거래, 자본거래, 금융거래 등으로 분류하고, 이를 복식부기의 원리를 따라 작성함을 말한다.

MK Test Plus+
복식부기
모든 거래를 대변과 차변에 동시에 이중으로 기록하는 부기형식을 말한다. 이는 거래의 이중성 또는 대칭성을 전제로 한다.

국제수지표의 내용

✚ 경상계정

경상계정(current account)에는 상품과 서비스를 외국에 팔고 사는 거래, 외국에 투자하여 벌어들인 배당과 이자, 근로자가 외국에서 벌어들인 소득 등이 기록된다. 경상수지는 상품수지, 서비스수지, 소득수지, 경상이전수지로 구분된다.

① 상품수지
상품의 수출과 수입의 차이를 나타낸다. 상품수지를 과거에는 무역수지라고 했으며 국제수지에 있어서 가장 기본적이며 중요한 항목이다.

② 서비스수지
서비스거래에 의한 수입과 지출의 차이를 말한다.

③ 소득수지
우리나라가 외국에서 벌어들인 소득과 외국인이 우리나라에서 벌어간 소득의 차이를 말한다.

④ 경상이전수지

수혜자에게 아무런 대가없이 제공되는 송금, 구호를 위한 식량, 의약품 등의 무상원조, 국제기구 출연금 등의 수입과 지출의 차이를 말한다.

✛ 자본계정

자본계정(capital account)에는 민간기업, 금융기관, 정부 등이 외국으로부터 돈을 빌리거나, 반대로 돈을 빌려줌으로써 발생하는 외화의 유출과 유입이 기록된다. 자본수지는 투자수지, 기타자본수지로 구분된다.

① 투자수지

투자수지는 민간기업, 금융기관, 정부의 대외금융자산 거래를 포함하며, 직접투자, 증권투자, 기타투자의 세 부분으로 나뉜다.

② 기타자본수지

기타자본수지는 자본이전과 특허권 등 기타자산 거래로 구분된다.

✛ 준비자산 증감

MK Test Plus+
외환보유액
일정 시점에서 한 국가가 보유하고 있는 외화로 표시된 모든 채권들의 총액을 말한다.

MK Test Plus+
준비자산
국제 간 결제를 위한 준비로서 각국이 보유하고 있는 자산을 말한다.

매일 일어나는 대외거래는 모두 경상계정과 자본계정에 반영되며, 나아가서는 외국환보유액의 변동을 가져온다. 이러한 외환보유액의 변동은 준비자산 증감이라는 항목에 표시된다. 준비자산은 통화당국이 국제수지 불균형을 직접 보전하거나 또는 외환시장 개입을 통해 국제수지 불균형을 간접적으로 조정하기 위해 사용된다. 준비자산에는 화폐용 금, SDR, 외화자산(현금, 예금 및 증권) 등이 포함된다.

'준비자산증감' 항목의 변화는 한국은행의 외환보유액 변화로 나타난다. 시중은행이 보유하고 있는 외환은 준비자산에 기록되지 않고 자본계정에 기록된다. 따라서 시중은행이 보유하고 있는 외환은 외환보유고나 중앙은행의 통화공급량에 영향을 미치지 않는다.

MK Test Plus+
SDR(Special Drawing Rights)
국제통화기금(IMF)의 특별 인출권. 일종의 국제준비통화로 가맹국들이 국제수지가 악화되었을 때 IMF로부터 무담보로 외화를 인출할 수 있는 권리를 말한다.

국제수지표의 작성방법

국제수지표는 복식부기의 원리에 의해 작성되는데, 왼쪽이 차변(debit)이고 오른쪽이 대변(credit)이다. 차변에는 자산의 증가, 부채의 감소, 자본의 감소, 비용의 발생 등을 기록하고, 대변에는 자산의 감소, 부채의 증가, 자본의 증가, 수익의 발생 등을 기록한다. 복식부기에서는 어떤 거래든지 차변에 한 번, 그리고 같은 금액을 대변에 한 번, 총 두 번을 기록한다.

표 3-1

	차변 (지급)	대변 (수입)
경상계정	재화의 수입	재화의 수출
	용역의 수입	용역의 수출
	투자소득 지급	투자소득 수취
	해외에 대한 경상이전지출	해외로부터의 경상이전수입
자본계정	직접투자자금 유출	직접투자자금 유입
	증권투자자금 유출	증권투자자금 유입
준비자산 증감	통화당국의 준비자산 증가	통화당국의 준비자산 감소

그림 3-1 국제수지표의 구성체계

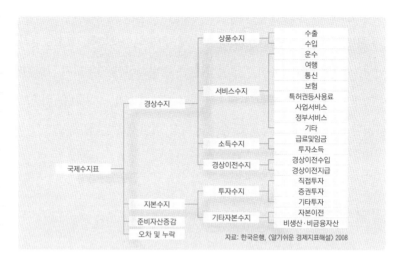

자료: 한국은행, 〈알기쉬운 경제지표해설〉 2008

응용 문제 국제수지에 관한 설명으로 틀린 것을 고르면?

① 국제수지는 경상수지, 자본수지, 준비자산증감액, 오차 및 누락으로 나뉜다.

② 경상수지는 상품수지, 서비스수지, 소득수지, 이전수지로 나뉜다.

③ 자본수지는 투자자본수지, 기타자본수지가 있다.

④ 국제수지는 유량이다.

⑤ 이민을 계획한 한국인이 호주에 주택을 구입했다면 경상수지로 집계된다.

정답 ⑤

해설: 국제수지는 일정 기간 동안의 변화를 측정하는 것이므로 유량이다. 또 주택 구입은 투자의 일종이기 때문에 자본수지에 포함된다.

국제수지의 균형 02

국제수지 균형의 의미

국제수지표는 복식부기의 원리에 따라 작성되므로 대변과 차변의 합계는 항상 일치하므로 전체 거래를 기준으로 국제수지 균형을 판단하는 것은 의미가 없다. 그러나 국제수지표상의 몇몇 계정만을 보면 대변과 차변이 일치할 수도 있고 그렇지 않은 경우도 있는데, 대변과 차변의 합계가 일치하는 경우를 국제수지 균형, 일치하지 않는 경우를 불균형이라고 한다.

자율적 거래와 보정적 거래

국제수지표상에 나타나는 모든 거래는 그 성격에 따라 자율적 거래와 보정적 거래로 나눌 수 있다.

✚ 자율적 거래

자율적 거래(autonomous transaction)는 국가 간의 가격, 소득, 그리고 이자율 등 경제적 요인에 의해 발생하는 거래이며 대체로 국제수지표상의 상단에 위치하는 경향이 강하다.

✚ 보정적 거래

보정적 거래(accommodating transaction)는 자율적 거래를 뒷받침하기 위한 보조적 거래이며 보정적인 거래일수록 국제수지표상의 하단에 위치하는 경향이 강하다.

국제수지의 균형 여부는 국제수지표에서 자율적 거래와 관련된 항목을 선택하고, 자율적 거래에서 나타나는 수입과 지급을 기준으로 판단한다. 자율적 거래의 대변과 차변이 일치할 때를 국제수지 균형, 일치하지 않는 경우를 불균형이라고 본다.

각종 국제수지

✚ 무역수지

무역수지(trade balance)는 재화의 수출입에 초점을 맞춘 국제수지 개념이다. 국제수지표의 '상품수지'를 일반적으로는 무역수지라고 부른다. 수출과 수입 중에서 수출이 더 많으면 무역수지는 흑자이고, 수입이 더 많으면 무역수지는 적자이다. 모든 국가는 상품 교역의 불균형을 나타내는 무역수지에 가장 관심이 많다.

✚ 경상수지

경상수지(current account balance)는 무역수지와 함께 가장 일반적으로 사용되는 국제수지 개념이며, 여기에는 무역수지(상품수지), 서비스수지, 소득수지, 경상이전수지가 포함된다. 경상수지는 재화거래에 추가하여 여행경비, 운임, 보험료, 해외노동자의 소득 등도 자율적 거래로 생각하고, 자본거래만을 보정적 거래로 간주한다.

✚ 자본수지

국제수지표상에서 경상수지 아래 항목들은 자본수지(capital account balance)로 국가 간 자본이동을 나타낸다. 자본수지에는 장기자본이동의 성격을 갖는 직접투자와 단기자본이동의 성격인 증권투자 및 기타투자가 포함된다. 장기자본이동은 비교적 자율적 거래의 성격이 강한데에 비해, 단기자본이동은 경상수지 불일치를 조정하는 보정적 거래의 성격이 강하다. 그러나 장기자본이동이 반드시 자율적인 것은 아니고, 단기자본이동이 반드시 보정적인 것도 아니다.

✚ 종합수지

경상수지에 자본수지를 합한 것을 종합수지(overall balance)라고 한다. 경상거래와 자본거래는 모두 외환의 수요와 공급을 수반한다는 점에서 이 두 거래를 합한 종합수지는 국가 전체의 외환에 대한 수요와 공급의 차이를 나타낸다. 따라서 종합수지의 차액은 중앙은행의 외환보유고를 변화시켜 준비자산 증감으로 나타낸다. 종합수지가 적자면 준비자산이 감소하고, 종합수지가 흑자면 반대로 준비자산이 증가한다.

복식부기의 원칙에 의해서 경상수지, 자본수지, 준비자산 증감, 오차 및 누락의 합은 항상 영(0)이다. 따라서 준비자산 증감과 오차 및 누락 항목을 무시하면, 경상수지 흑자는 자본수지 적자로, 경상수지 적자는 자본수지 흑자로 나타난다.

국제수지와 거시경제 03

국제수지와 국민소득

✚ 국내총지출과 국제수지

지출측면에서 보면 국내총생산(GDP)은 소비지출(C), 투자지출(I), 정부지출(G), 그리고 수출(X)과 수입(M)의 차이인 순수출(X-M)의 합으로 구성된다. 이를 식으로 표기하면 다음과 같다.

$$Y = C + I + G + (X - M) \tag{3.1}$$

국내총지출(aggregate spending)은 우리 재화든 외국 재화든 우리나라 사람이 지출한 총액을 나타낸다. 국내총지출은 흡수 또는 압솝션(A: absorption)이라고 하고, 이는 'A = C + I + G'로 정의되므로 위의 식에 대입하여 정리하면 다음의 식이 도출된다.

$$Y = A + (X - M) \Leftrightarrow (Y - A) = (X - M) \tag{3.2}$$

✚ 흡수접근방법

식 (3.2)는 총생산량 Y와 총지출 A의 차이가 경상수지 (X-M)와 일치

> **MK Test Plus+**
> **GDP**
> 한 국가에서 일정 기간 동안에 생산된 재화나 서비스의 순가치를 모두 합한 것이다.

함을 나타낸다. 즉 식 (3.2)는 경상수지의 불균형이 경제의 총생산량과 총지출의 차이 때문임을 말해준다. 이는 국제수지의 불균형의 원인으로 흡수(총지출)의 역할을 강조하고 있다는 점에서 이를 흡수접근방법 (absorption approach)이라고 한다. 이러한 접근방법에 의하면 경상수지 개선을 위해서는 총지출 A를 줄여야 한다. 이는 다시 말해서 총지출을 억제하는 정책만이 경상수지 개선에 도움이 됨을 말해준다.

국제수지와 저축 및 투자

국민소득은 소비(C), 저축(S), 세금(T)으로 처분된다. 이를 식으로 나타내면 다음과 같다.

$$Y = C + S + T \tag{3.3}$$

식 (3.3)을 국민소득 항등식 (3.1)을 이용하여 정리하면 다음과 같다.

$$(S - I) + (T - G) = (X - M) \tag{3.4}$$

MK Test Plus+
쌍둥이 적자
레이건 정부시절에 미국에서 재정적자와 무역적자가 동시에 발생한 것을 말한다.

식 (3.4)는 저축이 투자보다 많고 재정수지가 흑자면, 경상수지가 흑자가 됨을 보여준다. 이러한 논리에서 1980년대 초에 미국의 재정적자 확대가 경상수지 적자를 초래했다는 쌍둥이 적자(twin deficits) 논쟁이 나왔다.

그러나 식 (3.4)에서 볼 수 있듯이 민간부문에서 저축과 투자가 같으면 재정적자가 경상수지의 적자로 연결되지만, 민간부문에서 저축과 투자가 일정하지 않으면 재정적자가 경상수지 적자와 직접적으로 연결되지는 않는다.

국제수지와 이자율

✚ 이자율의 변화가 국제수지에 미치는 영향

이자율의 변화는 국가 간 자본이동을 변화시켜 국제수지에 영향을 미친다. 이러한 사실은 국제수지 불균형을 금융자산에 대한 내국인과 외국인 간 자본거래의 차액으로 파악하고, 국제수지 조정방법으로 단기자본이동의 역할을 강조하게 한다.

자본의 유출은 국제수지 적자를 가져오고, 자본의 유입은 국제수지 흑자를 가져온다. 국내 이자율이 올라가면, 외국인의 국내채권에 대한 수요가 늘고 또 내국인의 외국채권에 대한 수요가 줄어서 자본유입이 증가하고 국제수지가 개선된다. 따라서 국제수지 적자를 개선하기 위해서는 국내 이자율의 인상이 필요하다.

✚ 포트폴리오 접근방법

개인 또는 금융기관의 자산선택행위에 기초하여 국제수지 불균형을 해석하는 것을 포트폴리오 접근방법(portfolio approach)이라고 한다. 흡수접근방법이나 탄력성 접근방법은 경상수지에 초점을 두는데 비해, 포트폴리오 접근방법은 자본수지에 더 큰 비중을 두고 있다. 또한 재화나 서비스의 이동과는 달리 자본의 이동은 단기간에 이루어진다는 점에서 이자율 변화에 의한 국제수지 조정은 비교적 짧은 시간 내에 이루어진다.

MK Test Plus+
자산선택행위
자산을 보유할 때에 이자율의 변동에 따라 자산의 종류를 선택하게 되는 행위를 말한다.

국제수지와 환율

환율의 변화는 수출과 수입을 변화시켜 국제수지에 영향을 미친다. 환율이 올라가면 수입재의 국내가격이 올라가서 수입이 감소하고, 수출재의 외화표시 가격이 하락하여 수출이 증가한다. 따라서 평가절하(환율인상)를 하면, 경상수지가 개선된다. 그런데 환율변화로 수출이 어느 정도 증가하고 수입이 얼마만큼 감소하느냐는 수출재와 수입재에 대한 가격탄력성에 따라 다르게 나타난다.

✚ 탄력성 접근방법

환율이 올라가서 수출재 가격이 내려가고 수입재 가격이 올라갔다고 하자. 이때 가격탄력성이 작은 경우에는 수출 증가와 수입 감소가 크지 않으므로 경상수지 개선효과가 작고, 반대로 가격탄력성이 큰 경우에는 수출이 많이 증가하고 수입이 많이 감소하므로 경상수지 개선효과가 커진다. 이와 같이 환율변화에 의한 경상수지 개선 정도가 수출재와 수입재의 가격탄력성에 의해 정해지는 것에 주목한 것을 탄력성 접근방법(elasticity approach)이라고 한다.

탄력성 비관론

　만일 양국의 수입과 수요의 탄력성이 너무 작다면 환율을 올리더라도 경상수지를 개선할 수 없게 되는데, 이를 탄력성 비관론 (elasticity pessimism)이라고 한다. 그리고 환율 상승의 결과로 수출이 증가하기 위해서는 실제로 수출재의 생산 증가가 이루어져야 하므로 경상수지가 개선되기까지는 비교적 중장기적인 시간이 소요된다. 그러므로 환율변화를 통해 단기적으로 국제수지 불균형을 조정하기는 쉽지 않다.

✚ 마샬-러너 조건

　① 무역수지

　소득이 일정하다고 가정하면, 수출과 수입은 다음과 같이 가격의 함수로 표시할 수 있다.

$$X = X(P/e) \tag{3.5}$$

$$M = M(eP^*) \tag{3.6}$$

여기서 P 는 수출재의 자국통화 표시 가격이고, P^* 는 수입재의 외화 표시 가격이며, e 는 환율이다. 자국 수출재에 대한 해외 소비자의 수요인 X 는 외화로 표시된 가격 P/e 의 함수이고, 수입재에 대한 국내 소비자의 수요인 M 은 국내 화폐로 표시된 수입재의 가격 eP^* 의 함수이다. 위에 표시된 수출과 수입은 물량 단위이므로 이를 외화표시 금액으로 바꾸면, 무역수지(Total Balance)는 다음과 같이 나타낼 수 있다.

$$TB = (P/e) \cdot X(P/e) - P^* \cdot M(eP^*) \tag{3.7}$$

② 환율과 무역수지

환율이 올라가면 수출재의 외화표시 가격이 하락하여 수출이 늘어나고, 수입재의 국내화폐표시 가격이 상승하여 수입이 줄어든다. 환율이 상승하면 수출은 증가하지만, 외화표시가격 (P/e)이 하락하므로 수출금액 (P/e)·X 은 감소할 수 있다. 따라서 환율의 상승이 반드시 무역수지의 개선을 보장한다고 볼 수 없다.

③ 마샬-러너 조건

환율이 상승하여 무역수지가 개선되기 위한 조건은 다음과 같은데, 이를 마샬-러너 조건(Marshall-Lerner condition)이라고 한다.

$$\eta + \eta^* > 1 \tag{3.8}$$

여기서 η 은 자국의 수입재에 대한 수요탄력성을 나타내고, η^* 는 자국 수출재에 대한 상대국의 수요탄력성을 나타낸다. 따라서 η 과 η^* 는 모두 양국의 수입재에 대한 수요탄력성이다.

마샬-러너 조건과 무역수지

　마샬-러너 조건은 양국의 수입재에 대한 수요탄력성의 합이 1보다 큰 경우에만 환율이 올라갈 때 무역수지가 개선됨을 보여준다. 다시 말해서 수출재와 수입재의 가격탄력성이 클수록 환율상승의 무역수지 개선효과는 커진다.

✚J-curve 효과

환율이 상승하면 일반적으로 수출의 증가, 수입의 감소를 초래하여 국제수지가 개선된다. 그러나 환율이 상승하면 경상수지가 즉시 개선되는 것이 아니라 단기적으로는 오히려 악화되었다가 시간이 흐름에 따라 점차 개선되어 가는데, 이와 같은 환율 상승에 따른 경상수지 변화가 〈그림 3-2〉와 같이 J자 모양이어서 이를 J-곡선 효과(J-curve effect)라고 한다. 많은 실증적 연구에 의하면 환율이 상승한 후 경상수지가 호전되기까지는 일반적으로 6개월 내지 1년 정도의 시간이 소요되는 것으로 알려져 있다.

그림 3-2

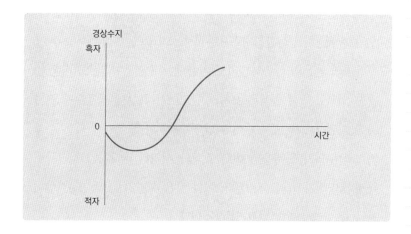

J-curve 효과가 발생하는 이유

- 원자재의 수입이 총수입에서 차지하는 비중이 높은 국가의 경우 원자재 가격이 환율상승으로 인하여 상대적으로 비싸지게 되더라도 수입량이 단기간에 급격하게 감소하지 않는다. 원자재에 대한 수요는 단기적으로는 주로 경제활동수준 자체에 크게 의존하기 때문이다.

- 환율이 상승하여 자국의 수출품의 가격이 낮아지더라도 외국의 수입수요에 대한 가격탄력성이 높지 않으면 단기간에 수출이 큰 폭으로 증가하지 않는다.

- 수출과 수입의 변화에 대처하기 위한 생산량의 변화에는 시간이 필요하다. 즉 수요가 늘더라도 이를 충족시키기 위한 생산량 증대에는 시간이 소요된다.

자국의 환율이 상승하더라도 처음에는 수입액이 감소하지 않는 반면 외화표시 수출액은 오히려 감소하기 때문에 국제수지 적자가 확대된다. 그러나 시간이 지남에 따라 환율 상승에 따른 수출가격과 수입가격 비율의 변화 효과가 서서히 나타나기 시작하여 국제수지 적자 폭이 축소된다. 이와 같은 시간지체(time lag)현상이 J-curve 효과로 나타나고 있는 것이다.

1. 국제수지의 개념과 내용

∨ 국제수지의 정의와 관련된 세부내용 ································· □

∨ 국제수지표의 각 계정에 대한 이해 ································· □

2. 국제수지의 균형

∨ 국제수지의 균형이 갖는 의미 ····································· □

∨ 자율적 거래와 보정적 거래의 차이 ································ □

∨ 무역수지, 경상수지, 자본수지, 종합수지에 대한 이해 ············· □

3. 국제수지와 거시경제

∨ 흡수접근방법에 대한 이해 ·· □

∨ 포트폴리오 접근방법에 대한 이해 ································· □

∨ 탄력성 접근방법에 대한 이해 ····································· □

∨ 마샬-러너 조건에 대한 이해 ······································ □

∨ J-curve 효과에 대한 이해 ·· □

MK Key word

1. 국제수지의 개념과 내용
   - 국제수지, 저량변수, 유량변수, 국제수지표, 복식부기, 경상계정, 상품수지, 서비스수지, 소득수지, 경상이전수지, 자본계정, 투자수지, 기타자본수지, 준비자산증감, 차변, 대변

2. 국제수지의 균형
   - 자율적 거래, 보정적 거래, 무역수지, 경상수지, 자본수지, 종합수지

3. 국제수지와 거시경제
   - 국내총지출, 압솝션, 흡수접근방법, 쌍둥이 적자, 포트폴리오 접근방법, 탄력성 접근방법, 탄력성 비관론, 마샬-러너 조건, J-curve 효과

01 ○○○○○는 일정 기간 동안에 일국의 거주자와 여타국의 거주자들 사이에 발생한 모든 경제적 거래를 체계적으로 분류한 표이다.

정답: 국제수지표

02 국제수지표는 ○○○○○ ○○에 의해 작성되는데, 차변에는 자산의 증가, 부채의 감소, 자본의 감소, 비용의 발생 등을 기록하고, 대변에는 자산의 감소, 부채의 증가, 자본의 증가, 수익의 발생 등을 기록한다.

정답: 복식부기의 원리

03 국제수지표상의 몇몇 계정만을 보면 대변과 차변이 일치할 수도 있고 그렇지 않은 경우도 있는데, 대변과 차변의 합계가 일치하는 경우를 ○○○○ ○○, 일치하지 않는 경우를 ○○○○ ○○○이라고 한다.

정답: 국제수지 균형, 국제수지 불균형

04 국제수지표상에 나타나는 모든 거래는 그 성격에 따라 ○○○ ○○와 ○○○ ○○로 나눌 수 있다. ○○○ ○○는 국가 간의 가격, 소득, 그리고 이자율 등 경제적 요인에 의해 발생하는 거래이며 ○○○ ○○는 ○○○ ○○를 뒷받침하기 위한 보조적 거래이다.

정답: 자율적 거래, 보정적 거래

05 복식부기의 원칙에 의해서 경상수지, 자본수지, 준비자산 증감, 오차 및 누락의 합은 항상 영(0)이다. 따라서 준비자산 증감과 오차 및 누락 항목을 무시하면, 경상수지 흑자는 자본수지 ○○로, 경상수지 적자는 자본수지 ○○로 나타난다.

정답: 적자, 흑자

06 환율변화로 수출이 어느 정도 증가하고 수입이 얼마만큼 감소하느냐는 수출재와 수입재에 대한 가격탄력성에 따라 다르게 나타나는데, 양국의 수입과 수요에 대한 가격탄력성이 너무 작다면 환율을 올리더라도 경상수지를 개선할 수 없게 되는데, 이를 ○○○ ○○○이라고 한다.

정답: 탄력성 비관론

07 ○○-○○ ○○은 양국의 수입재에 대한 수요탄력성의 합이 1보다 큰 경우에만 환율이 올라갈 때 무역수지가 개선됨을 보여준다. 다시 말해서 수출재와 수입재의 가격탄력성이 클수록 환율상승의 무역수지 개선효과는 커진다.

정답: 마샬-러너 조건

08 환율이 상승하면 일반적으로 수출의 증가, 수입의 감소를 초래하여 국제수지를 개선시킨다. 그러나 환율이 올라가면 경상수지가 즉각적으로 개선되는 것이 아니라 단기적으로는 오히려 악화되었다가 시간이 흐름에 따라 점차 개선되어 가는데, 이를 ○-○○ ○○라고 한다.

정답: J-곡선 효과

Lesson **04**　환율이론

01  환율

환율의 개념

　환율(exchange rate)은 외국통화와 국내통화와의 교환비율을 말하며, 보통 환율은 외국화폐 한 단위와 교환되는 국내통화의 양으로 표시한다. 환율은 수출입되는 재화의 가격에 직접적으로 영향을 미치므로 물가, 산출량, 국제수지 등의 결정에 중요한 요인으로 작용한다. 통상적으로 환율이라고 하면 명목환율을 의미하는데, 명목환율은 표시방법에 따라 지급환율과 수취환율로 구분된다.

> **MK Test Plus+**
> **명목환율**
> 외환시장에서 외환거래의 수요와 공급에 의하여 결정되는 환율을 말한다.

MK Test Memo

지급환율과 수취환율

① 자국통화표시환율(지급환율)

　자국통화표시환율이란 외국화폐 1단위를 얻기 위하여 지급해야 하는 자국화폐의 크기로 환율을 표시하는 방법을 말한다(예: $1=₩1,200). 대부분의 국가들이 이 방법으로 환율을 표시한다.

② 외국통화표시환율(수취환율)

　외국통화표시환율이란 자국화폐 1단위를 지급할 때 수취할 수 있는 외국화폐의 크기로 환율을 표시하는 방법을 말한다(예:

₩1=$1/1,200). 영국을 비롯한 몇몇 국가에서 이 방법으로 환율을 표시한다.

환율의 상승과 하락

환율은 외국화폐의 가격이다. 만약 환율이 올라가게 되면 외국 화폐를 구입하는 데에 이전보다 더 많은 자국 화폐를 지불해야 한다. 따라서 환율의 상승은 자국 화폐의 가치하락(depreciation) 또는 평가절하(devaluation)를 의미하고, 환율의 하락은 자국화폐의 가치상승(appreciation) 또는 평가절상(revaluation)을 의미한다.

고정환율제도에서는 정부의 정책에 의해 환율이 인위적으로 변동한다는 점에서 환율변화를 평가절하와 평가절상으로 표현하고, 변동환율제도에서는 환율이 시장에서 자유롭게 변동한다는 점에서 환율변화를 환율상승과 환율하락으로 표현한다. 환율은 상대적이기 때문에 화폐가치가 올라가면 반대로 상대국의 화폐가치는 반드시 하락한다.

MK Test Plus+
고정환율제도
환율의 변동을 전혀 인정하지 않거나 그 변동 폭을 지극히 제한하는 제도를 말한다.

MK Test Plus+
변동환율제도
외환의 수급상태에 따라 자유로이 환율을 변동시키는 제도를 말한다.

환율의 결정

환율은 외환시장에서 거래되는 상품, 즉 외환의 가격이다. 따라서 환율결정의 원리는 기본적으로 일반상품의 가격결정원리와 동일하다. 〈그림 4-1〉에서 외환에 대한 수요곡선과 공급곡선이 만나는 점 E_0에서 균형이 이루어지며, 이때의 균형환율은 e_0이다. 이때 경제여건의 변화로 외환에 대한 수요가 증가하여 수요곡선이 D_0에서 D_1으로 이동하면 균형점은 E_1으로 이동하고 균형환율도 e_1으로 상승하게 된다.

그림 4-1

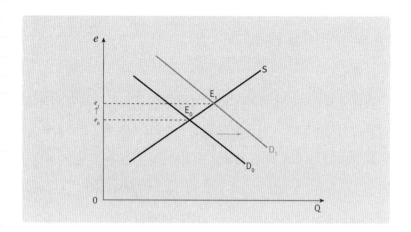

환율결정이론 `02`

구매력 평가설

✚ 환율의 결정

구매력 평가설(Purchasing Power Parity theory: PPP theory)이란 환율이 각국 화폐의 구매력, 즉 물가수준의 비율에 의해서 결정된다는 이론이다. 이 이론은 교역이 자유로운 상황에서 동일한 재화의 시장가격은 유일하다는 일물일가의 법칙(law of one price)을 전제로 한다.

① 빅맥지수에 의한 균형환율의 결정

맥도널드에서 판매하는 빅맥을 이용하여 계산한 빅맥지수도 일종의 구매력평가환율이므로 이를 예로 들면, 빅맥의 가격이 미국에서 $2이고 한국에서는 ₩2,400이라면 $2와 ₩2,400의 구매력은 동일하다. 따라서 국제적으로 일물일가의 법칙이 성립한다면 환율은 $1=₩1,200으로 결정된다. 이것이 빅맥지수에 의한 균형환율이다.

② 구매력평가설에 의한 균형환율의 결정

국가 간에 이루어지는 재화의 거래는 특정 재화에 국한되지 않고 다양한 재화가 거래되므로 환율을 나타내기 위해서는 개별재화의 가격

MK Test Plus+
일물일가의 법칙
본질적으로 동일한 상품은 어떤 시장에서도 같은 가격으로 거래되어야 한다는 법칙이다.

MK Test Plus+
빅맥지수
맥도널드의 햄버거인 빅맥의 가격을 통해 세계 각국의 물가수준과 통화가치를 비교하는 지수이다. 영국의 경제전문지인 이코노미스트가 매 분기마다 작성하여 발표한다.

이 아닌 일반적인 물가수준을 이용한다. 즉 국내 물가수준을 P라 하고 외국 물가수준을 P^f라고 하면, 구매력평가설에 의한 환율은 다음과 같이 두 나라 물가수준의 비율로 나타낼 수 있다.

$$e = \frac{P}{P^f}$$

(4.1)

MK Test Plus+
차익거래
동일한 상품이 서로 다른 시장에서 서로 다른 가격으로 거래될 때, 가격이 저렴한 시장에서 그 상품을 구입하여 가격이 비싼 시장에 파는 행위를 통해 무위험수익을 얻는 것을 말한다.

환율이 식 (4.1)과 같이 결정된다면 수입재의 국내가격이 국산품 가격과 같기 때문에 차익거래(arbitrage)에 의한 수익은 0이 된다. 왜냐하면 해외가격이 P^f인 재화를 수입하면 이것은 국내에서 eP^f의 가격으로 팔 수밖에 없는데, 식 (4.1)이 성립하면 $eP^f = P$이므로 수입재의 국내가격과 국산품의 가격이 정확히 일치하기 때문이다. 따라서 해당 재화를 수입해도 수입업자는 아무런 거래차익을 얻을 수 없다.

만약 환율이 균형환율에서 멀어지면 해외재화를 수입하거나 국내재화를 수출함으로써 거래차익을 얻을 수 있다. 하지만 이러한 차익거래가 빠르게 진행되면 환율은 다시 균형수준을 회복할 것이다.

➕ 상대적 구매력평가설

구매력평가설에 의하면, 한 국가의 물가수준이 상승하면 해당국가의 환율은 그만큼 상승하게 된다. 앞의 예를 다시 인용하면, 만약 한국에서 판매되는 빅맥의 가격이 ₩3,000이 되었다면 미국에서의 $2과 한국에서의 ₩3,000이 동일한 구매력을 갖게 되므로 환율은 $1=₩1,500으로 상승한다. 이것은 원화가 25% 평가절하된 것이다. 즉 구매력평가설에 의하면 양국의 물가상승률 차이만큼 환율변화가 생긴다.

구매력평가설에 의한 환율을 증가율로 나타내면 다음과 같은 식으로 표현할 수 있다.

$$\frac{de}{e} = \frac{dP}{P} - \frac{dP^f}{P^f}$$

(4.2)

즉 환율변동률은 양국의 인플레이션율의 차이로 나타낼 수 있다. 이를 상대적 구매력평가설(relative PPP)이라고 한다. 예를 들어 국내 물가상승률이 20%이고, 해외물가상승률이 0%이면, 이는 국내화폐의 가치가 20% 하락하므로 환율이 20% 상승함을 의미한다.

✚ 구매력평가설의 문제점과 평가

구매력평가설이 실제 외환시장의 환율결정원리를 모두 정확하게 설명할 수 있는 것은 아니다. 그 이유는 구매력평가설의 몇 가지 가정들이 현실에 잘 부합하지 않을 수 있기 때문이다.

✚ 구매력평가설의 가정이 가진 문제점

① 재화의 교역이 자유롭다는 구매력평가설의 가정과는 달리 실제로는 많은 나라들이 아직도 관세 등 무역장벽을 쌓고 있고, 무역에 소모되는 거래비용도 무시할 수 없을 정도로 큰 것이 일반적이다.

② 각 나라가 생산하는 상품이 완전히 동질적일 수는 없다. 따라서 일물일가의 법칙을 적용하는 데 무리가 따른다.

③ 보편적으로 비교역재(non-tradable goods)가 존재한다. 비교역재란 국가 간 이동이 용이하지 않은 상품을 의미하며, 주로 서비스가 이에 해당된다. 따라서 비교역재를 포함한 일반물가수준의 차이로는 환율

결정방식을 설명할 수 없다.

✚ 구매력평가설의 장기 설명력

구매력평가설이 가정하는 몇 가지 사항들에 문제점이 있고, 구매력 평가설이 환율의 결정요인으로 물가만을 고려하여 외환의 수급에 영향을 미치는 다른 요인들을 배제하고 있음에도 불구하고, 구매력평가설은 여전히 장기적인 환율변화를 잘 설명해준다고 알려져 있다. 환율과 각국의 물가수준 변화를 비교한 경험적 연구들에 따르면, 무역장벽이 낮고 거래비용이 낮은 선진국들 사이에는 구매력평가설이 장기적으로 잘 적용되는 것으로 나타났다.

매경신문 기출문제 응용

> **응용 문제** 다음 중 구매력평가설과 관련된 설명으로 틀린 것은?
>
> ① 구매력평가설이 성립하면 어느 나라에서나 1달러의 구매력은 같아야 한다.
> ② 일물일가의 법칙의 성립이 전제된다.
> ③ 환율결정을 설명하는 이론 중 하나로 명목환율=자국물가/외국물가로 표현된다.
> ④ 빅맥지수는 구매력평가설에 근거하여 각국의 물가수준을 비교하는 지수이다.
> ⑤ 미국이 적자재정을 운용하면 원화는 평가절하된다.
>
> 정답: ⑤
>
> 해설: 모든 재화가 교역재이고 운송비용이나 거래비용이 없다는 가정하에 차익거래

에 의해 일물일가의 법칙이 성립한다. 일물일가의 법칙은 '한 물건의 가격은 하나다' 라는 말로 요약될 수 있다. 구매력평가설은 환율결정을 설명하는 이론으로 국제경제에서 일물일가의 법칙이 성립한다는 것이다. 예를 들어 빅맥의 가격은 한국에서나 미국에서나 같아야 하므로 이로부터 환율이 결정된다. '명목환율증가율=자국물가상 승률-외국물가상승률'에서 미국이 적자재정을 운용하면 외국물가상승률이 증가하므로 명목환율증가율은 하락한다. 원화가 평가절상됨을 의미한다.

이자율평가설

✚ 환율의 결정

환율결정에 관한 또 다른 중요한 이론으로 이자율평가설(Interest Rate Parity theory: IRP theory)을 들 수 있다. 구매력평가설이 경상수지를 중요시하는 관점에서 균형환율을 설명하는 이론이라면, 이자율평가설은 자본수지에 초점을 맞추어 균형환율을 설명하는 이론이다. 이자율평가설은 국가 간 자본이동에 아무런 제약이 없는 경우, 투자자가 갖고 있는 국내통화를 국내에 투자하든 외국통화로 바꿔서 외국에 투자하든 그 자본투자에 따른 수익률이 같아야 한다는 것을 주된 내용으로 한다. 즉 이자율평가설은 환율이 두 나라 간 이자율 차이에 의해 결정된다고 본다.

① 국내투자수익률과 해외투자수익률의 균형

예를 들어 국내통화 1원을 가진 국내투자자가 1원을 국내 명목이자율 R에 투자하면 다음 기에 $(1 + R)$원을 받게 된다. 반면 1원을 미국에 투자하려면 먼저 이번 기의 환율 e_t로 원화를 달러로 바꿔야 한다. 이때 1원을 달러로 바꾸면 $(1/e_t)$ 달러를 얻고, 이 $(1/e_t)$ 달러를 미국에 투자하면, 다음 기에 $\frac{1}{e_t}(1+R^f)$ 달러를 받는다. 여기서 R^f는 미국의 명목이자율이다. 단, 물가수준이 일정하다고 가정하면 인플레이션율은 0이 되므로 국내 명목이자율(R)은 실질이자율(r)과 같고, 해외 명목이자율(R^f)는 실질이자율(r^f)과 같다. 이렇게 획득한 달러를 다음 기의 예상환율 e^e_{t+1}로 환전하면 $\frac{e^e_{t+1}}{e_t}(1+r^f)$ 원을 얻을 것이다. 그런데 1원을 국내에 투자하든 외국에 투자하든 그 수익률이 같아야 하므로 다음 식이 성립함을 알 수 있다.

(4.3)

$$(1+r) = \frac{e^e_{t+1}}{e_t}(1+r^f)$$

② 이자율평가설에 의한 환율결정식

이번 기와 다음 기 사이의 예상 환율변화는 $\Delta e^e = e^e_{t+1} - e_t$ 로 나타낼 수 있고, 이 식을 정리하면, $\frac{e_t+1}{e_t} = 1 + \frac{\Delta e}{e_t}$ 이 된다. 따라서 이를 식 (4.3)에 대입하면 $(1+r) = (1+\frac{\Delta e}{e})(1+r^f) = 1 + \frac{\Delta e}{e} + r^f + \frac{\Delta e}{e}r^f$ 가 된다. 여기서 비교적 작은 값인 $\frac{\Delta e}{e}r^f$를 무시하면 위의 이자율평가설은 다음과 같은 근사식으로 나타낼 수 있다.

(4.4)

$$\frac{\Delta e^e}{e} = r - r^f$$

식 (4.4)에 따르면 환율변동예상률 $(\frac{\Delta e^e}{e})$은 두 나라 사이의 명목이자율(인플레이션율이 0인 경우에는 실질이자율)의 차이와 같다. 예를 들어 국내 이자율이 5%이고, 해외이자율이 3%라면 환율의 예상변동률은 2%가 된다. 즉 국내이자율이 해외이자율보다 2% 높은 경우에는 원화환율의 2% 상승이 예상됨을 의미한다.

✚ 이자율평가설에 대한 평가

이자율평가설이 얼마나 현실에 부합하는지 여부는 두 나라 간 자본이동이 얼마나 자유로운지, 그리고 금융자산이 얼마나 동질적인지에 따라 결정된다. 따라서 이자율평가설은 자본이동이 비교적 자유롭고 위험도 등이 비슷한 금융상품을 갖는 나라들 사이에서는 비교적 잘 적용되지만, 자본통제와 같은 제도적 제약이 존재하거나 거래비용으로 인해 국가 간 자본이동성이 불완전한 국가들 간에는 잘 성립하지 않는 것으로 알려져 있다.

응용 문제

다음은 환율결정이론인 구매력평가설과 이자율평가설에 관한 설명이다. 빈 칸에 들어갈 말로 알맞은 것을 고르면?

구매력평가설은 (ㄱ)환율변동을 설명하는 이론이고 이자율평가설은 (ㄴ)환율변동을 설명하는 이론이다. 구매력평가설은 모든 재화가 교역재이고 거래비용, 운송비용이 없다는 가정하에 차익거래에 의해 일물일가의 법칙이 성립한다는 것을 전제로 한다. 반면 이자율평가설은 자본이동이 자유롭다는 가정하에서 논의를 전개한다. 구매력평가설은 명목환율이 (ㄷ)와 같다는 것이고 이자율평가설은 국내이자율과 외국이자율의 차이가 (ㄹ)이라는 것이다. (명목환율은 달러당 원화로 표시함)

① 단기 – 장기 – P/P* – 기대평가절하율
② 단기 – 장기 – P*/P – 기대평가절상률
③ 장기 – 단기 – P/P* – 기대평가절하율
④ 장기 – 단기 – P*/P – 기대평가절상률
⑤ 장기 – 단기 – P/P* – 기대평가절상률

정답: ④

해설: 이자율평가설은 국내투자 수익과 외국투자 수익이 같다는 것을 말한다. 국내이자율과 외국이자율이 다르더라도 환율변화에 의해 수익률은 같아질 수 있다. 국내에 1원 투자했을 때의 수익인 1*(1+i)는 외국에 1원 투자했을 때의 수익인 (1/s)*(1+i)*se (s는 달러당 원화로 표시한 환율, se는 1년 후 예상s)와 같아야 한다. 이를 정리하면 i – i* ≒ 이 도출된다. s가 증가하면 평가절하되므로 기대평가절하율이다.

오버슈팅이론

경제학자들은 각국의 환율변화를 실증적으로 분석한 결과, 환율이 단기적으로 구매력평가설의 예측보다 훨씬 더 급격하게 변동한다는 것을 발견했다. 이러한 환율의 변동성을 설명하기 위해 제시된 대표적 이론이 돈부쉬(R. Dornbusch)의 오버슈팅이론(overshooting theory)이다.

✚ 오버슈팅 모형의 가정

오버슈팅 모형에서는 이자율평가설이 성립하고 장기적으로는 구매력평가설이 성립하며, 투자자들이 합리적 기대를 한다고 가정한다. 또한 단기적으로는 물가수준의 경직성을 강조한다.

✚ 오버슈팅 모형의 내용

① 물가가 신축적인 경우

중앙은행이 통화량을 증가시킬 때 물가가 비례적으로 상승한다면 실질통화량이 변하지 않으므로 이자율도 변하지 않는다. 따라서 물가가 신축적이라면 통화량이 증가할 경우 구매력평가설에서 예측하는 바와 같이 환율이 물가상승에 비례하여 상승할 것이다.

② 물가가 고정적인 경우

물가수준이 단기에는 고정되어 있으므로 통화량이 증가하면 이자율이 하락하여 급속한 자본유출이 발생한다. 자본유출이 발생하면 단기에는 환율이 구매력평가설에서 예측되는 장기균형수준보다 훨씬 큰 폭으로 상승하는 오버슈팅현상이 나타나게 된다.

③ 장기에는 환율이 균형수준으로 복귀

시간이 지나면 점차 물가가 상승하고 그에 따라 이자율이 상승하면서 점차적으로 자본의 유입이 이루어져 환율이 장기균형수준으로 복귀하게 된다.

오버슈팅모형은 사람들이 합리적으로 기대를 형성하더라도 물가가 경직성을 갖는 경우에는 환율이 급변할 수 있음을 설명해준다. 이러한 환율변동의 오버슈팅은 〈그림 4-2〉에서 확인할 수 있다.

그림 4-2

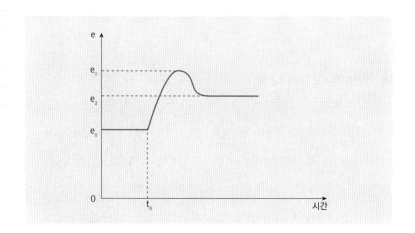

환율제도 03

환율제도는 크게 고정환율제도와 변동환율제도로 나뉘는데, 각 환율제도마다 장단점이 있다. 변동환율제도는 외부의 충격으로부터 국내경제를 격리시켜주므로 안정화 정책을 추진하는 데 유리하고, 고정환율제도는 환율을 안정적으로 유지함으로써 무역과 투자를 촉진하는 장점이 있다. 그런데 환율안정, 자본의 자유로운 이동, 독자적인 금융정책이라는 거시경제정책의 세 가지 목표를 동시에 달성할 수 있는 환율제도는 없기 때문에 국가마다 자국의 경제 상황에 맞는 환율제도를 채택한다.

변동환율제도

변동환율제도(floating exchange rate system)란 환율이 외환시장에서 외환의 수요와 공급에 의해 결정되도록 하는 제도를 말한다. 중앙은행이나 정부가 외환시장에 전혀 개입하지 않고 오직 외환의 수요와 공급에 의해 환율이 결정되는 경우를 자유변동환율제도라고 한다. 일반적으로 많은 국가와 다변화된 무역을 하고 있고, 자국의 경제에 대한 교란요인이 주로 국내가 아닌 해외 실물부문에서 비롯되며, 무역의존도가 크지 않은 대국에게는 변동환율제도가 유리하다고 할 수 있다.

변동환율제도의 장점과 단점

① 장점

- 변동환율제도에서는 국제수지 적자나 흑자가 환율의 변동에 의해 자동으로 조정되기 때문에 대외불균형을 조정하기 위한 정책에서 비롯되는 비효율이나 오류의 문제가 없다.
- 변동환율제도에서는 외부의 경제적 충격이 환율변화에 의해 차단되므로 대내경제의 안정화에 유리하고, 독자적인 통화정책이 가능하다.
- 고정환율제도에서는 외환시장 개입을 위해 대외준비자산을 보유해야 하지만, 변동환율제도에서는 대외자산을 보유할 필요가 없어서 대외자산 보유의 기회비용이 없다.

② 단점

- 환율변동에 따른 환위험 때문에 국제무역과 국제투자가 저해된다.
- 환율이 상승하면 물가가 상승하고, 물가상승이 다시 환율상승을 초래하는 악순환이 발생할 수 있기 때문에 인플레이션에 대한 저항이 약하다.

MK Test Plus+
대외준비자산

한 나라가 대외결제에 사용할 수 있는 자산으로 그 나라가 보유하고 있는 금, SDR, IMF 포지션, 외환의 합계를 말한다.

MK Test Plus+
환위험

환위험(exchange risk)이란 환율이 변동함으로써 외화표시거래의 가치나 외화로 표시되는 재무제표항목들의 가치에 변동이 생기는 것을 말한다.

고정환율제도

고정환율제도(fixed exchange rate system)란 특정통화에 대한 환율을 일정수준으로 고정시키는 제도를 말한다. 고정환율제도 하에서는 중앙은행 혹은 정부가 지속적으로 외환시장에 개입하여 환율을 일정하게 유지한다. 일반적으로 고정환율제도는 몇몇 국가와의 교역비중이 크거나, 경제교란이 주로 자국의 화폐부문에서 비롯되는 소규모 개방경제에 바람직하다.

고정환율제도의 장점과 단점

① 장점

- 고정환율제도에서는 환율을 일정수준으로 유지하기 위해 모든 국가들이 스스로 가격을 규제하므로 인플레이션이 낮아진다.

- 고정환율제도에서는 환율을 안정적으로 유지하므로 환위험이 없어져 국가 간 자본거래가 활발히 이루어지기 때문에 무역과 투자가 촉진된다.

- 변동환율제도에서는 자국의 화폐시장에서 발생한 부정적 충격이 경제를 더욱 취약하게 만드는 반면, 고정환율제도에서는 화폐시장의 교란은 실물경제에 영향을 미치지 않는다.

② 단점

- 환율이 고정되어 있기 때문에 국제수지의 불균형이 자동적으로 조정되지 않는다.

- 고정된 환율을 유지하기 위해서는 중앙은행이 충분한 외화준비금을 보유하고 있어야 한다.

04 국제통화제도

국제통화제도(international monetary system)는 국가 간의 외환거래, 국제대차의 결제, 국제수지의 조정 등을 원활하게 하기 위해 마련된 제도이다. 국제통화제도는 1870~1914년 기간의 금본위제도, 1~2차 세계대전 기간의 변동환율제도, 2차 세계대전 후 브레튼우즈 체제의 고정환율제도, 1973년 이후 변동환율제도로 다양하게 변천해 왔다. 경제환경이 변함에 따라 적절한 새로운 통화제도를 모색하는 과정에서 이러한 제도의 변화가 이루어져 왔다.

금본위제도: 1870~1914

✚ 금본위제도

금본위제도(gold standard system)는 1870~1914년의 기간 동안 운영되었다. 국가마다 자국 통화와 금 사이에 일정한 교환비율을 설정하고, 이 가격으로 금의 매입과 매출이 가능하도록 하였다. 모든 국가의 화폐가 고정된 비율로 금과 자유롭게 태환되므로 금을 중심으로 국가 간 환율이 고정된다. 금본위제도는 대표적인 고정환율제도이다.

✚ 금본위제도에서의 환율변동의 범위

금본위제도에서는 금의 자유로운 국제거래를 보장하고 있어 고정환율의 유지가 가능하다. 만약 두 화폐의 교환비율이 변하게 되면, 차익거래자들이 이전에 비해 금을 싸게 살 수 있는 지역에서 금을 사서 다른 지역에 팔게 되므로 환율이 이전수준으로 복귀하게 된다. 다만 양국 간의 금수송에는 비용이 필요하므로 환율이 수송비를 보상할 정도까지 변동해야만 이러한 움직임이 일어날 것이기 때문에 금본위제도에서도 환율은 금의 수송비를 더하고 뺀 범위 내에서는 변동이 가능하다.

✚ 금본위제도의 붕괴

금본위제도는 각국의 화폐가 부적절하게 평가되어 나타난 국제수지의 불균형을 화폐공급량의 변화에 반영하지 않고 이를 불태화시킴에 따라 적절한 조정기구가 작동하지 않았다는 사실과 1930년대에 대공황 등의 이유로 인해 붕괴되었다.

브레튼우즈 체제

✚ 브레튼우즈 체제

1930년대의 세계적인 공황과 금본위제도의 붕괴는 새로운 국제통화제도를 모색하는 계기가 되었다. 2차 세계대전 직전인 1944년 미국,

MK Test Plus+
IMF
세계무역의 안정된 확대를 위하여 외환시세의 안정, 외환제한의 제거, 자금의 공여와 같은 활동을 하는 국제금융기구를 말한다.

영국 등 45개국 대표들은 미국 뉴햄프셔주 브레튼우즈에 모여서 전후 새로운 국제통화제도를 유지하기 위한 국제통화기금(International Monetary Fund: IMF)의 창설에 합의하였다. 그 결과 IMF를 중심으로 고정환율제도가 시작되었는데, 당시부터 미국의 금태환 정지가 선언된 1971년까지의 국제통화제도를 브레튼우즈 체제(Bretton Woods system)라고 한다.

✚ 브레튼우즈 체제의 내용

① 경쟁적인 환율 전쟁의 방지를 위해 조정 가능한 고정환율제를 택했다.

② 국제거래를 위해 각국 통화의 자유로운 교환을 규정했다.

③ 국제 통화질서를 유지하고 일시적인 국제수지의 어려움을 겪고 있는 국가에게 단·중기성 자금을 대출하는 국제기구로서 IMF를, 전후 경제회복을 위한 장기성 자금을 공급하기 위한 기구로서 세계은행(International Bank for Reconstruction and Development: IBRD)을 설립했다.

✚ 주요 세부내용

MK Test Plus+
금환본위제도
금환본위제도(gold-exchange standard system)란 stem이 보장된 외국통화와 자국통화의 국통화의 국정함으로써 자국통화를 간접적으로 금평가와 연결시키는 고정환율제도를 말한다.

① 금환본위제

미국의 달러화를 기축통화로 하는 금환본위제도로서 달러화에 대해 금태환 의무를 부여하고 각국은 달러화의 교환비율을 일정하게 유지하였다.

② 조정가능 고정환율제도

각국은 국제수지의 구조적 불균형이 발생하는 경우 자국통화의 환율을 1% 범위 내에서 조정가능하다. 예외적으로 기초적인 국제수지 불균형이 일어날 경우에는 IMF의 승인을 얻어 10%까지 조정이 가능하다.

③ 특별인출권(SDR)의 창출

국제유동성의 부족을 해소하기 위해 국제통화인 특별인출권(Special Drawing Rights: SDR)을 창출하였다. SDR은 IMF가 창출한 새로운 국제통화로서 SDR 한 단위는 일정량의 금과 등가를 유지하는 지금(paper gold)이며, 금과의 태환은 허용되지 않는다.

✚ 브레튼우즈 체제의 한계

① 환율조정의 지체

브레튼우즈 체제는 기본적으로 고정환율제도이지만, 기초적인 불균형이 발생할 경우에는 환율의 변화가 허용된 조정 가능한 고정환율제도였다. 그러나 선진국들은 평가절하를 자국경제의 취약성을 드러내는 것으로 생각하여 평가절하에 소극적이었다. 또한 흑자국은 평가절상을 통해 흑자분을 해소하기보다는 유입된 외화를 국제준비자산으로 축적하였다. 이와 같이 환율 변화가 지체됨에 따라 국제수지의 불균형을 조정하는 데 어려움이 많았고, 이로 인해 자본이 불안정적으로 이동하게 되었는데, 이는 브레튼우즈 체제의 붕괴 요인이 되었다.

② 유동성 딜레마

국제경제규모가 커지면 기축통화인 달러의 공급이 증가되어야 하고

MK Test Plus+
기축통화
국제결제나 금융거래의 기축이 되는 특정국의 통화로 보통 미국의 달러를 말한다.

달러의 공급이 이루어지기 위해서는 미국의 국제수지 적자가 필요하다. 그러나 미국의 국제수지 적자가 지속되면 달러의 신뢰도가 하락하여 기축통화로서의 기능이 저하된다. 따라서 이로 인해 기축통화인 달러의 공급을 증가시키면서 달러의 신뢰도를 유지하는 것이 불가능해지는 유동성 딜레마(liquidity dilemma)가 발생한다. 이를 트리핀의 딜레마(Triffin's dilemma)라고도 한다.

✚ 브레튼우즈 체제의 붕괴

브레튼우즈 체제는 1960년대에 이르기까지는 선진국 간 환율을 비교적 안정적인 수준으로 유지하면서 세계 교역의 증진에 기여하였다. 그러나 1960년대에 접어들며 베트남 전쟁, 경비 지출 등으로 미국의 국제수지 적자가 지속되어 달러 공급의 과잉이 발생하고, 그 결과 달러가치에 대한 신뢰도가 저하되었다. 이에 일부 국가들이 금태환을 요구하였고, 결국 1971년 8월 미국의 닉슨 대통령이 금태환의 정지를 선언함으로써 브레튼우즈 체제는 붕괴되었다.

✚ 브레튼우즈 체제 이후

미국의 금태환정지 선언에 이어 같은 해 12월 워싱턴에서 스미소니언협정(Smithsonian Agreement)이 체결되었다. 이 협정에서 금과 달러의 교환비가 금 1온스당 35달러에서 38달러로 변경되는 달러의 평가절하가 단행되었고, 유럽국가의 통화와 일본의 엔화는 달러화에 대해 평가절상되었다. 그리고 환율의 변동 폭은 과거 1%에서 2.25%로 확대 조정되었다.

그러나 달러화의 평가절하에도 불구하고 1972년에도 미국의 무역수지 적자폭이 확대됨에 따라 1973년 2월에 달러화는 다시 10% 평가절하되었다. 1973년 미국의 평가절하로 달러화의 투매현상이 나타남에 따라 대부분의 외환시장이 잠정적으로 폐쇄되었고, 그 이후 주요 선진국들이 점차 변동환율제도로 이행하게 되었다.

이어 1976년 자메이카 킹스턴에서 열린 IMF 회의에서 브레튼우즈 체제 붕괴 이후 현존하는 통화체제를 인정함에 따라 킹스턴 체제가 성립되었다. 킹스턴 체제는 금을 점진적으로 폐화시키고, SDR의 준비자산 기능을 높이며, 변동환율제도를 자유롭게 채택하도록 하였다.

1. 환율
∨ 환율을 표시하는 방법 ·· ☐
∨ 환율의 변동과 자국화폐가치의 변동 간의 관계 ············· ☐

2. 환율결정이론
∨ 구매력평가설에 의한 환율의 결정과정 ···················· ☐
∨ 구매력평가설의 문제점 ··································· ☐
∨ 이자율평가설에 의한 환율의 결정과정 ···················· ☐
∨ 오버슈팅이론에 대한 이해·································· ☐

3. 환율제도
∨ 변동환율제도의 장점과 단점 ····························· ☐
∨ 고정환율제도의 장점과 단점 ····························· ☐

4. 국제통화제도
∨ 국제통화제도의 변천과정 ································· ☐
∨ 유동성 딜레마에 대한 이해 ······························· ☐

MK Key word

1. 환율
   • 환율, 자국통화표시환율, 외국통화표시환율, 평가절하, 평가절상

2. 환율결정이론
   • 구매력평가설, 일물일가의 법칙, 빅맥지수, 차익거래, 상대적 구매력평가설, 비교역재, 이자율평가설, 오버슈팅이론

3. 환율제도
   • 변동환율제도, 고정환율제도

4. 국제통화제도
   • 국제통화제도, 금본위제도, 브레튼우즈 체제, 국제통화기금, 세계은행, 금환본위제, 특별인출권(SDR), 유동성 딜레마, 스미소니언 협정

01 ○○은 외국통화와 국내통화와의 교환비율을 말하며, 보통 ○○ 은 외국화폐 한 단위와 교환되는 국내통화의 양으로 표시한다.

정답: 환율

02 ○○○ ○○○이란 환율이 각국 화폐의 구매력, 즉 물가수준의 비율에 의해서 결정된다는 이론이다. 이 이론은 교역이 자유로운 상황에서 동일한 재화의 시장가격은 유일하다는 ○○○○○ ○○을 전제로 한다.

정답: 구매력 평가설, 일물일가의 법칙

03 구매력평가설에 의하면 양국의 물가상승률 차이만큼 환율변화가 생기는데, 환율변동률을 양국의 인플레이션율의 차이로 나타낸 것을 ○○○ ○○○○○○이라고 한다.

정답: 상대적 구매력평가설

04 ○○○ ○○○은 국가 간 자본이동에 아무런 제약이 없는 경우, 투자자가 갖고 있는 국내통화를 국내에 투자하든 외국통화로 바꿔서 외국에 투자하든 그 자본투자에 따른 수익률이 같아야 한다는 것을 주된 내용으로 한다. 즉 환율이 두 나라 간 이자율 차이에 의해 결정된다고 본다.

정답: 이자율 평가설

05 환율의 변동성을 설명하기 위해 돈부쉬가 제시한 이론인 ○○○
○○○은 경제에 충격이 가해졌을 때 환율이 단기적으로 장기균
형에서 크게 벗어났다가 시간이 지남에 따라 점차 장기 균형수준
으로 수렴해간다는 내용을 담고 있다.

정답: 오버슈팅이론

06 ○○○○○○란 환율이 외환시장에서 외환의 수요와 공급에 의
해 결정되도록 하는 제도를 말하고, ○○○○○○는 특정통화에
대한 환율을 일정수준으로 고정시키는 제도를 말한다.

정답: 변동환율제도, 고정환율제도

07 1944년에 IMF를 중심으로 고정환율제도가 시작되었는데, 당시부
터 미국의 금태환 정지가 선언된 1971년까지의 국제통화제도를
○○○○○ ○○라고 한다. ○○○○○ ○○는 달러화와 금을
교환토록 하고 다른 나라 통화는 달러화와 고정된 비율에 교환토
록 하는, 달러화를 기축통화로 하는 금환본위제도이다.

정답: 브레튼우즈 체제

08 ○○○○ ○○은 브레튼우즈 체제의 근본적인 한계를 잘 지적한
것으로 달러화의 신뢰성 확보와 유동성 확보 사이에 상충관계가
존재함을 의미한다.

정답: 트리핀의 역설

매경TEST 기본 이론서

매경TEST - 경제편

초판 1쇄 2011년 1월 28일

지은이 이혁재 외
펴낸이 윤영걸 **담당PD** 조윤미 **펴낸곳** 매경출판㈜
등 록 2003년 4월 24일(No. 2-3759)
주 소 우)100-728 서울 중구 필동1가 30번지 매경미디어센터 9층
전 화 02)2000-2610(편집팀) 02)2000-2636(영업팀)
팩 스 02)2000-2609 **이메일** publish@mk.co.kr
인쇄·제본 ㈜M-print 031)8071-0961

ISBN 978-89-7442-714-6
값 30,000원